Obra Completa de C.G. Jung
Volume 18/2

A vida simbólica

CB052471

Comissão responsável pela organização do lançamento da Obra Completa de C.G. Jung em português:

Dr. Leon Bonaventure
Dr. Leonardo Boff
Dora Mariana Ribeiro Ferreira da Silva
Dra. Jette Bonaventure

A Comissão responsável pela tradução da Obra Completa de C.G. Jung sente-se honrada em expressar seu agradecimento à Fundação Pro Helvetia, de Zurique, pelo apoio recebido.

Dados Internacionais de Catalogação na Publicação (CIP)
(Câmara Brasileira do Livro, SP, Brasil)

Jung, Carl Gustav, 1875-1961.
A vida simbólica : escritos diversos / C.G. Jung ; tradução Edgar Orth ; revisão técnica de Jette Bonaventure. – 4. ed. – Petrópolis, RJ : Vozes, 2012.

Título original: Das symbolische Leben.

16ª reimpressão, 2023.

ISBN 978-85-326-2274-7
1. Freud, Sigmund, 1856-1939 2. Psicanálise 3. Psicologia patológica 4. Simbolismo (Psicologia) I. Título. II. Série.

97-5744 CDD-150.1954

Índices para catálogo sistemático:
1. Jung, Carl Gustav : Psicologia analítica 150.1954
2. Psicologia analítica junguiana 150.1954

C.G. Jung

A vida simbólica

18/2

Petrópolis

© 1981, Walter-Verlag, AG, Olten

Tradução realizada a partir do original em alemão intitulado
Das symbolische Leben (Band 18/2)
(Partes VII-XVI)

Editores da edição suíça:
Marianne Niehus-Jung
Dra. Lena Hurwitz-Eisner
Dr. Med. Franz Riklin
Lilly Jung-Merker
Dra. Fil. Elisabeth Rüf

Direitos exclusivos de publicação em língua portuguesa:
2000, Editora Vozes Ltda.
Rua Frei Luís, 100
25689-900 Petrópolis, RJ
www.vozes.com.br
Brasil

Todos os direitos reservados. Nenhuma parte desta obra poderá ser reproduzida ou transmitida por qualquer forma e/ou quaisquer meios (eletrônico ou mecânico, incluindo fotocópia e gravação) ou arquivada em qualquer sistema ou banco de dados sem permissão escrita da editora.

CONSELHO EDITORIAL

Diretor
Volney J. Berkenbrock

Editores
Aline dos Santos Carneiro
Edrian Josué Pasini
Marilac Loraine Oleniki
Welder Lancieri Marchini

Conselheiros
Elói Dionísio Piva
Francisco Morás
Gilberto Gonçalves Garcia
Ludovico Garmus
Teobaldo Heidemann

Secretário executivo
Leonardo A.R.T. dos Santos

Tradução: Edgar Orth
Revisão literária: Lúcia Mathilde Endlich Orth
Revisão técnica: Dra. Jette Bonaventure

Diagramação: AG.SR Desenv. Gráfico
Capa: 2 estúdio gráfico

ISBN 978-85-326-2424-6 (Obra Completa de C.G. Jung)

ISBN 978-85-326-2274-7 (Brasil)
ISBN 3-530-40718-6 (Suíça)

Este livro foi composto e impresso pela Editora Vozes Ltda.

Sumário

Prefácio dos editores

Quando, em fins de 1940, foi planejada a Obra Completa, os editores previram um último volume, contendo "recensões, pequenos artigos etc., publicados em periódicos psicanalíticos, prefácios posteriores etc., a bibliografia dos escritos de Jung e um índice geral da Obra Completa". Mas a reunião da miscelânea tornou-se o volume mais alentado de todos, de modo que a bibliografia e o índice geral tiveram que constituir os volumes 19 e 20, respectivamente.

O volume 18 contém mais de 130 textos que foram produzidos desde 1901 – quando Jung, na idade de 26 anos, conseguiu sua primeira colocação profissional como médico-assistente na clínica Burghölzli – até 1961, pouco antes de sua morte. Esta coletânea que toca praticamente em todos os aspectos dos interesses profissionais e intelectuais de uma longa vida, dedicada à interpretação dos símbolos, justifica o título que foi tirado de um trabalho característico, realizado por Jung, em meados de sua vida: o seminário dado a Guild of Pastoral Psychology, Londres, 1939.

Esta quantidade de material é o resultado de três fatores. Depois que Jung se afastou de sua atividade médica, nos inícios da década de 1950, até sua morte em 1961, dedicou a maior parte de seu tempo a escrever: não só suas obras mais extensas que foram incorporadas ao plano original dessa edição, mas também um número inesperadamente grande de introduções a livros de alunos e colegas, respostas a pesquisas jornalísticas, verbetes de enciclopédias, eventuais conferências bem como cartas (sendo que algumas delas, devido a seu caráter especializado ou por terem sido publicadas alhures, não foram inseridas nos volumes das cartas, mas no volume 18). Jung redigiu em torno de cinquenta trabalhos desse gênero.

Em segundo lugar, a preparação dos volumes mais tardios da Obra Completa, a edição das cartas (incluindo a *Correspondência en-*

tre Freud e Jung) e da bibliografia geral trouxeram à luz muitas palestras, pequenos artigos, informes etc. dos primeiros anos de sua carreira. Alguns escritos, publicados em revistas psiquiátricas (1906-1910), foram recolhidos pelo professor Henri F. Ellenberger, ao qual agradecem os editores.

Finalmente, durante o inventário dos bens de Jung, em Küsnacht – hoje sob custódia da Escola Superior Técnica de Zurique – foram encontrados vários manuscritos ou impressos, sendo o mais antigo a dissertação "Sigmund Freud: Über den Traum" (Burghölzli 1901). Categoria parecida de material constituem os resumos datilografados de dissertações, dos quais não se encontrou nenhum manuscrito, mas cujo conteúdo pareceu de suficiente interesse para ser incluído no volume.

Quanto às *Tavistock Lectures* – "Fundamentos da psicologia analítica" – e ao seminário na Guild of Pastoral Psychology – "The Symbolic Life" – trata-se da transcrição taquigráfica, feita por participantes, mas o texto foi aprovado pessoalmente por Jung. Sua contribuição em "Man and His Symbols", escrita em inglês, mas não elaborada em forma definitiva pelo autor, foi várias vezes revisada quanto ao estilo e estrutura. A presente versão corresponde essencialmente à das *Collected Works*.

Por razões técnicas, o conteúdo todo – que na edição anglo-americana perfaz um só volume – foi dividido em dois volumes de igual espessura; o primeiro contém os capítulos I ao VI e o outro, o restante.

Os escritos autônomos, que se seguem aos capítulos I, II e III mais longos e de cunho mais genérico, foram reunidos em capítulos, de IV até XVI, e referidos aos volumes da série da Obra Completa, aos quais pertencem pelo seu conteúdo; dentro de cada capítulo, os textos foram ordenados cronologicamente. O resultado pode parecer muitas vezes arbitrário, pois certos trabalhos poderiam ter sido referidos a mais de um volume. Algumas dessas miscelâneas já foram incluídas, em edições posteriores, nos volumes correspondentes das *Collected Works* (o que está previsto oportunamente também para a edição da Obra Completa): "A realidade da práxis psicoterápica", no apêndice da 2ª edição anglo-americana de CW XVI, 1966; o prefácio à edição inglesa de "Psicologia e alquimia", 2ª edição de

CWXII, 1968 – 1970; a advertência do autor à 1ª edição anglo-americana de "Sobre a psicologia do inconsciente" (1916) – agora em CW V, 2ª edição, 1974.

Gostaríamos de aproveitar a oportunidade deste último volume da Obra Completa para agradecer ao tradutor para o inglês R.F.C. Hull (†974) e aos editores anglo-americanos por seu insigne, ponderado e cuidadoso trabalho, que para nós foi imprescindível. Nosso especial agradecimento a William McGuire-Bollingen Foundation e Princeton University Press –, sem dúvida, atualmente o melhor conhecedor do material, por suas pesquisas sólidas e por sua colaboração sempre muito agradável.

Dra. Sabine Lucas providenciou as necessárias traduções do inglês, neste volume especialmente numerosas e longas. A senhora Magda Kerényi confeccionou, com a costumeira competência, precisão e prontidão os índices de autores e de assuntos. A essas duas colaboradoras eficientes agradecemos de coração.

Küsnacht, primavera de 1980
Os editores

VII
SOBRE O SIMBOLISMO

(Relacionado ao vol. 5 da Obra Completa)

Ainda que não designados como tais pelo próprio Jung, esses breves resumos foram considerados por nós como trabalhos preparatórios da obra *Transformações e símbolos da libido* (1911-1912), revisada como *Símbolos da transformação* (1952). O volume *Cartas Freud/Jung* contém referências a esboços preliminares como, por exemplo, a Conferência de Herisau, cujo texto foi perdido (193J, parte 3) e que Freud submete a uma severa crítica na carta 199aF.

Sobre a ambivalência*

Discussão[1] C.G. Jung: O conceito de ambivalência é provavelmente uma contribuição valiosa para nossa terminologia. No idêntico pode estar o oposto. Altus = alto e fundo. Existe uma volúpia dolorosa. Não se trata, portanto, de uma coisa depois da outra, mas de uma coisa dentro da outra, de um dado simultâneo. Jung se opõe à afirmação: "A ambivalência é a força motriz". Ela provavelmente não é a força motriz mas um aspecto formal que encontramos em toda parte. Freud trouxe muitos exemplos da história da linguagem. Também palavras modernas possuem ambivalência como, por exemplo, "sacré"[2], "luge"[3] (irlandês) = contrato; "bad" (inglês) = bat = bass (alemão clássico médio) = bom. Através da migração da linguagem, o significado da palavra é transformado em seu oposto. Entre as possibilidades de semelhança, o contraste é o mais próximo. Ele, Jung, teve este sonho: *Ele é um homem pequeno, com barba, não tem óculos e já não é novo.* Portanto meros opostos. Quando devemos provar nossos pontos de vista psicanalíticos, apresentamos, como fa- 1.077

---

* Resumo das observações de Jung na reunião de inverno dos psiquiatras suíços em Berna, nos dias 26 e 27 de novembro de 1910, relato no *Zentralblatt für Psychoanalyse* 1/5, 6, fevereiro-março de 1911, p. 267s. Wiesbaden. O relatório também foi publicado resumidamente em *Psychiatrisch-Neurologische Wochenschrifi* XII/43 (Halle, 21 de janeiro de 1911) e no *Correspondenz-Blatt fiir Schweizer Aerzte* XLI/6, 20 de fevereiro de 1911. Basileia. Cf. *Cartas Freud/Jung.* 222J, n. 1.

1. A respeito de uma conferência de Eugen Bleuler "Über Ambivalenz"; a publicação, se ela existiu, não pôde ser localizada.

2. Em francês "sacré" pode significar tanto maldito como abençoado (sagrado).

3. A palavra intencionada é provavelmente *luige* que significa juramento, mas que corresponde à palavra alemã "Lüge" (mentira). Cf. F1CK. *Wörterbuch der indogermanischen Sprachen,* II, p. 257 e III, p. 374.

zem os anatomistas, uma espécie de material ambíguo que encontramos nos monumentos da Antiguidade e no campo da mitologia. Por exemplo, o deus da fertilidade também é o destruidor (Indra). O sol significa fertilidade e destruição. Por isso temos o leão como signo zodiacal para o calor mais intenso do sol. A ambivalência aparece nas sucessões mitológicas. Odin se transforma no caçador selvagem que molesta as moças que andam sozinhas nas estradas. Freja se tornou uma demônia. Vênus, conforme nos ensinam os filólogos, tomou-se santa Verena no bom sentido [Verena como santa padroeira de Baden (= banho) em Argau; sabemos da história que os balneários eram consagrados e sujeitos a Vênus]. Mas santa Verena, Vênus, também empresta seu nome a montanhas perigosas (Verenelisgärtli, perto de Glärnisch; Verenakehle chama-se a grande garganta no Schafberg na região de Säntis). Devas (sânscrito) = anjo tornou-se demônio no pérsico. A serpente levantada no poste corresponde à ambivalência do conceito de Cristo.

1.078 A representação da libido oscila entre os símbolos do leão e da cobra, o princípio do seco e do molhado; ambos são símbolos sexuais ou fálicos opostos. Jung viu uma estatueta de Príapo em Verona: num dos braços carrega um cesto cheio de falos e com a outra mão aponta para uma cobra que lhe morde o pênis ereto[4].

1.079 Belos exemplos de ambivalência podem ser encontrados na linguagem de pilhérias eróticas, como acontece no "Asinus aureus" de Apuleio[5]; também na linguagem mística; Mectilde de Magdeburgo diz: "Fui ferida até a morte pelo amor de Cristo". Pelo sacrifício do touro (na mitologia de Mitra) surge a criação. "O touro é o pai da cobra, e a cobra é o pai do touro"[6]. Nossas concepções religiosas cristãs também se baseiam neste princípio. Somos salvos para a vida eterna através da morte de Cristo. O mesmo encontramos no culto de Mitra, tão importante na Antiguidade e que contribuiu para difundir as ideias do cristianismo.

---

4. Cf. *Símbolos da transformação*: análise dos prelúdios de uma esquizofrenia, § 680 e fig. 122 [Também na 1ª edição (1911/1912)]. Petrópolis: Vozes, 1973 [OC, 5]. Cf. tb. *Cartas Freud/Jung*. 215F. Olten: [s.e.], 1972.

5. Cf. JUNG, C.G. *Símbolos da transformação*, § 439[42]. Op. cit.

6. Ibid., § 671.

Discussão[7]. C.G Jung: A expressão "tirar das costas", referente à discussão do complexo atormentador, é muito boa e importante para a terapia analítica. Quando seu complexo queria tomar conta, um militar comandava: "Atenção – parar! Seis passos para trás – marchar!" e sentia-se aliviado por esta objetivação da doença. 1.080

Discussão[8]. Como contribuição da psicologia infantil para o significado do sacrifício, C.G. Jung fala sobre o "Clube Tantalus" que foi fundado por alguns meninos para celebrar os mistérios sexuais. Seu emblema representava um homem pendurado numa forca por uma corda presa a seu pênis e a seu nariz. Os sacrificados e torturados eram os próprios meninos que, à semelhança de Tântalo, tinham sempre negados os seus desejos mais ardentes. 1.081

---

7. A respeito de uma conferência do prof. Von Speyr, "Zwei Fälle von eigentümlicher Affektverschiebung": não foi possível encontrar uma publicação.

8. A respeito de uma conferência de Franz Riklin, "Die 'Allmacht der Gedanken' bei der Zwangsneurose": não foi possível encontrar uma publicação.

Contribuições ao simbolismo*

1.082 Partindo da oposição entre fantasias histéricas e *dementia praecox*, o conferencista enfatiza que para entender esta última é preciso aduzir paralelos históricos porque na *dementia praecox* o paciente sofre de reminiscências da humanidade. Contrariamente à histeria, sua linguagem usa imagens antigas e de validade geral, ainda que à primeira vista nos pareçam incompreensíveis.

1.083 O caso de uma senhora neurótica, de 34 anos de idade, serve para demonstrar como uma fantasia recente pode ser documentada e elucidada por material histórico. A fantasia da paciente se refere a um homem que ela ama sem ser correspondida e que é suspenso pelas partes genitais, uma fantasia que também foi encontrada num menino de 9 anos como expressão simbólica de sua libido não satisfeita ("Estar dependurado e com medo numa dor sem solução")[1]. Esta fantasia, quando tomada com tradições etnológicas correspondentes e paralelos mitológicos do sacrifício ao deus da primavera através de pendurar ou esfolar, significa um sacrifício da sexualidade na qual estamos presos e da qual não conseguimos libertar-nos, e que nos cultos antigos era oferecido à Grande Mãe como um sacrifício do falo[2].

---

* Resumo de Otto Rank da conferência que Jung pronunciou com o título "Beiträge zur Symbolik", no Terceiro Congresso Psicanalítico em Weimar, em 21/22 de setembro de 1911. Um resumo das 12 conferências pronunciadas no Congresso foi publicado em *Zentralblatt für Psychoanalyse* XX/2, 1911, p. 100-104. Wiesbaden. O manuscrito de Jung não foi encontrado.

1. GOETHE, J.W. Egmont. Ein Trauerspiel in fünf Aufzügen. In: GOETHE, J.W. *Werke*. Vol. VIII. 3º ato, canção de Klärchen. Stuttgart: Cotta, 1828.

2. Para os paralelos, cf. *Símbolos da transformação*. Índice. Op. cit. [cf. verbetes "Atis" e "Castração"].

VIII
DOIS ESCRITOS SOBRE PSICOLOGIA ANALÍTICA

(Relacionado ao vol. 7 da Obra Completa)

Adaptação, individuação e coletividade*

I. ADAPTAÇÃO

A. A *adaptação psicológica* consiste de dois processos: 1.084

1. Adaptação às condições externas.

2. Adaptação às condições internas.

Entende-se por condições externas não apenas as condições do meio ambiente mas também meus juízos conscientes que formulo sobre as coisas objetivas. 1.085

Por condições internas, no entanto, entende-se aquelas ocorrências que se impõem às percepções intentas a partir do inconsciente, independentemente do juízo consciente e às vezes até em oposição a ele. A adaptação às condições internas seria, portanto, a adaptação ao inconsciente. 1.086

B. *Na neurose* o processo de adaptação é prejudicado, ou poderíamos dizer que a própria neurose é um processo de adaptação, prejudicado e diminuído, que assume duas formas principais: 1.087

1. A adaptação às condições externas está prejudicada.

2. A adaptação às condições internas está prejudicada.

No primeiro caso temos que distinguir novamente duas situações diferentes: 1.088

a. A adaptação às condições externas pode estar prejudicado pelo fato de o sujeito procurar adaptar-se apenas ao exterior, esquecendo totalmente o interior, prejudicando assim essencialmente o equilíbrio do ato de adaptação.

b. O distúrbio surge de uma adaptação preferencial ao interior.

---

* Dois manuscritos encontrados no arquivo do Clube de Psicologia de Zurique. Estão assinados por Jung, com data "outubro de 1916". Parece que são conferências.

1.089 Também a adaptação às condições internas pode ser prejudicada de duas formas:

a. Por adaptação exclusiva ao exterior.

b. Por negligência do exterior em benefício da adaptação ao interior.

1.090 C. *A energia da adaptação.* Estas considerações levam à energia do processo de adaptação. Quando a libido investida numa função não pode ser equilibrada pelo exercício da função, ela fica represada até atingir um valor que excede o do sistema mais próximo. Então começa o equilíbrio porque está presente um potencial. A energia flui de forma igual para um outro sistema. Se, portanto, a adaptação ao interior não for conseguida, a libido intencionada para este fim se acumula até começar a fluir do sistema de adaptação interna para o sistema de adaptação externa, sendo assim arrastadas para a adaptação externa características da adaptação interna, isto é, surgem fantasias na relação com o mundo externo real. E vice-versa, quando o sistema da adaptação externa transborda para o sistema da adaptação interna, são arrastadas para a adaptação interna características da adaptação externa, ou seja, as qualidades da função da realidade.

1.091 D. *Adaptação na análise.* A adaptação na análise é uma questão especial. Abstraindo de circunstâncias muito prementes, durante a análise o mais importante é a própria análise. Não se trata de um imperativo categórico: "A análise deve ser a coisa principal", mas, conforme demonstra a experiência em geral, a análise tem o papel principal. Por isso um dos objetivos principais é a adaptação à análise que, para algumas pessoas, é representada pela pessoa do médico, para outras pela "ideia analítica". Trata-se de garantir a confiança: alguém que desconfia inconscientemente dos outros procura antes de mais nada certificar-se da personalidade do médico; um outro, que deseja ser informado principalmente sobre a confiabilidade dos métodos de pensar, procura antes de tudo entender as ideias básicas.

1.092 No andamento da análise, o primeiro precisa naturalmente compreender a ideia, e o último precisa adquirir a confiança na personalidade.

1.093 Quando a adaptação chegou a este ponto, considera-se que a análise alcançou seu objetivo prático, na medida em que se presume que este equilíbrio pessoal é a determinação e a exigência essenciais. A priori nada haveria a objetar contra esta concepção.

Mas a experiência mostra que em alguns casos, e não muito raros, o inconsciente faz uma exigência que se expressa inicialmente numa intensidade extraordinária da transferência e numa influência sobre a linha da vida do paciente. Esta transferência parece conter, à primeira vista, a exigência de uma adaptação bem intensa ao analista, o que pode ser aceito provisoriamente como tal, mas seu exagero é no fundo uma supercompensação da resistência contra o médico, que é sentida como irracional. Esta resistência se origina da necessidade de individuação e vai *contra* todas as adaptações aos outros. Mas como o rompimento da conformidade pessoal anteriormente conseguida significa o distúrbio de um ideal estético e moral, o primeiro passo da individuação é uma *culpa* trágica. A acumulação de culpa exige *expiação*. Esta expiação não pode ser oferecida ao analista, pois isto produziria de novo a conformidade pessoal. A culpa e sua expiação exigem nova função coletiva: assim como antes o objeto da fé e do amor, isto é, a figura do médico, foi um representante da humanidade, agora a humanidade é colocada no lugar do médico e a ela é oferecida a expiação pela culpa da individuação. 1.094

A individuação retira a pessoa da conformidade pessoal e, com isso, da coletividade. Esta é a culpa que o individualizado deixa para o mundo e que precisa tentar resgatar. Em lugar de si mesmo precisa pagar um resgate, isto é, precisa apresentar valores que sejam um equivalente de sua ausência na esfera coletiva e pessoal. Sem esta produção de valores a individuação definitiva é imoral e, mais do que isso, é suicida. Quem não souber produzir valores deveria sacrificar-se conscientemente ao espírito da conformidade coletiva. Para isso, faculta-se-lhe a possibilidade de escolher a coletividade à qual se quer sacrificar. Só na medida em que alguém produz valores objetivos pode ele individualizar-se. Todo passo para a individuação gera nova culpa que precisa de nova expiação. Por isso a individuação só é possível enquanto são produzidos valores substitutos. A individuação é exclusivamente adaptação à realidade interna e, por isso, um processo "místico". A expiação é adaptação ao mundo externo. Ela deve ser oferecida ao meio ambiente, com o pedido de que a aceite. 1.095

A priori o individualizado não tem direito a qualquer estima. Deve contentar-se com a estima que lhe vem de fora por causa dos valores que ele cria. A sociedade não tem apenas o direito mas tam- 1.096

bém o dever de desprezar o individualizado enquanto não produzir valores equivalentes, pois ele é um desertor.

1.097 Se, portanto, surgir na análise a exigência oculta de individuação sob a transferência excepcional, isto significa a despedida da conformidade coletiva e pessoal e a passagem para o isolamento, para a clausura do si-mesmo interior. Para o mundo externo só permanece visível a sombra da personalidade. Por isso o desprezo e o ódio por parte da sociedade. Mas a adaptação interna possibilita a conquista de realidades internas, podendo ser adquiridos valores para recuperar a coletividade.

1.098 A individuação continua sendo uma pose enquanto não forem criados valores positivos. Quem não for criativo o suficiente precisa estabelecer a conformidade coletiva com um grupo de sua livre escolha, caso contrário fica sendo uma pessoa perniciosa e vazia e um pedante. Quem produz valores *não reconhecidos* pertence aos desprezados; e a culpa é exclusivamente sua, pois a sociedade tem direito a *valores utilizáveis*. A sociedade atual é sempre o ponto de transição absolutamente importante do desenvolvimento do mundo e que exige a maior colaboração do indivíduo.

II. INDIVIDUAÇÃO E COLETIVIDADE

1.099 Individuação e coletividade são um par de opostos, dois destinos divergentes. Encontram-se numa relação mútua de culpa. O indivíduo é obrigado, por exigência da coletividade, a comprar sua individuação através de uma obra equivalente em favor da sociedade. Enquanto *isto* for possível, também é possível a individuação. Quem não puder fazê-lo deve submeter-se à exigência direta da coletividade, isto é, às exigências da sociedade que automaticamente toma conta dele. A exigência da sociedade é a *imitação* ou a identificação consciente, isto é, um trilhar de caminhos aceitos e autorizados. Só está livre disso quem produz um equivalente. Há muitas pessoas incapazes de produzir esse equivalente. Por isso estão presas ao caminho traçado. Se dele forem expulsas, são tomadas de ansiedade incurável e só um outro caminho prescrito pode livrá-las. Tais pessoas só podem chegar à autonomia após longa imitação de um modelo por elas escolhido. Quem *tiver permissão* de se individualizar devido a aptidões especiais tem que suportar o desprezo da sociedade até que tenha produzido seu equivalente. Poucos são capazes disso, pois a individuação exclui a renúncia à conformidade coletiva até que seja fornecido um equivalente reconhecido objetivamente. A relação humana se estabelece automaticamente com base num equivalente reconhecido, pois a libido da sociedade vai diretamente a ele. Sem o equivalente, toda tentativa de conformidade está fadada ao fracasso.

1.100 Através da imitação são reativados os valores próprios da pessoa. Cortando-se a imitação eles são sufocados em embrião. Surge, então, a ansiedade incurável. Quando o analista propõe a imitação como exigência, isto é, como exigência de adaptação, ocorre de novo um distúrbio dos valores no paciente, pois a imitação é um processo automático, com leis próprias, que vai tão longe e durante tanto tempo quanto seja necessário. Ele tem limites bem determinados que o analista nunca pode conhecer. Pela imitação o paciente aprende a individuação, porque ela reativa os valores que são próprios dele.

1.101 A função coletiva divide-se em duas funções que, no entanto, são idênticas "mística" ou metapsicologicamente:

1. A função coletiva em relação à sociedade.

2. A função coletiva em relação ao inconsciente.

1.102 Enquanto psique coletiva, o inconsciente é a representação psicológica da sociedade. A persona não pode ter relação com o inconsciente pois é coletivamente idêntica a ele, sendo ela própria coletiva. Por isso a persona deve ser extinta ou devolvida ao inconsciente. E assim a individualidade surge como um polo que polariza também o inconsciente que, por sua vez, produz o polo oposto: o conceito de Deus.

1.103 O indivíduo precisa agora consolidar-se separando-se totalmente da divindade e tornando-se ele mesmo. Com isso e ao mesmo tempo separa-se da sociedade. Exteriormente mergulha na solidão e internamente, no inferno, no afastamento de Deus. E assim carrega-se de culpa. Para expiar esta culpa, entrega seu bem à alma que o leva a Deus (o inconsciente polarizado), e Deus dá um presente (uma reação produtiva do inconsciente) que a alma traz para o indivíduo que o entrega à humanidade. Ou o caminho pode ser outro: para expiar a culpa, o indivíduo entrega seu bem seu amor, não à alma mas à outra pessoa que representa sua alma: através dessa pessoa vai para Deus e através dela volta para o amante, e assim enquanto esta pessoa representar sua alma. Portanto, enriquecido, o amante começa a repassar também para sua alma o bem recebido, e vai recebê-lo novamente de Deus, enquanto for sua meta chegar tão alto que possa estar em solidão perante Deus e a humanidade.

1.104 Portanto, como indivíduo, posso satisfazer minha função coletiva dando meu amor à alma e assim conseguir o resgate que devo à sociedade humana ou, como amante, amando o ser humano através do qual obtenho o presente de Deus.

1.105 Mas também aqui há uma divergência entre a coletividade e a individuação. Quando a libido de alguém vai para o inconsciente, menos vai para a pessoa humana; quando se dirige à pessoa humana, menos vai para o inconsciente. Mas quando se dirige a uma pessoa humana, e for verdadeiro amor, é o mesmo que a libido ir diretamente ao inconsciente, pois a outra pessoa é um representante muito forte do inconsciente, mas apenas quando é amada de verdade.

1.106 Somente então o amor lhe dá a qualidade de mediadora que de outro modo e por si mesma nunca teria conseguido.

Prefácio à edição húngara de "Psicologia do inconsciente"*

A tradução húngara de meu livro *Psicologia do inconsciente*[1], primorosamente feita por Dr. Peter Nagy e cuidadosamente confrontada e revista pela Dra. Jolande Jacobi, merece ser saudada como algo novo, pois é a primeira vez que se publica em húngaro algum de meus escritos. Com exceção de algumas traduções russas, esta é a primeira tradução de um de meus escritos originais numa língua da Europa Oriental. Sou grato a Jolande Jacobi não só por ter conseguido isso, mas especialmente por ter colaborado na revisão e edição do livro, dando sempre sugestões pertinentes. Deve-se também à sua colaboração consciensiosa que a edição húngara traga um índice analítico, que falta na edição suíça, bem como um pequeno glossário para explicar a terminologia, muitas vezes difícil e nova, empregada no livro. 1.107

Para mim é uma satisfação muito grande que meu trabalho alcance agora os leitores húngaros e aquele país do qual me chegam constantes sinais de vivo interesse pelo assunto. Com este prefácio espero pagar uma pequena parte de minha dívida de gratidão ao menos indiretamente. Dentre meu grande número de alunos, todos do Ocidente, Dra. Jacobi é a primeira húngara; trabalhou durante longos anos em Zurique sob minha orientação pessoal e conseguiu um profundo conhecimento do vasto e difícil campo da psicologia do inconsciente. Demonstrou isso em seu livro *A psicologia de C.G. Jung*[2], 1.108

---

* Bevezetés a Tudattalan Pszichologiájába, tradução de Peter Nagy (Biblioteca, Budapeste, 1948).

1. JACOBI, J. *Die Psychologie von C.G. Jung*. Eine Einführung in das Gesamtwerk. Zurique: [s.e.], 1940 [Prefácio de C.G. Jung. OC, 7].

2. Cf. adiante, nota antes do § 1.121.

que é uma excelente introdução à minha obra em geral. Seus conhecimentos garantem também a exatidão e fidelidade da tradução, tão necessárias ao tratar de um material difícil e delicado como é a psicologia do inconsciente.

1.109 Este ensaio não pretende ser uma exposição abrangente. Quer apenas informar o leitor sobre os principais problemas da psicologia do inconsciente e, assim mesmo, dentro dos limites fixados pela experiência médica direta. Uma vez que meu escrito não pretende ser mais do que uma introdução, as diversas relações com a história do pensamento humano como mitologia, religião, filosofia, psicologia dos primitivos etc., são apenas mencionadas.

Küsnacht-Zurique, janeiro de 1944

C.G. Jung

IX
A DINÂMICA DO INCONSCIENTE

(Relacionado ao vol. 8 da Obra Completa)

Prefácio a "Sobre a energia psíquica e a natureza dos sonhos"*

Prefácio à 1ª edição

1.110 Neste segundo volume de *Psychologischen Abhandlungen*[1] publico quatro trabalhos dos quais três só apareceram em língua inglesa[2]. Um dos ensaios trata do problema até agora não resolvido da interpretação dos sonhos; os outros três abordam uma questão, ao meu ver de importância capital, isto é, os fatores psíquicos fundamentais, as *imagens dinâmicas*, que me parecem exprimir a essência da energia psíquica. Meu conceito de energia psíquica, exposto pela primeira vez em *Transformações e símbolos da libido*[3], encontrou tanta oposição e mal-entendido que me pareceu indicado retrabalhar o problema da energia psíquica, dessa vez não sob o aspecto prático mas teórico. Por isso o leitor não precisa temer repetições.

Küsnacht-Zurique, 1928

C.G. Jung

---

* Título original: *Über die Energetik der Seele und andere psychologische Abhandlungen.*

1. Uma série editada por Jung. Cf. Adendos, § 1.825.

2. General Aspects of Dream Psychology, originalmente como The Psychology of Dreams. In: JUNG, C.G. *Collected Papers on Analytical Psychology* (1916); "Instinct and the Unconscious", publicado pela primeira vez em *British Journal of Psychology*, X/1, 1919. Londres. "The Psychological Foundations of Belief in Spirits", pela primeira vez em: *Proceedings of the Society for Psychical Research*, XXXI/79, maio de 1920. Londres.

3. Revisto em 1952, recebendo o título *Símbolos da transformação.*

Prefácio à 2ª edição

1.111 Os ensaios contidos neste volume são uma tentativa de colocar ordem na profusão caótica dos fenômenos psíquicos pela introdução de conceitos que são válidos também em outros campos. Como estamos ainda engatinhando nos conhecimentos psicológicos, nosso esforço se dirige para os conceitos e grupos de fatos elementares e não para as complicações individuais, abundantes em nossa casuística e que nunca serão explicadas completamente. O "modelo" freudiano da neurose e do sonho só dá uma explicação parcial do material empírico. Por isso a psicologia clínica deve procurar um aperfeiçoamento maior dos métodos e de seus conceitos psicológicos, precisamente porque a psicologia "acadêmica" recusou-se até agora a pesquisar empiricamente o inconsciente. Como sempre, cabe à psicologia clínica pesquisar a relação compensatória entre consciente e inconsciente, tão importante para a compreensão da psique como um todo.

1.112 Além das melhorias absolutamente necessárias não introduzi alterações substanciais no texto. O número de ensaios foi elevado para seis. Acrescentei um breve conspecto sobre a *teoria dos complexos*[4] e uma apresentação dos novos pontos de vista sobre a *pesquisa dos sonhos*[5].

Küsnacht-Zurique, maio de 1947[6]

O autor

---

4. "Considerações gerais sobre a teoria dos complexos". In: JUNG, C.G. *A natureza da psique*. Petrópolis: Vozes, 2011 [OC, 8/2].

5. "Da essência dos sonhos". In: JUNG, C.G. *A natureza da psique*. Petrópolis: Vozes, 2011 [OC, 8/2].

6. O livro foi publicado em 1948.

Sobre alucinação*

A alucinação não é apenas um fenômeno patológico mas também um fenômeno encontrado no âmbito da normalidade. A história da profecia bem como as experiências dos primitivos mostram que conteúdos psíquicos podem muitas vezes entrar na consciência sob a forma de alucinação. Sob este aspecto, apenas a *forma* é digna de nota, não a função, que outra coisa não é do que aquilo que chamamos de "estalo" ou intuição. Como a própria palavra indica, reside dentro desse fenômeno uma certa espontaneidade; é como se o conteúdo psíquico tivesse vida própria e penetrasse na consciência por força própria. A partir dessa peculiaridade do estalo é possível explicar a facilidade com que ele assume um caráter alucinatório. A linguagem comum conhece as transições do simples estalo para a alucinação. No caso mais brando a gente diz "aí eu pensei"; algo mais forte é "aí me ocorreu", mais forte ainda "parecia que uma voz interior dizia" e finalmente "era como se alguém gritasse dentro de mim", ou "eu ouvia nitidamente uma voz". 1.113

Via de regra tais alucinações provêm de uma personalidade mais madura e ainda subliminar, que ainda não é capaz de uma consciência direta, como indicam as observações em sonâmbulos. No caso dos curandeiros primitivos, elas provêm de um pensar ou intuir subliminar que naquele grau cultural ainda não é capaz de ser consciente. 1.114

---

* Contribuição a um debate num encontro da Associação Suíça de Psiquiatria, em Prangins, perto de Genebra, 1933. Publicado em: *Schweizer Archiv für Neurologie und Psychiatrie*, XXXII, 1933, p. 382. Zurique.

Prefácio à obra de Schleich: "Die wunder der Seele"*

1.115 Quando, após muitos anos, retomei as obras de Carl Ludwig Schleich e tentei abarcar num quadro mais amplo o mundo mental desse notável pensador, tive a mesma impressão indelével que me causou outrora um pensador tão diferente e, ao mesmo tempo, tão semelhante: Paracelso. É muito diferente esse pensador contemporâneo dos humanistas modernos, separado de Paracelso por séculos de transformações culturais, sem falar de sua personalidade. A impressão que tive quis parecer-me tola, mas chamou-me a atenção a afinidade dos opostos. Antes de mais nada pareceu-me importante que Paracelso estivesse no início de uma época na história da medicina e Schleich, no final dela. Ambos são representantes típicos de um período de transição e ambos são revolucionários. Paracelso abriu o caminho para a medicina científica, ainda que obscurecida às vezes por um animismo antiquado, mas cheia da mais viva preocupação por uma época em que as coisas intangíveis da psique seriam substituídas por um materialismo de massa. Schleich foi um revolucionário em sentido oposto. Mesmo cercado por um mundo de conceitos anatômicos e fisiológicos, estendeu a mão, com sábia convicção, para o campo psíquico ao qual Paracelso, seguindo a necessidade de seu tempo, teve que voltar as costas quase contra sua vontade. Ambos eram entusiastas, estimulados e fortalecidos pela certeza de sua previsão, otimistas crédulos, imperturbavelmente satisfeitos em sua esperança, pioneiros de uma nova concepção, seguros em seu caminho que parecia causar vertigens. Ambos olhavam sem medo para o campo

---

* "As maravilhas da alma". Berlim, 1934. Uma coletânea de ensaios. Schleich (1859-1922), cirurgião e escritor alemão, descobriu a anestesia local.

supra-humano e metafísico, ambos confessavam sua fé nas imagens eternas, profundamente gravadas na alma humana. Paracelso desce até o divino, mas para a matéria-prima essencialmente não cristã, o "hyliaster"[1] . Schleich, partindo da escuridão dos vasos sanguíneos, canais glandulares e neurofibrilas, subiu a escada do sistema nervoso simpático para uma psique transcendental que lhe aparece em toda a sua glória platônica no "lugar celestial". Ambos foram inspirados pela efervescência de uma época de decadência e mudança. Ambos nasceram fora de sua época, figuras estranhas, olhadas com desconfiança por seus contemporâneos. Os contemporâneos são sempre desatentos, não sabem e não compreendem que o entusiasmo e a exaltação aparentemente desmedida não se devem tanto ao temperamento pessoal, mas que provêm de fontes ainda desconhecidas e borbulhantes de um novo tempo. As pessoas da época de Nietzsche olhavam com desconfiança para a emoção vulcânica dele, e por muito tempo ainda se falará disso. Inclusive Paracelso foi desenterrado com gratidão depois de quatrocentos anos, e tentou-se ressuscitá-lo com roupagem moderna. O que acontecerá com Schleich? Já sabemos hoje que seu objetivo era aquela totalidade do processo psíquico e somático, que deu o mais forte impulso à pesquisa médica e biológica de nossos dias. Ainda que preso a uma linguagem herdada de uma época de materialismo científico, Schleich rompeu os estreitos limites de uma materialidade sem alma e ultrapassou aquele limiar, fechado pelas barricadas do preconceito, que separava a alma do corpo e que sufocava em botão qualquer tentativa de uni-los. Mesmo não conhecendo os meus esforços, que por muito tempo ficaram desconhecidos do público científico alemão, propugnou a seu modo, ombro a ombro comigo, pelo reconhecimento da alma como um fator "sui generis" e, assim, abriu um novo caminho para a psicologia que, até então, estava condenada a se virar sem a psique.

1.116 A investida feita por Paracelso abriu uma porta que levou da concepção medieval escolástica para o mundo ainda desconhecido da empiria do processo material. Esta é a grande realização dele que a medicina agradece. Também no caso de Schleich não são os fatos,

---

1. "Paracelso como fenômeno psíquico". In: JUNG, C.G. *Estudos alquímicos*. Petrópolis: Vozes, 2011 [OC, 13; §170s. ("hyliaster")].

métodos e leis isolados que o tornam importante, mas sua investida num novo campo de visão em que a soma dos fatos conhecidos aparece sob uma luz nova e diferente. Resumindo todo o conhecimento anterior e procurando um ponto de vista a partir do qual pudesse ter uma visão do todo, conseguiu escapar do círculo encantado do puro empirismo e tocou no próprio fundamento do método empírico, que é desconhecido da maioria das pessoas. Este algo fundamental é a relação entre a química do corpo e a vida psíquica. Paracelso decidiu em última análise em favor do "químico", apesar da lealdade a uma concepção do mundo dominado pelo espírito da autoridade máxima. Quatro séculos depois, Schleich decidiu em favor da animação psíquica, e assim elevou a psique de sua posição indigna, como simples produto subsidiário, para a posição de "auctor rerum". Com um golpe magistral, colocou os "mecanismos" e as "químicas" do corpo numa nova hierarquia. Um sistema nervoso simpático ainda presente que, apesar de um emaranhado aparentemente fortuito de nódulos ganglionares, regulava as funções vegetativas do corpo de modo surpreendentemente espantoso, tornou-se a matriz do sistema cérebro-espinal, cuja obra miraculosa, o cérebro, fascinava as mentes como controlador de todo o processo corporal. E mais ainda: o sistema simpático tornou-se o "nervo cósmico" misterioso, o verdadeiro "ideoplástico", a realização original e mais imediata de uma alma do mundo, construtora e mantenedora do corpo, que existiu antes de qualquer mente e corpo. O "hyliaster" de Paracelso é assim destituído de seu segredo criador profundo. Novamente a solidez e a tangibilidade da matéria, cridas com tanto fervor e tão convincentes aos sentidos, dissolvem-se em maia, numa simples emanação do pensamento e vontade primordiais, invertendo-se as ordens e os valores. O intangível, a psique, torna-se o fundamento; o sistema simpático "meramente vegetativo" torna-se o possuidor e o realizador dos segredos inconcebíveis e criadores, o portador e mediador da vontade vivificante da "alma de tudo" e em última análise, o arquiteto do cérebro, esta mais nova conquista de uma vontade preexistente. O que estava aparentemente oculto sob a esplêndida grandiosidade do sistema cérebro-espinal do portador da consciência, que parecia idêntico à psique – este mesmo sistema simpático é "psique" num sentido mais profundo e abrangente do que o conjunto dos campos corticais do cérebro. Apesar de sua insignificância quantitativa e qualitativa, é o expoente de uma psique muito superior à consciência em profundidade e abrangência, e não está como esta exposta às poções do sistema endócrino, mas ela mesma produz essas secreções mágicas com objetivo bem direcionado.

1.117 Assim como Paracelso se viu obrigado a misturar em sua retorta alquímica sílfides, súcubos, ervas de bruxas, amuletos de carrascos e fé fuliginosa de carvoeiros com intuições da verdade, também Schleich falou a linguagem da melhor "mitologia cerebral" da época pré-guerra e, mesmo assim, penetrou nos problemas e símbolos mais profundos da psique humana, seguindo sua intuição e sem saber o que estava fazendo. Sua imaginação superabundante transformou metáforas de linguagem em formas e figuras que, sem ele saber, são arquétipos do inconsciente que se manifestam em toda parte onde a introspecção exploradora procura sondar as profundezas da psique, como na ioga hindu ou chinesa.

1.118 Portanto, Schleich foi um pioneiro não apenas na medicina somática mas também nos campos mais remotos da psicologia, isto é, lá onde ela se encontra com os processos vegetativos corporais. Esta é sem dúvida a área mais escura e que a pesquisa científica tentou em vão elucidar há muito tempo. Foi exatamente esta área escura que fascinou Schleich e libertou um afluxo de ideias imaginativas. Elas não trouxeram fatos novos mas certamente estimularão novas interpretações e novos modos de observação. A história da ciência mostra que o progresso no conhecimento não consiste sempre na descoberta de fatos, mas muitas vezes na abertura de novos questionamentos e pontos de vista hipotéticos. Uma das ideias preferidas de Schleich, isto é, de uma psique estendida por todo o corpo, mais dependente do sangue do que da massa cinzenta, é uma questão genial cuja importância ainda não foi avaliada. De qualquer forma, levou o autor a certas conclusões sobre as condições do processo psíquico que confirmaram minhas pesquisas a partir de um aspecto bem diferente. Refiro-me especialmente aos fatores históricos que determinaram o pano de fundo psíquico, conforme expus em minha teoria do inconsciente coletivo. O mesmo se pode dizer da relação misteriosa entre a psique e a localização geográfica que Schleich vinculou com a qualidade da alimentação, uma possibilidade que não pode ser descartada sem mais. Quando examinamos as notáveis mudanças psíquicas e biológicas que sofrem os imigrantes europeus na América[2], não é possível disfarçar a impressão de que aqui a ciência encontra importantes problemas a resolver.

1.119 Ainda que o pensamento e a linguagem de Schleich estejam ligados totalmente aos dados do corpo, estava impressionado com a natureza incorporal da psique. Percebia nos sonhos a ausência de espaço e tempo; para ele a histeria era um "problema metafísico" – metafísico porque em nenhum outro lugar as capacidades "ideoplásticas" da psique inconsciente eram mais palpáveis e evidentes do que na neurose. Olhava com espanto para as mudanças corporais operadas pelo inconsciente na histeria. Neste seu espanto quase infantil percebe-se que estas observações lhe eram totalmente novas e inesperadas, ainda que para a psicopatologia já fossem verdades rudimentares. Mas vemos assim de que geração de ciência médica ele provinha – uma geração cegada pelos preconceitos, que não dava a menor importância à ação da psique sobre o corpo e inclusive, achava que a psique poderia ser dispensada. Considerando esta falta de conhecimentos psicológicos, é de admirar ainda mais que Schleich tivesse chegado a um reconhecimento da psique e a uma total reviravolta da causalidade biológica. Suas conclusões parecem quase radicais demais, pois avançam para campos onde a crítica filosófica escapa aos limites da compreensão humana.

1.120 O conhecimento limitado de psicologia e de reflexão filosófica e o entusiasmo pela especulação intuitiva deram origem a certa falta de autorreflexão e de aprofundamento da problemática. Surgiram assim pontos superficiais como, por exemplo, a cegueira em relação ao processo psíquico dos sonhos que ele observa através das lentes do preconceito materialista. Falta também a noção da problemática filosófica e moral, havendo uma identificação da consciência com a função hormonal. Mas com isso o autor paga o inevitável tributo ao seu passado científico e ao espírito da época do imperador Guilherme, onde a autoridade da ciência se resumia numa presunção cega e o in-

---

2. "Sobre o inconsciente". In: JUNG, C.G. *Civilização em transição*. Petrópolis: Vozes, 2011 [OC, 10/3; § 18] • "Alma e terra". In: JUNG, C.G. [0/3]; § 94s.]; • "As complicações da psicologia americana". In: JUNG, C.G. [OC, 10/3; § 947s. e 970s.].

telecto era uma besta devoradora. Mas Schleich viu claramente que se a medicina considerasse apenas o corpo e não tivesse olhos para o ser humano vivo, haveria de cair na estupidez completa. Por isso afastou-se da investigação dos simples fatos e usou seus conhecimentos de biologia para fins mais amplos, para construir uma visão sinótica que erradicasse os graves erros de um materialismo obsoleto. O século XIX fez todo o possível para desacreditar a psique; e foi mérito de Schleich trazer à luz o significado psíquico dos processos vitais. Suas obras podem servir de introdução à reviravolta que ocorreu em nossa concepção geral e são uma ruptura com a estupidez de nosso academicismo exclusivamente professoral.

C.G. Jung

Prefácio a "Die psychologie von C.G. Jung", de Jacobi*

1.121 Creio que a presente obra vem ao encontro de uma necessidade sentida em geral e que eu pessoalmente não pude satisfazer: o desejo de uma apresentação concisa de minhas teorias psicológicas. Meu esforço no campo da psicologia foi essencialmente um trabalho pioneiro que não me deixou tempo nem oportunidade de uma apresentação sistemática. Dra. Jacobi realizou com êxito esta tarefa difícil, fazendo uma exposição sem o lastro dos detalhes científicos. Com isso surgiu uma sinopse que abrange ou, ao menos, aborda o essencial, de modo que o leitor – com auxílio das referências e bibliografia de meus escritos – possa ter uma orientação precisa e concisa sobre o que deseja saber. Outro mérito do texto é que apresenta uma série de diagramas que ajudam a entender certas relações funcionais.

1.122 Especial satisfação para mim foi que a autora não incentivou a opinião de que minhas pesquisas eram um sistema doutrinal. Exposições desse tipo resvalam facilmente para um estilo dogmático, o que contraria totalmente meu ponto de vista. Estou plenamente convencido de que o tempo de uma teoria geral, que abranja todos os conteúdos, processos e fenômenos da psique de um ponto de vista central, ainda não chegou; por isso considero minhas pesquisas como propostas e tentativas de formular uma psicologia científica diferente que se baseia em primeiro lugar na experiência direta das pessoas. Não se trata de uma psicopatologia, mas de uma psicologia geral que abrange também o material empírico da patologia.

---

* JACOBI, J. *Die Psychologie von C.G. Jung*. Eine Einführung in das Gesamtwerk. Zurique: [s.e.], 1940. Cf. adiante § 1.134.

1.123 Espero que este livro não forneça apenas uma visão geral de minha atividade pesquisadora para muitos, mas que lhes economize tempo em seus próprios estudos.

Agosto de 1939

C.G. Jung

PREFÁCIO À EDIÇÃO ESPANHOLA[1]

1.124 Causa-me especial satisfação que o presente livro seja publicado em espanhol. Levará ao público espanhol os mais recentes desenvolvimentos de uma psicologia que nasceu das experiências da prática médica. Esta psicologia trata dos fenômenos psíquicos complexos que são encontrados na vida cotidiana. Não é uma ciência acadêmica abstrata, mas uma formulação de experiências práticas, orientada por método científico. Por isso, esta psicologia inclui em seu âmbito grandes áreas de outras ciências e da vida em geral. Meus votos de bom êxito acompanhem este livro em sua viagem pelo mundo.

C.G. Jung

1. JACOBI, J. *La Psicología de C.G. Jung*. Madri: [s.e.], 1947 [Tradução de José M. Sacristan].

Prefácio a "Psychic energy", de Harding*

1.125 É com grande satisfação que atendo ao desejo da autora de ter um prefácio de minha autoria. O livro apresenta uma visão abrangente das experiências da prática analítica, conforme a necessidade sentida por alguém que durante muitos anos cumpriu conscienciosamente seus deveres médicos. No correr do tempo acumulam-se intuições e conhecimentos, desilusões e satisfações, lembranças e conclusões em tal quantidade que gostaríamos de nos livrar desse peso, na esperança não apenas de jogar fora um lastro inútil, mas que se apresente uma síntese que possa ser proveitosa ao mundo de hoje e do futuro.

1.126 Raras vezes sorri ao pioneiro a felicidade de fazer um resumo definitivo de todas as suas experiências. Seus esforços e fadigas, dúvidas e incertezas penetram tão fundo em seus ossos nesta viagem desbravadora que não lhe permitem ter a distância e a clareza necessárias para uma exposição resumida e completa. A geração seguinte que pode aproveitar as experiências tateantes, os acertos ocasionais, os rodeios, as meias verdades e os erros dos pioneiros, estará mais aliviada e poderá trilhar caminhos mais retos e ter em vista objetivos mais distantes. Está livre de muitas dúvidas e hesitações, pode concentrar-se no essencial e, assim, apresentar um quadro mais simples e mais claro do território recém-descoberto. Esta simplificação e clareza virão em benefício da terceira geração que estará munida de um conspecto geral. Estará assim em condições de formular novos questionamentos e traçar limites mais precisos do que anteriormente.

---

* M. Esther Harding. *Psychic Energy*. Its Source and Goal (A energia psíquica. Sua origem e sua meta.) Nova York/Londres: [s.e.], 1947 [Bollingen Series X]. A autora (1889-1971), inglesa, exercia a profissão em Nova York. O prefácio foi escrito em alemão. Prefácios a outras obras de Harding nos §1.228s. e 1.795s.

Podemos congratular a autora pelo êxito de sua tentativa de dar uma orientação geral sobre a problemática da psicoterapia médica em seus aspectos mais modernos. Para isso contribui sua experiência de muitos anos; aliás, sem ela a iniciativa teria sido impossível. Não se trata, como muitos pensam, de uma "filosofia", mas de fatos e de sua formulação que, por sua vez, foram experimentados na prática. Conceitos como "sombra" e "anima" não são invenção intelectual, mas designações de fatos psíquicos muito complexos que podem ser comprovados empiricamente. Esses fatos podem ser observados por todos que se dão este trabalho e que sabem colocar de lado seus preconceitos. Conforme mostra a experiência, isto parece ser bem difícil. Muitos ainda estão presos ao preconceito de que os arquétipos sejam ideias herdadas. Tais suposições, desprovidas de qualquer fundamento, tornam impossível uma compreensão maior. 1.127

É de se esperar que o livro de Harding, com sua exposição simples e lúcida, seja especialmente indicado para esclarecer esses mal-entendidos absurdos. Nesse sentido pode prestar grande serviço não só ao médico mas também ao paciente. Gostaria de sublinhar de modo especial este último aspecto. Sem dúvida, é necessário que o médico tenha uma compreensão adequada do material à sua frente; mas o fato de só ele o compreender não ajuda muito ao paciente, pois este sofre de falta de consciência e deveria por isso tornar-se mais consciente. Para tanto precisa de conhecimentos; e quanto mais conhecimentos obtiver, maior será sua chance de superar suas dificuldades. O livro de Harding eu o recomendaria a meus pacientes que necessitam de maior autonomia psíquica. 1.128

Küsnacht-Zurique, julho de 1947

C.C. *Jung*

Discurso por ocasião da Fundação do Instituto C.G. Jung em Zurique

24 de abril de 1948

1.129 É com grande alegria e especial satisfação que lhes dirijo a palavra neste dia memorável da fundação de um Instituto para o estudo da psicologia dos complexos. Os senhores aqui vieram com o louvável propósito de fundar esse órgão de pesquisa que pretende levar adiante o trabalho por mim iniciado. Permitam-me que lhes diga algumas palavras sobre o que foi realizado até agora e o que se pretende no futuro.

1.130 É sabido que iniciei meu trabalho no campo da psiquiatria há quase cinquenta anos. Naquela época o terreno da psicopatologia e da terapia psíquica era praticamente inexplorado. Freud e Janet haviam recém-começado a lançar o fundamento da metodologia da observação clínica e Théodore Flournoy, em Genebra, havia dado sua contribuição à biografia psicológica, que está longe ainda de receber seu justo valor. Com a ajuda do experimento de associações de Wundt, tentei avaliar com a maior exatidão possível a peculiaridade do estado psíquico de pessoas neuróticas e psicóticas. Diante do preconceito leigo de que a psique era de um subjetivismo incalculável e de uma arbitrariedade ilimitada, era minha intenção examinar precisamente o processo psíquico aparentemente mais subjetivo e mais complicado, ou seja, a reação associativa, e descrever sua natureza em quantidades numericamente expressíveis. Este trabalho levou diretamente à descoberta dos *complexos com carga emocional* e indiretamente a uma nova questão, isto é, ao problema da *atitude* que influencia decisivamente a reação associativa. A resposta dessa questão foi encontrada através da observação clínica de pacientes e através da análise de seu comportamento. Dessas pesquisas resultou uma *tipologia psicológica* que distingue dois tipos de atitude, o extrovertido e o introvertido, e quatro tipos-função, correspondendo às quatro funções orientadoras da consciência.

1.131 A existência dos complexos e das atitudes típicas não poderia ser explicada suficientemente sem a hipótese do inconsciente. Portanto, desde o começo, os experimentos e a pesquisa, acima mencionados, andavam em paralelo com a investigação dos processos inconscientes. Isto levou, por volta de 1912, à descoberta do *inconsciente coletivo*. Este termo técnico foi cunhado mais tarde. Uma vez que a teoria dos complexos e a psicologia dos tipos ultrapassou os limites do campo específico da psiquiatria, a abrangência do objeto da pesquisa assumiu proporções desmedidas com esta hipótese. Tornaram-se objeto da psicologia dos complexos não apenas o campo da psicologia normal, mas também a psicologia dos povos, o folclore e a mitologia no sentido mais amplo. Esta expansão manifestou-se externamente na colaboração do sinólogo Richard Wilhelm e do indianista Heinrich Zimmer. Ambos são falecidos, mas a nossa ciência não esqueceu sua inestimável contribuição. Wilhelm levou-me a conhecer a alquimia chinesa da Idade Média e abriu-me o caminho para entender os precedentes medievais de nossa psicologia moderna. A lamentável lacuna, aberta pela morte desses dois colaboradores, fez surgir há poucos anos Karl Kerényi, um dos mais brilhantes filólogos de línguas antigas de nosso tempo. Assim se realizou um dos meus desejos mais sonhados, e a nossa ciência recebeu mais uma ajuda.

1.132 Os conhecimentos originalmente adquiridos no âmbito da psicopatologia e da psicologia normal apresentaram-se como chave não só para a compreensão dos textos taoístas extremamente difíceis mas também da abstrusa mitologia hindu, e Kerényi nos presenteou com tal profusão de conexões com a mitologia grega que não se pode mais duvidar da fecundação mútua dos dois ramos da ciência. Assim como Wilhelm despertou o interesse pela alquimia e tornou possível uma interpretação autêntica dessa filosofia até então pouco conhecida, os trabalhos de Kerényi estimularam uma série de pesquisas psicológicas, principalmente o estudo e o esclarecimento de um dos problemas psicoterapêuticos mais importantes que é *o fenômeno da transferência*[1].

1.133 Recentemente delineou-se uma conexão tão inesperada quanto promissora entre a psicologia dos complexos e a física, melhor dizendo, e a microfísica. Do lado psicológico foi C.A. Meier quem primeiro indicou a analogia complementar dessa concepção. Do lado da física foi Pascual Jordan que se aproximou da psicologia, chamando a atenção para o fenômeno da relatividade espacial que se aplica igualmente aos fenômenos do inconsciente. Wolfgang Pauli tomou em base mais ampla a relação com o novo problema "psicofísico", examinando-o do ponto de vista da formação de teorias científicas e de seus fundamentos arquetípicos. Em duas conferencias recentes mostrou como a tríade arquetípica ou a trindade constituíram o ponto de partida da astronomia de Kepler e como a polêmica de Fludd se baseava na tese alquimista da quaternidade. O objeto da discussão era a *proportio sesquitertia* ou a proporção de 3 : 1, um problema fundamental também da psicologia do inconsciente. Trinta anos atrás, o problema se apresentou na psicologia primeiramente como fenômeno tipológico, isto é, como a relação de três funções relativamente diferenciadas com uma função inferior e contaminada pelo inconsciente. Desde então o problema se ampliou e aprofundou muito pelo estudo dos textos gnósticos e alquímicos. Aparece lá, em parte, como *casamento quaternio* social ou folclórico que deriva originalmente do primitivo *cross-cousin-marriage* e, em parte, como diferenciação da série de elementos em que um ou outro elemento, normalmente o fogo ou a terra, são destacados dos outros três. O mesmo problema aparece na controvérsia entre o ponto de vista trinitário e quaternário na alquimia. Na psicologia dos complexos, o símbolo da quaternidade foi apresentado como expressão da totalidade psíquica; também pôde ser apresentada a *proportio sesquitertia* como fenômeno frequente do simbolismo produzido inconscientemente. Se, como se supõe, a quaternidade, ou a acima referida proporção, não for ape-

---

1. Cf. "A psicologia da transferência": Comentários baseados em uma série de figuras alquímicas. In: JUNG, C.G. *A prática da psicoterapia*. Petrópolis: Vozes, 2011 [OC, 16/1]. Cf. tb. *Mysterium Coniunctionis*: Pesquisas sobre a separação e a composição dos opostos psíquicos na alquimia. 2 vols. Petrópolis: Vozes, 2011 [OC, 14].

nas um esquema básico do conceito de totalidade mas for inerente à natureza do processo microfísico observado, somos levados a concluir que o contínuo espaço e tempo, incluindo a massa, é psiquicamente relativo ou, em outras palavras, forma uma unidade com a psique inconsciente. Consequentemente deveria haver fenômenos que pudessem ser explicados por uma relatividade psíquica de tempo, espaço e massa. Além de inúmeras observações individuais, os experimentos realizados pela Duke University e em outros lugares por Rhine forneceram provas suficientes disso. Os senhores me perdoem se entrei em detalhes sobre as relações mais recentes de nossa psicologia com a física. Mas devido à grande importância dessa questão não me parece supérfluo um esclarecimento maior.

1.134 Para arredondar o quadro do estado atual da psicologia dos complexos, gostaria de mencionar alguns trabalhos de maior expressão de discípulos meus. Entre eles incluo a introdução aos fundamentos da psicologia dos complexos, de Toni Wolff, um trabalho que se destaca por sua clareza filosófica; os livros de M. Esther Harding sobre a psicologia feminina, a análise da *Hypnerotomachia* de Polifilo, de Linda Fierz-David, uma obra-prima da psicologia medieval; a valiosa introdução à psicologia dos complexos, de Jolan Jacobi; os livros sobre psicologia infantil de Frances G. Wickes, muito interessantes por causa do material apresentado; o grande livro de H.G. Baynes, *Mythology of the Soul*; um estudo sinótico de Gerhard Adler; uma obra imponente e em vários volumes sobre a psicologia dos contos de fadas, de Hedwig Von Roques[2] e Marie-Louise Von Franz; e, finalmente, um livro de grande envergadura sobre a evolução da consciência, de Erich Neumann.

1.135 De particular interesse são as repercussões da psicologia dos complexos no campo da psicologia da religião. Trata-se de autores que não são discípulos pessoais meus. Lembro o excelente livro de Hans Schaer, do lado protestante, e os escritos de W.P. Witcutt e Victor White, que discutem as relações de nossa psicologia com a filosofia tomista, e, finalmente, a primorosa exposição dos conceitos

---

2. *Symbolik des Märchens* e *Gegensatz und Eneuerung im Märchen*. Berna: [s.e.], 1959 – de Hedwig von Beit (nome de solteira da senhora Von Roques); as publicações se baseiam no trabalho da Dra. Marie-Louise von Franz.

básicos, feita por Gerhard Frei, cuja erudição fora do comum faculta uma compreensão sob todos os aspectos.

1.136 Ao quadro do passado e do presente devo tentar agregar um que diga respeito ao futuro. Isto naturalmente só pode assumir a forma de indicações programáticas.

1.137 As múltiplas possibilidades de um desenvolvimento futuro da psicologia dos complexos correspondem às diversas fases evolutivas pelas quais já passou. No que se refere a seu aspecto psicológico-experimental, ainda persistem muitas questões que deveriam ser trabalhadas com métodos experimentais e estatísticos. Tive que deixar incompletas várias iniciativas porque tarefas mais urgentes reclamaram meu tempo e dedicação. Assim, não explorei ainda todas as possibilidades do experimento de associações. Por exemplo, ficou sem resposta a questão da renovação periódica da carga emocional por estímulos de complexos; o problema do hábito familiar de associação ficou parado em seus inícios promissores; o mesmo aconteceu com a pesquisa dos epifenômenos fisiológicos do complexo.

1.138 No campo médico e clínico falta uma casuística bem elaborada. Isto é compreensível porque, devido à enorme complexidade dos fenômenos, a exposição dos casos enfrenta dificuldades quase insuperáveis e faz as maiores exigências não só ao conhecimento e à aptidão terapêutica mas também à capacidade descritiva do pesquisador. No campo da psiquiatria seriam da maior importância análises de pacientes paranoides, ligadas a pesquisas comparativas de simbolismos. Para a psiquiatria seria de grande importância prática a pesquisa casuística dos sonhos, aliada ao simbolismo comparado. Especial atenção mereceriam a coletânea e a avaliação dos sonhos da primeira infância e dos sonhos pré-catastróficos, isto é, sonhos que ocorrem antes de acidentes, doenças e morte, bem como sonhos durante doenças graves e sob narcose. A investigação dos fenômenos psíquicos pré e pós-mortais também entra nesta categoria. Estes são particularmente importantes por causa da relativização do espaço e do tempo que os acompanha. Tarefa difícil mas interessante seria a pesquisa dos processos de compensação nos psicóticos e criminosos, bem como do objetivo da compensação em geral, isto é, da natureza de sua orientação.

No campo da psicologia normal, os assuntos mais relevantes para pesquisar seriam a estrutura psíquica da família em relação à hereditariedade, o caráter compensador do casamento e as relações emocionais em geral. Problema bem atual é o comportamento do indivíduo na massa e sua compensação inconsciente. 1.139

Uma rica colheita pode ser conseguida na área das ciências espiritualistas. Estamos atualmente na extrema periferia desse imenso campo de trabalho; a maior parte é terra virgem. O mesmo vale para os estudos biográficos, que são muito importantes para a história da literatura. Mas são principalmente as questões da psicologia da religião que aguardam um trabalho analítico. O estudo dos mitos religiosos trará maiores luzes não só para a psicologia dos povos mas também para enigmas epistemológicos, conforme indiquei acima. Neste sentido merecem especial atenção o símbolo da quaternidade e a *proportio sesquitertia,* portanto o alquímico *Axioma de Maria* (profetisa), tanto do lado psicológico como do lado da física. A física deveria preocupar-se com uma revisão do conceito de espaço e tempo; a psicologia precisaria de uma investigação e descrição mais sólida dos símbolos tetrádicos e triádicos e de seu desenvolvimento histórico; para isso Frobenius reuniu algum material. Também se fazem necessários estudos sobre os símbolos de objetivo ou de união. 1.140

Esta lista, feita mais ou menos ao acaso, não pretende ser completa. Mas o que apresentei é suficiente para dar-lhes uma ideia aproximada do que já foi realizado no campo da psicologia dos complexos e da direção que provavelmente tomarão as futuras pesquisas do Instituto. Muita coisa vai ficar no desejado. Nem tudo será realizado; a diferença individual de nossos colaboradores, por um lado, e a irracionalidade e imprevisibilidade de todo o desenvolvimento científico, por outro lado, providenciarão isso. Felizmente é prerrogativa de uma instituição não estatal e limitada a seus próprios recursos ter que produzir trabalhos de alta qualidade para continuar sobrevivendo. 1.141

A psicologia profunda*

1.142 Psicologia profunda é um conceito que nasceu da psicologia clínica recente (Eugen Bleuler), designando aquela ciência psicológica que trata do fenômeno do inconsciente.

1.143 Como ideia filosófico-metafísica, o inconsciente já ocorre bem cedo; basta ver as "petites perceptions" em Leibniz, o "eterno inconsciente" em Schelling, a "vontade não consciente" em Schopenhauer, o inconsciente como "absoluto divino" em Von Hartmann etc.

1.144 Na psicologia acadêmica do século XIX encontramos a concepção de inconsciente em casos isolados como, por exemplo, em Theodor Lipps, onde é empregado como conceito teórico básico e definido como "realidade psíquica que deve ser considerada subjacente à existência de um conteúdo da consciência"; ou em F.H.W. Myers e William James que assinalam a importância de uma psique inconsciente. Em Theodor Fechner, o inconsciente torna-se um conceito baseado na experiência. Contudo a abordagem empírica do inconsciente remonta na verdade aos tempos modernos, uma vez que até o final do século a psique foi na maioria das vezes identificado com a consciência, fazendo com que a ideia do inconsciente parecesse infundada (Wundt)[1].

---

* Este artigo foi escrito, em 1948, para o *Lexikon der Pädagogik*, II, 1951, p. 768-773. Berna.

1. (Referências bibliográficas de Jung): BLEULER, E. • LEIBNIZ, G.W. *Nouveaux essais*. II. [s.l.]: [s.e.], [s.d.]. • SCHELLING, F.W.J. • SCHOPENHAUER, A. *Welt als Wille und Vorstellung*. Leipzig: [s.e.], 1890/1891. • HARTMANN, E. von. *Philosophie des Unbewussten*. Lípsia: [s.e.], 1869; e *Der Begriff des Unbewussten in der Psychologie*. [s.l.]: [s.e.], [s.d.]. • LIPPS, Th. *Leitfaden der Psychologie*, Leipzig: [s.e.], 1906. • FECHNER, Th. *Psychophysik*. Lípsia: [s.e.], 1869. • WUNDT, W. *Grundzüge der physiologischen Psychologie*. Leipzig: [s.e.], 1902/1903.

Os pioneiros propriamente ditos *da fundamentação experimental do inconsciente* são dois representantes da psicologia clínica: Pierre Janet e Sigmund Freud, cujas pesquisas da vida psíquica patológica lançaram os fundamentos da moderna ciência do inconsciente. Janet destacou-se na pesquisa dos estados histéricos que ele desenvolveu em sua teoria da divisão psíquica e sobretudo da "dissociação psíquica parcial", distinguindo uma "partie supérieure" e uma "partie inférieure" da função. Igualmente proveitosa foi sua prova experimental das "ideias fixas" e "obsessões" e de seus efeitos autônomos sobre a consciência. 1.145

Mas o mérito de ter realçado o inconsciente como conceito básico da *psicologia experimental* cabe a Freud, o verdadeiro fundador da psicologia profunda que traz o nome de *psicanálise.* Ela apresenta um método especial de tratamento das doenças psíquicas, consistindo essencialmente em descobrir o que está "escondido, esquecido e reprimido" na vida psíquica. Freud era um neurologista. Sua teoria nasceu no consultório médico e sempre manteve esta característica. O pressuposto de sua concepção era a psique patológica e neuroticamente degenerada. 1.146

O desenvolvimento das ideias fundamentais de Freud pode ser descrito como segue. Ele começou a investigar os sintomas neuróticos, em especial a formação de sintomas histéricos, cuja origem psíquica Breuer – com a ajuda de uma paciente e com o emprego de um método tirado do hipnotismo – descobriu numa conexão causal entre os sintomas e certas experiências das quais o doente não tinha consciência. Nessas experiências Freud reconheceu emoções que foram de certa forma "bloqueadas" e das quais era preciso livrar o doente. Descobriu que havia uma relação significativa entre o sintoma e a experiência com carga emocional, de modo que as experiências conscientes que mais tarde se tornaram inconscientes eram parte essencial da formação de sintomas neuróticos. Devido à sua natureza penosa, as emoções haviam permanecido inconscientes. Depois disso, Freud desvinculou da hipnose sua técnica de "ab-reação" e desenvolveu-a no sentido da "livre associação" para trazer de volta à consciência do eu os processos inconscientes reprimidos. Com isso fixou a base de um método redutivo causal que encontraria aplicação especialmente na interpretação dos sonhos. 1.147

1.148 Para explicar o surgimento da histeria. Freud estabeleceu a teoria do trauma sexual. Descobriu que as experiências traumáticas eram particularmente dolorosas porque a maior parte delas era causada por impulsos instintivos oriundos da esfera sexual. A princípio achou que a histeria em geral provinha de um trauma sexual sofrido na infância. Mais tarde colocou o peso principal da importância etiológica nas fantasias sexuais infantis que se mostravam incompatíveis com os valores morais da consciência, sendo por isso reprimidas. A teoria da repressão é o cerne da concepção de Freud. E, de acordo com ela, o inconsciente é antes de mais nada um fenômeno de repressão, cujos conteúdos são elementos outrora conscientes da psique pessoal mas que agora se perderam. Segundo esta concepção, o inconsciente deve sua existência a um conflito moral.

1.149 Conforme demonstrou Freud, a existência desses fatores inconscientes pode ser comprovada pelas paraplexias (lapsos de linguagem, esquecimento, tresler etc.) e sobretudo pelos sonhos que são fonte importante de informação sobre os conteúdos inconscientes. É mérito especial de Freud ter feito dos sonhos novamente um problema da psicologia e haver tentado um novo método de interpretá-los. Explicou-os usando sua teoria da repressão e considerou-os como consistindo de elementos incompatíveis que, apesar de capazes de se tornarem conscientes, foram suprimidos pela censura de um fator moral inconsciente, de modo que os conteúdos reprimidos só podiam manifestar-se de forma mascarada, como realização encoberta de desejos.

1.150 A princípio, Freud descreveu o conflito instintivo subjacente a este fenômeno como o conflito entre o princípio do prazer e o princípio da realidade, tendo este a função de inibir. Mais tarde descreveu-o como oposição entre o instinto sexual e o instinto do eu (respectivamente, instinto da vida e instinto da morte). A obtenção do prazer foi correlacionada ao princípio do prazer, e os impulsos de formação cultural, ao princípio da realidade. Foi a cultura que exigiu o sacrifício da satisfação dos instintos, tanto da humanidade como um todo, quanto de cada um dos indivíduos. A resistência a este sacrifício levou à realização secreta de desejos, camuflada pela censura. O perigo dessa teoria está em fazer da cultura um substituto dos instintos naturais insatisfeitos, de modo que fenômenos psíquicos complexos como, por exemplo, a arte, filosofia e religião se tornem "suspeitos", sendo "nada mais do que" manifestação de repressões sexuais. Quer parecer-nos que a atitude negativa e redutiva de Freud para com os valores culturais seja um produto de seu condicionamento histórico. Sua posição diante do mito e da religião corresponde à posição do materialismo científico do século XIX. Dado o fato de que sua psicologia se ocupa principalmente das neuroses, o aspecto patológico da transformação do instinto reclama um lugar desproporcionalmente grande na teoria do inconsciente bem como das próprias neuroses. O inconsciente aparece como sendo essencialmente um apêndice da consciência; seus conteúdos são desejos, emoções e lembranças reprimidos que devem sua característica patogênica à sexualidade infantil. O conteúdo reprimido mais importante é o chamado complexo de Édipo que representa o caso-modelo de fixação dos desejos sexuais infantis na mãe e de oposição ao pai, nascida de sentimentos de inveja e de medo. Este complexo constitui o elemento básico da neurose.

1.151 A questão do dinamismo da formação inconsciente de fantasias levou Freud a uma concepção da maior importância para o desenvolvimento da psicologia profunda, isto é, o conceito de libido. A princípio considerou isso como um instinto sexual; mais tarde, ampliou o conceito, postulando a existência de "afluxos libidinosos", devidos à capacidade de deslocamento e de divisão da libido. Pesquisando a fixação da libido, Freud descobriu a transferência, um dado fundamental para a terapia das neuroses. Freud entende isto assim: o paciente, em vez de recordar os elementos reprimidos, os "transfere" para o analista na forma de uma vivência atual, isto é, ele os projeta e, assim, envolve o analista em seu "romance familiar". Dessa maneira sua doença é convertida na chamada neurose de transferência, isto é, ela se desenrola agora entre o médico e o paciente.

1.152 Mais tarde Freud ampliou o conceito de inconsciente e denominou o par de opostos consciente-inconsciente de "ego" e "id". (O conceito de id provém de Groddeck.) O id representa o dinamismo natural e inconsciente da pessoa, enquanto o ego constitui aquela parte do id que é modificada sob a influência do meio ambiente ou é substituída pelo princípio da realidade. Ao elaborar melhor as relações entre o ego e o id, Freud descobriu que o ego detém não apenas conteúdos conscientes mas também inconscientes; viu-se então obrigado a criar um conceito que caracterizasse a parte inconsciente do ego e que ele chamou de superego ou de ego ideal. Considerou isso como o representante da autoridade paterna, como sucessor do complexo de Édipo, que impele o ego a refrear o id: manifesta-se como consciência que, enquanto autoridade e moral coletiva, continua a ostentar o caráter do pai. O superego explica a atividade do censor nos sonhos[2].

1.153 Também Alfred Adler é incluído entre os fundadores da psicologia profunda. Mas a *psicologia individual,* por ele criada, só pode ser considerada como uma continuação parcial da linha de pesquisa iniciada por seu mestre Freud, pois apresenta o material empírico de um ponto de vista bem diferente. Em vez da sexualidade, coloca como fator etiológico principal o instinto de poder. A pessoa neurótica é para ele alguém enredado numa posição de combate com a sociedade, sofrendo um bloqueio em seu desenvolvimento espontâneo. Segundo essa concepção a pessoa nunca subsiste sozinha, mas conserva sua existência psíquica exclusivamente dentro da comunidade. Em contraste com a ênfase dada por Freud aos esforços instintivos, Adler acentua a importância dos fatores ambientais como causa possível do surgimento das neuroses. Os sintomas neuróticos e os distúrbios de caráter devem ser entendidos como resultado de uma valorização doentiamente exacerbada do eu que, em vez da adaptação à realidade, desenvolve um sistema de ficções ("linha diretriz ficcional"). Esta hipótese exprime um ponto de vista finalístico, diametralmente oposto ao método redutivo-causal de Freud, enfatizando a orientação para um objetivo. Trata-se da escolha de uma linha diretriz como

---

2. (Literatura): JANET. P. *L'Automatisme psychologique.* Essai de psychologie expérimentale sur les formes inférieures de l'activité humaine. Paris: [s.e.], 1889; *Les obsessions et la psychasthénie.* 2. vols. Paris: [s.e.], 1903; *Les Névroses.* Paris: [s.e.], 1909. • BREUER, J. & FREUD, S. *Studien über Hysterie.* Leipzig/Viena: [s.e.], 1895. • FREUD, S. *Die Traumdeutung.* Leipzig/Viena: [s.e.], 1900; *Drei Abhandlungen zur Sexualtheorie.* [s.l.]: [s.e.], 1905; *Der Witz und seine Beziehung zum Unbewussten.* [s.l.]: [s.e.], 1912; *Totem und Tabu.* [s.l.]: [s.e.], 1913; *Zur Psychopathologie des Alltagslebens.* [s.l.]: [s.e.], 1919; *Jenseits des Lustprinzips.* [s.l.]: [s.e.], 1920; *Das Ich und das Es.* • GRODDECK, G. *Das Buch vom Es.* [s.l.]: [s.e.], 1923. • BRUN, R. *Allgemeine Neurosenlehre.* [s.l.]: [s.e.], 1946 • KRANEFELDT, W.M. *Die Psychoanalyse.* [s.l.]: [s.e.], 1930 • ADLER, G. *Entdeckung der Seele.* [s.l.]: [s.e.], 1934 • JUNG, C.G. Sigmund Freud als kulturhistorische Erscheinung. In: *Wirklichkeit der Seele.* [s.l.]: [s.e.], 1934; Sigmund Freud. In: *Basler Nachrichten* [s.l.]: [s.e.], 1939.

esquema básico de todos os conteúdos psíquicos. Entre as possíveis ficções diretivas, Adler dá importância especial à consecução da superioridade e do poder sobre os outros, isto é, o instinto de "estar por cima". A fonte original dessa ambição mal orientada brota de um sentimento de inferioridade profundamente arraigado e que exige uma supercompensação no sentido de uma segurança da personalidade. Pode-se apontar muitas vezes como fator etiológico uma inferioridade orgânica primária, ou uma inferioridade na constituição global. As condições ambientais e sobretudo as influências ambientais da primeira infância desempenham certo papel na formação desse mecanismo psíquico, pois é nesta idade que são colocados os fundamentos do desenvolvimento da linha diretriz ficcional. A ficção de uma superioridade futura é alimentada por uma deturpação dos valores, dando-se importância exagerada à dicotomia por cima/por baixo, masculino/feminino, encontrando isso sua mais clara expressão no chamado protesto masculino.

1.154 Em Adler, os conceitos básicos de Freud sofreram uma transformação. O complexo de Édipo, por exemplo, recebe uma importância secundária em vista da ênfase na tendência de segurança. Também a doença é interpretada como arranjo neurótico para a construção de um plano de vida. A tendência repressiva perde sua importância causal, sendo entendida como instrumento a serviço de uma realização mais perfeita da linha diretriz. Até mesmo o inconsciente é apresentado como "artifício da psique", de modo que se pode questionar com razão se Adler ainda deve ser incluído no rol dos fundadores da psicologia profunda. Acompanhando esta classificação do inconsciente, também o sonho é considerado uma deturpação das coisas em benefício da segurança ficcional do eu e do apoio ao instinto de poder. Desconsiderando ocasionais distorções, não se pode menosprezar os serviços prestados por Adler e sua escola à fenomenologia dos distúrbios infantis da personalidade. É de salientar principalmente que toda uma categoria de neuroses só pode ser explicada realmente através do instinto de poder[3].

---

3. (Literatura): ADLER. A. *Studie über Mindewertigkeit von Organen*. [s.l.]: [s.e.], 1907; *Über den nervösen Charakter*. [s.l.]: [s.e.], 1912, *Praxis und Theorie der Individualpsychologie*. [s.l.]: [s.e.], 1920.

1.155 Freud começou como neurologista e Adler foi seu discípulo pessoal, enquanto C.G. Jung foi discípulo de Eugen Bleuler e começou sua carreira como psiquiatra. Antes de entrar em contato com as ideias de Freud, observou (1899), ao tratar de um caso de sonambulismo numa moça de quinze anos de idade, que o inconsciente continha os inícios de um desenvolvimento futuro da personalidade, o que neste caso deu origem a uma divisão da personalidade ("dupla personalidade"). Através de pesquisas experimentais (1903) sobre as associações, constatou que tanto nas pessoas normais quanto nas neuróticas o processo de reação era perturbado por complexos que foram dissociados ("reprimidos") e por complexos emocionais ("complexos de ideias com carga emocional"). Estes manifestavam-se através de sintomas bem definidos ("características de complexos"). Estes experimentos mostraram a existência do processo de repressão, descrito por Freud, e de suas consequências características. Em 1906. Jung entrou na polêmica em favor da descoberta de Freud. A chamada *teoria dos complexos* das neuroses afirmava que a neurose era causada pela dissociação de um complexo vital importante. Dissociação análoga de complexos podia ser comprovada na esquizofrenia. Nesta doença a personalidade era, por assim dizer, dissolvida em seus complexos, desaparecendo quase por inteiro o complexo normal do eu. Os complexos dissociados possuíam uma relativa autonomia, não ficando sob o controle da vontade consciente e não podendo ser corrigidos enquanto permanecessem inconscientes. Podiam facilmente personificar-se (por exemplo, nos sonhos), assumindo, com a crescente dissociação e autonomia, o caráter de personalidades parciais (daí vem a antiga concepção das neuroses e psicoses como estados de possessão).

1.156 Em 1907 Jung conheceu Freud pessoalmente. Deve a ele preciosas sugestões principalmente no campo da psicologia dos sonhos e do tratamento das neuroses. Mas em diversos pontos chegou a concepções diferentes das de Freud. A experiência pareceu indicar-lhe que não se justificava a teoria sexual da neurose e muito menos da esquizofrenia. O conceito de inconsciente precisava ser ampliado, pois o inconsciente não era apenas um produto da repressão, mas o solo materno e criador da consciência. Também era de opinião que o inconsciente não devia ser explicado apenas em termos personalistas, como simples fenômeno pessoal, mas em parte como fenômeno *cole-*

tivo. Consequentemente rejeitou o ponto de vista de que o inconsciente possuísse uma natureza apenas instintiva, e rejeitou também a teoria da realização dos desejos. Em vez disso acentuou em relação à consciência a natureza compensadora dos processos inconscientes e, portanto, seu caráter teleológico. Em lugar da teoria da realização dos desejos, introduziu a ideia de desenvolvimento da personalidade e da consciência, afirmando que os conteúdos do inconsciente não consistiam apenas de desejos incompatíveis mas principalmente de partes da personalidade até agora pouco desenvolvidas e inconscientes que lutavam por uma integração no todo do indivíduo. Nos neuróticos este processo de integração se manifesta no conflito entre a personalidade relativamente madura e a personalidade aparentemente infantil, descrita com muita propriedade por Freud. Este conflito tem caráter sobretudo pessoal e, por isso, pode ser explicado personalisticamente – o que, aliás, fazem os próprios pacientes, e de uma maneira que concorda não só em princípio mas também muitas vezes nos detalhes com a explanação de Freud. O critério dos pacientes é exclusivamente pessoal e egoísta, deixando de lado o aspecto coletivo, onde está a razão de sua doença. Nos esquizofrênicos, porém, predominam muitas vezes os conteúdos coletivos do inconsciente na forma de motivos mitológicos. Freud não concordou com essas modificações à sua concepção original e, por isso, os caminhos dos dois se separaram.

1.157 As diferenças e contradições que surgiram entre os pontos de vista de Freud e Adler sobre a explicação da neurose levaram Jung a pesquisar mais profundamente a atitude consciente, questão de fundamental importância para a função do inconsciente. Os experimentos de associação já haviam indicado um modo típico de reação. Agora eram observações e experiências clínicas que conduziam a uma tipologia da atitude. Como disposição geral e habitual de todo indivíduo, constatou-se uma tendência mais ou menos acentuada para a extroversão ou introversão, recaindo no primeiro caso o foco principal no meio ambiente e, no segundo caso, no sujeito. Estas atitudes da consciência determinam por sua vez um modo funcional correspondentemente modificado e compensador do inconsciente, isto é, na extroversão, o surgimento de exigências subjetivas inconscientes, e na introversão, ligações inconscientes com o objeto. Estas relações em parte complementares e em parte compensadoras se complicam por causa de uma participação simultânea das funções diversamente diferenciadas de orientação da consciência, isto é, a sensação, o pensamento, o sentimento e a intuição que são indispensáveis para um julgamento global. A função consciente principal é complementada ou compensada pela chamada função inferior, mas inicialmente na forma de um conflito.

1.158 Pesquisas ulteriores sobre o material coletivo do inconsciente, coletado primeiramente entre esquizofrênicos e depois também nos sonhos de pessoas neuróticas e normais, revelaram figuras ou motivos típicos, equivalentes a mitologemas, que receberam a designação de arquétipos. Estes não devem ser entendidos como ideias herdadas; são antes um correspondente psíquico daquilo que a biologia chama de "pattern of behaviour" (padrão de comportamento). O arquétipo é um modo do comportamento psíquico e, como tal, é um fator irrepresentável que ordena inconscientemente os elementos ou conteúdos psíquicos de forma a assumirem configurações típicas, assim como o tubo de ensaio ordena as moléculas numa solução saturada. As associações específicas, as imagens e representações da memória que compõem essas configurações variam indefinidamente de pessoa para pessoa. Uma das figuras arquetípicas mais claras é a personificação do inconsciente numa forma feminina, chamada *anima*. Este tipo é característico da psicologia masculina, uma vez que o inconsciente do homem é por natureza feminino; isto se deve provavelmente ao fato de o sexo do homem ser determinado por uma simples preponderância de genes masculinos. Com isso os genes femininos passam para o segundo plano. Na mulher o papel correspondente é desempenhado por uma forma masculina: o *animus*. Figura comum a ambos os sexos é a chamada *sombra*, uma personificação das partes inferiores da personalidade. Estas três figuras aparecem muitas vezes nos sonhos e fantasias de pessoas normais, neuróticas e esquizofrênicas. Menos frequentes são os arquétipos do "velho sábio" e da "mãe terra". Além desses há diversos motivos funcionais e situacionais como, por exemplo, subida e descida, o desfiladeiro, a tensão dos opostos, a suspensão, o mundo da escuridão, a invasão, a geração do fogo, os animais úteis e perigosos etc. Da maior importância é um arquétipo supostamente central, isto é, o si-mesmo que parece ser o ponto de referência para a psique inconsciente assim como o eu é o ponto de referência para a consciência. O simbolismo associado a este arquétipo se expressa, por um lado, através de formas circulares ou esféricas, de imagens quaternárias (também da "quadratura do círculo"), de motivos de vasos e do chamado simbolismo dos mandalas e, por outro lado, através da imagem da personalidade sobreposta (simbolismo do *anthropos*).

1.159 Esta constatação empírica mostra que o inconsciente tem duas camadas: uma camada superficial, representando o inconsciente pessoal, e uma camada mais profunda, representando o inconsciente coletivo. No primeiro estão os conteúdos pessoais, isto é, aquisições da existência individual, portanto coisas esquecidas e reprimidas, percepções subliminares e outros processos psíquicos que não atingem o limiar da consciência: ali estão incluídas também as antecipações de desenvolvimentos futuros e as percepções extrassensoriais[4]. A neurose baseia-se num conflito entre o inconsciente pessoal e a consciência, mas a psicose vai mais fundo e reside num conflito que inclui também o inconsciente coletivo. A grande maioria dos sonhos contém sobretudo material pessoal e desenrola-se no plano da oposição entre o eu e a "sombra", se é que existe algum conflito. Via de regra os sonhos normais só contêm um material de compensação da atitude consciente. Mas existem sonhos, relativamente raros (os "grandes" sonhos dos primitivos), que contêm motivos mitológicos claramente reconhecíveis. Eles têm especial importância para o desenvolvimento da personalidade. E já na Antiguidade tinham valor relevante na terapia psíquica.

1.160 Uma vez que o inconsciente pessoal contém os resíduos ainda ativos do passado bem como as sementes do futuro, ele exerce uma influência direta e considerável sobre o comportamento consciente do indivíduo. Todos os casos de comportamento incomum dos filhos deveriam ser examinados em relação a seus antecedentes psíquicos (uma inquirição minuciosa dos filhos e dos pais). O comportamento dos pais (conflitos declarados e secretos etc.) exerce influência considerável sobre o inconsciente dos filhos. As causas das neuroses infantis devem ser procuradas mais nos pais ou em seus representantes do que nos filhos. O educador deve estar mais consciente de sua sombra do que a pessoa comum, pois caso contrário a mão esquerda retoma

---

4. RHINE, J.B. *New Frontiers of the Mind.* [s.l.]: [s.e.], 1947.

facilmente o que a direita se esforçou para dar. É esta a razão por que de há muito se vem insistindo numa análise específica para psicoterapeutas clínicos e para educadores, uma espécie de radioscopia de sua própria psique inconsciente.

1.160a Graças ao paralelismo entre os motivos mitológicos e os arquétipos do inconsciente, a psicologia profunda encontrou ampla aplicação nos mais diversos campos, principalmente na mitologia e no folclore (Richard Wilhelm, Heinrich Zimmer, Karl Kerényi, Hugo Rahner, Erich Neumann), como já aconteceu também na escola de Freud (Karl Abraham, Otto Rank, Ernest Jones). A psicologia profunda é de especial importância para a pesquisa comparada das religiões e para a psicologia dos primitivos. Dado que as representações e conexões arquetípicas possuem o caráter do numinoso (um efeito fora do comum) e que, além disso, estão à base de todas as ideias religiosas e dogmáticas, a psicologia profunda é necessária também à teologia.

1.161 A atividade do inconsciente coletivo manifesta-se não só nas constelações compensadoras da vida individual mas também na mudança das ideias dominantes no curso dos séculos. Isto pode ser visto com mais clareza na religião, mas também, em menor grau, nas concepções e opiniões filosóficas, sociais e políticas. Assume a forma mais perigosa no surgimento e propagação de epidemias psíquicas como, por exemplo, na epidemia alemã de caça às bruxas, ao final do século XIV, ou nas utopias sociais e políticas do século XX. Até que ponto o inconsciente coletivo pode ser considerado *causa efficiens* ou apenas *causa materialis* desses movimentos é uma questão a ser decidida pelos etnólogos e psicólogos. Mas certas experiências no campo da psicologia individual indicam a possibilidade de uma atividade espontânea dos arquétipos. Estas experiências referem-se mais à segunda metade da vida, onde não raras vezes são impostas à consciência, ao que tudo indica pelo inconsciente, mudanças mais ou menos violentas, devido a uma atitude muito unilateral ou insatisfatória. (Por exemplo, a mudança mental de Nietzsche, que começou com Zaratustra, a transformação de Theodor Fechner e Emanuel Swedenborg.) Enquanto a atividade do inconsciente pessoal se restringe aos processos complementares e compensadores no âmbito pessoal, as mudanças operadas pelo inconsciente coletivo têm aspecto coletivo: mudam a imagem que temos do mundo de tal maneira que ela atinge sugestivamente também os nossos semelhantes. (Daí se explica a extraordinária influência social de alguns doentes mentais.)

1.162 É possível constatar uma influência constante do inconsciente coletivo no desenvolvimento psíquico do indivíduo, no chamado processo de individuação. As fases principais são expressas pelos arquétipos clássicos que encontramos nos antigos e exóticos mistérios de iniciação bem como na filosofia hermética da Antiguidade e da Idade Média. As figuras arquetípicas principais aparecem em forma projetada e sobretudo no fenômeno da transferência. Freud só reconheceu o aspecto pessoal desse fenômeno muito importante para a psicoterapia. Mas, apesar da aparência externa, sua importância fundamental não está na problemática pessoal (um engano pelo qual o paciente neurótico deverá pagar), mas na projeção de figuras arquetípicas e de suas conexões (projeção do animus e da anima etc). Trata-se aqui principalmente da compensação da exogamia ilimitada em nossa cultura pela tendência endogâmica que se perdeu, ou seja, que se tornou inconsciente. O objetivo do processo psicoterápico, que tenta a equilibração da psique mediante a tendência natural à individuação, é expresso pelo simbolismo, acima citado, do mandala e do *anthropos*[5].

---

5. (Literatura): JUNG, C.G. "Sobre a psicologia e a patologia dos fenômenos chamados ocultos". In: JUNG, C.G. *Estudos psiquiátricos*. Petrópolis: Vozes, 2011 [OC, 1]; "*Estudos diagnósticos das associações*". Vol. 1, 1906; vol. 2, 1910; "A psicologia da *dementia praecox*: um ensaio". In: JUNG, C.G. *Psicogênese das doenças mentais*. Petrópolis: Vozes, 2011 [OC, 3]; *Transformações e símbolos da libido (Símbolos da transformação)* 1911/1912 [OC, 5]; *Tipos psicológicos*. Petrópolis: Vozes, 2011 [OC, 6]; *O eu e o inconsciente*. Petrópolis: Vozes, 2011 [OC, 7/2]; Psicologia e religião: The Terry Lectures. Petrópolis: Vozes, 2011 [OC, 11/1]; *Sobre a psicologia do inconsciente*, 1943; *Psicologia e alquimia*. Petrópolis: Vozes, 2011 [OC, 12]; "*Psicologia e educação*", 1946; "A psicologia da transferência: Comentários baseados em uma série de figuras alquímicas". In: JUNG, C.G. *A prática da psicoterapia*. Petrópolis: Vozes, 1958 [OC, 16/1]; "Der Geist der Psychologie". *Eranos-Jb*, 1946; *Symbolik des Geites*, 1948; "A energia psíquica e a natureza dos sonhos". In: JUNG, C.G. *A dinâmica do inconsciente*. Petrópolis: Vozes, 2011 [OC, 8]. • WILHELM, R. & JUNG, C.G. *O segredo da flor de ouro*, 2010. • MEIER, C.A. "Spontanmanifestationen des kollektiven Unbewussten". *Zentralblatt für Psychotherapie und ihre Grenzgebiete*, XI/5 (1939); *Antike Inkubation und moderne Psychotherapie*, 1948. • SCHÄR, H. *Religion und Seele in de Psychologie C.G. Jungs*. Zurique: [s.e.], 1946. • JACOBI. J. *Die Psychologie von C.G. Jung*. Op. cit.

Prefácio aos estudos do Instituto C.G. Jung, de Zurique*

1.163 Os trabalhos que o Instituto se propõe a publicar nesta série provêm de diferentes áreas do saber. Isto é compreensível uma vez que seu caráter é predominantemente psicológico. De acordo com a sua natureza, a psicologia entra em todas as disciplinas, pois a psique é a mãe de todas as ciências e artes. Quem deseja pintar um quadro dela precisa reunir muitas cores em sua paleta. Para fazer justiça ao seu assunto, a psicologia precisa apoiar-se em diversas ciências auxiliares de cujos resultados ela depende para o próprio crescimento. Ela agradece os empréstimos fornecidos pelas outras ciências e não pretende nem ambiciona usurpar os domínios delas ou querer "saber melhor". Não pretende invadir outros campos, mas restringe-se a usar os resultados deles em proveito próprio. Não usará, por exemplo, material histórico para escrever história, mas para demonstrar a natureza da psique – um anseio que o historiador desconhece.

1.164 As primeiras publicações da série já vão mostrar a grande diversidade dos interesses e necessidades da psicologia. Os mais novos desenvolvimentos da pesquisa psicológica, sobretudo a psicologia do inconsciente coletivo, confrontaram-nos com problemas que exigem a colaboração de outras ciências. Os fatos e conexões que a análise do inconsciente tornou conhecidos apresentam tantos paralelos ao fenômeno do mito, por exemplo, que sua explicação psicológica pode trazer alguma luz também para as figuras mitológicas e seus símbolos. Seja como for, a psicologia reconhece agradecida o apoio extra-

---

* Volume I de *Studien* (Zurique, 1949): MEIR, C.A. *Antike Inkubation und moderne Psychotherapie*.

ordinário que recebeu da pesquisa dos mitos e dos contos de fada bem como da ciência comparada das religiões, mesmo que estas ciências não saibam ainda como aproveitar os conhecimentos da psicologia. A psicologia do inconsciente é uma ciência bem jovem que ainda precisa justificar sua existência diante de um público crítico. As publicações do Instituto pretendem exatamente isso.

Setembro de 1948

C.G. Jung

Prefácio ao livro de Frieda Fordham: "Introduction to Jung's psychology"*

1.165 A senhora Frieda Fordham assumiu a difícil tarefa de fazer um resumo bem compreensível de minhas inúmeras tentativas para um melhor entendimento da psique humana. Não pretendo ter criado uma teoria de validade geral que explique todos ou, ao menos, os principais problemas da psique. Minha obra consiste numa série de abordagens diversas ou, como poderia dizer, numa "circumambulatio" dos fatores desconhecidos da psique. Isto dificulta uma exposição bem delimitada e simples de minhas ideias. Senti sempre uma responsabilidade toda especial pelo fato de a psique não se revelar apenas no consultório do médico mas sobretudo no vasto mundo e também nas profundezas da história. As manifestações psíquicas, observadas pelo médico, só apresentam uma parte infinitesimal do mundo psíquico e muitas vezes são deformadas por fatores patológicos. Foi sempre minha convicção de que um quadro objetivo da psique só poderia ser conseguido com a ajuda de um método comparativo. Mas este tem a desvantagem de levar inevitavelmente a um acúmulo de material comparativo a ponto de confundir o leigo e fazer com que se perca no labirinto dos paralelos.

1.166 A tarefa da autora teria sido mais fácil se tivesse tido à disposição uma teoria inequívoca, com um material de casos bem delineado, sem digressões para o campo imenso da psicologia geral. Mas é precisamente a psicologia geral que me parece fornecer o único fundamento seguro e o critério de avaliação dos fenômenos patológicos,

---

* "Introdução à psicologia de Jung". Londres: Penguin Books, 1953. O prefácio foi escrito em inglês.

assim como a anatomia e a fisiologia normais são as condições indispensáveis para a compreensão dos fenômenos patológicos. Assim como a anatomia atual é o resultado de uma longa evolução, também a psicologia do homem moderno desenvolveu-se a partir de raízes históricas, só podendo ser julgada com base em paralelos etnológicos. Por isso minhas obras sempre conduzem o leitor ao perigo de que sua atenção se desvie por considerações dessa espécie.

1.167 Apesar de todas as dificuldades, a autora conseguiu evitar afirmações equívocas. Expôs com objetividade e simplicidade os aspectos mais importantes de minha psicologia. Sou-lhe profundamente grato por este trabalho admirável.

Küsnacht-Zurique, setembro de 1952

C.G. Jung

Prefácio ao livro de Michael Fordham: "New developments in analytical psychology"*

1.168 Não é fácil escrever um prefácio para um livro que consiste de uma coletânea de ensaios, especialmente quando cada um deles requer uma tomada de posição diferente e novos comentários. Este é o caso do livro do Dr. Fordham: cada ensaio é muito bem pensado, e o leitor dificilmente pode evitar uma discussão com ele. Não penso no sentido polêmico, mas no sentido de aprovação e desejo de levar avante a discussão objetiva e de colaborar na solução dos problemas. São bastante raras as oportunidades de um diálogo tão agradável, de modo que ter de renunciar a elas se apresenta como uma perda. O prefácio não se destina a interferir no pensamento do autor nem a chamá-lo para uma conversa particular. Deve, antes, passar ao possível leitor do livro algumas impressões que o autor do prefácio hauriu da leitura do manuscrito. O prefácio deve contentar-se em ser um aperitivo intelectual, para usar uma expressão corriqueira.

1.169 Posso confessar minha gratidão pelos estímulos recebidos do livro e saudar a colaboração no campo da psicoterapia e da psicologia analítica. É precisamente neste campo que se levantam questões de ordem teórica e prática que ainda ocuparão nossas mentes por longo tempo, devido à sua complexidade. Gostaria de chamar a atenção principalmente para a abordagem que o autor faz do problema da sincronicidade, problema levantado por mim, mas que ele trata de forma magistral. Devo valorizar ao máximo seu trabalho, pois não

---

* "Novos desenvolvimentos em psicologia analítica". Londres: Routledge & Kegan Paul, 1957. O prefácio foi escrito em alemão.

basta inteligência, mas é preciso também coragem para não se deixar abater pelos preconceitos de nosso meio ambiente intelectual no esforço de ir mais fundo nesse problema. Devo reconhecer também que o autor não sucumbiu à tentação bem compreensível de subestimar o problema, de considerar como estupidez dos outros a falta de compreensão própria, de substituir por outros termos os conceitos por mim propostos e pensar que, assim, se diz coisa nova. Aqui se manifesta claramente o senso do Dr. Fordham pelo essencial.

1.170 O ensaio sobre a transferência merece leitura atenta. O autor conduz o leitor através dos múltiplos aspectos desse "problema chifrudo" (para usar uma expressão de Nietzsche) com circunspecção, introspecção e prudência, como convém a um tema tão delicado em todos os aspectos. O problema da transferência ocupa um lugar central no processo dialético da psicologia analítica e merece, portanto, uma atenção toda especial. Ele coloca as maiores exigências não só ao conhecimento e à habilidade do médico, mas também à sua responsabilidade moral. Aqui se comprova o ditado dos velhos mestres: *Ars totum requirit hominem* (a arte exige o homem todo). O autor tem consciência da extraordinária importância desse fenômeno e por isso o trata com muita cautela e cuidado. O psicólogo prático fará muito mal em desprezar essas considerações gerais, baseadas em princípios mais amplos, ou dispensar uma reflexão mais profunda. Ainda que a prática admita diversas soluções provisórias e superficiais, o analista prático há de encontrar casos que o desafiam como homem e como personalidade numa maneira bem decisiva. As soluções provisórias e outros expedientes banais como apelo a frases feitas, que sempre são construídas com um "deve" ou "é obrigado a", costumam falhar, permanecendo então apenas os princípios últimos ou o valor último do indivíduo. É o momento em que as proposições dogmáticas ou as regras do agir pragmático devem ceder lugar a soluções criativas que partem do homem todo, caso o esforço terapêutico não queira esboroar-se por completo. Nesses casos é preciso refletir e agradecer aos predecessores que lutaram por uma compreensão mais abrangente.

1.171 Do médico não se espera apenas uma atividade rotineira mas também disposição e capacidade de enfrentar situações incomuns. Isto é particularmente verdadeiro no caso da psicoterapia, pois aí se trata, em última análise, do todo da personalidade humana e não apenas de aspectos parciais da vida. Casos rotineiros podem ser resolvidos de muitas maneiras: com bom conselho, sugestão, algum treinamento, confissão dos pecados, algum sistema mais ou menos plausível de opiniões e métodos. São os casos incomuns que constituem a prova de fogo, pois eles exigem uma reflexão profunda e uma opção fundamental. A partir disso descobriremos que também nos casos comuns existe uma linha esboçada que leva ao tema central, isto é, ao processo de individuação com sua problemática dos opostos.

1.172 Este nível de compreensão não pode ser alcançado sem uma discussão dialética entre dois indivíduos. Aqui o fenômeno da transferência faz com que surja uma conversa que só pode prosseguir se o paciente e o médico se reconhecerem como parceiros de um processo comum de aproximação e diferenciação. Na medida em que o paciente se liberta de sua inconsciência infantil e de suas travas inibidoras ou, ao contrário, de seu egocentrismo sem restrições, o médico se verá obrigado a diminuir a distância entre eles (até então necessária em razão da autoridade profissional) até ao ponto em que ela lhe permita ver a humanidade de que o paciente necessita para certificar-se de seu direito à existência como indivíduo. Assim como é dever dos pais e educadores não manter as crianças no nível infantil mas levá-los além disso, também o médico não deve tratar seus pacientes como inválidos crônicos mas reconhecê-los, de acordo com seu desenvolvimento mental, como parceiros mais ou menos iguais no diálogo, com os mesmos direitos que ele próprio. Uma autoridade que se mantém superior ou que se considera uma personalidade *hors concours* apenas aumenta no paciente o sentimento de inferioridade e de ser excluído. Quem não consegue arriscar sua autoridade certamente vai perdê-la. Para preservar seu prestígio – que é armadilha perigosa na profissão médica – corre o perigo de sucumbir à tentação de se esconder sob o manto protetor de uma doutrina. Mas o que está vivo não é possível mascará-lo com teorias. Assim como a cura da neurose não é, em última análise, uma simples questão de habilidade terapêutica, mas uma realização moral, o mesmo acontece com a solução dos problemas trazidos pela transferência. Nenhuma teoria pode informar sobre as exigências últimas da individuação, nem existem à disposição receitas que podem ser usadas rotineiramente. No tratamento da transferência revela-se inexoravelmente o que o agente curador realmente é: é o grau de domínio que o analista exerce sobre sua própria problemática psíquica. Os graus mais elevados da terapia envolvem sua realidade e constituem a prova decisiva de sua superioridade.

1.173 Espero que o livro do Dr. Fordham, que se destaca por sua prudência, cuidado e clareza, encontre o interesse que ele bem merece.

Junho de 1957

C.G. Jung

Um experimento astrológico*

1.174 Na edição original alemã[1] apresentei neste capítulo o resultado da estatística astrológica em forma de tabela para dar ao leitor uma ideia do comportamento dos números, isto é, para que visse como são fortuitos os resultados. A princípio pensei em eliminar da edição inglesa a primitiva exposição, e isto por uma razão muito especial. Havia percebido que quase ninguém a entendera corretamente, apesar de – ou exatamente por isso – eu ter feito grande esforço para apresentar o experimento em todos os seus detalhes. Como se tratava de dados estatísticos e comparativos, tive a infeliz ideia de apresentar os números questionados em forma de tabela. O efeito sugestivo que emana de tabelas estatísticas é tão grande que ninguém pode livrar-se da impressão de que nesta apresentação de números há uma tendência de provar alguma coisa. Mas isto não era minha intenção. Queria apenas descrever certa sequência de fatos em todos os seus aspectos. Mas também esta intenção despretensiosa foi mal entendida e, com isso, toda a exposição foi por água abaixo.

1.175 Não pretendo cometer o mesmo erro, por isso antecipo minha opinião sobre o resultado: o experimento mostra como a sincronicidade trata com pouca atenção o material estatístico. Até mesmo a escolha de meu material parece ter confundido os leitores, pois trata-se de uma estatística *astrológica*. Pode-se imaginar que esta escolha tenha causado escândalo num intelectualismo puritano. A astrologia, como se diz, é anticientífica, totalmente absurda e tudo o que a ela

---

* Publicado em: *Zeitschrift für Parapsychologie und Grenzgebiete der Psychologie* I/2; 3, maio de 1958, p. 81-92. Berna. Um longo prefácio do editor Hans Bender menciona uma carta que recebeu de Jung, de 12 de fevereiro de 1958, sobre o mesmo assunto (C.G. *Jung/Cartas* III, ed. por A. Jaffé). Cf. tb. "A sincronicidade como um princípio de conexões acausais". In: JUNG, C.G. Sincronicidade. Petrópolis: Vozes, 2011 [OC, 8/3].

1. JUNG, C.G. & PAULI, W. *Naturerklärung und Psyche*. Zurique: [s.e.], 1952.

diz respeito é cunhado como superstição. O que poderia significar em tal contexto uma série de números a não ser uma tentativa de fornecer provas, de antemão inválidas, em favor da astrologia? Já afirmei que não havia esta intenção, mas o que podem palavras contra tabelas de números?

1.176 Ouve-se muito hoje em dia sobre astrologia, por isso decidi informar-me melhor sobre o fundamento empírico desse método intuitivo. Por essa razão me coloquei a seguinte pergunta: *Como se comportam as conjunções e oposições do Sol, Lua, Marte, Vênus, ascendentes e descendentes, no horóscopo das pessoas casadas?* A soma desses aspectos dá 50.

1.177 O material para exame, isto é, o horóscopo do casamento eu o consegui de fornecedores amigos em Zurique, Londres, Roma e Viena. A medida em que o correio vinha trazendo as remessas, os horóscopos ou as datas de nascimento foram empilhados em ordem cronológica. O equívoco já começou aqui; algumas autoridades astrológicas qualificaram meu procedimento como totalmente inadequado para avaliar a relação matrimonial. Agradeço aos meus amáveis conselheiros, *mas nunca tive a intenção de avaliar astrologicamente o casamento* e sim pesquisar apenas a questão acima levantada. Como o material se reunisse muito devagar, quase gotejando, não pude refrear minha curiosidade e queria certificar-me também dos números a serem empregados. Tomei, por isso, os 360 horóscopos coletados (isto é, 180 pares) e entreguei o material à minha colaboradora Dra. L. Frey-Rohn para ser analisado. Chamei a esses 180 pares de "primeiro pacote".

1.178 O exame desse pacote mostrou que a conjunção do Sol (masculino) e Lua (feminino) era o mais frequente dos 50 aspectos, ocorrendo em 10% de todos os casos. O segundo pacote, examinado mais tarde, consistia de 440 horóscopos adicionais (220 pares) e revelou como aspecto mais frequente a conjunção Lua-Lua (10,9%). Um terceiro pacote, num total de 166 horóscopos (83 pares), apresentou como aspecto mais frequente a conjunção Lua-ascendente (9,6%).

1.179 O que mais me interessou foi, obviamente, a questão da probabilidade: se os valores máximos obtidos eram números "significativos" ou não; se eram prováveis ou não. Cálculos feitos por um matemático mostraram que a frequência média de 10% em todos os três pacotes estava longe de ser um número significativo. Para isso sua probabilidade era grande demais; em outras palavras, não havia razão para supormos que nossos valores máximos de frequência fossem mais do que simples acasos. Disso se depreende que o resultado de nossa "estatística" (que abrange quase 1.000 horóscopos) é decepcionante para a astrologia. Mas o material é muito pequeno para que se possa tirar alguma conclusão a favor ou contra.

1.180 Examinando, porém, o resultado sob o aspecto qualitativo, surpreende o fato de que nos três pacotes trata-se de uma *conjunção Lua,* e mais – o que um astrólogo certamente apreciará – de uma conjunção de Lua e Sol, Lua e Lua, ascendente e Lua. O Sol indica o mês, a Lua indica o dia e o ascendente indica o "momento" do nascimento. As posições do Sol, Lua e ascendente formam os três pilares principais do horóscopo. É muito provável que ocorra uma vez uma conjunção da Lua, mas é muito improvável que ocorra três vezes (a improbabilidade aumenta ao quadrado num segundo caso); e que ela escolha entre 47 outras possibilidades, precisamente as três posições principais do horóscopo é algo acima do normal e parece ser uma falsificação intencional a favor da astrologia.

1.181 Esses resultados, tão simples quão inesperados, foram sempre mal compreendidos pelos estatísticos. Pensaram que eu queria provar alguma coisa com minha série de números, quando eu quis apenas demonstrar a natureza "fortuita" desses números. É, sem dúvida, algo inesperado que se possa "arranjar" com números sem sentido em si um resultado que todos consideram improvável. Parece tratar-se daquela possibilidade que Spencer-Brown teve em mente quando disse que "os resultados dos experimentos da pesquisa psíquica, por mais bem ordenados e mais rigorosamente observados que sejam, são em última análise resultados fortuitos" e que "o conceito de acaso pode estender-se a um campo natural bem mais vasto do que a princípio suspeitávamos"[2]. Em outras palavras, o que a concepção estatística anterior nos obrigava a considerar como "significativo", isto é, como grupamento ou arranjo quase intencional, deve ser considerado igualmente como puro acaso. Isto significa simplesmente que

---

2. SPENCER-BROWN, G. "Statistical Significance in Psychical Research". *Nature. A Weekly Journal of Science* 172, 25 de julho de 1953, p. 154. Londres. [...] (que) the results of the best-designed and most rigorously observed experiments in psychical research are chance results after all [...] (e que) the concept of chance can cover a wider natural field than we previously suspected.

toda a concepção de probabilidade deve ser revista. Também se pode interpretar o ponto de vista de Brown de que, sob certas circunstâncias, a qualidade da "pseudointenção" se liga ao acaso ou – para evitar uma formulação negativa – de que o acaso pode "criar" arranjos com sentido, parecendo mesmo que houvesse atuado uma intenção causal. É precisamente isto o que entendo por "sincronicidade", e era isto que eu queria expor no relato de meu experimento astrológico. Naturalmente não realizei este experimento com a finalidade ou com a previsão do resultado inesperado que ninguém poderia prever; estava apenas curioso por saber que espécie de números sairiam desse experimento. Isto pareceu suspeito não só a certos astrólogos mas também ao meu assessor matemático que achou prudente advertir-me contra a ideia de que esses valores máximos pudessem comprovar a tese astrológica. Não se falou nem antes nem depois de semelhante prova, e além do mais meu experimento estava organizado de forma inadequada para este fim, conforme já haviam constatado os meus críticos astrológicos.

1.182 Uma vez que a maioria das pessoas acha que os números foram inventados pelos homens e que eles são apenas indicadores de quantidades, nada contendo além do que neles foi previamente colocado pela inteligência humana, era muito difícil para mim colocar a questão de outra forma. Mas existe a possibilidade também de que os números foram *encontrados* e descobertos. Neste caso não são apenas indicadores mas algo mais, ou seja, entidades autônomas que contêm mais do que simples quantidades. Não sendo meros indicadores, também não se baseiam em qualquer suposição psíquica, mas num ser em si que não é expresso por conceito intelectual. Sendo assim, poderiam ter qualidades que ainda precisariam ser descobertas. Como em todas as entidades autônomas também se poderia levantar quanto a eles a questão sobre o seu comportamento; poder-se-ia, por exemplo, perguntar o que fazem os números quando devem expressar um assunto tão arquetípico como a astrologia. A astrologia é o último remanescente relacionado à astronomia, daquela assembleia dos deuses que determinava e anunciava o destino e cuja numinosidade se afirmou inclusive contra a crítica de uma época científica. Em nenhuma época antiga, por mais "supersticiosa" que fosse, a astrologia esteve tão difundida e foi tão apreciada como nos tempos atuais.

1.183 Devo confessar que sou de opinião de que os números foram tanto encontrados quanto inventados; e, em vista disso, possuem certa autonomia, comparável à autonomia dos arquétipos. Teriam, portanto, em comum com os arquétipos a propriedade de serem preexistentes à consciência, determinando-a em vez de por ela serem determinados. Também os arquétipos, como formas apriorísticas de representação, são tanto encontrados quanto inventados; são encontrados, enquanto não sabíamos de sua existência autônoma inconsciente, e são inventados enquanto sua presença foi concluída de muitas estruturas representacionais análogas. Parece então que todos os números possuem caráter arquetípico. Se assim fosse, não só alguns números ou algumas combinações de números teriam relação com o efeito sobre certos arquétipos, mas o reverso também seria verdadeiro. O primeiro caso corresponde à magia dos números, o segundo corresponde à minha questão se os números, em conjunção com a assembleia numinosa dos deuses que o horóscopo representa, não manifestaria uma tendência a comportar-se de uma maneira especial.

1.184 Todas as pessoas razoáveis e sobretudo os matemáticos preocupam-se com a questão: o que podemos fazer com os números? Mas poucos se perguntam: o que os números podem fazer enquanto entidades autônomas? A própria questão soa tão absurda que nem se ousa propô-la numa sociedade intelectualmente honesta. Eu não poderia ter antecipado, mas tinha de esperar o resultado de minha estatística tão escandalosa. De fato, os meus números se comportaram de maneira tão condescendente que talvez causassem mais admiração a um astrólogo do que a um matemático. Este, pelo fato de estar muito preso à razão, não entenderia que meu resultado possui uma probabilidade grande demais para provar alguma coisa a respeito da astrologia. Certamente ele não prova nada, nem se pretendia que o fizesse, e nem eu acreditei por um momento sequer que o valor máximo recaindo sempre numa conjunção Lua representasse um número chamado significativo. Apesar dessa atitude crítica, houve alguns erros durante a elaboração e computação da estatística que, sem exceção, apontavam para um resultado muito favorável à astrologia. Parecendo castigo por sua bem intencionada advertência, o pior erro aconteceu a meu matemático: calculou inicialmente uma probabilidade muito pequena para os valores máximos e, com isso, sua consciência foi ludibriada pelo inconsciente em favor do prestígio astrológico.

1.185 Estes lapsos podem ser facilmente explicados por um apoio secreto à astrologia em vista do violento preconceito da consciência.

Mas esta explicação não basta no caso do resultado geral sumamente significativo que, com a ajuda de números totalmente fortuitos, produziu o quadro da tradição clássica do casamento, ou seja, a conjunção da Lua com os três princípios do horóscopo, quando havia 47 outras possibilidades à disposição. Predisse a tradição, em parte desde o tempo de Ptolomeu, que a conjunção da Lua com o Sol ou com a Lua do parceiro é característica do casamento. Devido à sua posição no horóscopo, o ascendente tem efeito semelhante ao do Sol e da Lua. Em vista dessa tradição, não era possível desejar um resultado melhor, desconsiderando o puro acaso dos valores máximos. O número que apresenta a probabilidade dessa coincidência prenunciada é, ao contrário do valor máximo único de 10%, na verdade muito significativo e merece ser realçado, ainda que não possamos entender sua ocorrência nem seu aparente caráter significativo, assim como não entendemos o resultado dos experimentos de Rhine que provam a existência de uma percepção independente dos limites de espaço e tempo.

1.186 Naturalmente, não penso que este experimento ou outro relato sobre acontecimentos desse tipo provem alguma coisa, mas indicam algo que a própria ciência natural não pode menosprezar, isto é, que suas verdades são de natureza estatística e, portanto, não são absolutas. Existe, pois, na natureza um pano de fundo de acausalidade, liberdade e significação que se comporta de maneira complementar em relação ao determinismo, à mecânica e à falta de sentido; e é de se pressupor que fenômenos dessa espécie podem ser observados. Mas, devido à sua natureza peculiar, é difícil conseguir que se livrem do caráter fortuito que os torna tão duvidosos. Se o conseguissem, já não seriam o que são: acausais, indeterminados e significativos[3].

1.187 A pura causalidade só é significativa quando é usada para a criação e funcionamento de algo útil (instrumento, máquina) por uma inteligência que está fora do processo e independente dele. Um processo que anda por si, que depende da pura causalidade, isto é, da absoluta necessidade, é sem sentido. Um dos meus críticos me acusou de ter um conceito muito rígido de causalidade. Ele obviamente não se deu conta de que se causa e efeito não estivessem ligados necessa-

3. Os dois parágrafos a seguir, que não constam da primeira publicação na revista, foram redigidos por Jung numa carta de 23 de abril de 1954, dirigida ao tradutor Richard Hull em resposta a uma pergunta dele.

riamente, não haveria sentido em falar de causalidade. (Sua natureza estatística corresponde ao ser de um juízo transcendental; ela corresponde à presença e à ausência da causalidade ou à acausalidade determinada dos processos da natureza.)[4] Meu crítico cometeu o mesmo erro que o famoso cientista[5] que não conseguia aceitar que o Criador, ao criar o mundo, estava jogando dados. Ele não percebia que, se Deus não estivesse jogando dados, não teria escolha em criar outra coisa a não ser uma máquina sem sentido para o homem. Uma vez que a questão envolve um juízo transcendental, não há resposta inequívoca para ela, mas apenas paradoxal. O sentido não nasce da causalidade mas da liberdade, isto é, da acausalidade.

1.188 A física moderna tirou da causalidade seu caráter axiomático. Quando descrevemos acontecimentos naturais, nós o fazemos por meio de um instrumento que não é muito confiável. Em nosso julgamento há sempre um elemento de incerteza porque, ao menos teoricamente, poderíamos estar lidando com uma exceção à regra que pode ser registrada apenas negativamente pelo método estatístico. Não importa quão mínima seja a chance, mas ela existe. Sendo a causalidade nosso único meio de explicação e sendo ela apenas relativamente válida, explicamos o mundo aplicando a causalidade de maneira paradoxal, tanto positiva quanto negativamente: A é a causa de B, mas é possível que não seja. Na maioria dos casos a negação pode ser omitida. Mas acredito que não possa ser omitida no caso de fenômenos relativamente independentes do espaço e do tempo. Sendo o fator tempo indispensável para o conceito de causalidade, não se pode falar de causalidade quando o fator tempo está excluído (como na precognição). A verdade estatística deixa aberta uma lacuna para os fenômenos acausais, e como nossa explicação causalista da natureza contém a possibilidade de sua própria negação, ela pertence à categoria dos *juízos transcendentais*, que são paradoxais e antinômicos. Isto é assim porque a natureza ainda nos supera e porque a ciência só consegue dar-nos um quadro aproximado do mundo, e não um qua-

---

4. A frase em parênteses está no manuscrito de Jung. Mas na carta ao tradutor inglês não fica claro se deve ser eliminada ou constar como nota de rodapé; o tradutor inglês a omitiu.

5. Albert Einstein.

dro verdadeiro. Se a humanidade fosse constituída apenas de indivíduos medianos, teríamos de fato um quadro triste.

1.189 Um experimento desse tipo é completamente inútil do ponto de vista racional, e quanto mais vezes for repetido, maior é sua inutilidade. Mas a antiquíssima tradição mostra que isto não é assim, pois ela dificilmente teria chegado até nós se não tivessem acontecido repetidas vezes esses golpes do acaso no passado. Tudo acontece como nos resultados de Rhine: são completamente improváveis, mas acontecem com tal pertinácia que nos levam a criticar as bases de nossos cálculos de probabilidade ou, ao menos, a aplicabilidade em certos campos.

1.190 Ao analisar processos inconscientes, tive oportunidade muitas vezes de observar fenômenos sincrônicos, ou fenômenos de PES (percepção extrassensorial); por isso voltei minha atenção para as condições psíquicas deles e percebi que eles ocorrem quase sempre no campo das chamadas constelações arquetípicas, isto é, em situações que ativaram um arquétipo ou em que foram evocados pela atividade autônoma de um arquétipo. Foi esta observação que me levou à ideia de tentar uma resposta quantitativamente mensurável à combinação arquetípica presente na astrologia. Isto teve êxito como mostra o resultado, e poderíamos dizer que o fator arranjador assumiu com entusiasmo minha sugestão. O leitor que me perdoe este antropomorfismo que dá um ótimo ensejo para interpretações errôneas: psicologicamente serve muito bem e descreve o pano de fundo emocional do qual emerge o fenômeno sincronístico.

1.191 Sei que neste ponto eu deveria discutir a psicologia do arquétipo, mas isto já foi feito tantas vezes e tão minuciosamente em outros lugares[6] que não pretendo repeti-lo aqui.

1.192 Sei também que fatos dessa espécie despertam logo a suspeita da improbabilidade, e que sua relativa raridade não os torna mais prováveis. A estatística os exclui, pois não pertencem aos acontecimentos que ocorrem na média geral.

6. Cf. "Considerações teóricas sobre a natureza do psíquico". In: JUNG, C.G. *A natureza da psique*. Petrópolis: Vozes, 2011 [OC, 8/2].

Cartas sobre sincronicidade*

A MARKUS FIERZ

21 de fevereiro de 1950

Prezado senhor Professor

1.193 O senhor teve a gentileza de ler o meu manuscrito sobre a sincronicidade, e nunca lhe agradeci o suficiente por isso. Estava por demais ocupado na elaboração dessa ideia.

1.194 Tomo hoje a liberdade de incomodá-lo com outro pedaço desse manuscrito. Peço desculpas, mas estou confuso diante da avaliação matemática dos resultados obtidos. Mando-lhe as tabelas e os comentários. Para sua orientação, gostaria de dizer que a peculiaridade do material exigiu uma disposição algo estranha das tabelas. A base do experimento consiste de 180 casais, cujos horóscopos foram comparados devido à existência dos chamados aspectos clássicos do casamento, isto é, a conjunção e oposição do Sol e Lua, Marte e Vênus, Ascendente e Descendente. Isto dá 50 aspectos. Os resultados obtidos em casais foram comparados com 180 X 180-1 = 32.220 combinações de não casados. Foram acrescentados ao material original de 180 casais ainda outros 145 que também entraram na estatística. Estes foram em parte examinados separadamente e, em parte, somados aos 180, como o senhor pode ver nas tabelas.

1.195 Para mim, a tabela mais interessante é a de número VI, que mostra as dispersões dos diversos arranjos. Ficaria grato se o senhor fizesse sua crítica, desse uma opinião sobre as tabelas em geral e respondesse a uma pergunta que se levanta na tabela VI. Temos ali alguns

* Outras cartas ao Prof. Fierz e ao Dr. Fordham em: *C.G. Jung/Cartas*.

aspectos que ultrapassam em muito a média provável das combinações. Gostaria de saber qual é a probabilidade desses desvios da média provável. Sei que para isso é usado um cálculo que se baseia no chamado "desvio padrão". Mas este método supera meu conhecimento matemático, e dependo totalmente de sua ajuda. Ficaria feliz se o senhor se concentrasse principalmente nessa questão. Por razões alheias à minha vontade, há certa urgência com essas tabelas, pois o livro está para ser impresso. Não podendo entrar em detalhes, eu me satisfaria se o senhor pudesse confirmar que as tabelas em geral estão em ordem e indicar-me a probabilidade ao menos dos dois valores mais altos da tabela VI, coluna I. Todo o mais, creio eu, pode o senhor ver nas tabelas. Depois de longas considerações, elas me parecem claras, e eu não saberia como apresentá-las de forma mais clara ainda.

Caso o senhor se interesse pelo manuscrito todo ou julgue necessário lê-lo para se pronunciar sobre o assunto em questão, ele naturalmente estará à sua disposição. Mas não gostaria de jogar esta avalanche sobre o senhor sem necessidade. 1.196

Antecipo meus agradecimentos pelo trabalho que lhe dou. Com alta estima e consideração,

C.G. Jung

2 de março de 1950

Prezado senhor Professor

Queira receber meus agradecimentos pelo trabalho que lhe dei. O senhor me forneceu exatamente o que eu esperava – uma opinião objetiva sobre o significado dos números estatísticos que foram extraídos do meu material que abrange agora 400 casamentos. Surpreendeu-me apenas que minha estatística tivesse confirmado a opinião tradicional de que os aspectos Sol-Lua sejam característicos do casamento, o que é acentuado ainda mais pelo valor que o senhor atribuiu à conjunção Lua-Lua, isto é, 0,125%. 1.197

Eu, porém, considerei o resultado muito insatisfatório e, por isso, interrompi a coleta de mais material, já que me pareceu suspeita a aproximação à média provável com o acréscimo de outro material. 1.197a

Ainda que 0,125% esteja perfeitamente dentro da possibilidade, gostaria de perguntar-lhe, por questão de clareza: É possível conside- 1.198

rar este valor como “significativo”, podendo ele representar uma probabilidade relativamente pequena que coincide com a tradição histórica? Pode-se ao menos *pressupor* que isto seja mais a favor do que contra a tradição (desde Ptolomeu)? Concordo plenamente com sua opinião de que os métodos divinatórios sejam um catalisador da intuição. Mas este resultado da estatística me deixou um pouco cético sobretudo em vista dos últimos experimentos com a PES que alcançaram uma probabilidade de 10^{-31}. Esses experimentos e toda a experiência com a PES são prova suficiente de que existem coincidências significativas. Há, pois, certa probabilidade de que os métodos divinatórios produzam realmente fenômenos sincronísticos. E eles parecem mais perceptíveis na astrologia. Os resultados estatísticos mostram claramente que as correspondências astrológicas são meros acasos. O método estatístico baseia-se na pressuposição de um contínuo de objetos uniformes. Mas a sincronicidade é um acontecimento individual e qualificado que é destruído pelo método estatístico; por sua vez, o fenômeno da sincronicidade elimina a pressuposição de objetos uniformes, destruindo portanto o método estatístico. Parece, então, que existe uma *relação de complementaridade* entre sincronicidade e causalidade. *Apesar do método inadequado,* a estatística de Rhine provou a existência da sincronicidade. Isto me trouxe uma esperança falsa com relação à astrologia. O fenômeno da sincronicidade é um fato muito simples nos experimentos de Rhine. Mas a situação na astrologia é bem mais complexa e por isso mais sensível ao método estatístico que enfatiza exatamente o que é menos característico da sincronicidade, isto é, a uniformidade. Meus resultados confirmam infelizmente a velha tradição, ainda que sejam tão casuais quanto os resultados dos tempos antigos. Assim temos novamente um fato que apresenta todos os sinais da sincronicidade, ou seja, a “coincidência significativa” ou a “just so story”. Obviamente os antigos devem ter experimentado a mesma coisa e de modo bem casual, caso contrário não poderia ter surgido semelhante tradição. Não acredito que algum astrólogo antigo tenha examinado estatisticamente 800 horóscopos para verificar as características do casamento. Tinha à disposição eventualmente pequenos pacotes de números que não destruíam o fenômeno sincronístico, podendo por isso, como eu, estabelecer a predominância das conjunções Lua-Lua e

Lua-Sol, ainda que estas devessem diminuir numa série maior de números. Todos os fenômenos sincronísticos, que têm qualificação maior do que os da PES, são em si indemonstráveis, isto é, um único caso confirmado é, em princípio, prova suficiente, assim como não há necessidade de apresentar 10.000 ornitorrincos para provar que existe esta espécie de animal. Parece-me que a sincronicidade é um *ato direto de criação* que se manifesta no campo do acaso. Por isso a confirmação estatística das leis da natureza é apenas um modo limitado de descrever a natureza, uma vez que só abrange acontecimentos uniformes. Mas a natureza é essencialmente descontínua, isto é, sujeita ao acaso. Para descrevê-la precisamos de um princípio de descontinuidade. Na psicologia isto corresponde à tendência à individuação, na biologia é a diferenciação, mas na natureza é a "coincidência que faz sentido", isto é, a sincronicidade.

1.199 Desculpe-me se faço considerações aparentemente confusas. Elas são novas também para mim e, por isso, algo caóticas como tudo em *statu nascendi.*

Agradeço mais uma vez sua atenção. Ficaria satisfeito se me comunicasse suas impressões. Saúda-o cordialmente

C.G. Jung

20 de outubro de 1954

Prezado senhor Professor

1.200 Está em preparo uma versão inglesa de meu trabalho sobre sincronicidade. Queria aproveitar a oportunidade para as necessárias correções das probabilidades dos números máximos de minha estatística que o senhor teve a gentileza de calcular para mim. Os meus editores gostariam de conhecer em detalhes os cálculos, pois não entendem o método que o senhor empregou. Eu ficaria grato se o senhor pudesse mandar essas informações o mais rápido possível. Infelizmente preciso ainda acrescentar um pedido, isto é, que responda à pergunta: Qual é a probabilidade do resultado geral de que se manifestem juntas as três conjunções Lua-Sol, Lua-Lua, Lua-Ascendente? Este resultado (constituído de números fortuitos) corresponde à predição tradicional da astrologia e *imita,* ao menos, aquela imagem que provaria a exatidão da expectativa astrológica, se ela consistisse de "números significativos".

1.201 Espero ter exposto claramente o que desejo. Sinto muito incomodá-lo com este problema e roubar-lhe seu tempo precioso. Talvez o senhor pudesse confiar este trabalho a um estudante. Neste assunto estou completamente ao desamparo, e estou disposto a pagar ao senhor ou ao estudante as despesas necessárias. Por favor, não leve a mal esta minha sugestão prática.

Agradeço antecipadamente.

C.G. Jung

28 de outubro de 1954

Digníssimo e prezado senhor Professor

1.202 Queira aceitar meu agradecimento pelo rápido e cordial atendimento do que lhe pedi. O senhor não precisa repetir a exposição; eu a enviarei ao Dr. Michael Fordham.

1.203 Creio haver um mal-entendido quanto à minha pergunta sobre a tríade Lua-Sol, Lua-Lua e Lua-Ascendente.

1. O fato de meus números serem casualidades eu já o havia percebido ao ordenar minhas tabelas. Por isso fiz questão de imprimir as tabelas completas – que expressam claramente essa casualidade – para que o leitor não matemático pudesse ter uma visão geral. Por motivos de exatidão pedi-lhe que me indicasse a probabilidade de meus valores máximos. A resposta do senhor correspondeu mais ou menos à minha expectativa. Minha intenção nunca foi provar que a predição astrológica estivesse correta, pois conheço bem demais a inconfiabilidade da astrologia. Eu queria apenas conhecer o grau exato de probabilidade de meus números. O senhor já me preveniu duas vezes sobre a impossibilidade de provar alguma coisa. Se me permite, isto é o mesmo que salgar o mar, pois não me interessa saber se a astrologia está certa ou não; o que me interessa é conhecer o grau de probabilidade daqueles números (máximos) que *simulam* uma prova da exatidão da predição astrológica.

2. A predição astrológica consiste na afirmação *tradicional* que minhas três conjunções da Lua são características do casamento. (O

Sol, a Lua e o Ascendente são os pilares do horóscopo.) Esta tríade não foi de forma alguma escolhida arbitrariamente, por isso considero perfeitamente adequada a comparação das três formigas brancas[1]. Com todo respeito, acho que o senhor tenta arrombar uma porta aberta se acredita que eu considero o meu resultado como sendo alguma coisa mais do que estatisticamente determinado. Naturalmente ele está matematicamente dentro da probabilidade, mas isto não impede que os "máximos" ocorram nos exatos lugares onde poderiam ser esperados astrologicamente. Só me interessa o grau de probabilidade que pode ser atribuído a esta coincidência, e isto por amor à exatidão. Não pretendo *provar* nada com meus números, mas apenas *expor o que aconteceu* e o que eu fiz. Naquilo que tentei mostrar com toda a clareza possível surgiu, *por acaso,* uma configuração que, se consistisse de números significativos, falaria a favor da astrologia. Em outras palavras, a história toda é um caso como o escaravelho[2] e mostra o que pode fazer o acaso, isto é, uma "just so story". Os resultados de Rhine mostram que esses acasos são em princípio mais do que apenas estatisticamente determinados, mas isto não mostra um caso isolado como é a minha estatística.

Naturalmente abordo o caso num certo sentido, pois nego a validade absoluta da afirmação estatística uma vez que ela considera todas as exceções como insignificantes. Isto nos dá uma imagem média abstrata da realidade, o que é até certo ponto uma falsificação dela; e isto não pode ser indiferente ao psicólogo, pois ele tem que lidar com os resultados patológicos desse substituto abstrato da realidade. 1.204

A exceção é, inclusive, mais real do que a média, pois é o veículo por excelência da realidade, como o senhor mesmo afirmou em sua carta de 24 de outubro. 1.205

Sinto muito ter-lhe dado tanto trabalho e forçado a ler esta longa carta. Mas ainda não sei o que poderia ter levado o senhor a pensar que eu queria provar a veracidade da astrologia. Eu queria apenas expor um caso de "coincidência significativa" e que ilustra a ideia de 1.206

---

1. "A sincronicidade: um princípio de conexões acausais". In: JUNG, C.G. *Sincronicidade*. Op. Cit. [OC, 8/3 § 897].

2. Ibid., § 843.

meu escrito sobre sincronicidade. E isto foi totalmente desconsiderado. Em Londres, por exemplo, convocaram um perito em estatística[3] para resolver a charada de minhas tabelas. É como se um camponês não conseguisse mais abrir a porta de seu celeiro e chamasse um perito em fechaduras de cofres, que evidentemente também não a conseguiria abrir. Infelizmente muitos incidiram no erro de pensar que eu queria descobrir algo em favor da astrologia, mas isto eu neguei expressamente em meu escrito.

1.207 Não consigo entender como o senhor pode considerar como "significativas" outras constelações (entre minhas 50) que não as três conjunções da Lua. Nenhuma das outras são "predições clássicas". Também não aparece nenhuma outra a não ser a formiga branca "predita". Interessa-me conhecer a probabilidade dessa ocorrência "significativa" exatamente porque não é muito provável que três vezes seguidas a formiga branca saia por primeiro da caixa. Se a probabilidade de um único caso é 1 : 50, seria a tríplice repetição $1 : 50^3$? Portanto um número bem considerável, ao que me parece. Este resultado deveria ser considerado como ponto a favor da minha ideia de apresentar um caso de sincronicidade, ainda que isto nada prove para a astrologia, o que também não foi minha intenção.

Esperando ter agora esclarecido o mal-entendido, subscrevo-me agradecido e lhe envio cordiais saudações.

C.G. *Jung*

A MICHAEL FORDHAM*

1º de julho de 1955

Prezado Fordham

1.208 A sincronicidade diz algo sobre a natureza daquilo que eu chamo de fator *psicoide*, isto é, o arquétipo inconsciente (não sua representação consciente!). Uma vez que o arquétipo possui a tendência de re-

---

3. M.J. Moroney, membro da Royal Statistical Society.

* Carta manuscrita em inglês.

unir em torno de si formas adequadas de expressão, entende-se melhor sua natureza quando se imita e apoia esta tendência por meio da amplificação. O efeito natural de um arquétipo e de suas amplificações pode ser entendido como analogia do efeito sincronístico, uma vez que este último apresenta a mesma tendência de combinar fatos simultâneos e casuais que emprestam ao arquétipo subjacente uma expressão adequada. É difícil e, até mesmo, impossível provar que as associações amplificadoras *não sejam causais,* enquanto os fatos amplificadores coincidem de uma forma que se opõe a uma explicação causal. Eis a razão por que designo as amplificações espontâneas e artificiais como simples analogia da sicronicidade. É verdade que não podemos provar uma conexão causal em cada caso de amplificação, sendo possível pois que se trate de sincronicidade numa série de casos em que supomos haver uma "associação" causal. Mas, o que é realmente "associação"? Não o sabemos. Não está excluído que o ordenamento psíquico se baseie em geral sobre a sincronicidade, com exceção do "encadeamento" racional e secundário dos processos psíquicos na consciência. Isto é análogo ao curso natural das coisas, que é muito diferente de nossa reconstrução científica e abstrata da realidade, baseada na média estatística. Esta cria uma imagem da natureza que consiste de meras probabilidades, ao passo que a realidade se compõe de uma mistura de acontecimentos mais ou menos incontroláveis. Nossa vida psíquica apresenta o mesmo quadro fenomenológico. Por isso acho que é presunção admitir que a psique esteja baseada exclusivamente no princípio sincrônico, ao menos em nosso estado de conhecimentos atuais.

Concordo plenamente com o seu ponto de vista de que há duas atitudes complementares de compreensão: a racional e a irracional ou sincronística. Mas é preciso provar ainda se todos os acontecimentos irracionais são *acasos com sentido.* Duvido muito. 1.209

É confortante ver que o senhor se ocupa com problemas tão interessantes e ouvir do senhor algo inteligente em vez das bobagens que nos impingem nossos contemporâneos. 1.210

Lamento não poder ir a Londres e comemorar com o senhor. Escrevo do hospital onde fui tratar de um problema na próstata. 1.211

Amanhã terei alta. A idade avançada não é exatamente o que entendo por uma brincadeira.

Com meus melhores votos, cordialmente

C.G. Jung

1.212 P.S. Como os senhores pretendem festejar em Londres meu 80º aniversário, e eu não poderei estar presente, seria um gesto simpático convidar para a comemoração o embaixador suíço na Inglaterra. Estou certo de que ele apreciaria este gesto amigável para com um de seus conterrâneos.

O futuro da parapsicologia*

Como o senhor define a parapsicologia?

1.213 A parapsicologia é uma ciência que se ocupa com aqueles acontecimentos biológicos e psicológicos que mostram que as categorias de matéria, espaço e tempo (e com isso a da causalidade) não são axiomáticas.

Quais as áreas de pesquisa que, em sua opinião, poderiam ser atribuídas à parapsicologia?

1.214 A psicologia do inconsciente.

Segundo sua previsão, a pesquisa futura vai concentrar-se no trabalho qualitativo ou quantitativo?

1.215 A pesquisa futura tem de concentrar-se nas duas coisas.

O senhor acha que um experimento reiterável *é essencial para fortalecer a posição dos estudos parapsicológicos dentro da comunidade científica?*

1.216 O experimento reiterável seria muito bem-vindo, mas como a maioria dos acontecimentos são espontâneos e irregulares, o método experimental não pode ser aplicado em geral.

O senhor tem algo a dizer sobre as críticas em voga ultimamente e que atingem os métodos estatísticos da pesquisa parapsicológica?

1.217 O método estatístico é útil e indispensável para a pesquisa científica, onde quer que possa ser empregado. Mas isto só é possível quando o material apresenta certa regularidade e comparabilidade.

---

* A revista *International Journal of Parapsyclwlogy* (Nova York), em seu número de outono de 1963 (V/4, p. 450s.), publicou as respostas de Jung a um questionário que circulou em junho de 1960 entre várias autoridades no assunto, junto com uma pesquisa sobre "O futuro da parapsicologia".

O senhor acredita que algumas pesquisas qualitativas podem ser quantificadas para ganhar maior aceitação?

1.218 A quantificação da pesquisa qualitativa é certamente o melhor método de convicção.

Na área qualitativa, onde o senhor vê o maior potencial do progresso na pesquisa futura – fenômenos espontâneos, telepatia em situações de crise, estudos de sobrevivência, experiências extracorporais, ou outra coisa?

1.219 A parte mais ampla e mais importante da pesquisa parapsicológica será o estudo minucioso e descrição qualitativa dos acontecimentos espontâneos.

O senhor acha que nas últimas décadas a parapsicologia teve maior aceitação entre os cientistas de outras áreas?

1.220 Tenho a impressão de que ao menos na Europa aumentou a abertura nesse sentido.

Teria alguma coisa a dizer sobre o sentido psicológico de certos fenômenos paranormais?

1.221 O sentido psicológico de acontecimentos parapsicológicos foi pouco estudado até agora.

Teria algo a dizer sobre as condições psicológicas que parecem favorecer ou reduzir a probabilidade do surgimento de fenômenos paranormais?

1.222 O fator que favorece o surgimento de acontecimentos parapsicológicos é a presença de um arquétipo ativo, isto é, de uma situação em que são ativadas as camadas mais profundas e instintivas da psique. O arquétipo é um fenômeno limite, caracterizado por uma relativização do espaço e do tempo. Disso já falou Alberto Magno (*De mirabilibus mundi*)[1], e que eu citei em meu trabalho *Sincronicidade: um princípio de conexões acausais.*

---

1. Incunábulo, sem data, Biblioteca Central de Zurique. [Cf. OC, 8, § 859].

X
OS ARQUÉTIPOS E O INCONSCIENTE COLETIVO

(Relacionado ao vol. 9 da Obra Completa)

A hipótese do inconsciente coletivo*

1.223 Indicações do conceito de um psiquismo inconsciente encontram-se na doutrina das "petites perceptions", de Leibniz, bem como na antropologia de Kant. Em Schelling o "eterno inconsciente" é o fundamento absoluto da consciência. Apesar de empregar outra terminologia, a concepção de Hegel é semelhante. C.G. Carus foi o primeiro a basear sobre o conceito do inconsciente um sistema filosófico desenvolvido. Em Schopenhauer encontram-se traços parecidos. Eduard Von Hartmann faz do inconsciente o conceito de um mundo espiritual absoluto. A pesquisa científica do inconsciente psicológico começa com a descoberta do hipnotismo e continua, através da escola de Salpêtrière, nos trabalhos de Janet e Flournoy. Independente disso temos a descoberta da etiologia da neurose, feita por Breuer e Freud, o que levou à teoria sexual do inconsciente, de Freud. Também independente da psicologia de Freud, temos a descoberta dos chamados complexos e dos "conteúdos autônomos" do inconsciente, realizada por mim.

1.224 Enquanto para Freud o inconsciente é uma função da consciência, eu o considero como uma função psíquica independente, anterior e oposta à consciência. Segundo esta concepção, o inconsciente pode ser dividido em *pessoal* e *coletivo*. Este último é uma disposição psíquica, independente de tempo e raça, para um funcionamento regular. Seus produtos podem ser comparados aos "motivos mitológicos". Apesar da origem autóctone dos primeiros, os dois são análogos em princípio, o que é indicado por sua regularidade psicológica.

---

* Resumo feito pelo autor de uma conferência pronunciada na Eidgenössischen Technischen Hochschule. Zurique, 1 de fevereiro de 1932. Publicado em: *Vierteljahrschrift der Naturforschenden Gesellschaft in Zürich*, LXXVII/2, 1932, p. IV-V.

1.225 Durante a conferência, o autor demonstrou, à base um capítulo especial da teoria dos símbolos – o chamado simbolismo dos mandalas – a concordância dos símbolos do círculo, como são desenhados por pacientes cultos durante o processo do tratamento, com os mandalas rituais do lamaísmo e da ioga kundalini, bem assim com as concepções da filosofia tântrica, da filosofia clássica chinesa e da ioga chinesa. Outros paralelos são os desenhos de crianças, os mandalas pré-históricos da Rodésia, as pinturas na areia de cerimônias de cura (danças yaibichi) dos índios Navajo (Arizona)[1], as visões de Hildegard Von Bingen segundo o Codex Lucca (séculos XII a XIII)[2]" e as concepções escatológicas de Jacob Böhme[3]. O material pictórico moderno provém de pessoas que produziram espontaneamente e sem influência.

1. Cf. JUNG, C.G. *Psicologia e alquimia*. Petrópolis: Vozes, 2011 [OC, 12; fig. 110].
2. Ibid., fig. 195.
3. Ibid., § 214-216.

Prefácio ao livro de Adler: "Entdeckung der seele"*

Este livro do Dr. Gerhard Adler é uma exposição sistemática das três abordagens diferentes que hoje em dia têm aceitação geral no campo da psicoterapia: a abordagem de Freud, de Adler e a minha. Com grande conhecimento de causa e competência, o autor apresenta os principais pontos de vista de cada abordagem e oferece ao leitor, que não tem tempo ou oportunidade de estudar nos originais, uma visão completa e rigorosamente objetiva desse campo controvertido. A exposição e a terminologia são tais que também o leigo culto pode acompanhá-las sem dificuldade. 1.226

As teorias psicológicas, que inicialmente pareciam destinadas ao uso exclusivo do campo estritamente delimitado da psicoterapia médica, já ultrapassaram de há muito os limites da ciência especializada e penetraram não só nas áreas das ciências vizinhas, mas tornaram-se, ao menos fragmentariamente, bem comum de todas as pessoas cultas. Mas com isso também a opinião pública bem formada foi contaminada pela mesma confusão que predomina ainda hoje no campo da psicologia clínica. O que caracteriza de maneira especial o trabalho do Dr. Adler é sua exposição abrangente, confiável e baseada em estudos de meus pontos de vista que se diferenciam de maneira radical dos outros dois pesquisadores. Este livro sóbrio, claro e sistemático é digno de figurar ao lado de trabalhos anteriores como os de Kra- 1.227

* "A descoberta da alma". Zurique: [s.e.], 1934. Gerhard Adler, naquele tempo em Berlim, depois de 1936 na Inglaterra.

nefeldt[1] e Heyer[2]. Representa um marco na paulatina superação da confusão de crise em que estão envolvidos os pontos de vista psicológicos de nossos dias.

Küsnacht-Zurique, 19 de dezembro de 1933

C.G. *Jung*

---

1. Cf. adiante, § 1.727s.; e JUNG, C.G. Introdução a *A psicanálise* de W.M. Kranefeldt [OC, 4; §. 745s.].

2. Cf. adiante, §. 1.774s.

Prefácio ao livro de Harding: "Frauen-Mysterien"*

Esther Harding, a autora desse livro, é médica e especialista no tratamento de doenças psicógenas e vive em Nova York. Foi minha aluna e já naquela época procurava não só entender a psique atual mas também pesquisar o seu pano de fundo histórico – o que mostra, aliás, muito bem o livro. A preocupação com assuntos históricos pode parecer um passatempo individual para o médico, mas para o psicoterapeuta é, em certo sentido, parte de seu instrumental de trabalho. O estudo da psicologia dos primitivos, o folclore, a mitologia e a ciência comparada das religiões abre a perspectiva de um horizonte mais amplo da psique humana e nos fornece os meios indispensáveis para a compreensão dos processos inconscientes. Só quando vemos a forma e o papel que assumem no cenário étnico e histórico os símbolos oníricos aparentemente únicos, podemos entender realmente o que eles pretendem indicar. E equipados com esse vasto material comparativo, podemos também compreender melhor aquele fator absolutamente decisivo para a vida psíquica, isto é, o *arquétipo*. Como sabemos, este conceito não é uma "ideia hereditária", mas um modo hereditário da função psíquica, ou seja, aquele modo inato pelo qual o pintinho sai do ovo, o pássaro constrói seu ninho, um certo tipo de vespa atinge com seu ferrão o gânglio motor da lagarta, a enguia encontra seu caminho para as Bermudas, portanto um "pat- 1.228

* "Os mistérios da mulher". Zurique: [s.e.], 1949. O prefácio foi escrito para a edição em língua alemã. Título original inglês: *Woman's Mysteries, Ancient and Modern. A Psychological Interpretation of the Feminine Principle as Portrayed in Myth, Story, and Dreams*. Nova York: [s.e.], 1935.

tern of behaviour" (padrão de comportamento). Este aspecto do arquétipo é o biológico; com ele se ocupa a psicologia científica.

1.229 Mas este quadro muda completamente quando visto de dentro, isto é, no âmbito da psique subjetiva. Aqui o arquétipo se apresenta como numinoso, como uma vivência de fundamental importância. Quando se reveste de símbolos correspondentes, o que nem sempre é o caso, então transfere o sujeito para o estado de comoção, cujas consequências podem ser imprevisíveis. Eis a razão por que o arquétipo é tão importante para a psicologia da religião: todas as representações religiosas e metafísicas baseiam-se em fundamentos arquetípicos e, na medida em que for possível investigá-los, conseguiremos lançar um olhar, ainda que passageiro, atrás dos bastidores da história mundial, isto é, levantar um pouco o véu do mistério que esconde as ideias metafísicas e seu sentido. A metafísica é uma física ou uma fisiologia do arquétipo, e seus dogmas (= fórmulas doutrinárias) formulam o conhecimento de ser dos dominadores, isto é, dos *leitmotivs* predominantes e inconscientes do fato psíquico. O arquétipo é "metafísico" porque ele transcende a consciência.

1.230 O livro de Harding é uma tentativa de apresentar certos fundamentos arquetípicos da psicologia feminina. Para entender o esforço da autora é preciso superar o preconceito de que a psicologia é aquilo que o senhor João ou a senhora Maria entendem dela. A psique não consiste apenas de conteúdos conscientes que podem ser derivados de percepções dos sentidos, mas também de ideias baseadas aparentemente em percepções dos sentidos que foram modificadas de maneira peculiar por formas inconscientes e existentes a priori, isto é, pelos arquétipos. Pode-se dizer, portanto, que a psique consiste da consciência e do inconsciente. Segundo esta concepção é possível concluir que uma parte da psique se explica por causas recentes, mas que outra parte remonta aos fundamentos da história dos povos.

1.231 Se existe alguma coisa segura sobre a natureza das neuroses, é o fato de que elas se devem a distúrbios primários dos instintos, ou de que elas afetam ao menos os instintos de maneira considerável. A evolução da anatomia e dos instintos humanos remonta a períodos geológicos de tempo. Nossos conhecimentos históricos iluminam apenas alguns passos do caminho, cujo comprimento atinge centenas de milhares de quilômetros. Mas até este pouco é útil quando, na qualidade de psicoterapeutas, temos que remediar um distúrbio na esfera do instinto. Aqui são exatamente os mitos de cura das religiões (que poderíamos chamar de sistemas e métodos psicoterapêuticos) que nos ensinam o máximo, isto é, elas fundamentam nossa compreensão dos distúrbios instintivos que não são fenômenos recentes mas existem desde tempos imemoriais. Ainda que espécies antigas de doenças (especialmente de caráter infeccioso) como o *tiphus antiquorum* possam desaparecer e surgir novas doenças em seu lugar, pouca probabilidade existe de que, por exemplo, a tuberculose tenha sido outra doença há cinco ou dez mil anos atrás. O mesmo vale dos processos psíquicos. Por isso podemos reconhecer em descrições antigas de estados psíquicos anormais certos traços e conexões que nos são familiares; e quando se chega a fantasias baseadas em certas psicoses e neuroses é exatamente na literatura mais antiga que se encontram os paralelos mais ilustrativos.

1.232 Há muito tempo fez-se a experiência de que certas unilateralidades, isto é, distúrbios de equilíbrio da consciência são compensados pelo inconsciente. A compensação se dá pela constelação e acentuação de material complementar que assume formas arquetípicas quando é perturbada a *fonction du réel* ou a relação correta com o meio ambiente. Se, por exemplo, uma mulher desenvolve uma atitude de tendência mais masculina – o que pode facilmente acontecer hoje em dia devido à emancipação social da mulher – o inconsciente compensa esta relativa unilateralidade por meio da acentuação sintomática de certos traços femininos. Este processo de compensação perdura dentro da esfera pessoal enquanto não forem prejudicados os interesses vitais da personalidade. Mas se aparecerem distúrbios mais profundos (por exemplo, o afastamento da mulher de seu marido por ela querer sempre ter razão), então vêm à cena interna figuras arquetípicas. Essas complicações são bastante frequentes e, quando chegam a um grau patológico, só podem ser remediadas por métodos psicoterapêuticos. Por isso os psicanalistas vêm se esforçando por adquirir o máximo possível de conhecimento sobre as imagens e conexões arquetípicas produzidas pelo inconsciente, para entender sempre mais a natureza da compensação arquetípica.

1.233 O estudo sistemático da Dra. Harding sobre o material arquetípico da compensação feminina é uma contribuição muito bem-vinda a esses esforços; somos gratos a ela porque, além de seu trabalho profissional, lançou-se a esta tarefa com verdadeiro autossacrifício. Esta iniciativa é útil e importante não só para o especialista mas também para o leigo culto que se interessa por uma psicologia baseada na experiência de vida e no conhecimento da natureza humana. Nossa época, caracterizada por uma quase total desorientação em sua cosmovisão, precisa acima de tudo de um vasto conhecimento psicológico para definir de forma nova o *ens humanum*.

Agosto de 1948

C.G. Jung

Prefácio ao livro de Neumann: "Ursprungsgeschichte des Bewusstseins"*

O autor pediu-me algumas palavras de apresentação de sua obra. Faço-o com a maior boa vontade pois considero o seu trabalho particularmente bem-vindo. Ele começa exatamente no lugar em que também eu teria começado se me fosse dada uma segunda vida: reunir, selecionar e formar um todo dos membros dispersos de minha produção, dos "começos sem continuação". Ao ler o manuscrito desse livro percebi como são grandes as desvantagens do trabalho pioneiro: andamos aos trambolhões por campos desconhecidos, somos enganados por analogias, perdemos sempre de novo o fio de Ariadne, somos dominados por novas impressões e possibilidades e – o que é o pior – sabemos sempre muito tarde o que deveríamos ter sabido antes. A segunda geração tem a vantagem de um quadro mais claro, ainda que incompleto; conhece certos marcos que estão localizados ao menos nas proximidades ou ao redor do essencial; sabe o que era preciso saber antes para pesquisar a fundo o território recém-descoberto. Assim aparelhado, pode um representante da segunda geração reunir o que está disperso, resolver um emaranhado de problemas e fazer uma descrição coerente da área toda cuja extensão o pioneiro só consegue ver ao final de sua vida de trabalho. 1.234

O autor realizou com êxito esta tarefa difícil mas de grande utilidade. Conseguiu estabelecer conexões e, assim, criar um todo, o que o pioneiro jamais teria conseguido, nem mesmo teria ousado tentar. Para confirmar o que disse acima, o livro começa naquele lugar onde 1.235

* "História das origens da consciência". Zurique: [s.e.], 1949. Erich Neumann (1905-1960), de origem alemã, viveu mais tarde em Israel.

eu aterrissei pela primeira vez, e sem noção alguma do novo continente, isto é, o *simbolismo matriarcal*; e, como expressão conceitual de suas descobertas, o autor emprega um símbolo, cujo sentido ficou claro para mim somente em meus últimos trabalhos sobre a psicologia da alquimia, isto é, o *uróboro*. Baseado nisso, conseguiu, por um lado, construir uma história única da evolução da consciência e, por outro lado, apresentar o mito como uma fenomenologia dessa mesma evolução. E assim chegou a conclusões e concepções que pertencem ao que de mais importante se conseguiu até agora nesse campo.

1.236 Naturalmente para mim como psicólogo, o mais importante é a contribuição do autor para a fundamentação de uma psicologia do inconsciente. Ele baseia os conceitos da psicologia dos complexos – tão estranhos para muita gente – em fundamentos histórico-evolutivos e monta sobre eles uma estrutura compreensiva onde as formas empíricas do pensamento encontram seu espaço vital. A construção de um sistema ordenado não pode jamais dispensar uma hipótese global que depende, por sua vez, do temperamento e das pressuposições subjetivas do autor, além dos fundamentos objetivos. Este fator é da mais alta importância sobretudo na psicologia. A "equação pessoal" condiciona o modo de ver as coisas. A verdade relativamente definitiva requer o concerto de muitas vozes.

1.237 Só posso felicitar o autor por seu trabalho. Possa este curto prefácio levar ao autor o meu profundo agradecimento.

Março de 1949

C.G. Jung

Prefácio ao livro de Adler: "Studies in Analytical Psychology"*

Foi para mim grande alegria saber que o admirável livro do Dr. Gerhard Adler, *Studies in analytical psychology*, estava para ser publicado em alemão. O autor é um psicoterapeuta experiente e, por isso, em condições de tratar seu tema com base na experiência prática. É impossível superestimar este ponto, pois a atividade terapêutica não é apenas a aplicação diária de pontos de vista e métodos psicológicos a pessoas vivas e sobretudo a pessoas doentes, mas também uma crítica diária, através dos êxitos e dos fracassos, da terapia e dos pressupostos em que se baseia. Por isso podemos esperar do autor um julgamento bem ponderado e ancorado na experiência. Esta expectativa não será frustrada. Em todo o trabalho encontramos opiniões equilibradas e jamais vemos preconceitos, unilateralidades ou interpretação forçada. 1.238

Numa feliz escolha, o autor reuniu uma série de problemas que deveriam merecer a atenção de todo psicoterapeuta que pensa em profundidade. Preocupou-se primeiramente – o que é compreensível – em mostrar a peculiaridade da psicologia analítica em contraste com a orientação materialista e racionalista da escola de Freud, um assunto que nada perdeu de sua atualidade, uma vez que a escola de Freud se compraz num isolamento sectário. Não se trata aqui de diferenças especializadas ou capciosas que não interessariam ao público em geral, mas de questões de princípio. Uma psicologia que pretende ser cientí- 1.239

---

* "Estudos em psicologia analítica". Zurique: [s.e.], 1952. O prefácio foi escrito para a edição alemã. Título original inglês: *Studies in Analytical Psychology*. Londres/Nova York: [s.e.], 1948.

fica não se pode basear em premissas ideológicas, ou seja, numa teoria materialista e racionalista. Se não quiser ultrapassar irresponsavelmente seu campo de competência, só pode proceder fenomenologicamente e renunciar a opiniões preconcebidas. A opinião de que é possível formular juízos transcendentais – e ainda mais num assunto tão complicado como é a experiência psicológica – está tão arraigada que sempre são imputadas à psicologia analítica afirmações filosóficas, mesmo que isto contrarie totalmente o seu ponto de vista fenomenológico.

1.240 Por razões práticas, um dos anseios mais importantes dos psicoterapeutas é a psicologia dos sonhos, onde as suposições teóricas sofreram não só as maiores derrotas, mas também são aplicadas da maneira mais desastrosa. A análise dos sonhos, apresentada no capítulo terceiro, é exemplar.

1.241 É louvável que o autor tenha reservado uma atenção especial para o papel importante do eu. Opõe-se, assim, por um lado, ao preconceito geral de que a psicologia analítica só se ocupa do inconsciente e, por outro, mostra com exemplos instrutivos a relação que existe entre o eu e o inconsciente.

1.242 Também é tratada com propriedade a tão discutida questão de saber até onde e como é terapeuticamente efetiva a conscientização de conteúdos inconscientes. Ainda que a conscientização seja um fator terapêutico de primeira ordem, não é o único. Além da "confissão" inicial e da "ab-reação" emocional, devem ser levados em conta principalmente as "transferências" e a expressão simbólica. Dessas últimas duas o livro traz excelentes ilustrações de casos.

1.243 Leve-se a crédito do autor também o fato de ter abordado o aspecto religioso do fenômeno psíquico. Esta questão é delicada e também propícia a ferir suscetibilidades filosóficas. Mas sabendo ler e renunciar a seus preconceitos, não acredito que alguém possa sentir-se atingido pela exposição do autor, pressuposto ainda que o leitor saiba compreender o ponto de vista fenomenológico da ciência. Infelizmente, como pude constatar muitas vezes, esta compreensão não parece muito difundida e menos ainda, ao que parece, nos círculos médicos. A teoria do conhecimento não consta do currículo de estudos da medicina, mas é indispensável no estudo da psicologia.

1.244 O livro preenche uma lacuna na literatura especializada não só por causa de sua exposição lúcida mas também por causa de seu rico material de exemplos de casos. É uma preciosa orientação tanto para o profissional como para o leigo interessado em psicologia, sobre um campo experimental que, ao menos no início, é de difícil acesso para a maioria. Mas os exemplos tirados diretamente da vida proporcionam uma abordagem também direta e que facilita a compreensão. Recomendo vivamente ao público leitor este livro.

Maio de 1949

C.G. Jung

Prefácio a "Gestaltungen des Unbewussten", de Jung*

1.245 Uma vez que a poesia faz parte daquelas atividades psíquicas que dão forma a conteúdos inconscientes, parece-me conveniente começar este volume com um ensaio que trata de certas questões básicas que dizem respeito ao poeta e à sua obra[1]. Seguem-se a esta discussão duas conferências sobre o motivo do renascimento[2], pronunciadas por ocasião de um simpósio sobre esta questão. O drama, tema principal da arte poética, tem sua origem nos ritos cerimoniais, de efeito mágico que, na forma e no sentido, representam um δρώμενον ou δρᾶμα, algo realizado ou feito. Trata-se de uma tensão exacerbada que se muda e se resolve numa περιπέτεια, numa ἀκμη[3]. O espaço vital estreita-se ameaçadoramente até o medo mortal, mas é precisamente dessas "angustiae" (estreiteza, embaraço, pobreza, necessidade) que surge novo nascimento redentor e de horizontes mais amplos. Percebe-se facilmente que o drama é o reflexo de uma situação eminentemente psicológica que, numa variação múltipla, repete-se na existência humana, e é tanto a expressão como a causa de um arquétipo difundido universalmente e revestido das formas as mais diversas.

---

* "Configurações do inconsciente". Zurique: [s.e.], 1950.

1. "Psicologia e poesia". In: JUNG, C.G. *O espírito na arte e na ciência*. Petrópolis: Vozes, 2011 [OC, 15].

2. "Sobre o renascimento". In: JUNG, C.G. *Os arquétipos e o inconsciente coletivo* [OC, 9/1].

3. "A empiria do processo de individuação". In: JUNG, C.G. *Os arquétipos e o inconsciente coletivo*. Petrópolis: Vozes, 2011 [OC, 9/1].

O terceiro ensaio é de natureza casuística[4]. Expõe o processo de transformação através de figuras. Este estudo é complementado pelo ensaio seguinte que dá uma visão da casuística do simbolismo dos mandalas. A interpretação das figuras é sobretudo formal e, ao contrário do trabalho anterior, dá maior ênfase ao denominador comum das figuras do que à sua psicologia individual. 1.246

O quinto e último ensaio desse volume é um estudo psicológico da história de E.T.A. Hoffmann, "Goldnen Topf", por Aniela Jaffé[5]. Este livro de Hoffmann esteve por muito tempo em minha lista de criações literárias que exigem uma interpretação e maior aprofundamento. Por isso sou especialmente grato à senhora Jaffé por ter assumido com muito esforço a tarefa de pesquisar o pano de fundo psicológico do "Goldnen Topf", liberando-me assim de um trabalho que eu sentia ser uma obrigação. 1.247

Janeiro de 1949

C.G. Jung

---

4. "O simbolismo dos mandalas". In: JUNG, C.G. *Os arquétipos e o inconsciente coletivo*. Petrópolis: Vozes, 2011 [OC, 9/1].

5. JAFFÉ, A. "Bilder und Symbole aus E.T.A. Hoffmanns Märchen 'Der goldne Topf'". In: JUNG, C.G. *Aion* – Estudos sobre o simbolismo do si-mesmo. Petrópolis: Vozes, 2011 [OC, 9/2].

Prefácio ao livro de Wickes: "Von der Inneren Welt des Menschen"*

1.248 O livro de Frances G. Wickes, que apareceu pela primeira vez na América em 1938, foi publicado agora em alemão. É fruto de uma vida longa e trabalhosa, rico de grande experiência com pessoas de todas as classes e idades. Recomenda-se vivamente a quem deseja ter um quadro da vida íntima da psique ou deseja ampliar seus conhecimentos dos fenômenos psíquicos. Traz a experiência prática da autora que não se intimidou em expressar as vivências íntimas de seus pacientes, servindo-se dos pontos de vista por mim introduzidos na psicologia. Reuniu assim uma série de casos que podem ser úteis ao psicoterapeuta experiente e ao psicólogo praticante, sem falar do leigo que encontra aqui uma visão de um mundo de experiências, de outro modo inacessível a ele.

1.249 Se a fantasia for tomada por aquilo que realmente é – como acontece neste livro – ou seja, como expressão natural de vida que podemos, no máximo, entender mas não corrigir, então verificam-se possibilidades significativas de desenvolvimento psíquico, muito importantes para a cura de neuroses psicógenas e de distúrbios psicóticos mais brandos. As fantasias não devem ser avaliadas apenas negativamente, submetidas aos preconceitos racionais, mas elas possuem também um aspecto positivo, isto é, a compensação criativa da atitude consciente, sempre ameaçada pela imperfeição e unilateralidade. A fantasia é uma função biológica justificada em si, e a questão de sua

---

* Zurique: [s.e.], 1953. Título original inglês: *The Inner World of Man* (O mundo interior do homem), 1938. Frances G. Wickes (1875-1967) era psicoterapeuta americana. Cf. tb. "Introdução à obra de Frances G. Wickes *Análise da alma infantil*" [OC, 17].

possibilidade e aplicabilidade prática só aparece quando ela deve ser transposta para a chamada realidade concreta. Neste caso deve ser submetida inclusive ao juízo racional. Enquanto esta situação não se apresenta, é totalmente fora de propósito invalidar a fantasia com base em alguma teoria preconcebida ou reduzi-la a um outro processo biológico. A fantasia é a vida propriamente natural da psique que traz ao mesmo tempo o fator criativo irracional em si mesma. A sub e supervalorização neurótica e involuntária da fantasia é tão prejudicial para a vida da psique como a condenação ou supressão racionalista, pois a fantasia em si não é uma doença mas uma atividade natural e vital que promove o crescimento do germe do desenvolvimento psíquico. Frances G. Wickes ilustra isso de maneira exemplar, descrevendo as figuras e fases típicas dos processos involuntários da fantasia.

Setembro de 1953

C.G. Jung

Prefácio a "Von den Wurzeln des Bewusstseins", de Jung*

1.250 No volume IX de "Psychologische Abhandlungen" reuni uma série de trabalhos que na maior parte se originaram das conferências de Eranos. Alguns foram revistos, outros aumentados e outros ainda reelaborados. O ensaio sobre a "árvore filosófica" é novo, ainda que já tivesse tratado desse tema antigamente de forma resumida. O tema geral desse livro é o *arquétipo*, cuja natureza e importância foram descritas e elucidadas de vários ângulos: do ponto de vista histórico, casuístico e psicológico (prático e teórico). Ainda que este tema já tenha sido abordado por mim e por autores como Heinrich Zimmer, Karl Kerényi, Erich Neumann, Mircea Eliade e outros, mostrou-se. por um lado. inesgotável e, por outro, de difícil compreensão, se dermos ouvidos à crítica movida por preconceitos e mal-entendidos. É difícil evitar a suspeita de que o ponto de vista psicológico e suas consequências não encontram simpatia em muitos lugares e, por isso, não chegam a ser considerados. Por um lado as abordagens simplistas, que recebem de imediato o aplauso das massas, prometem tornar supérflua a resposta a questões difíceis, mas, por outro lado, há reflexões bem fundamentadas que tornam questionáveis coisas aparentemente simples e seguras e, por isso, caem no desagrado. Parece que a teoria dos arquétipos entra nesta categoria. Para alguns esta teoria é evidente e um meio valioso para entender a formação individual, coletiva e histórica dos símbolos; para outros parece ser o suprassumo da burrice que precisa ser extirpado por todos os meios, mesmo ridículos.

---

* "As raízes da consciência". (Estudos sobre o arquétipo). Zurique: [s.e.], 1954 [Psychologische Abhandlungen IX. OC, 8, 9, 11 e 13].

1.251 Ainda que seja fácil demonstrar a existência e a eficácia dos arquétipos, sua fenomenologia leva a questionamentos bem difíceis dos quais dou alguns exemplos neste volume. Por enquanto não há possibilidade de simplificações e de construção de estradas "onde os bobos não se percam".

Maio de 1953

C.G. Jung

Prefácio ao livro de Van Helsdingen: "Beelden uit het onbewuste"*

1.252 Dr. R.J. Van Helsdingen me pediu para escrever um prefácio para seu livro. Faço-o de boa vontade por uma razão especial: o caso que vem descrito e comentado no livro foi tratado há muitos anos por mim, o que posso revelar agora com a gentil autorização da paciente. Em geral não se encontra essa liberalidade, pois muitos pacientes de outrora têm um receio compreensível de revelar ao público seus problemas íntimos, penosos e patogênicos. Além do mais – diga-se de passagem – seus desenhos e pinturas nada apresentam que se possa recomendar aos desejos estéticos do público. Já por razões técnicas, os quadros são em geral feios e, por falta de força artística, têm pouco valor de expressão para leigos. Felizmente esses defeitos estão ausentes no presente caso que, sob este aspecto, constitui uma exceção rara: os quadros são artísticos no sentido positivo e, por isso, de uma expressão incomum. Comunicam ao espectador seu conteúdo aterrador e demoníaco, convencendo-o do pavor de um submundo fantástico.

1.253 Pertencem à pátria da paciente os maiores mestres da monstruosidade como Hieronymus Bosch e outros que deram livre curso à fantasia criadora; mas estes quadros revelam ainda outra forma de força desenfreada da imaginação: a vegetação estranha da fantasmagoria indo-malásia e o terrível ar sufocante das noites tropicais. O meio ambiente e a disposição interna uniram-se para criar esta série de expressões do medo arcaico-infantil. Por um lado, é o medo de uma criança que, privada de seus pais, está entregue, sem defesa, ao inconsci-

* "Imagens do inconsciente". Ainhem, Holanda: [s.e.], 1957. O prefácio foi escrito em alemão.

ente e às suas figuras ameaçadoras e fantasmáticas. Por outro lado, é o medo do europeu que não consegue encontrar para aquilo que o Oriente pertinaz nele evoca outra atitude que não a rejeição e a repressão. Pelo fato de não conhecer o seu próprio inconsciente, o europeu não entende o Oriente, atribuindo-lhe tudo o que ele teme e despreza em si mesmo.

1.254 Para uma criança sensível significa uma verdadeira catástrofe ser afastada dos pais e enviada para a Europa, após a influência inconsciente do mundo oriental ter moldado seu relacionamento com os instintos e, depois, no período crítico da puberdade, ser reenviada para o Oriente, quando este desenvolvimento foi interrompido pela educação ocidental e atrofiado pela falta de cuidados. Os quadros não só retratam aquela fase do tratamento que trouxe à consciência os conteúdos da neurose, mas foram um instrumento do tratamento, reduzindo a um denominador comum e fixando as imagens semiconscientes ou inconscientes que flutuavam vagamente em sua mente. Uma vez criado este tipo de expressão, ele mostra sua eficácia por assim dizer "mágica", "enfeitiçando" e tornando relativamente inócuo o conteúdo apresentado pelo inconsciente. Por isso, quanto mais abrangente o complexo, mais quadros serão necessários. O efeito terapêutico dessa técnica consiste em induzir a consciência a colaborar com o inconsciente, sendo este assim integrado na consciência. Dessa forma, a dissociação neurótica vai sendo aos poucos anulada.

1.255 O autor está de parabéns por ter editado um material tão útil e raro. Ainda que tenhamos aqui apenas os passos iniciais de uma análise, percebe-se com referência a alguns quadros a possibilidade de desenvolvimentos ulteriores. Mesmo com essas limitações, o caso significa um enriquecimento considerável da literatura que é bem pobre neste sentido.

Zurique, maio de 1954

C.G. Jung

Prefácio ao livro de Jacobi: "Komplex, archetypus, symbol in der psychologie C.G. Jungs"*

1.256 O problema de que trata este livro também me ocupou por muito tempo. Faz exatamente cinquenta anos que, graças aos resultados do experimento de associações, tomei conhecimento do papel desempenhado pelos complexos na consciência. O que mais me impressionou foi a autonomia específica que os complexos apresentam em relação aos outros conteúdos da consciência. Enquanto estes últimos estão sob o controle da vontade, indo e vindo sob seu comando, aqueles se impõem à consciência rompendo sua influência inibidora, ou resistem obstinadamente à intenção consciente de reproduzi-los. Os complexos não têm apenas um caráter *obsessivo,* mas muitas vezes também um caráter *possessivo,* comportando-se como duendes e dando origem a todo tipo de erros desagradáveis, ridículos e traiçoeiros, enganos da memória e do julgamento. Eles se interpõem no trabalho de adaptação da consciência.

1.257 Não foi difícil constatar que os complexos deviam sua relativa autonomia à sua natureza emocional, mas sua manifestação dependia sempre de um emaranhado de associações, girando em torno de um centro com carga emocional. A emoção central provou ser na maioria das vezes uma aquisição do indivíduo e, por isso, um assunto exclusivamente pessoal. A experiência foi mostrando que os complexos não são variáveis infinitamente, mas pertencem em geral a certas categorias que foram recebendo suas denominações populares, para não dizer vulgares, como, por exemplo, complexo de inferioridade,

---

* "Complexo, arquétipo e símbolo na psicologia de C.G. Jung". Zurique: [s.e.], 1957.

de poder, de pai, de mãe, de ansiedade etc. O simples fato de haver tipos de complexos bem caracterizados e facilmente reconhecíveis indica que eles residem em fundamentos igualmente típicos, isto é, em disposições emocionais, ou *instintos.* Estes se manifestam nas pessoas como imagens da fantasia, atitudes e ações irrefletidas e involuntárias que estão, por um lado, em conexão íntima entre si e, por outro lado, são idênticos às reações instintivas próprias da espécie *homo sapiens.* Os instintos têm um aspecto dinâmico e um aspecto formal. Este se expressa, entre outras coisas, através de imagens da fantasia que podem ser encontradas em todos os tempos e lugares numa semelhança impressionante, como era de se esperar. Assim como os instintos, também essas imagens têm um caráter de relativa autonomia; elas são numinosas e podem ser encontradas sobretudo no campo das ideias numinosas, ou seja, religiosas.

1.258 Escolhi, por razões que não posso declinar aqui, o termo *arquétipo* para o aspecto formal do instinto. A Dra. Jacobi assumiu a tarefa de expor a importante conexão entre o complexo individual e o arquétipo-instinto universal, por um lado, e, por outro, entre este e o *símbolo.* Seu trabalho devia fazer parte de meu livro *As Raízes da consciência,* mas não pôde ser incluído porque o volume ultrapassaria o tamanho desejado. Lamento aquela decisão, pois este trabalho da benemérita autora me parece de extraordinária importância uma vez que o conceito "arquétipo" dá ensejo a muitos mal-entendidos e, por isso, presume-se ser de difícil compreensão – se dermos ouvidos à crítica negativa. Quem, portanto, tiver dúvidas quanto a este conceito pode procurar informação nesta obra que leva em consideração também a literatura existente sobre o assunto. Meus críticos, com raras exceções, não procuram dar-se o trabalho de ler o que venho dizendo, e atribuem-me, entre outras coisas, a opinião de que o arquétipo é uma ideia hereditária. Preconceitos parecem mais cômodos do que a verdade. Também neste sentido espero que o esforço da autora, especialmente as considerações teóricas contidas na parte I, ilustradas, na parte II, por exemplos sobre o modo de se manifestar e de agir do arquétipo possam contribuir para um maior esclarecimento. Sou grato à autora por me poupar o trabalho de remeter o leitor sempre de novo para meus escritos.

Fevereiro de 1956

C.G. Jung

Prefácio ao livro de Bertine: "Menschliche Beziehungen"*

1.259 A iniciativa da autora de apresentar e discutir o problema do relacionamento humano a partir do ponto de vista da psicologia analítica é importante e útil não só para o campo específico da psicoterapia mas também para o horizonte mais amplo da psicologia geral. Em minhas pesquisas e nas de meus colaboradores certamente apareceram fatos de grande importância para o conhecimento das relações humanas. As tentativas fundamentais de Freud e Adler para melhor compreensão da psicologia das neuroses limitam-se ainda à psicologia individual da pessoa doente. Enquanto estes autores tiravam daí conclusões teóricas e procuravam aplicá-las à psicologia média da sociedade, a psicologia analítica chamou a atenção para fatos humanos mais gerais que, apesar de desempenharem papel importante na neurose, não são específicos dela, e sim uma condição normal da humanidade toda. Lembro sobretudo a existência de diferenças tipológicas, fáceis de serem reconhecidas também pelo leigo, como a extroversão e a introversão, por exemplo. É notório que essas duas atitudes diametralmente opostas influenciam decisivamente o relacionamento das pessoas. A psicologia dos tipos da função do pensamento, do sentimento, da sensação e da intuição diferencia os efeitos gerais da extroversão e da introversão.

---

* Zurique: [s.e.], 1957. Prefácio escrito em alemão para a tradução de *Human Relationships* (Relações humanas). Eleanor Bertine (1887-1968) era psicóloga analítica americana.

Enquanto os tipos de atitude e de função constituem principalmente um assunto da psicologia da pessoa consciente, mostram as pesquisas da psicologia analítica que a consciência não é influenciada apenas pelos dados dos sentidos e pelas repressões inconscientes da pessoa. Também afetada por formas psíquicas de comportamento, inconscientes e instintivas, isto é, inatas. Estas formas são tão características das pessoas quanto o são os instintos para o comportamento dos animais. Só conhecemos os padrões instintivos dos animais pela observação externa, ao passo que a psique humana apresenta a grande vantagem de que, graças às ideias e à linguagem, pode ser visualizado o processo instintivo através de imagens da fantasia, e esta impressão interna pode ser comunicada a um observador de fora por meio da linguagem. Se a psique animal fosse capaz de semelhante realização, poderíamos saber algo sobre a mitologia que o joão-de-barro expressa quando constrói seu ninho, ou a mariposa da iúca quando deposita seus ovos na flor da iúca[1], isto é, quais as imagens da fantasia que preparam sua ação instintiva. Mas esta introspecção só é possível no ser humano; ela nos abre ali o mundo imenso do mito e do folclore com suas analogias e motivos paralelos que envolvem o globo terrestre. A conformidade dessas expressões com aquelas dos sonhos e das alucinações é, no mínimo, surpreendente. 1.260

O próprio Freud já fez essa descoberta e ergueu um monumento com seu conceito do complexo de Édipo. Ficou encantado com a numinosidade desse motivo, ou arquétipo, e reservou-lhe uma posição central em sua teoria, mas não tirou a conclusão ulterior e inevitável de que, além do inconsciente produzido por repressões arbitrárias, deveria haver um outro inconsciente normal que consistia naquilo que ele denominava "resíduos arcaicos". Mas se o complexo de Édipo representa um tipo universal de comportamento instintivo, independente de tempo, lugar e de condicionamento individual, segue-se a conclusão inevitável de que não pode ser o único. Ainda que o complexo de incesto seja um dos complexos mais fundamentais e mais conhecidos, deve haver logicamente sua contrapartida feminina, que vai expressar-se em outras formas correspondentes. (Propus naquela 1.261

1. Cf. "Instinto e inconsciente". In: JUNG, C.G. *A energia psíquica*. Petrópolis: Vozes, 1967 [OC, 8/1; § 268 e 277].

época o termo "complexo de Electra"[2].) Mas o incesto não é a única complicação da vida humana, como parece às vezes na psicologia de Freud. Há também outros padrões tipológicos que regulam ou influenciam a relação do pai com o filho, da mãe com a filha, dos pais com os filhos, dos irmãos entre si etc. Édipo é apenas um dos tipos existentes, que só condiciona o comportamento do filho e só a ele pode ser atribuído. A mitologia, o folclore, os sonhos e as psicoses não entram nessa complicação. Mas eles produzem tipos e fórmulas quase infindáveis não só para as relações familiares, mas também para as relações entre o homem e a mulher, entre o indivíduo e a sociedade, entre a consciência e o inconsciente, entre os perigos para o corpo e a alma etc.

1.262 Esses arquétipos exercem influência decisiva sobre as relações humanas. Menciono tão só a importância eminentemente prática do animus (o arquétipo do homem na mulher) e da anima (o arquétipo da mulher no homem), que são a fonte de tanta felicidade de pouca duração e de tanto sofrimento de longa duração no casamento e nas amizades.

1.263 Devido à sua longa experiência médica e ao seu trabalho cansativo mas fecundo com pessoas, a autora tem muito a dizer sobre estas coisas. Ela merece ser ouvida. Faço votos que seu livro encontre muitos leitores bem atentos.

Agosto de 1956

C.G. Jung

---

2. "Tentativa de apresentação da teoria psicanalítica". In: JUNG, C.G. *Freud e a psicanálise*. Petrópolis: Vozes, 2011 [OC, 4; § 347s.]. Cf. o comentário de Freud em: *Abriss der Psychoanalyse*. Frankfurt am Main: [s.e.], 1958 [*Scliriften aus dem Nachlass* 1892-1938. Londres: (s.e.), 1941, p. 121].

Prefácio ao livro de V. de Laszlo: "Psyche and symbol"*

A Dra. de Laszlo ousou chocar o leitor americano incluindo em sua seleção de meus escritos alguns dos ensaios mais difíceis. Tenho pena do leitor e confesso que é tentador e quase inevitável deixar-se enganar pelas aparências, enquanto a vista percorre as páginas numa tentativa vã de chegar o mais rápido possível ao cerne da questão. Conheço várias pessoas que, ao abrir um livro e tropeçar numa série de citações latinas, fecham-no com violência, porque latim para elas é história e, portanto, morte e irrealidade. Receio que minha obra exija paciência e reflexão. Eu sei que isto é muito difícil para o leitor que espera ser alimentado com manchetes informativas. Não faz o gênero do cientista sério iludir o público com resumos impressionantes e afirmações ousadas. Ele procura esclarecer, reunir as provas necessárias e, assim, criar uma base para a compreensão. Além disso, no meu caso, a compreensão não se refere a fatos conhecidos em geral, mas a fatos pouco conhecidos, ou totalmente novos. Por isso considerei ser minha obrigação tornar conhecidos esses fatos. Como essas novidades inesperadas exigissem também uma explicação inesperada, tive que me dar o trabalho de explicar a natureza específica de meu material de prova. 1.264

Os fatos são experiências que foram sendo adquiridas por análises cuidadosas e conscientes de processos observados durante o tratamento psicológico. Como não fosse possível explicar satisfatoriamente esses fatos por si mesmos, foi necessário recorrer a comparações possíveis. Quando encontramos, por exemplo, um paciente que 1.265

---

* Psique e símbolo. In: LASZLO, V.S. de. (org.). *A Selection from the Writings of C.G. Jung*. Nova York: Anchor Books, 1958.

produz mandalas simbólicos em seus sonhos e fantasias e quisermos explicar essas imagens circulares em termos de certas fantasias sexuais ou outras, esta explicação não convence, pois outro paciente pode desenvolver motivações totalmente diversas. Também não é lícito pressupor que uma fantasia sexual forneça uma motivação mais provável do que, por exemplo, o instinto de poder, pois sabemos da experiência que a disposição da pessoa vai levá-la forçosamente a preferir uma ou outra coisa. Por outro lado, ambos os pacientes podem ter algo em comum: um estado de confusão psíquica e mental. É mais aconselhável seguir esta pista e tentar descobrir se estas figuras circulares estão ligadas a este estado de espírito. Um terceiro caso que produz mandalas é talvez um esquizofrênico que, devido à grande perturbação mental, não pode ser perguntado sobre as fantasias que acompanham o seu agir. É óbvio que este paciente está totalmente imerso num estado caótico. O quarto caso é o de um garoto de sete anos que decorou com mandalas o canto do quarto em que está sua cama, sem os quais ele não conseguia dormir. Sentia-se seguro só quando estava rodeado pelos mandalas. Sua fantasia lhe dizia que eles o protegiam contra medos anônimos que o assaltavam de noite. Em que consiste sua confusão? Seus pais estavam falando em divórcio[1]. E o que dizer de um obstinado racionalista científico que produzia mandalas em seus sonhos e em suas fantasias? Teve de consultar um alienista, pois pensou estar perdendo o juízo quando se viu repentinamente assaltado por sonhos e visões estranhíssimos. Qual a origem de sua confusão? No choque entre dois mundos *igualmente reais*: um externo e outro interno, um fato que ele não pôde mais negar?[2]

1.266 Não há necessidade de prolongar a lista, pois quando se deixa de lado todo preconceito teórico, a causa que está na base da produção dos mandalas parece ser um estado de espírito claramente definível. Será que existe alguma evidência que pudesse explicar por que um tal estado produz um mandala? Ou é simples acaso? Por conseguinte devemos perguntar se as nossas experiências são as únicas que podem demonstrar isso ou, em caso negativo, onde poderíamos encontrar

---

1. Cf. O simbolismo dos mandalas. In: JUNG, C.G. *Os arquétipos e o inconsciente coletivo*. Op. cit. § 687 e fig. 33.

2. Cf. a série de sonhos, em *Psicologia e alquimia*. Petrópolis: Vozes, 2011 [OC, 12; parte II].

ocorrências parecidas. Não é difícil encontrá-las; existe grande quantidade de paralelos no Oriente longínquo e no Ocidente longínquo, ou mesmo aqui na Europa, há centenas de anos. Os livros de referência estão em nossas bibliotecas universitárias, mas nos últimos dois séculos ninguém os leu; e eles estão escritos – que horror! – em latim e alguns, em grego. Estariam mortos? Não são esses livros o eco distante da vida que foi vivida no passado por cabeças e corações, movidos por paixões, esperanças e visões, não menos intensas do que as nossas? É tão importante assim que as páginas narrem antes de nós a história de um paciente ainda vivo ou falecido há cinquenta anos? É deveras importante que suas confissões, angústias e lutas se expressem na linguagem atual, ou em latim ou grego? Assim como nos sentimos vivendo hoje, houve um ontem que foi tão real, tão humano e tão quente como o instante atual que chamamos agora e que em poucos segundos será um ontem e tão morto quanto o 1° de janeiro de 1300. Mais da metade das razões de as coisas serem agora assim como são jazem enterradas no ontem. Em sua tentativa de estabelecer conexões causais, a ciência precisa buscar referências no passado. Ensina-se anatomia comparada, por que não psicologia comparada? A psique não é de hoje, ela remonta diretamente a eras pré-históricas. Será que o homem mudou realmente num período de dez mil anos? Será que os cervos mudaram seus chifres em tão pouco tempo? Naturalmente, o homem peludo da era glacial tornou-se irreconhecível se tentarmos descobri-lo entre as pessoas que transitam pela Quinta Avenida de Nova York. Mas ficaremos perplexos se nos ocuparmos durante cem horas com sua vida íntima. Leremos os pergaminhos embolorados como se fossem a narrativa mais moderna. Encontraremos os segredos dos modernos consultórios expressos curiosamente num latim medieval abreviado e num manuscrito bizantino complicado.

1.267 O que o médico consegue ouvir, se prestar bastante atenção, em matéria de fantasias, sonhos e vivências íntimas não é sequer mencionado na *Enciclopédia Britânica* ou em manuais de estudo e revistas científicas. Esses segredos são guardados com carinho, escondidos com medo e tratados com grande cuidado e reverência. São um bem absolutamente privado, jamais são divulgados ou comentados, são temidos porque podem ser ridículos, são venerados como uma revelação. São numinosos; um tesouro de valor duvidoso, às vezes cômico e às vezes maravilhoso; em todos os casos são um ponto doloroso e vulnerável que aparece em todos os cruzamentos de nossa vida individual. Eles são oficiais e, segundo a concepção dominante, tão desconhecidos e desprezados como os pergaminhos antigos com seus hieróglifos indecifráveis e de mau gosto estético, testemunhos de um obscurantismo e tolices do passado. Nada sabemos de seu conteúdo, assim como pouco sabemos do que acontece nas camadas profundas de nosso inconsciente, pois "aquele que sabe não fala, e o que fala não sabe"[3]. Enquanto aumentam as experiências internas desse tipo, diminuem as relações das pessoas entre si. Sem razão aparente, a pessoa fica isolada. Finalmente isto se torna insuportável, e ela precisa confiar em alguém. Muito vai depender do fato de ela ser bem compreendida ou não. Seria fatal se fosse mal compreendida. Felizmente essas pessoas são instintivamente cautelosas e não falam, via de regra, mais do que o necessário.

1.268 Quando se ouve uma confissão dessa espécie, e o paciente gostaria de se compreender melhor, então é de grande proveito um conhecimento comparativo. Quando o obstinado racionalista, mencionado acima, veio pela primeira vez ao meu consultório, encontrava-se em tal estado de pânico que não só ele mas também eu sentimos soprar o vento do manicômio. Quando começou a contar em detalhes algumas de suas experiências, mencionou um sonho especialmente impressionante. Levantei-me e fui pegar em minha estante de livros um volume bem antigo. Mostrei-lhe a data da publicação: "Está vendo o ano? Tem quase quatrocentos anos. Agora, preste atenção". Abri o livro onde havia uma xilogravura curiosa que representava quase textualmente o sonho dele. Eu lhe disse: "O senhor pode ver que o seu sonho não é nenhum mistério. O senhor não foi vítima de nenhuma agressão patológica nem foi separado do resto da humanidade por uma psicose inexplicável. O senhor apenas não está informado sobre certas experiências que se mantêm perfeitamente dentro dos limites do conhecimento e da compreensão humanos". Imaginem o alívio que ele experimentou! Havia comprovado com os próprios olhos sua normalidade psíquica.

1.269 Isto mostra por que a comparação histórica não é simples passatempo, mas é muito prática e útil. Ela abre de novo as portas para a vida e a humanidade que pareciam definitivamente fechadas. Não há

---

3. WILHELM, R. *Lao-Tsé und der Taoismus*. Stuttgart: [s.e.], 1925, p. 83 [II: Die Lehren des Lao-Tsé. cap. 56].

vantagem alguma em negar, refutar ou ridicularizar essas experiências que parecem anormais ou fora dos trilhos. Não deveriam ser perdidas, pois contêm um valor individual intrínseco cuja perda poderia causar dano irreparável à personalidade. Deveríamos estar conscientes da alta estima de que gozavam tais experiências em séculos passados, pois isto explica a extraordinária importância que nós, modernos ignorantes, somos forçados a atribuir-lhes contra a nossa vontade.

1.270 Compreender uma doença não é curá-la, mas ajuda muito, porque é mais fácil lidar com uma dificuldade que se compreende do que com uma escuridão incompreensível. Mesmo que, ao final, não se chegue a uma explicação racional, sabe-se ao menos que não estamos sozinhos diante de um muro "simplesmente imaginário", mas que houve muitos outros que tentaram em vão escalá-lo. Partilhamos, assim, do destino comum de todos e não estamos separados do resto da humanidade por um defeito subjetivo. Desse modo não sofremos a perda irreparável de um valor pessoal e não somos forçados a prosseguir o caminho com as muletas de um racionalismo árido e sem vida. Ao contrário, teremos novo ânimo de aceitar e integrar a irracionalidade da própria vida e da vida em geral.

1.271 Os instintos são os determinantes mais conservadores de qualquer espécie de vida. A mente não nasceu *tabula rasa*. A semelhança do corpo, tem suas predisposições individuais, sobretudo o padrão comportamental. Elas se manifestam nos padrões sempre recorrentes das funções psíquicas. Assim como o joão-de-barro constrói seu ninho sempre da mesma forma, também a pessoa reage psicologicamente de acordo com seus padrões originários, apesar de sua liberdade e de sua mutabilidade superficial. Mas isto até certo ponto, isto é, até colidir, por alguma razão, com suas raízes instintivas, ainda vivas e sempre presentes. Os instintos então se revoltam e suscitam ideias e emoções estranhas que serão tanto mais estranhas e incompreensíveis quanto mais a consciência humana se tiver desviado de sua conformidade original com esses instintos. Pelo fato de a humanidade sentir-se hoje ameaçada pela autodestruição através da radioatividade, estamos experimentando um redespertar fundamental de nossos instintos nas mais diversas formas. Chamei de "arquétipos" as manifestações psicológicas do instinto.

1.272 Os arquétipos não são de forma alguma indícios ou resíduos inúteis e arcaicos de um mundo primitivo. São entidades vivas que causam a preformação de ideias numinosas ou de imagens dominantes. Uma compreensão inadequada aceita essas imagens primitivas em sua forma arcaica, pois elas exercem sobre a mente subdesenvolvida um fascínio numinoso. O comunismo, por exemplo, é um estilo de vida arcaico, altamente ilusório, que caracterizava os grupos sociais primitivos. Ele traz em si um comando sem lei como compensação vital necessária, um fato que só pode ser desconsiderado por um preconceito racionalista – prerrogativa de uma mente bárbara.

1.273 É importante lembrar que meu conceito de arquétipo foi muitas vezes mal compreendido, como se designasse ideias hereditárias ou uma espécie de especulação filosófica. Na verdade, os arquétipos pertencem ao âmbito da atividade instintiva e *neste* sentido são padrões hereditários de comportamento psíquico. Como tais revestem-se de certas qualidades dinâmicas que, psicologicamente falando, podemos chamar de "autonomia" e "numinosidade".

1.274 Não conheço outro caminho mais confiável para voltar a este fundamento instintivo do que a compreensão desses padrões psicológicos que nos permite reconhecer a natureza de uma atitude instintiva. O instinto de autoconservação é despertado como reação contra a tendência ao suicídio em massa, representado na bomba H e na divisão política do mundo por ela provocada. A divisão política do mundo é, sem dúvida, obra do homem que deve ser atribuída a uma distorção racionalista. Mas as preformações arquetípicas, se entendidas por uma mente madura, podem fornecer ideias numinosas que antecedem nosso nível intelectual propriamente dito. É exatamente disto que o nosso mundo precisa. Parece-me um incentivo adicional observar os processos inconscientes que hoje antecipam em muitas pessoas desenvolvimentos futuros.

1.275 Devo alertar o leitor: este livro não é uma simples leitura de entretenimento. Há nele ideias que exigem muita concentração e profunda reflexão – o que, infelizmente, é uma raridade hoje em dia. Por outro lado, a situação de hoje parece suficientemente séria para produzir, se não outra coisa, ao menos sonhos incômodos.

Agosto de 1957

Prefácio ao livro de Brunner: "Die Anima als Schicksalsproblem des Mannes"*

O livro tem pressupostos, cujo desconhecimento pelo leitor despreparado pode dar origem a mal-entendidos. Gostaria, pois, de esclarecer de antemão que se trata de um diálogo que se estendeu por oito anos. Os interlocutores colocaram desde o início como condição do diálogo que seus relatos e opiniões fossem tão verdadeiros, honestos e completos quanto era humanamente possível. Obviamente tal condição só pode ser satisfeita até onde alcança a esfera de influência da consciência. Reconhecendo esta limitação, o diálogo se propôs a tarefa de levar em consideração também as reações inconscientes que acompanhassem as manifestações conscientes. Mas este projeto ambicioso só poderia ser completo se as reações inconscientes de *ambos* os participantes fossem registradas. Um debate "biográfico" desse tipo seria de fato algo único em nossa experiência até agora, exigindo circunstâncias extraordinariamente favoráveis à sua realização. Em vista das dificuldades incomuns que se colocaram diante desta iniciativa, a autora merece reconhecimento e gratidão por haver reproduzido, com a necessária precisão e minúcia, ao menos três quartos do diálogo. Sua tentativa merecerá com certeza o reconhecimento de todos aqueles que se interessam pela vida real da psique, principalmente por apresentar, através de um vasto material empírico, um problema tipicamente masculino que sempre se apresenta em tal situação. 1.276

Embora cada caso dessa espécie siga um plano (arquetípico) básico, seu valor e importância residem antes de tudo em sua qualidade de ser único, e essa unicidade é ao mesmo tempo o critério de sua ob- 1.277

* "A alma como problema do destino do homem". Cornelia Brunner Scharpf. Studien aus dem C.G. Jung-Institut, Zurique, 1963.

jetividade. O verdadeiro portador da realidade é o indivíduo e não o esquema do provável e do típico. Se a descrição da autora abrange somente duas personalidades, ou a elas se restringe, manifesta-se nisso seu "tato" para os fatos psicológicos. A personalidade viva tem seu sentido e seu valor apenas em sua unicidade, não em suas qualidades coletivas e estatísticas que são meras propriedades da espécie humana e, como tais, pressupostos indispensáveis da natureza suprapessoal. A limitação da descrição a duas personalidades cria uma atmosfera "não científica" da subjetividade, mas significa objetividade psicológica: assim como se comporta a verdadeira vida psíquica, assim acontece na realidade. O que disso pode ser formulado teoricamente pertence aos pressupostos gerais do processo psicológico em geral e poderia, portanto, ser observado também em outros indivíduos em outras circunstâncias. A visão científica é essencialmente um subproduto da discussão psicológica. Esta condição dá a esta última a necessária liberdade de expressão. "Verdadeiro" e "falso", "certo" e "errado" só valem moralmente, mas não ligados a nenhum critério geral de "verdade" ou "exatidão". "Verdadeiro" e "certo" só nos dizem se o que está acontecendo é verdadeiro ou certo para a pessoa em questão.

1.278 O leitor é o ouvinte invisível de um diálogo sério entre duas pessoas cultas de nossa época sobre questões que surgem entre elas. Ambas dão sua contribuição com inteira liberdade e permanecem fiéis ao seu propósito durante toda a conversa. Dou especial ênfase a isso, porque não é garantido que tais conversas continuem. Muitas vezes elas param prematuramente por falta de entusiasmo de uma das partes ou de ambas, por boas ou más razões. Não é raro que já nas primeiras dificuldades os interlocutores desistam. É mérito especial da autora ter registrado e tornado acessível ao público o conteúdo das longas sessões em dois níveis. O desenrolar das ideias e acontecimentos, descrito por ela, é um *document humain* altamente instrutivo em sua unicidade individual, mas está sujeito, precisamente por esta unicidade, a ser mal entendido e desprezado como subjetivo e fantasioso. Trata-se daqueles fenômenos de relação que Freud resumiu no termo "transferência" e considerou como "fantasias infantis". Esta depreciação teve por consequência que eles sucumbiram ao preconceito racionalista, e sua grande importância como fenômenos de transformação não foi reconhecida. Este pecado científico de omissão constitui apenas um dos elos da longa cadeia de depreciações da psique humana, não havendo razão suficiente para tanto. É um sintoma preocupante de miopia e inconsciência de nossa época científica ter praticamente perdido a noção da importância extraordinária da psique como condição fundamental da existência humana. O que adianta o progresso técnico se a humanidade ainda deve tremer diante de tiranos pueris, ridiculamente terríveis, ao estilo de Hitler? Tais figuras devem seu poder somente à espantosa imaturidade das pessoas de hoje, à sua infantilidade psíquica e à sua inconsciência bárbara. Realmente, não podemos mais tolerar o menosprezo do fator psíquico nos acontecimentos mundiais, o desprezo dos processos psíquicos e dos esforços por compreendê-los. Nossa única esperança é que as massas acordem para a razão e para a humanidade. Mas ainda não chegamos ao ponto de perceber aonde nós mesmos falhamos. Neste aspecto o diálogo aqui publicado dá algumas indicações. Trata-se apenas de uma prova de amostra, mas toda experiência consiste em última análise nisso. Sem experiências particulares não existem conclusões gerais.

1.279 A autora fez bem em antepor à sua *pièce de résistance* propriamente dita um caso muito conhecido da história da literatura como introdução. O caso é o de Rider Haggard[1] que apresenta uma problemática semelhante. (Poderíamos mencionar também Pierre Benoit e Gerard De Nerval.) Rider Haggard é sem dúvida o "clássico" daquele motivo da anima que já aparece conscientemente como tal nos humanistas dos séculos XV-XVII, como por exemplo na *Hypnerotomachia* de Francesco Colonna[2], ou como conceito psicológico no inglês Richardus Vitus Basinstochius[3], ou como figura poética nos "fedeli d'amore"[4] em consonância com a *Divina Comédia*.

1. Cf. HAGGARD, H.R. *She*. A History of Adventure. Londres: [s.e.], 1887.

2. Cf. FIERZ-DAVID, L. *Der Liebestraum des Poliphilo*. Ein Beitrag zur Psychologie der Renaissance und der Moderne. Zurique: [s.e.], 1947. Talvez seja significativo que este livro de Jacob Burckhardt, tão importante para a psicologia da Renascença, tenha recebido a merecida atenção (cf. adiante § 1.749s.).

3. Richard White of Basingstoke. Cf. *Mysterium Coniunctionis*. Petrópolis: Vozes, 2011 [OC, 14/1; § 88s.].

4. Cf. CORBIN, "L'intériorisation du sens en herméneutique soufie iranienne". *Eranos-Jahrbuch*, 1957, p. 97. Zurique.

1.280 A obra literária de Rider Haggard constitui excelente introdução ao verdadeiro propósito desse livro, uma vez que trouxe um rico material ilustrativo do simbolismo e problemática da anima. Mas *She* é só uma arrancada e um começo sem continuação, pois não atinge em lugar nenhum o chão da realidade. Tudo fica preso na fantasia e na antecipação simbólica. Rider Haggard não tinha consciência de seus predecessores espirituais e, assim, não sabia que lhe fora confiada uma tarefa sobre a qual já havia trabalhado a alquimia filosófica e que a última peça da *magna opera*, o *Fausto* de Goethe, conseguiria realizar, não em vida, mas somente após a morte, isto é, no além, e, mesmo lá, só à maneira de pressentimento.

1.281 O importante motivo da anima desenvolve-se em Rider Haggard da forma mais pura e também mais ingênua. Não se cansou de permanecer fiel à sua linguagem durante o período todo de sua vida literária. Comprometido com o seu nome, por assim dizer, foi um cavaleiro abstinente de sua dama, um parente espiritual de René d'Anjou que foi um trovador contemporâneo ou cavaleiro do santo Graal, caído, sabe Deus como, na era vitoriana e, mesmo assim, um de seus representantes mais típicos. Que outra coisa poderia fazer senão contar sua estranha lenda de séculos passados, voltando aos pares Simão Mago e Helena, Zósimo e Teosebeia, na forma algo lamentável do "yarn"?[5] Seguiu os passos dos cantadores e poetas que fizeram o encanto da era dos cavaleiros nos séculos XII e XIII. A investida romântica de seu contemporâneo no âmbito alemão, Richard Wagner, não lhe foi totalmente inofensiva. Um gênio perigoso, Friedrich Nietzsche, envolveu-se, e um Zaratustra ergueu sua voz sem ter como parceiro do diálogo nenhuma mulher sábia. Esta voz poderosa provinha de um solteiro atacado por enxaquecas, "seis mil pés além do bem e do mal" que encontrou seu "Dudu e Zuleica"[6] somente na consternante loucura e fez aquelas confissões que tanto escandalizaram sua irmã, que traços disso só podem ser encontrados em sua história clínica. Isto não soa belo nem bom; mas também faz parte do ser adulto ouvir as terríveis desarmonias da vida real e incluí-las entre as imagens da

5. Contos de marinheiro.

6. *Assim falou Zaratustra*, parte IV.

realidade. A verdade e a realidade não são realmente músicas das esferas celestes, mas são a beleza e o terror da natureza. Infelizmente o conhecimento psicológico não pode levar em conta as necessidades estéticas. A grandeza e a importância de um motivo como a anima não têm qualquer relação com a forma em que se apresenta. Se Rider Haggard usa a forma modesta do "yarn", isto não prejudica o conteúdo de suas afirmações. Quem procura uma leitura de passatempo ou a arte maior da palavra pode encontrar coisa melhor. Mas quem deseja compreender e conhecer, a este *She* proporciona rico alimento, sobretudo por causa da simplicidade e ingenuidade da concepção que falta a qualquer implicação "psicológica".

1.282 Naturalmente o produto mais rico é a matéria primitiva, isto é, os sonhos que não são pensados ou tecidos, mas são um produto espontâneo da natureza. Neles se expressam os processos psíquicos sem serem perturbados pelas tendências do arbítrio unilateral e precipitado da consciência subjetiva. Mas poderíamos dizer que esta riqueza só se abre para aquele que entende a linguagem dos animais e das plantas. Apesar de sua estranheza, isto não está acima da capacidade de aprender e da compreensão de pessoa inteligente que possui uma razoável quantidade de intuição e uma salutar resistência contra opiniões doutrinárias. A intuição segue a torrente das imagens, transforma-se e nelas penetra, até que elas comecem a falar e a revelar seu sentido. Elas se revelam mas não dão provas de si. Seguindo seu instinto da verdade, a intuição acompanha as imagens. Confiando no pressentimento dos tempos antigos, encontra caminhos esquecidos ou soterrados por onde muitos já andaram em épocas e lugares distantes, talvez mesmo o parceiro do diálogo. Reconhecendo o rasto, andará este em trilha paralela e aprenderá dessa maneira a seguir a estrutura natural da psique.

1.283 A autora conseguiu transmitir ao sonhador a atitude intuitiva de que precisa para seguir os rastos do processo inconsciente do desenvolvimento. A "interpretação" não segue nenhuma teoria, mas apenas as indicações entendidas como simbólicas do sonho. Ainda que se empreguem conceitos psicológicos como anima, isto não é uma suposição teórica, porque "anima" aqui não é uma ideia, mas um conceito empírico ou nome que designa um grupo determinado de acontecimentos típicos observáveis. Num diálogo tão extenso as interpretações são apenas fases passageiras e formulações experimentais, mas que precisam comprovar-se no todo. Somente o resultado final dirá se isto foi conseguido. Isto mostra se estamos no caminho certo ou não. Um processo dialético desse tipo é sempre um desafio criativo no qual se deve colocar em cada momento o melhor que se pode. Então, se Deus quiser, pode acontecer a grande obra da transformação.

Abril de 1959

C.G. Jung

XI
CIVILIZAÇÃO EM TRANSIÇÃO

(Relacionado ao vol. 10 da Obra Completa)

Relatório sobre a América*

O conferencista vê na peculiaridade psicológica do americano traços que indicam enérgica repressão sexual. A razão disso deve ser buscada principalmente na convivência com o negro que atua sugestivamente sobre os instintos penosamente subjugados da raça branca. Por isso são necessárias regras de defesa fortemente desenvolvidas que se manifestam nas características específicas do americanismo. 1.284

---

* Resumo, por Otto Rank, do "Bericht über Amerika", de Jung, no Segundo Congresso de Psicanálise, em Nuremberg, 30-31 de março de 1910. Publicado em *Zentralblatt für Psychoanalyse*, 1/3, dezembro de 1910, p. 130. Wiesbaden. Resumo de todas as conferências foi publicado em *Jahrbuch für psychoanalytische und psychopathologische Forschungen*, I/2, 1910. Leipzig/Viena. Jung havia realizado duas viagens para conferências na América: agosto-setembro de 1909 (Clark Conference, Worcester, Mass.) e março de 1910 (Chicago).

Sobre a psicologia do negro*

1.285 Os negros têm as mesmas psicoses que os brancos. Nos casos mais simples, o diagnóstico é difícil porque não há certeza se não estamos lidando com superstições. A investigação torna-se difícil porque o negro não entende o que queremos dele e, além disso, é ignorante (não sabe sua idade, não tem noção de tempo). Mostra grande incapacidade de penetrar nos próprios pensamentos, fenômeno análogo ao da resistência de nossos pacientes. Pouco se fala de alucinações, pouco também de delusões e sonhos. O negro é extraordinariamente religioso – seu conceito de Deus e de Cristo é muito concreto. O conferencista apontou numa ocasião anterior que certas qualidades dos americanos (por exemplo, seu autocontrole) devem ser explicadas por causa de sua convivência com os negros (descomedidos). Por sua vez, esta convivência também influencia o negro. O homem branco é uma imagem ideal para o negro, o que se expressa na religião pelo fato de Cristo ser sempre um homem branco. O próprio negro gostaria de ser branco ou ter filhos brancos – e inversamente: ele é perseguido pelo branco. Nos exemplos dos sonhos, apresentados pelo conferencista, manifesta-se muitas vezes o desejo ou a obrigação de adaptar-se às pessoas brancas. É impressionante que nos sonhos ocorra grande número de símbolos de sacrifícios, conforme o conferencista menciona em seu livro *Wandlungen und Symbole der Libido* (Símbolos da transformação). Mostra novamente este fato que estes símbolos não são cristãos, mas têm sua origem numa necessidade biológica.

---

* Resumo de uma conferência pronunciada na Sociedade Psicanalítica de Zurique, em 22 de novembro de 1912, e publicado em *Internationale Zeitschrift für ärztliche Psychoanalyse*, 1/1, 1913, p.115. Leipzig/Viena. Cf. *Cartas de Sigmund Freud/C.G. Jung*, J323, bem como "Alma e terra". In: JUNG, C.G. *Civilização em transição*. Petrópolis: Vozes, 2011 [OC, 10/3]; e As complicações da psicologia americana. In: Ibid. Não foi encontrado o manuscrito da conferência.

Uma entrevista radiofônica em Munique*

Não é muito fácil responder à sua pergunta. Não tive desde o começo um interesse especial pela filosofia chinesa, como poderia alguém pressupor, nem tirei do estudo dela tudo o que fosse útil para minha psicologia; o pensamento chinês estava a princípio longe de meu interesse. Devo minha relação com a China e com Richard Wilhelm única e exclusivamente a certas descobertas psicológicas. Foi, antes de tudo, a descoberta do inconsciente coletivo, isto é, dos processos psíquicos impessoais que despertou meu interesse pela psicologia primitiva e exótica. Entre esses processos psíquicos impessoais há uma grande quantidade que nos parece totalmente estranha e incompreensível e que não conseguimos relacionar com os símbolos históricos que nos são familiares, mas que encontram muitas e inquestionáveis analogias nas psicologias exóticas. Assim, toda uma série ou camada de conteúdos impessoais só podem ser entendidos a partir da psicologia dos primitivos, enquanto outros têm suas analogias mais próximas na Índia e na China. Antigamente pensávamos que os símbolos mitológicos se propagavam pela migração. Mas descobri que a manifestação dos mesmos símbolos nos mais diversos países e continentes não se baseava na migração, mas no ressurgimento espontâneo dos mesmos conteúdos. 1.286

Longos anos de observações desses processos convenceram-me que, ao menos atualmente, existe na psique coletiva e inconsciente dos europeus a tendência clara de produzir conteúdos que têm suas analogias próximas na filosofia chinesa mais antiga e na filosofia tân- 1.287

---

* Inédito. Reproduzido a partir de um manuscrito datado de 19 de janeiro de 1930. Não foi possível encontrar as perguntas formuladas.

trica mais recente. Isto me levou a submeter o meu material de observações ao eminente conhecedor da alma chinesa, Richard Wilhelm, que confirmou sem mais a concordância impressionante. O fruto de nosso encontro foi um trabalho conjunto, recentemente publicado sob o título *Das Geheimnis der Goldenen Blüte* (O segredo da flor de ouro)[1]. A realidade dessa admirável analogia confirma mais ou menos minha suposição antiga de que nossa situação psíquica atual é influenciada por uma irrupção do espírito oriental, e isto é algo que se deve levar em conta. Poderia ser talvez uma mudança psíquica análoga a que ocorreu em Roma no primeiro século. Assim que os romanos, a partir das campanhas de Pompeu, subjugaram politicamente a Ásia Menor, Roma foi inundada pelo sincretismo helenístico-asiático. O culto de Átis, Cibele, Ísis e da Magna Mater difundiu-se no mundo romano. Mitra conquistou a Roma oficial e todo o exército, até que o cristianismo venceu todos esses cultos. Não sei até que ponto a derrocada espiritual e política da Espanha e de Portugal tem a ver com a conquista do continente primitivo da América do Sul; mas é certo que os dois países que por primeiro dominaram a Ásia Oriental, isto é, a Holanda e a Inglaterra, também foram os primeiros a ser infestados pela teosofia. Parece ser lei psicológica que o conquistador ao vencer fisicamente seu adversário absorve sem perceber o seu espírito. Hoje em dia a velha China sucumbiu à invasão ocidental, e minhas comprovações puramente empíricas mostram que o espírito chinês já se manifesta claramente no inconsciente europeu. O senhor entende que esta constatação é para mim apenas uma *hipótese de trabalho,* mas que pode ter alto grau de probabilidade em vista das analogias históricas.

1.288 O motivo de minha viagem à África[2] foi a mesma necessidade que me levou, um ano atrás, ao Novo México[3]. Queria entrar em contato e conhecer pessoalmente a vida psíquica de povos primitivos. A razão disso é o fato já mencionado de que certos conteúdos do inconsciente coletivo, por mim pesquisados, estão intimamente liga-

---

1. Publicado em 1929. Cf. o comentário de Jung em *Estudos alquímicos* [OC, 13]; e "Em memória de Richard Wilhelm (1930)", em *O espírito na arte e na ciência* [OC, 15].

2. 1925. Cf. *Erinnerungen, Träume, Gedanken,* p. 257s.

3. 1924/1925; Ibid., p. 250s.

dos à psicologia primitiva. Nossa consciência civilizada é muito diferente da dos primitivos, mas existe uma poderosa camada de processos primitivos nas profundezas de nossa psique que são – como se pode dizer – os parentes mais próximos daqueles processos que ainda constituem nos primitivos a superfície de sua vida diária. Talvez um exemplo possa ilustrar essa diferença. Quando peço a um empregado que mande uma carta a certo endereço, digo simplesmente: "Envie, por favor, esta carta ao senhor X". Vivi algum tempo com uma tribo bem primitiva na África, os Elgoni, que habitam nas matas virgens do monte Elgon, na África Oriental, e são em parte ainda trogloditas. Certo dia quis despachar algumas cartas. Os brancos mais próximos eram alguns engenheiros que trabalhavam num ramal da estrada de ferro de Uganda, distante uns dois ou três dias de viagem. Para enviar minha correspondência até lá precisava de um homem veloz, e o chefe colocou à minha disposição um bom corredor. Entreguei ao homem um pacote de umas cinco cartas e lhe disse em swahili (língua que ele entendia um pouco) que entregasse as cartas aos *bwanas* (senhores) brancos. Naturalmente todos sabiam, dentro de um raio de duzentos quilômetros, onde eles estavam, pois as notícias correm céleres na África. Mas o homem, após receber sua tarefa, ficou abobado diante de mim e não saiu do lugar. Pensei que ele quisesse uma gorjeta em cigarros, e eu lhe dei. Mas nada adiantou. Ficou aí pasmo, olhando para mim. Repeti minhas instruções, mas ele continuou parado como antes. Eu não entendia mais nada; perplexo, olhei ao redor e vi o meu guia de caravana, de nome Ibrahim, um somali alto e magro que estava acocorado no chão e observava a cena com um sorriso amarelo. Em seu horrível inglês ele disse: "Bwana, o senhor não deve proceder assim, mas assim". Levantou-se de um salto, tomou seu chicote de rinoceronte, estalou-o no ar várias vezes diante do corredor, tomou o homem pelos ombros e, com gritos e gestos, começou a seguinte instrução: "O grande bwana M'zee, o velho homem sábio, entregou-lhe algumas cartas. Olhe, você as tem nas mãos. Mas você precisa prendê-las num pedaço de pau que tenha uma rachadura. *Ho, boys* – isto a meus serventes – trazei um pedaço de pau rachado e entregai-o a este nativo. Tome isto nas mãos – prenda as cartas nesta rachadura – amarre-as firmemente com capim – e agora erga isto bem alto para que todos vejam que você é um corredor do grande bwana. E agora vá até os bwanas da cachoeira, procure um deles até encontrar, vá até ele e diga: 'O grande bwana M'zee entregou-me algumas cartas, elas estão aqui neste pau, tome-as'. E o bwana branco vai dizer: 'Está bem'. Então você pode voltar para casa. E agora corra, mas assim – e Ibrahim começou a correr com o chicote levantado – assim você precisa correr e correr até chegar ao lugar das pequenas casas que andam sobre rodas. Corra, corra, seu cachorro, vá para o inferno". O rosto do corredor iluminou-se aos poucos como se tivesse recebido uma grande revelação. Com um largo sorriso ergueu o pau e saiu em disparada como bala de canhão. Ibrahim foi atrás dele por certo tempo, estalando o chicote e gritando insultos. O homem correu sem parar durante 36 horas, percorrendo 120 quilômetros.

1.289 Ibrahim conseguiu, à custa de muita mímica e palavras, colocar no homem a disposição de correr, hipnotizando-o para isso por assim dizer. Isto foi necessário, pois uma simples ordem minha não conseguiu provocar nele o menor movimento. Aqui o senhor pode ver uma das principais diferenças entre a psicologia primitiva e civilizada. Entre nós basta uma palavra para desencadear todo um jogo de forças, mas entre os primitivos há necessidade de toda uma pantomima, com todos os acessórios previstos para predispor o homem a agir. Se ainda existem em nós certos vestígios primitivos – e certamente existem – pode-se imaginar quanta coisa existe em nós, pessoas civilizadas, que não acompanha nossa pressa desenfreada na vida diária, produzindo aos poucos uma divisão e uma contravontade que às vezes pode assumir a forma de uma tendência destrutiva da cultura. Os acontecimentos das últimas décadas mostram claramente que este é o caso.

1.290 Naturalmente, o objetivo de minhas viagens não foi pesquisar apenas as diferenças, mas também as semelhanças entre a mentalidade primitiva e civilizada. Aqui há muitos pontos de conexão. Por exemplo, nos sonhos nós pensamos quase da mesma maneira como o primitivo pensa conscientemente. Entre os primitivos não há uma divisão tão nítida entre a vida acordada e a vida do sonho como entre nós. Às vezes a diferença é tão pequena que é difícil descobrir se o que eles contam foi algo real ou sonho. Tudo o que nós rejeitamos como pura fantasia, porque vem do inconsciente, é muitas vezes de extraordinária importância para o primitivo, mais importante talvez do que o testemunho de seus sentidos. Ele valoriza os produtos do inconsciente – sonhos, visões, fantasias etc. – de maneira bem diferente da nossa. Para ele os sonhos são uma fonte extremamente importante de informação, e o fato de ter sonhado alguma coisa é tão ou mais importante do que a realidade. Meus acompanhantes somali e de Zanzibar, que sabiam ler, tinham como única leitura de viagem livros de sonhos, escritos em árabe. Ibrahim procurava instruir-me cuidadosamente sobre o que eu deveria fazer se sonhasse com Al-Kadir, o rosto verde[4], pois este era o primeiro anjo de Alá que já havia aparecido a alguém.

1.291 Para os primitivos os sonhos significam muitas vezes a voz de Deus. Distinguem dois tipos de sonhos: sonhos comuns que nada significam e sonhos que eles chamam de grande visão. A partir das narrativas deles pude deduzir que os grandes sonhos são aqueles que nós também consideraríamos significativos. O único sonho que aconteceu enquanto eu estava com eles – ao menos foi o único que me contaram – foi o de um velho chefe. Ele sonhou *que certa vaca havia tido um bezerrinho e que ela estava agora com sua cria lá embaixo, perto do rio, numa determinada clareira.* Como fosse muito velho para ir pessoalmente atrás de suas várias reses que pastavam nos mais diversos lugares da capoeira, não sabia que a vaca estava a ponto de parir, nem onde seria. Encontraram a vaca e o bezerro no lugar sonhado. A vinculação desses povos com a natureza é muito grande. Também aconteceram outras coisas que me fizeram ver por que estavam tão convencidos da validade de seus sonhos. Em parte isto se deve ao fato de seus sonhos assumirem a função do pensar que eles ainda não dominam conscientemente. Segundo dizem, a aparição do homem branco em seu país teve um efeito devastador sobre a vida dos sonhos dos feiticeiros e dos chefes. Um velho feiticeiro disse-me com os olhos cheios de lágrimas: "Desde que o homem branco está em nossa terra, não temos mais sonhos". Através de muitas conversas sobre este assunto, percebi finalmente que os homens no comando deviam sua chefia aos seus sonhos que foram verdadeiros. Desde que tudo passou ao controle inglês, o comando político foi retirado das mãos dos chefes e dos feiticeiros. Eles tornaram-se supérfluos, e a voz orientadora de seus sonhos foi silenciada.

---

4. Cf. "Sobre o renascimento", em *Arquétipos e o inconsciente coletivo* [OC, 9/1; § 250].

Prefácios à obra de Jung: "Seelenprobleme der Gegenwart"*

Primeira edição (1931)

1.292 As conferências e ensaios desse livro devem sua existência principalmente a perguntas que o público fez a mim. As perguntas em si já são suficientes para dar um quadro da problemática psicológica de nosso tempo. Assim como as perguntas, também as respostas brotaram de minha experiência pessoal e profissional da vida psíquica de nossa era tão singular. Persiste no público o erro de que existem certas respostas, "soluções" ou opiniões que trazem a luz necessária tão logo sejam pronunciadas por alguém. Mas, conforme mostra a história milhares de vezes, a verdade mais bela de nada adianta se ela não se tornou a experiência íntima e própria do indivíduo. Toda resposta inequívoca ou "clara" sempre permanece na cabeça e muito raramente penetra no coração. Não é a verdade do *saber* que nos falta, mas a verdade de *experimentar*. O grande problema não é ter uma concepção intelectual, mas encontrar o caminho para a experiência interior, talvez calada e irracional. Nada é mais inútil do que falar sobre como as coisas devem ou deveriam ser, e nada é mais importante do que encontrar o caminho para essas metas longínquas. A maioria das pessoas sabe como as coisas deveriam ser, mas quem mostrará o caminho que nos leve até lá?

---

* Problemas psíquicos da atualidade. Zurique: [s.e.], 1931 [Com uma contribuição de W.M. Kranefeldt (Psychologische Abhandlungen, III)] O volume contém 13 conferências e ensaios de Jung (a partir de 1925); estão distribuídos em sete volumes da Obra Completa.

1.293 Como indica o próprio título, neste livro trata-se de problemas e não de soluções. O empenho psíquico de nossa época está ainda no problemático; procuramos ainda o questionamento essencial que, se encontrado, já significará a metade da solução. Estes ensaios vão informar o leitor atento sobre os esforços que se fazem no estudo desse gigantesco problema chamado "alma", que atormenta talvez o homem moderno muito mais do que atormentou seus antepassados próximos e remotos.

Küsnacht-Zurique, dezembro de 1930

O autor e editor

Segunda edição (1933)

1.294 Uma vez que transcorreu apenas um ano e meio desde a primeira edição, não há motivo para alterações no texto. Como também não me chegaram ao conhecimento objeções relevantes ou mal-entendidos que fizessem necessária uma resposta esclarecedora, não há razão para um prefácio mais longo. Apesar de algumas vezes ser acusado de psicologismo, isto não merece um longo excurso, pois nenhum pensador ajuizado esperaria que eu colocasse meu campo de trabalho acima dos enfoques metafísicos ou teológicos. Jamais deixarei de considerar e julgar psicologicamente os fenômenos psíquicos observáveis. Toda pessoa razoável sabe que isto não expressa uma verdade última e definitiva. Afirmações absolutas entram no campo da fé, ou da presunção.

Küsnacht-Zurique, julho de 1932

O autor e editor

Nova edição italiana (1959)[1]

1.295 O presente livro é uma coletânea de conferências e ensaios, produzidos nos anos vinte deste século, que constituem o volume III de minhas "Psychologischen Abhandlungen". São principalmente expo-

---

1. *Il Problema dell'inconscio nella psicologia moderna,* tradução de Arrigo Vita e Giovanni Bollea (Turim, 1942). O prefácio foi escrito em alemão para a segunda edição.

sições populares de certas questões fundamentais da psicologia prática, que tratam não só das pessoas doentes mas também sadias. Também estas têm "problemas", em princípio iguais aos do neurótico. Mas porque praticamente todos os têm e sabem que os têm, são considerados mais como "questões do momento atual", enquanto que na forma neurótica aparecem sobretudo como curiosidades biográficas. Evidentemente, o tratamento das neuroses colocou aos médicos uma série de questões que eles não conseguiram responder com o simples emprego de meios médicos. Voltaram-se então para uma psicologia acadêmica já existente mas que nunca se ocupou da pessoa viva, ou apenas sob condições experimentais restritivas que impediam diretamente a manifestação natural e total da psique. Como os médicos não recebiam praticamente nenhuma ajuda de fora (com algumas exceções da filosofia, por exemplo, de C.G. Carus, Schopenhauer, Eduard Von Hartmann, Nietzsche), viram-se obrigados a construir uma psicologia clínica da pessoa real. Os ensaios deste volume comprovam este esforço.

Prefácio ao livro de Aldrich: "The primitive mind and modern civilization"*

1.296 O autor deste livro, que estudou há alguns anos psicologia analítica em Zurique, pediu-me algumas palavras introdutórias ao seu trabalho. Faço-o com grande satisfação, pois a leitura do livro não me causou tédio mas, ao contrário, deu-me enorme prazer. Livros desse tipo, mesmo que instrutivos e úteis, são geralmente áridos. Na verdade, não existem poucos deles pois, com a descoberta de uma psicologia empírica nova, o espírito científico moderno começou a interessar-se por aquilo que antigamente era chamado de "curiosidades e superstições dos povos selvagens", um campo que se deixava para os missionários, comerciantes, caçadores e pesquisadores etnográficos. Houve uma rica coleta de fatos, reunida em longa série de livros, mais impressionante do que a série *Golden Bough*, de Sir James Frazer. Como aconteceu em toda a ciência do século XIX, predominou também aqui o método da coleta de material, produzindo uma acumulação de fatos desconexos e indigestos que, com o tempo, nem era possível uma visão geral de tudo. Este acúmulo de fatos, sempre aumentando, impediu a formação de um julgamento tanto nesta como nas demais ciências. É lugar comum dizer que os fatos nunca são demais, mas por outro lado só existe em cada pessoa um cérebro que pode facilmente ser submerso por uma avalanche descomunal de material. E é particularmente o especialista que está exposto a isso, pois

* "A mente primitiva do homem e a civilização moderna". Londres/Nova York: [s.e.], 1931. [Com uma introdução de Bronislaw Malinowski.] Cf. carta de Jung ao autor, de 5 de janeiro de 1931, em *Cartas* I, org. por Aniela Jaffé. Charles Roberts Aldrich viveu na Califórnia e morreu em 1933.

sua mente foi treinada para um exame cuidadoso dos fatos. Mas quando se requer um julgamento, a mente deve afastar-se da impressão dos fatos e elevar-se a um plano mais alto, a partir do qual seja possível uma visão geral. Poderíamos quase dizer: em geral o ponto de vista superior não é dado pela ciência especializada, mas por uma convergência dos pontos de vista de outros campos científicos.

1.297 Assim, a psicologia primitiva permaneceria uma tarefa insolúvel para nossa compreensão sem a ajuda da mitologia, do folclore e da ciência comparada das religiões. A obra de Sir James Frazer é um luminoso exemplo desse método combinado. É surpreendente que entre as ciências que cooperam umas com as outras parece faltar a psicologia. Mas, não esteve ausente de todo. Dos muitos que tentaram estudar a mente primitiva, ninguém o fez sem levar em conta a psicologia. Mas o ponto de vista psicológico usado pelos pesquisadores foi o deles próprio – exatamente como se só houvesse um único ponto de vista, isto é, o da psicologia do autor. Quanto a Tylor, o animismo é obviamente seu preconceito individual. Lévy-Bruhl mede os fatos primitivos pela medida de sua mente extremamente racional. De seu ponto de vista, parece absolutamente lógico que a mente do primitivo apresente um "état prélogique". Mas o primitivo está longe de ser ilógico e igualmente longe de ser "animista". Não é de forma alguma aquele ser estranho do qual o homem civilizado está separado por um abismo intransponível. A diferença fundamental entre eles não é uma diferença de função mental, mas está nos pressupostos em que se baseia esta função.

1.298 A razão por que a psicologia ajudou tão pouco o pesquisador no vasto campo da psicologia dos primitivos não se deve tanto à natural recusa do especialista em aceitar as categorias que estão fora de seu campo especializado, mas ao fato de não existir uma psicologia realmente útil. A psicologia de que se necessita deve ser uma psicologia das funções complexas, isto é, uma psicologia que não reduz as complexidades da mente a seus elementos hipotéticos, como é o caso do método da psicologia experimental ou fisiológica. A primeira tentativa no sentido de uma psicologia complexa foi feita por Freud, e seu ensaio *Totem e tabu* foi uma das primeiras colaborações diretas da nova psicologia para a pesquisa da mente dos primitivos. Pouco importa que sua tentativa nada mais seja do que a aplicação de sua teoria sexual, que ele compilou originalmente a partir de mentes patológicas. Apesar disso seu ensaio mostra a possibilidade de um *rapprochement* (aproximação) entre a psicologia e o problema da mente primitiva. Algum tempo antes do trabalho acima citado, eu também me dediquei a semelhante tarefa[1] que me levou, finalmente, à mente primitiva, ainda que por outro método bem diverso. Enquanto o método de Freud consistia na aplicação de uma teoria já existente, meu método era comparativo. Tenho razões para supor que este leva a resultados melhores. E a principal delas é que nossa nova psicologia não era desenvolvida o bastante para estabelecer uma teoria da mente com aplicação universal. Com modéstia devemos confessar que não possuímos mais do que fatos sólidos e algumas regras-chave que podem ser muito úteis na tentativa de explicar o problema da mente primitiva.

1.299 Como posso observar, o senhor Aldrich aproveitou-se do estudo da psicologia analítica para sua pesquisa. Suas opiniões razoáveis e equilibradas, que se mantiveram distantes da Caribdes de uma árida enumeração de fatos empíricos e da Cila de deduções de premissas arbitrárias, devem sua vitalidade e colorido em grande parte ao fato de o autor ter levado em consideração a psicologia analítica. Tenho certeza de que o psicólogo analítico há de saudar o livro do senhor Aldrich como uma das exposições mais vivas e claras da mente primitiva em relação à psicologia do homem civilizado. Também gostaria de expressar minha esperança de que a cooperação do psicólogo será de grande valia para todos os estudantes da psicologia primitiva que consideram seu objeto de pesquisa a partir do ponto de vista etnológico.

1. *Símbolos da transformação*. Op. cit.

Comunicado à imprensa por ocasião da visita aos Estados Unidos*

Setembro de 1936

1.300 O motivo de minha viagem aos Estados Unidos é que a Universidade de Harvard me honrou com o convite de participar dos festejos de seu tricentenário. Sendo eu psicopatologista e também psicólogo, intimaram-me a participar de um simpósio sobre "Fatores psicológicos determinantes do comportamento humano"[1].

1.301 Esta não é minha primeira visita aos Estados Unidos, ainda que a última tenha sido em 1924. Estou ansioso para conhecer as mudanças que a última década, cheia de eventos, produziu aqui, tanto na vida pública quanto privada, e compará-las com as mudanças que ocorreram em nossa Europa profundamente convulsionada. Espero sinceramente encontrar mais bom senso, mais paz social e menos insanidade nos Estados Unidos do que nos países do velho continente. Como psicólogo estou muito interessado nos distúrbios mentais, sobretudo quando contagiam nações inteiras. Gostaria de frisar que desprezo a política partidária: por isso não sou bolchevista, nem nacional-socialista e nem antisemita. Sou um suíço neutro e, mesmo em meu próprio país, não me interesso por política, pois estou convenci-

---

* Manuscrito inédito, escrito em inglês. Ainda que dirigido sobretudo à imprensa nova-iorquina, não se encontrou publicação ou menção dele. Uma entrevista que Jung deu ao *New York Times* apareceu em *C.G. Jung Speaking* (1977), sob o título "The 2,000,000 Year Old Man".

1. A contribuição de Jung: "Determinantes psicológicas do comportamento humano". In: JUNG, C.G. *A natureza da psique*. Petrópolis: Vozes, 1967 [OC, 8/2]. O simpósio de Harvard denominou-se exatamente "Factors Determining Human Behavior".

do de que 99% das políticas são meros sintomas que trazem tudo menos a cura dos males sociais. Mais ou menos 50% das políticas são decididamente deletérias porque envenenam a mente assaz incompetente das massas. Nós nos prevenimos contra as doenças contagiosas do corpo, mas somos extremamente descuidados quando se trata de doenças coletivas da mente, bem mais perigosas.

Faço esta declaração para desencorajar de antemão qualquer tentativa de atrair-me para algum partido político. Tenho razões para tanto, pois meu nome foi várias vezes incluído em discussões políticas que, como os senhores sabem, estão atualmente em grande efervescência. Isto se deveu sobretudo ao fato de eu me interessar pelas diferenças inegáveis na psicologia nacional e racial, diferenças essas que foram responsáveis por uma série de mal-entendidos fatais e de erros práticos nos assuntos internacionais e nos atritos sociais internos. Numa atmosfera politicamente envenenada e superaquecida, a discussão científica, lúcida e desapaixonada de problemas tão delicados, mas da maior importância, tornou-se quase impossível. Discutir em público esses assuntos teria o mesmo efeito de um diretor de manicômio discutir com os pacientes reunidos as delusões deles. O tragicômico disso tudo é que todos eles estão convencidos de sua normalidade, assim como o médico está seguro de seu próprio equilíbrio mental. 1.302

Em breve, treze anos terão passado desde minha primeira visita aos Estados Unidos. Durante esse tempo acompanhei o formidável progresso do país e admirei a grande mudança que se operou e ainda se opera, isto é, a transição de um espírito ainda pioneiro para a atitude bem diferente de um povo confinado a uma área determinada de solo. 1.303

Passarei a maior parte desses dias em Harvard e, após breve visita aos museus de Nova York, embarcarei de volta nos primeiros dias de outubro. 1.304

Psicologia e problemas nacionais*

1.305 A questão da psicologia e problemas nacionais, da qual pediram que tratasse, é realmente atual. É uma questão que não foi colocada antes da guerra mundial. As pessoas em geral não tinham consciência de qualquer distúrbio na atmosfera mental ou psíquica da Europa, ainda que o crítico da psicologia ou o filósofo ao estilo antigo pudessem ter encontrado assunto de sobra para falar. Era então um mundo próspero em que se acreditava no que os olhos viam e naquilo que o ouvido ouvia e, ainda, naquilo que o racionalismo e o positivismo filosófico tinham a dizer. Apesar da evidência histórica, até mesmo a possibilidade racional de uma grande gueixa parecia um pesadelo criado artificialmente, nada mais do que um espantalho teórico evocado às vezes por políticos e jornais quando não tinham outra coisa a dizer. Havia uma convicção profunda de que as relações internacionais, financeiras, comerciais e industriais estavam tão estreitamente vinculadas que excluíam até a simples possibilidade de uma guerra. O incidente de Agadir[1] e atos semelhantes pareciam meras brincadeiras de um monarca psicopata que estava emaranhado numa rede internacional de obrigações financeiras, cuja proporção gigantesca tor-

---

* Conferência pronunciada em inglês no Institute of Medical Psychology (The Tavistock Clinic), Londres, 14 de outubro de 1936, quando Jung havia recentemente voltado de sua visita aos Estados Unidos (cf. artigo precedente). Escreveu a conferência durante a viagem de regresso, segundo contou sua filha Marianne Niehus-Jung. O texto, baseado num manuscrito, nunca foi publicado antes, ainda que ideias semelhantes possam ser encontradas numa entrevista de Jung ao *Observer* (Londres, sem data), reimpressa no *Time,* de 9 de novembro de 1936, *The Living Age* (Nova York), dezembro de 1936 e como "The Psychology of Dictatorship", em *C.G. Jung Speaking.*

1. Chegada de um navio de guerra alemão ao porto de Agadir, Marrocos, que desencadeou uma crise internacional em 1911.

naria impossível qualquer ação militar mais séria. Além disso, o fabuloso desenvolvimento da ciência, o alto padrão da educação na maioria dos países europeus e a opinião pública muito bem organizada como nunca antes na história faziam a humanidade europeia acreditar em realizações conscientes do homem, em sua razão, inteligência e força de vontade. Parecia que o homem e seus ideais haveriam de tomar posse da terra e governá-la sabiamente para o bem-estar de todos os povos.

1.306 A guerra mundial acabou com este sonho e destruiu a maioria dos ideais da época precedente. Foi desse sentimento do pós-guerra que se originou a dúvida: Está tudo bem com a mente humana? Começa-se a questionar sua sanidade, porque as pessoas que pensam ficam cada vez mais surpresas com as coisas que a humanidade é capaz de fazer. O benevolente deus da ciência, que fez coisas tão maravilhosas para o benefício dos homens, revelou sua face negra. Produziu o maquinário bélico mais diabólico, inclusive a abominação dos gases venenosos, e a razão humana foi obscurecida cada vez mais por ideias estranhas e absurdas. As relações internacionais transformaram-se no nacionalismo mais exacerbado, e o verdadeiro deus desse mundo, a *ultima ratio* de todas as coisas terrenas – o dinheiro – desenvolveu um caráter sempre mais fatídico como nunca foi sonhado antes. Não apenas a segurança do padrão ouro mas também a confiança nos tratados e outras convenções internacionais – abaladas profundamente pela guerra – não mais se recuperaram, mas tornaram-se cada vez mais ilusórias. Quase todas as tentativas para reduzir os armamentos e estabilizar as finanças internacionais fracassaram. Aos poucos a humanidade foi compreendendo que estava presa numa das piores crises morais que o mundo já conhecera.

1.307 É bastante natural que em muitos lugares tenha surgido a dúvida se a mente humana não havia mudado. Já não parecia irracional supor que possivelmente haveria razões psicológicas especiais para todos esses desenvolvimentos inquietantes, pois dificilmente podiam ser explicados de outra forma. Muitas pessoas se perguntavam o que a psicologia teria a dizer sobre a situação mundial. Realmente essas questões me foram colocadas várias vezes, e devo confessar que sempre me senti pouco à vontade diante delas e deveras incompetente para dar uma resposta satisfatória. O assunto é realmente bem complicado. As razões predominantes e imediatas da crise são fatores de ordem econômica e política. E enquanto são atividades da mente humana, deveriam estar sujeitas a leis psicológicas. Mas especialmente os fatores econômicos não são totalmente psicológicos por natureza; dependem em grande parte de condições dificilmente relacionadas com a psicologia. Na política, porém, a psicologia pode até prevalecer, mas existe ali um fator último de números, de pura força e violência, que corresponde mais à psicologia do troglodita ou de um animal do que à psicologia do homem civilizado. Não existe até agora uma psicologia de assunto tão complexo como a economia ou política. É questionável se existe alguma esperança de algum dia a psicologia poder ser aplicada a coisas devidas a fatores não psicológicos. Não me considero competente para tratar do sentido último de nossa crise mundial. Há, porém, aspectos dela que possuem um lado psicológico e se prestam a um comentário. Parece-me ser atribuição da psicologia contemporânea oferecer ao menos um determinado ponto de vista.

1.308 Antes de entrar neste assunto gostaria de dizer algumas palavras sobre a psicologia em geral:

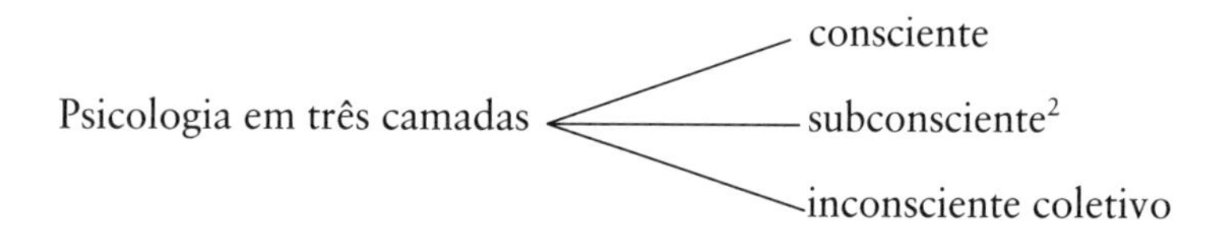

1.309 Depois que lhes apresentei um breve relato do que entendo por psicologia, voltemos ao nosso assunto. Para começar, uma manifestação negativa: excluo da consideração psicológica o aspecto estritamente econômico e político dos acontecimentos atuais. Faço isto porque eles são, ao menos em parte, não psicológicos. Quaisquer que tenham sido as razões psicológicas da grande guerra, elas transcendem minha competência psicológica. Vou concentrar-me principalmente na situação psicológica gerada pela guerra. O fato de existir algo como uma situação psicológica parece vir comprovado por grande número de fenômenos que devemos chamar de sintomas. Chama-se de sintoma certo fenômeno quando é óbvio que ele não

---

2. Jung provavelmente desenvolveu este esquema em sua conferência. No manuscrito consta realmente a expressão *subconscious*.

funciona como um meio lógico para um fim mas sobressai como resultado de condições principalmente causais, sem qualquer orientação finalista plausível. A cor amarelada num caso de icterícia, por exemplo, é um fenômeno sem orientação finalista e, por isso, a chamamos de sintoma, ao contrário da pintura para a guerra de um pele-vermelha, que é parte finalista do cerimonial da guerra. Ou, quando alguém prega um prego na parede e lhe perguntamos por que faz isso, e ele responde que é para pendurar o casaco, então o que faz tem uma finalidade, faz sentido. Mas se responde que foi só porque tinha um martelo e um prego na mão, então seu procedimento é um sintoma ou, ao menos, ele quer que assim pareça.

1.310 Igualmente podemos imaginar organizações de massa sem a saudação romana, turmas de litores, suásticas, neopaganismo e outras parafernálias porque nossos partidos políticos bem como a Standard Oil ou a Dutch Shell podem viver sem isso. Por isso nos parece que tais peculiaridades são principalmente sintomas de uma condição especial e causalmente condicionada da mente. Por outro lado, sabemos que os símbolos e as cerimônias aparecem sobretudo em organizações religiosas, onde se trata de um estado de espírito especial. Naturalmente, não se falará de sintomatologia se alguém estiver nesta condição mental. Ao contrário, estas peculiaridades serão classificadas como finalistas e com sentido, porque para esta pessoa elas parecem estar a serviço de uma finalidade evidente. Enquanto alguma pessoa estiver dentro de certa fenomenologia, ela não se surpreende, e ninguém perguntará o que tudo isso significa. Esta dúvida filosófica só se manifesta na pessoa que está fora do jogo.

1.311 Os países onde se manifestam com mais evidência os sintomas são aqueles que estiveram diretamente envolvidos na guerra e sentiram depois que estavam num estado desesperador de miséria e desordem. Refiro-me especialmente à Rússia, Alemanha, Áustria e Itália. Não importa a causa, a miséria é uma condição psicológica que se caracteriza por determinadas emoções como depressão, medo, desespero, insegurança, intranquilidade e ressentimentos de toda espécie.

1.312 Uma vez que nossa psicologia empírica se baseia totalmente na experiência de casos individuais, nossa argumentação deve partir do indivíduo. Isto nos leva à pergunta: O que fará o indivíduo quando estiver sob a opressão da miséria extrema? Há uma reação positiva e uma negativa a esta condição.

I. *Positiva*. Haverá um esforço maior. O indivíduo vai mostrar mais empenho, força e vontade e tentará superar o obstáculo ou a causa da miséria através de um esforço físico, intelectual e moral. Será uma tentativa inteiramente consciente e racional, apoiada em todos os meios à disposição dele. Se a força de *um* indivíduo não for suficiente, procurará a ajuda de outros; talvez um número maior de indivíduos vá formar uma espécie de organização para remover a causa do sofrimento. Se esta derradeira tentativa falhar, ou se o indivíduo mostrar desde o início muita fraqueza para a luta, então entrará a reação negativa.

II. *Negativa*. Em vez de medidas adequadas de defesa e em vez de uma concentração de energia, de esforços, de vontade, de todos os meios racionais e métodos aplicáveis a tal situação, uma reação emocional terá lugar. A reação emocional sempre indica um ajustamento inferior. Isto não significa necessariamente que o ajustamento seja ineficaz. Significa apenas que, se o indivíduo consegue safar-se, o êxito deve-se ao fato de ter sido arrastado passivamente na crista de uma onda emocional e não ao fato de um esforço consciente e deliberado da vontade. Em outras palavras, o êxito foi alcançado de um modo primitivo e inferior, sobretudo através de uma reação meramente instintiva. Na maioria das vezes a reação emocional não é bem sucedida porque é demasiadamente primitiva e, por isso, é mal ajustada a uma situação muito complicada. Em ambos os casos o indivíduo é passivo e torna-se mais objeto do que sujeito da emoção. Via de regra a reação emocional consiste em depressão, medo e até pânico. As condições emocionais sempre evocam reações instintivas. A hierarquia da razão humana é enfraquecida e desintegrada, deixando uma porta aberta para a intrusão de forças primitivas do instinto. *A reação emocional significa sempre regressão.* O primeiro efeito da regressão é em geral reviver métodos e atitudes infantis. As pessoas sob a influência do medo e do desespero tornam-se muitas vezes infantis, exageradamente desamparadas e desmoralizadas[3]. Desamparo e pâ-

3. Como exemplo de regressão, provavelmente desenvolvido na conferência, o manuscrito traz os itens: 1. Complexo de pai e mãe; 2. Complexo de religião infantil; 3. Regressão à criminalidade infantil; 4. Regressão aos arquétipos: esquizofrenia, experiência mística e experiência analítica.

nico levam também à formação de grupos ou, melhor, a um agrupamento de massas para fins de segurança gregária.

1.313 A formação grupal sob a influência do pânico não pode ser chamada de organização porque não é uma iniciativa baseada na razão e na vontade mas num movimento fundamentalmente emocional. É um aglomerado e não uma organização. Todas essas formações grupais apresentam traços de psicologia arcaica e infantil. Infantil porque sempre procuram a figura do pai, arcaica porque a figura do pai é projetada num cenário mitológico. Parece inevitável que essas formações grupais regridam até as associações tribais primitivas que se mantêm coesas, por um lado, pelo chefe ou feiticeiro e, por outro, por uma espécie de doutrina mística, o ensinamento tribal.

1.314 Voltemos agora à pergunta: O que fará uma nação em estado de miséria psicológica? Sendo uma multidão de pessoas ou uma nação nada mais do que um aglomerado de indivíduos, sua psicologia também será um aglomerado de psicologias individuais. A psique individual caracteriza-se por diferenças individuais que são em parte congênitas e em parte adquiridas. Quase todo indivíduo apresenta certas realizações específicas que contribuem para sua relativa unicidade. Por outro lado, todo indivíduo é em parte semelhante a outro, fato que produz o aspecto da igualdade humana. Portanto, os indivíduos são semelhantes entre si na medida em que têm qualidades que não se diferenciam das dos outros, mas são dissemelhantes entre si na medida em que desenvolvem qualidades e realizações que não podem ser comparadas com as de outras pessoas. Tudo o que as pessoas têm em comum pode somar-se numa formação de grupo, mas suas realizações individuais nunca se somam – antes extinguem umas as outras. Por isso um grupo grande, considerado como um *único* ser, exibe apenas os traços comuns a todas as pessoas, mas nenhuma de suas realizações individuais. Os traços comuns a todas as pessoas consistem principalmente em qualidades instintivas; essas são de caráter relativamente primitivo e sem dúvida inferior em comparação com o nível mental da maioria dos membros do grupo. Por isso uma centena de pessoas inteligentes reunidas constitui um hidrocéfalo.

1.315 A psicologia das massas é sempre inferior, mesmo em suas realizações mais idealistas. O todo de uma nação nunca reage como um indivíduo moderno normal, mas sempre como um ser grupal primitivo. Por isso as massas nunca estão ajustadas adequadamente, a não ser em grau bem primitivo. Suas reações pertencem à nossa segunda categoria – a forma negativa. A pessoa no grupo é sempre insensata, irresponsável, emocional, inconstante e que não merece confiança. Crimes que o indivíduo sozinho jamais cometeria são cometidos sem escrúpulos pelo ser grupal. Uma senhora da sociedade preferiria morrer do que comparecer a um jantar em trajes obscenos, mas se isto for a moda no grupo não hesitará um segundo em vestir a monstruosidade mais chocante. Basta lembrar o *cul de Paris* que embelezou a juventude de nossa geração mais velha. E os homens não são melhores. Quanto maior o grupo, mas baixa a moral. Certo líder de um grande grupo religioso, ao ser pego numa mentira, disse: "Oh! Por Cristo até mesmo a mentira é permitida".

1.316 As nações, enquanto os maiores grupos organizados, são do ponto de vista psicológico monstros lerdos, estúpidos e amorais, à semelhança dos sáurios enormes com cérebro diminuto. São inacessíveis a qualquer argumento racional, são sugestionáveis como pacientes histéricos, são infantis e temperamentais, vítimas indefesas de suas emoções. Caem em qualquer armadilha, chamada slogan, são espantosamente estúpidas, gananciosas, temerárias, cegamente violentas qual rinoceronte acordado subitamente de seu sono. Teimam na insensatez, em cada emoção, ressentimento e preconceito, muito além do instante psicológico, e deixam enganar-se pelo mais barato de todos os embustes. Vivem a maior parte do tempo em sonhos e ilusões primitivos, normalmente camuflados em "ismos". Enquanto podem pastar calmamente em campo aberto, são inofensivos e sonolentos. Mas quando o alimento escasseia e começam a migrar e a invadir outros territórios, então apelam para a violência. Não é possível convencê-las que os seres humanos desenvolveram métodos melhores ao longo de milhares de anos, e que a pessoa individual acredita na razão e na inteligência.

1.317 Os grupos de monstros têm uma tendência natural à liderança. Mas um líder sempre representa um grupo dentro da nação, e este grupo é mais ganancioso e come mais do que os outros grupos que ele lidera. E como todos os monstros vorazes são invejosos, livram-se de seus líderes e chamam de democracia a nova condição em que ninguém governa e ninguém é governado. A lógica desse procedimento assemelha-se à história do homem que foi lançado numa ilha desabitada. A primeira coisa que fez foi um ato de estadista: chamou a si mesmo de democracia e, consequentemente, sentiu-se muito livre e em plena posse de todos os direitos políticos.

1.318 Mesmo um ser grupal deve entender que vivendo numa democracia esbarra-se contra restrições absolutamente imbecis de liberdade, impostas a cada cidadão livre e autodeterminado por um ser invisível e totalmente legendário, chamado "Estado". Quando o grupo de monstros chamou-se pela primeira vez de "democracia", certamente não pensou que seu governante anterior, agora destituído, haveria de transformar-se num fantasma. Mas foi o que aconteceu. Tornou-se o Estado.

1.319 O Estado é a imagem psicológica espelhada do monstro-democracia. Assim como a nação sempre se levanta como *um homem*, também o Estado é como se fosse *um homem*. É praticamente uma personalidade, com meios ilimitados, mais exigente do que um tirano, ganancioso ao extremo e biologicamente perigoso. O Estado não é como o imperador romano que escravizava seus prisioneiros de guerra, reduzindo-os aos níveis mais baixos da população; ele suga seus tributos dos indivíduos de maior vitalidade e mais bem-dotados de seu domínio, tornando-os escravos de seus estratagemas perdulários. Ele não sabe que a energia só é produtiva quando acumulada. Sua energia é o *dinheiro*. Ele abre as torneiras de toda a acumulação cuidadosamente preparada e estudada dessa energia e dissipa-a, de modo que se torna ineficaz, causando assim uma entropia artificial.

1.320 Parece que "democracia" foi um nome apropriado apenas na primeira juventude do Estado-fantasma. Para alimentar sua ambição desmedida, dois "ismos" novinhos em folha tiveram que ser inventados: socialismo e comunismo. Eles realçam seu caráter ultrademocrático de maneira extraordinária: o homem na ilha deserta é agora a democracia social comunista. A par dessas ilusões há outro procedimento valioso: o esvaziamento do dinheiro que, em futuro próximo, tornará ilusória qualquer poupança, junto com a continuidade cultural que será garantida pela responsabilidade individual. O Estado assume a responsabilidade e atrela cada indivíduo a seus planos ridículos. Tudo isso será provocado pelo que se chama de inflação, desvalorização do dinheiro e, mais recentemente, de "diluição", o que não pode ser confundido com o termo impopular "inflação". Diluição é agora o termo correto, e apenas os idiotas não veem a diferença gritante entre este conceito e inflação. O valor monetário está quase se tornando uma ficção garantida pelo Estado. O dinheiro vira simples papel, e toda pessoa convence o seu semelhante de que esses pedaços de papel valem alguma coisa porque o Estado o afirma.

1.321 Não estou plenamente seguro de que aquilo que estou dizendo também não é fictício. Não sei exatamente onde está o erro, mas tenho um sentimento forte e muito desagradável de que algo está errado e que o pior está por vir. Estou certo também de que não sou o único a ter essa sensação esquisita. Deve haver centenas de pessoas que perderam a confiança no rumo que as coisas estão tomando aparentemente. Como seres grupais estamos todos numa situação nebulosa, mas como indivíduos podemos calmamente empregar nossos conhecimentos psiquiátricos tanto quanto pareçam beneficiar a sintomatologia peculiar de nossa época confusa.

1.322 Conforme disse no início, encontramos os sintomas principalmente nas nações que mais foram estraçalhadas pela besta da guerra. Temos, por exemplo, o caso da Alemanha. Já em 1918 publiquei um trabalho[4] em que chamava a atenção de meus contemporâneos para um desenvolvimento surpreendente na versão alemã do inconsciente coletivo. Chegaram às minhas mãos certos sonhos coletivos de alemães que me convenceram de que eles retratavam o início de uma regressão nacional, análoga à regressão de um indivíduo apavorado e desamparado que se torna incialmente infantil e, depois, primitivo ou arcaico. Vi levantar-se ameaçadoramente a "besta loura" de Nietzsche com tudo o mais que a acompanha. Tinha certeza de que o cristianismo seria desafiado e que os judeus seriam atingidos. Tentei, por isso, abrir a discussão para prevenir a violência inevitável da irrupção do inconsciente a qual eu temia – mas não temi o bastante, conforme mostraram infelizmente os acontecimentos subsequentes. Não preciso dizer que não fui ouvido. A névoa da psicologia da guerra era densa demais.

---

4. Cf. "Sobre o inconsciente" [OC, 10/3; § 17s.].

A Alemanha foi o primeiro país a experimentar os milagres operados pelo fantasma da democracia, o Estado. Viu seu dinheiro tornar-se elástico, expandir-se em proporções astronômicas e, então, evaporar-se de todo. Ela experimentou tudo isso num só golpe, ao passo que os fantasmas das outras democracias estão tentando fazer isso numa espécie de câmara lenta, talvez na esperança de que ninguém perceba o embuste. A Alemanha sofreu graves reveses que não foram brincadeira. A classe média culta foi totalmente destruída, mas o Estado ficou por cima e ia colocando sempre mais maquiagem de "ísticos" como pintura de guerra. O país estava em estado de completa miséria e absoluta insegurança e vagalhões de pânico afogavam a população. No caso de um indivíduo isto seria o sintoma de uma conflagração iminente. Toda conflagração desse tipo traz à superfície material arcaico, arquétipos que se ligam ao indivíduo e ao povo. Aqui existe alguma coisa de teleologia: ela cria força onde havia fraqueza, convicção em vez de dúvida, coragem em lugar de medo. Mas a energia necessária para realizar esta transformação é tirada de muitos valores antigos, e o êxito alcançado tem um preço elevado. Uma conflagração dessa espécie é sempre uma regressão na história e significa uma redução do nível cultural. 1.323

O Estado tornou-se todo-poderoso na Rússia através do comunismo, na Alemanha através do nacional-socialismo e na Itália através do fascismo; absorveu seus escravos de corpo e alma. A democracia se tornou sua própria imagem espelhada, seu próprio fantasma; e enquanto o fantasma se tornava assustadoramente real, uma presença e personalidade místicas que tudo abrangia e que se apossava do trono, uma cristandade piedosa e teocrática esperava que Deus viria assumir este trono. A pretensão totalitária da *Civitas Dei* era agora reclamada pelo Estado: uma ovelha é tão boa quanto a outra, e todo o rebanho, reunido e guardado por cães-lobo em trajes civis e uniformizados, é completamente espoliado de todos os seus direitos com os quais sonhou o homem da ilha, que chamou a si mesmo de democracia. Já não existem direitos, apenas obrigações. Toda fonte de energia, indústria, comércio, dinheiro, inclusive qualquer iniciativa privada são sugados pelo novo escravocrata, o Estado. 1.324

E um novo milagre aconteceu. De repente, surgiram do nada certos homens e cada um disse como Luís XIV: "L'état c'est moi". 1.325

São os novos líderes. O Estado demonstrou sua realidade pessoal encarnando-se em homens que vieram da Galileia, até agora modestos desconhecidos, mas dotados da grande voz do espírito que obrigou o povo a uma obediência calada. São como imperadores romanos, usurpadores de impérios e reinados, e, como aqueles, encarnações de uma divindade antes invisível, devotamente invocada e venerada com fé por todos. Eles são o Estado que substituiu a teocracia medieval.

1.326 Este processo de encarnação é especialmente drástico no caso de Hitler. Como pessoa comum, Hitler é um homem tímido e simpático, com gosto e dotes artísticos. Sob o ponto de vista meramente humano, é inofensivo, modesto e tem olhos bonitos. Mas ele vem de Brunau, uma cidadezinha que já deu origem a dois célebres médiums: os irmãos Schneider (Harry Price escreveu um livro sobre um deles[5]). Hitler é supostamente o terceiro e mais competente médium de Brunau. Quando o espírito do Estado fala através dele, então sua voz é de trovão, e sua palavra é tão poderosa que recolhe milhões de pessoas como folhas que caem no outono.

1.327 Não existe poder no mundo e, sobretudo, nenhum "ismo" ligado ao Estado, capaz de resistir a esta força incrível. Os senhores dirão, como todos dizem: "É preciso ser alemão para entender esses milagres". Sim, isto é tão verdadeiro como é necessário ser italiano para entender a mitologia do fascismo, ou ser russo para apreciar a magia do regime paternalista de Stalin. Evidentemente não dá para entender esses estrangeiros cômicos, uma vez que Oswald Mosley e o Coronel de la Rocque[6] ainda são principiantes. Mas quando se considera bem o que o presidente Roosevelt tinha em mente e o que a famosa NRA[7] significou para o mundo do comércio e da indústria dos

---

5. Cf. PRICE, H. *An Account of Some Further Experiments with Willy Schneider*. Nova York: [s.e.], 1925; PRICE, H. *The Phenomena of Rudi Schneider*. Nova York: [s.e.], 1926; e outros livros sobre este médium austríaco.

6. Mosley fundou em 1932 a British Union of Fascists ("Blackshirts"); o coronel François de la Rocque foi o chefe do grupo de reação francesa "Croix de Feu".

7. *National Recovery Administration*, instituída para administrar o *National Industrial Recovery Act* (13 de junho de 1933). Reconheceu uma "emergência nacional" e deu ao presidente (F.D. Roosevelt) autoridade para aprovar leis sobre a concorrência leal entre indústria e comércio, regulamentação de salários, horas de trabalho etc.

americanos, então é possível ter uma ideia de quão próximo está o poderoso Estado americano de tornar-se uma encarnação de Roosevelt. O próprio Roosevelt é o material para isso, só que as circunstâncias não são suficientemente ruins. A Grã-Bretanha parece mais conservadora, mas tem um sistema tributário que torna inabitáveis os grandes latifúndios. Foi exatamente assim que começaram as coisas na Itália. Ela desvalorizou sua moeda; e este é o segundo passo. Não conseguiu impedir a marcha fanfarronesca das legiões romanas através do desfiladeiro do Suez, e Sir Samuel[8], suave e sabiamente, tirou todo o ar daquele gesto ostentador de que uma frota britânica orgulhosa ornamentasse a entrada triunfal da Itália. Este foi o terceiro passo. Talvez a Inglaterra tenha chegado tarde ao paraíso de uma nova era, trazendo muitos valores do mundo antigo, preservados por simples falta de interesse. Sendo eu suíço, esta atitude me é muito simpática. Não sabendo fazer nada melhor, capengamos atrás dos acontecimentos e vamos nos virando como estamos acostumados há seis séculos. Ainda não podemos imaginar o nosso ditador, mas uma infeliz maioria já acredita no poderoso fantasma ao qual sacrificamos todas as nossas ferrovias e nosso padrão ouro além de tudo.

1.328 A encarnação do Estado-fantasma não é nenhuma bagatela. Ela concorre com famosos paralelos históricos; ela inclusive os desafia. Assim como o cristianismo tem a cruz para simbolizar sua doutrina essencial, Hitler tem a suástica, símbolo tão antigo e difundido como a cruz. E assim como a estrela em Belém anunciou a encarnação de Deus, a Rússia tem uma estrela vermelha; em vez da pomba e do cordeiro, tem a foice e o martelo; em vez do corpo sacrossanto, tem um lugar de peregrinação com a múmia da primeira testemunha. Assim como o cristianismo desafiou o Império Romano, entronizando ambiciosos bispos romanos como *pontífices romani* e perpetuando o grande império na teocracia da Igreja e no sacro Império Romano, também o Duce reproduziu todo o cenário do império que haverá de estender-se, como nos tempos antigos, desde a Etiópia até as colunas de Hércules.

---

8. Sir Samuel Hoare, depois visconde de Templewood (1880-1959), ministro britânico das Relações Exteriores, procurou conter a Itália em sua conquista da Etiópia.

1.329 É novamente a Alemanha que nos dá alguma noção do simbolismo arquetípico subjacente e que é trazido à luz pela erupção do inconsciente coletivo. A imagem de Hitler foi erigida sobre altares cristãos. Há pessoas que confessam em suas lápides sepulcrais que morreram em paz porque seus olhos viram o *Führer,* e não o Senhor. A agressão ao cristianismo é óbvia; nem haveria necessidade da confirmação através de um movimento neopagão para abranger três milhões de pessoas. Este movimento só pode ser comparado com o material arquetípico apresentado por um caso de esquizofrenia paranoide. Encontramos no neopaganismo o simbolismo wotânico mais belo, especulação indogermânica etc. Existe no norte da Alemanha uma seita que venera Cristo na figura de um cavaleiro montado num cavalo branco[9]. Não se chega ali ao extremo de alucinações coletivas, mas andam em alta as ondas de entusiasmo e até de êxtase.

1.330 Nações em estado de miséria coletiva comportam-se como indivíduos neuróticos ou psicóticos. Primeiramente são dissociados e desintegrados, depois sucumbem a um estado de confusão e desorientação. Como não se trata de um estado de desintegração psicótica de um caso individual, a confusão afeta sobretudo as camadas conscientes e subconscientes, mas não toca na estrutura instintiva fundamental da mente, isto é, o inconsciente coletivo. Ao contrário, a confusão nas camadas mais altas provoca uma reação compensatória no inconsciente coletivo que consiste num substituto peculiar da personalidade, numa personalidade arcaica, equipada com forças instintivas superiores. A princípio esta nova constelação é totalmente inconsciente mas, quando ativada, torna-se perceptível na forma de uma projeção. Via de regra é o médico, que trata do paciente, que assume sem saber o papel da figura projetada. O mecanismo dessa projeção é a transferência. Na transferência o médico aparece, por exemplo, sob a máscara do pai, como aquela personalidade que simboliza um poder e inteligência superiores, como garantia da segurança e proteção contra perigos irresistíveis. Enquanto a desintegração não atinge as camadas mais profundas, a transferência não produz mais do que a projeção da imagem do pai. Mas quando a confusão revolve essas

9. Cf. "Wotan". In: JUNG, C.G. *Aspectos do drama contemporâneo*. Petrópolis: Vozes, 2011 [OC, 10/2; § 373].

profundezas desconhecidas, a projeção torna-se mais coletiva e assume formas mitológicas. Nesses casos o médico é representado como uma espécie de feiticeiro ou salvador. Em pessoas muito religiosas o médico é substituído por uma imagem ativada de Cristo ou pela ideia de uma presença divina invisível.

1.331 A literatura mística está cheia de descrições dessas experiências. Relatos minuciosos podem ser encontrados também na obra de William James, *Varieties of Religious Experience.* Observando, porém, os sonhos desses pacientes, encontraremos imagens simbólicas peculiares bem antes que os próprios pacientes tomem consciência de algumas experiências chamadas místicas. Estas imagens apresentam sempre um padrão específico: são circulares ou quadradas, semelhantes a uma cruz ou a uma estrela, ou são compostas desses vários elementos. O termo técnico que uso para designar essas figuras é o *mandala,* palavra sânscrita que significa "círculo"[10]. A expressão correspondente no latim medieval é *circulus quadratus* ou *rosa.* Na literatura hindu encontramos também os termos *padma* (lótus) e *chakra,* significando os centros em forma de flor das diversas localizações da consciência[11].

1.332 Por causa de sua forma circular, o mandala expressa o redondo, isto é, plenitude ou integração. No tantrismo e lamaísmo ele é usado como instrumento de concentração e como meio para unir a consciência individual – a ego-personalidade das pessoas – com a personalidade divina superior do não ego, isto é, do inconsciente. Os mandalas têm muitas vezes o caráter de figuras *rotativas.* Uma dessas figuras é a suástica. Podemos interpretá-la, por isso, como projeção de uma tentativa coletiva inconsciente para formar uma personalidade compensatória, unificada em si. Essa tentativa inconsciente desempenha papel importante na personificação geral do Estado. Ela lhe dá os traços fantasmagóricos e a capacidade de se encarnar numa perso-

---

10. Cf. A empiria do processo de individuação. In: JUNG, C.G. *Os arquétipos e o inconsciente coletivo.* Petrópolis: Vozes, 1976 [OC, 9/1], O simbolismo dos mandalas, e Mandalas.

11. Cf. Die Wirklichkeit der psychotherapeutischen Praxis (A realidade da prática psicoterapêutica). In: JUNG, C.G. *Collected Works.* 2. ed. [s.l.]: [s.e.], 1966 [OC, 16. 2. ed. § 560] • AVALON, A. (org.) *The Serpent Power...* Two Works on Tantrik Yoga, translated from the Sanskrit. Londres: [s.e.], 1919.

nalidade humana. A autoridade quase pessoal e a aparente eficácia do Estado são, de certo modo, nada mais do que a constelação inconsciente de uma personalidade instintiva superior que compensa a ineficácia patente da ego-personalidade consciente.

1.333 Quando Nietzsche escreveu sua obra-prima profética *Also sprach Zarathustra* (*Assim falou Zaratustra*), não tinha a menor ideia de que o super-homem que ele criou a partir de sua miséria e ineficácia pessoais seria uma antecipação profética de um *Führer* ou *Duce*. Hitler e Mussolini são mais ou menos pessoas comuns, mas pessoas que curiosamente supõem que elas sabem o que fazer numa situação que praticamente ninguém entende. Parecem ter a coragem sobre-humana e também a imprudência sobre-humana de assumir uma responsabilidade que aparentemente ninguém mais quer ou é capaz de assumir. Somente um super-homem pode estar dotado de faculdades que estejam à altura das dificuldades da situação atual. Sabemos que a experiência mística bem como a identificação com uma figura arquetípica emprestam ao ser humano comum forças quase sobre-humanas. Não é à toa que os alemães chamam o seu *Führer* de "nossa Joana D'Arc". Ele é o tipo receptivo a influências inconscientes. Ouvi dizer que Hitler se trancou por três dias e três noites no quarto, enquanto todo o seu estado-maior insistia que não saísse da Liga das Nações. Quando apareceu de novo, disse sem nenhuma explicação: "Senhores, a Alemanha precisa sair da Liga". Esta história soa como se a política alemã não fosse feita mas revelada.

1.334 O inconsciente de Hitler parece ser feminino. Não é possível comparar o temperamento romano e másculo de Mussolini com o de Hitler. Como italiano, Mussolini está imbuído da história romana e revela, de fato, em cada gesto seu a identidade com o César. É muito característico o que os boatos dizem dele. Ouvi dizer – não sei se existe algo de verdadeiro nisso ou não – que, não faz muito tempo, ele apareceu numa recepção usando uma toga romana e uma coroa de louros na cabeça (uma coroa de ouro igual à dos Césares); produziu tal pânico que só pôde ser contido por medidas drásticas. Mesmo que seja mera legenda, mostra bem como o boato interpreta o papel do *Duce*. A fofoca é uma coisa ruim, mas confesso que sempre a achei interessante porque muitas vezes é a única maneira de conseguir alguma informação sobre pessoas públicas. A fofoca não precisa ser verdadeira para ter seu valor. Ainda que apresente uma imagem totalmente distorcida de alguém, mostra claramente como funciona sua persona, isto é, sua imagem perante o público. A persona nunca é o caráter verdadeiro; é um composto do comportamento do indivíduo e do papel a ele atribuído pelo público[12]. A biografia de uma pessoa pública consiste, em grande parte, da história de sua persona e contém muitas vezes bem pouco de verdade individual. Este é o tributo que a pessoa em evidência tem de pagar.

1.335 Parece que em quase todos os países da Europa aumenta o abismo entre a ala esquerda e direita, suposto que esses países já não sejam fascistas. Assim é na Espanha e assim será em breve na França. Uma vez que o socialismo e o comunismo só fortalecem os atributos da democracia, isto é, de uma constituição onde há um governador sem governados, e governados sem governador, eles só servem para solapar a importância do parlamento, do governo, do dinheiro e dos chamados direitos do cidadão livre. A única síntese possível parece ser a eventual encarnação do fantasma-Estado num super-homem com toda sua parafernália mitológica. Recentemente Ramsay MacDonald fez uma afirmação muito clara. Falando do Partido Trabalhista, disse textualmente: "Seus membros são um rebanho sem pastor, com muitos cães pastores que não se entendem sobre o redil para o qual o rebanho deve ser conduzido. Já não seria tempo de o Partido Trabalhista tornar-se realista? Com seu tartamudear sobre as questões básicas de defesa e guerra, deixa pairar dúvidas sobre a competência da democracia e trabalha diretamente para o fascismo. Os problemas da vida moderna são urgentes demais para continuar como joguetes de partidários de curta visão"[13].

1.336 É duvidoso se as nações europeias ficariam muito tempo sob a caótica desordem da doutrina comunista infantil. Elas preferirão voltar fielmente a uma ordem forçada, que nada mais é do que uma ditadura e uma oligarquia tirânica. Ao menos é esta a forma que surgiu na indolente Rússia, onde 170 milhões de pessoas são mantidas em ordem por alguns milhões de membros do partido comunista. Na Itália é

---

12. Para persona, cf. Dois escritos sobre psicologia analítica (OC, 7; § 243s. e 305s.).

13. Fonte não identificável. MacDonald (1886-1937) foi o primeiro primeiro-ministro trabalhista da Inglaterra em 1924 e outra vez em 1929-1935.

a *Fascio* e na Alemanha a *SS* que estão no melhor caminho para se tomarem uma espécie de ordem religiosa de cavaleiros que irá comandar sessenta milhões de habitantes. Na história da humanidade jamais houve um caso em que se estabelecesse com calma racionalidade a ordem no caos. O caos só se rende diante da ordem imposta pela força.

1.337 O Estado fantasma assume carne e sangue na pessoa do ditador e de sua hierarquia oligárquica. Contudo, esses homens de Estado também são apenas pessoas que exercem poder sobre seus concidadãos, e estes se sentem logo oprimidos, o que não era o caso enquanto se chamavam democratas. Naturalmente esta escravidão estatal é tão ruim quanto a anterior, e agora se lembram de que talvez tivessem algo político a dizer mas têm que calar a boca. Sentem então que alguma coisa horrível lhes aconteceu. Não percebem que tudo o que poderiam ter dito na democracia teria sido tão inútil quanto o que poderiam dizer agora. É verdade que os democratas falam, os socialistas falam mais ainda, e os comunistas ganham de todos no falar. Foi exatamente isso que os levou à desintegração e foi também por isso que no estado de ordem forçada cessou abruptamente qualquer discurso.

1.338 A desordem é destrutiva. A ordem é sempre uma jaula. A liberdade é privilégio da minoria e se baseia sempre no detrimento de outras pessoas. A Suíça, democracia mais antiga do mundo, autodenomina-se um país livre porque nenhum estrangeiro jamais gozou de liberdade em detrimento dela, até que a América e a Grã-Bretanha abandonaram o padrão ouro. Desde então nos sentimos como vítimas. Agora aplicamos o mesmo golpe aos outros países que possuem obrigações do tesouro suíço (a Suíça é o terceiro maior banqueiro da Europa) e nos sentimos provavelmente melhor com isso. Mas, somos realmente livres? Somos fracos e insignificantes, e queremos sê-lo. Nosso estilo de vida é estreito e nossa visão do mundo não está bloqueada apenas por montanhas comuns mas por montanhas inteiras de preconceitos contra tudo e contra todos que nos superam em grandeza. Estamos presos no alçapão da ordem e temos apenas o ar suficiente para não morrermos sufocados. Mas ainda temos *uma* virtude: somos modestos, e nossas ambições são pequenas. Por isso podemos ater-nos à ordem e pouco valor damos ao discurso. Nossa liberdade, porém, é muito limitada - felizmente. Isto nos pode salvar de um ditador.

Receio que no continente europeu já não haja preocupação hoje em dia se vamos desfrutar de maior ou menor liberdade. Realmente, as coisas chegaram a tal ponto que até o problema da liberdade será tido como obsoleto. A questão que se coloca é mais no sentido de "ser ou não ser". Agora o dilema está entre o caos e a ordem forçada. Haverá ou não uma guerra civil? Esta é a pergunta que fazemos ansiosamente às forças fatídicas e tenebrosas da Europa. Cito aqui Miguel de Unamuno, um daqueles espanhóis liberais que minou a ordem tradicional na esperança de conseguir maior liberdade. Sua mais recente confissão é esta: "Os tempos mudaram. Já não se trata de liberalismo e democracia, de república ou monarquia, de socialismo ou capitalismo. Trata-se de civilização e barbarismo. A civilização é atualmente representada na Espanha pelo exército do General Franco"[14]. 1.339

Uma ordem compulsória parece ser preferível ao pavor que o caos produz. Ao menos é o menor de dois grandes males. Receio que devamos ouvir as ordens de boca calada. 1.340

Mas existe uma maioria para a qual o assunto mais importante do mundo parece ser o de não poder falar à vontade. Esta parece ser também a razão por que as próprias [...][15] ditaduras acabam mortas de tanto falar, e por que o jogo de azar, sem sentido e lamentável da política vagueia através da história – uma triste comédia para o cérebro pensante e para o coração sensível. 1.341

Se resvalarmos para uma época de ditadores, Césares e Estados encarnados, teremos cumprido um ciclo de dois mil anos, e a serpente terá encontrado de novo o seu próprio rabo. Então nossa era será uma réplica quase perfeita dos primeiros séculos depois de Cristo, quando César era o Estado e um deus, quando eram oferecidos sacrifícios divinos a César e enquanto os templos dos deuses caíam em ruínas. Sabemos que naquele tempo milhares desviavam com horror e nojo os olhos desse mundo visível e adotavam uma filosofia que curava suas almas. Como a história se repete e a espiral da evolução pare- 1.342

---

14. *The Observer* (Londres, 11 de outubro de 1936), num artigo escrito de Salamanca, em 3 de outubro de 1936. Unamuno (1864-1936) repudiou o regime de Franco numa concorrida conferência de 12 de outubro de 1936.

15. Ilegível no manuscrito.

ce voltar a seu ponto de partida, existe a possibilidade de a humanidade estar se aproximando de uma época em que muito se falará de coisas que nunca são como desejaríamos, e em que se colocará a questão por que estávamos sempre interessados numa comédia ruim e sem graça.

Retorno à vida simples*

O que o senhor pensa de um retorno do povo suíço a uma vida simples?

O retorno à vida simples pode ser considerado uma felicidade inesperada, ainda que tal "retorno" exija não pouca renúncia e não seja assumido de boa vontade. Graças às melhorias na mídia e ao sensacionalismo barato oferecido pelo cinema, rádio, jornais e milhares de "entretenimentos" de toda espécie, a vida humana do passado recente aproximou-se a passos largos de um estado que não mais se diferenciava da agitação americana. No tocante aos divórcios, Zurique já alcançou o recorde americano. Todos os meios para economizar tempo, entre os quais estão as facilidades de comunicação e outras comodidades, paradoxalmente não economizam tempo; só servem para encher o tempo disponível de tal forma que não se tenha tempo para mais nada. Disso resulta forçosamente uma pressa febril, superficialidade e fadiga nervosa com todos os sintomas concomitantes como ânsia por estímulos, impaciência, irritabilidade, vacilação etc. Este estado pode levar a várias coisas, mas não a uma cultura maior do espírito e do coração. 1.343

O senhor acredita num voltar-se crescente aos tesouros de nossa cultura?

O florescimento do comércio livreiro em alguns países mostra que, quando todas as cordas se rompem, alguns apelam para um bom 1.344

---

* Publicado em: *DU: Schweizerische Monatsschrift* I/3 (Zurique, maio de 1941). Uma nota do editorial da revista esclarece que se trata da resposta de Jung a um questionário enviado pelo *Schweizer Feuilleton-Dienst* a vários suíços eminentes sobre os efeitos dos tempos de guerra sobre a Suíça.

livro. Mas para se chegar a essa decisão há sempre a necessidade de uma causa externa compulsora. Sem uma necessidade premente, a maioria da população jamais pensaria em "voltar-se para os tesouros de nossa cultura". Por muito tempo foi incutida no homem a ilusão de uma melhoria cultural sempre maior, de modo que procurou esquecer rapidamente o antigo para não perder a integração no mundo novo e melhor que sempre lhe foi anunciado por inveterados reformadores do mundo. Nossa mania neurasténica da novidade do amanhã é doença e não cultura. A cultura é essencialmente continuidade e conservação do passado, ao passo que a mania da novidade produz anticultura e termina em puro barbarismo. O resultado disso é que eventualmente uma nação inteira vai ansiar por aquela cultura que ela quase (ou inteiramente) perdeu devido à ilusão de melhores condições no futuro (que raramente ou nunca aconteceram). Infelizmente nosso mundo e, respectivamente, a estrutura moral da humanidade são constituídos de tal forma que nenhum progresso e nenhuma melhoria são suficientemente bons para não permitirem que mais cedo ou mais tarde sobrevenha o abuso que transforma a bênção em maldição. Pode alguém afirmar seriamente que nossas guerras são "melhores" do que foram as dos romanos?

1.345 A organização de massa, pretendida em nossa época, arranca qualquer um de seu mundo privado e o empurra para o tumulto ensurdecedor da arena, transformando-o numa partícula inconsciente e, por isso, sem importância e sem sentido da massa, sujeito impreterivelmente a todo tipo de sugestão. A isca que nunca falha é o chamado "futuro melhor" que impede a pessoa de integrar-se no presente em que vive realmente para dele fazer o melhor possível. Já não se vive no presente *para* o futuro, mas irrealisticamente *no* futuro, privado do presente e, mais ainda, do passado, separado das raízes, desenraizado, despojado da continuidade, eternamente enganado pela *fata morgana* zombeteira de um "futuro melhor". Há necessidade de uma enorme decepção para libertar as pessoas do pensamento delirante e trazê-las de volta às bases sadias da tradição, recordando-lhes as bênçãos de uma cultura espiritual que a "era do progresso" destruiu com todos os meios de sua crítica desagregadora. Basta lembrar a devastação espiritual causada pelo materialismo, inventado por pseudointelectuais e defendido com argumentos totalmente infantis! É muito difícil acabar com este tipo de pensamento que se tornou tão popular exatamente por sua estupidez.

O senhor acredita numa transferência da felicidade que passaria das coisas materiais para as espirituais?

1.346 Transferir o ideal de vida do campo material para o espiritual é um assunto bem espinhoso porque a felicidade material é uma coisa palpável (quando for realmente alcançada) e o espírito é uma grandeza invisível e, por isso, difícil de descobrir e demonstrar. Existe inclusive a opinião de que aquilo que se chama muitas vezes de "espírito" não passa de palavras ocas e falatório inútil. Uma linguiça à mão é considerada em geral mais satisfatória do que um exercício devocional; em outras palavras, para encontrar felicidade no espírito já se precisa possuir o "espírito" correspondente. Uma vida garantida de bem-estar convenceu a todos das alegrias materiais e obrigou até mesmo o espírito a inventar melhores meios e caminhos para o bem-estar material, mas nunca *produziu* espírito. Isto provavelmente só será conseguido através da dor, da desilusão e da renúncia. Quem, apesar dessas circunstâncias adversas, conseguir viver e achar a vida válida, este descobriu o espírito ou, ao menos, algo dele. Mas são poucos os que estão convencidos no íntimo de seu coração de que a felicidade material é também um perigo para o espírito e que conseguem renunciar ao mundo por amor ao espírito.

1.347 Espero, por isso, que o flagelo de Deus que açoita agora a Europa há de convencer os povos de que este mundo, que não foi o melhor dos mundos possíveis do passado, também não o será no futuro. Ele é, como sempre foi, constituído de dia e noite, luz e escuridão, curtas alegrias e longos sofrimentos, lugar de luta sem trégua e sem paz, porque é a arena das cobiças humanas. Mas o espírito é um além nesse aquém. Uma vez que o espírito não é refúgio de covardes, só o possuirá aquele que *sofre* a vida nesse mundo e que aceita até mesmo a felicidade com dúvida cortês. Se não tivéssemos esquecido completamente a doutrina cristã diante do "progresso" puramente técnico, as avalanches que ameaçam soterrar a Europa jamais se teriam manifestado. Mas a fé cega no mundo não deixa espaço nem para o espírito do cristianismo e nem para qualquer outro bom espírito. O espírito é algo que sempre está escondido e a salvo do mundo e, por isso, constitui um santuário inviolável para todo aquele que renegou definitivamente, se não o mundo, pelo menos a crença no mundo.

Existe um otimismo da privação?

1.348 Em vez de otimismo eu diria um "ótimo da privação". Mas se realmente se quer dizer "otimismo", então se exige muita coisa, pois a "privação" não é nada agradável. Ela significa sofrimento real, sobretudo quando assume forma aguda. Só é otimista em relação ao martírio quem está seguro da bem-aventurança que se seguirá. Mas uma certa privação, não em quantidade exagerada, eu a considero benéfica. Em todo caso, é mais saudável do que a fartura, pois só poucas pessoas conseguem usufruir dela sem efeitos perniciosos, quer sejam físicos ou psíquicos. Por certo não se deseja mal a ninguém, muito menos a si próprio, mas, em comparação a outros países, a Suíça possui tal fartura (conseguida honestamente) que poderia dar aos outros alguma coisa. Existe um "ótimo" de privação que é perigoso ultrapassar, pois necessidade exagerada não torna a pessoa boa, mas impiedosa e amarga. Há um provérbio suíço que expressa isto muito bem: "Atrás de cada homem rico há um demônio e atrás de cada homem pobre há dois".

1.349 Já que sua pergunta quer dizer "otimismo" e, assim, indicar a possibilidade de uma atitude otimista em relação a uma coisa desagradável, gostaria de acrescentar que, em minha opinião, seria instrutivo falar também de um "pessimismo" da privação. Sendo os temperamentos humanos tão diversos, e até mesmo opostos, nunca se pode esquecer, sobretudo quando se fala a todos em geral, que aquilo que é bom para alguns pode ser prejudicial a outros. Por causa de sua fraqueza interna, alguns precisam de encorajamento; outros, por causa de sua segurança interna, precisam ser refreados. A privação induz forçosamente à simplicidade que em si é verdadeira felicidade. Mas viver a simplicidade sem lamentação e amargura é uma qualidade moral que muitas pessoas acham bem difícil.

Será que a renúncia ao puramente material vai aprofundar em nosso povo o senso de comunidade?

1.350 A necessidade comum fortalece naturalmente o senso comunitário, como podemos ver atualmente na Inglaterra. Mas nos moralmente fracos, que são muitos, existe também o perigo de aumentar o egoísmo. Condições incomuns podem fazer surgir tanto a bondade quanto a maldade das pessoas. Podemos considerar a maioria do povo suíço como moralmente sadio, por isso existe a fundada esperança de que uma necessidade comum fará brilhar mais intensamente a virtude do povo.

1.351 Acreditando eu na virtude e no valor do povo suíço, estou convencido de que possui uma vontade absoluta de preservar sua autonomia nacional e está disposto aos maiores sacrifícios para isso. Além do mais, o senso comunitário não é uma das coisas menos desenvolvidas na Suíça, precisando de um fortalecimento especial. Não existem entre nós aquelas desigualdades sociais – entre uma classe superior fechada ou um certo partido, por um lado, e uma massa popular anônima, por outro – que em outros países separam os cidadãos. Os conflitos de classe entre nós provêm geralmente de infecções mentais vindas do estrangeiro. Parece-me mais importante do que evidenciar artificialmente o senso comunitário, sublinhar a questão do estado de desenvolvimento da personalidade, pois esta é o suporte do senso comunitário. Diante da questão *o que* alguém faz, não se deve esquecer *quem* o faz. Quando se reúnem em comunidade somente pessoas de pouco valor, então o todo também não presta, pois uma centena de idiotas jamais formarão uma pessoa sensata. A pregação barulhenta e importuna do senso comunitário faz com que o indivíduo esqueça facilmente que sua contribuição para a sociedade nada mais é do que sua própria inutilidade. Se eu pertencer a uma organização com cem mil ou um milhão de membros, isto não prova em nada que eu valha alguma coisa. E se eu me vangloriar dessa condição de membro, acrescento à minha inutilidade ainda a ilusão de valor excessivo. Uma vez que, segundo as leis da psicologia das massas, também o melhor perde seu valor e significado na massa, é duplamente importante que esteja de posse segura de boas qualidades para não prejudicar a comunidade a que se filiou. Em vez de falar demais de senso comunitário, é melhor apelar à maturidade psíquica e à responsabilidade do indivíduo. Quando alguém é capaz de sentir-se responsável, então terá consciência também de suas obrigações para com a comunidade.

1.352 Nós suíços acreditamos na qualidade; usemos então essa crença nacional para a valorização do indivíduo, antes de lançarmos esta gota no grande caldeirão da comunidade. Autoconhecimento e autocrítica talvez sejam mais necessários para nós suíços e mais importantes para o futuro do que o ajuntamento de uma multidão constituída parcial ou totalmente de irresponsáveis. De qualquer forma, nada se conseguiria na Suíça com a massa popular compacta e disciplinada a ferro e fogo. Para isso o país é pequeno demais. O que conta entre nós é a virtude, valentia e tenacidade do indivíduo, consciente de si mesmo. No caso de extrema necessidade cada um tem de fazer sua parte no seu lugar. É bonito quando se pode contar na necessidade com a ajuda de outros, mas a autoconfiança é melhor. A comunidade não é uma coisa boa sem mais, pois oferece excelente oportunidade para muitos covardes de esconder-se e onerar os companheiros com sua própria inutilidade. Espera-se facilmente da comunidade o que o indivíduo mesmo não consegue realizar, e responsabiliza-se a comunidade quando o indivíduo deixa de cumprir as suas obrigações.

1.353 Ainda que nós suíços tenhamos um senso comunitário bastante desenvolvido, a maioria de nossas "comunidades" são plantas lamentáveis. Crescem em terreno pedregoso e são divididas por cercas de espinhos. Todas, sem exceção, sofrem da teimosia e da desconfiança nacional-suíça. Quando a gente se irritava com essas qualidades nacionais – o que acontecia com frequência – elas eram chamadas de vícios. Mas, vistas de outro ângulo, a gente quase as exaltava como virtudes. É difícil dizer o quanto devemos a essas qualidades desagradáveis em matéria de autonomia política, mental e moral de um mundo circundante dominador. Felizmente – devemos quase dizer – suas raízes alcançam os recessos mais profundos de todo coração suíço. Não somos facilmente iludidos. Quantas infecções venenosas e quantas fantasmagorias evitamos no correr dos séculos devido a essas qualidades! O fato de estarmos em alguns aspectos atrasados uns cem anos no tempo e de muitas inovações terem sido desconsideradas é o preço que pagamos pela posse de defeitos nacionais tão proveitosos. A autoafirmação, enquanto instinto humano fundamental, é, como todo instinto, resultado não tanto de uma atitude idealista, mas muito mais de um temperamento. Um instinto não é sadio se suas raízes não alcançarem as profundezas escuras.

1.354 Portanto, espero mais do caráter nacional suíço do que de um senso comunitário promovido artificialmente, pois aquele está mais ligado ao solo pátrio, comum a todos nós, do que um entusiasmo que desaparece com as palavras que o suscitam. Evidentemente é belo ser embalado por um entusiasmo geral, mas não se pode estar continuamente entusiasmado. O entusiasmo é um estado excepcional, e nossa realidade se baseia em milhares de vulgaridades. O decisivo é *como* se constituem. Se todo suíço cuidar para que ele pessoalmente vá muito bem e não se deixar entusiasmar pelo não ter *nada* na mais bela comunidade social com todos os outros, isto é totalmente antirromântico, ou pior, é egoísta, mas é instintivo e sadio. A pessoa sadia não é necessariamente um torturador. Em geral quem tortura é o torturado. A pessoa sadia tem também certa quantia de bondade que está disposta a gastar sobretudo quando não usufrui de uma consciência muito boa devido ao egoísmo evidente. Todos temos necessidade de ser bons e às vezes queremos demonstrar isso por meio de ações condizentes. Se do mau egoísmo surgir algo de bom, então os dois lados da natureza humana agiram em conjunto. Mas, se num momento de exaltação, a gente começa pelo bom, o egoísmo profundamente arraigado no homem permanece, insatisfeito e ressentido, no plano de fundo à espera de uma ocasião para vingar-se da maneira mais atroz. Temo na comunidade o rebanho de ovelhas que atrai infalivelmente os lobos. A qualidade moral da humanidade é tão duvidosa que um estado estável parece possível somente quando cada ovelha é um pouco lobo e todo lobo é um pouco ovelha. Em outras palavras, a sociedade estará mais segura quando os instintos não ideais puderem introduzir naturalmente o jogo do contraditório entre o bem e o mal. Tanto o bem quanto o mal são numa cultura pura exageros sobre-humanos.

1.355 O egoísmo que existe sempre e em toda parte não precisa ser pregado, mas também não deve ser difamado sem razão pois, quando o indivíduo não prospera, também o todo não prospera. E quando o indivíduo apresenta um altruísmo sobrenatural, o egoísmo reaparece sob forma inumana no todo – "de forma sempre nova ostento meu poder feroz"[1] – pois os instintos não se deixam suprimir ou erradicar de vez. Um sacrifício excessivo do individual em prol do coletivo não tem sentido para nós pois, devido à pequenez de nosso país, não esta-

1. *Fausto* II, Ato 5.

mos em condições de afirmar nosso egoísmo em forma nacional, isto é, pela conquista de outros países.

1.356 Considero mais benéfico ao nosso país um ceticismo sóbrio, oposto à propaganda enganadora e fugaz, um instinto seguro e próximo à natureza, uma autolimitação baseada no autoconhecimento do que discursos inflamados de renovação e tentativas histéricas de nova orientação. Com o passar do tempo descobrir-se-á que na história do mundo nada acontece de realmente "novo". Poderíamos falar de algo realmente novo se acontecesse o fato inimaginável de que a razão, o humanismo e o amor conseguissem uma vitória perene.

Epílogo a "L'homme à la découverte de son âme"*

1.357 Os conceitos fundamentais de minha psicologia encontram-se expostos neste livro. Conforme o leitor deve ter percebido, não se trata de uma psicologia baseada em pressupostos acadêmicos mas na experiência junto a pessoas sadias e doentes. Por isso não se ocupa apenas da consciência e dos conteúdos e funções desta, mas também daquela parte da psique que chamamos de inconsciente. Todas as afirmações sobre o inconsciente devem ser entendidas *cum grano salis*; são constatações de ordem indireta, pois não podemos observar diretamente o inconsciente, mas apenas tirar conclusões de seus efeitos. Essas conclusões só possuem validade hipotética porque não há certeza se a essência do inconsciente pode ser apreendida adequadamente pela consciência. Por isso foi constante preocupação minha encontrar uma formulação que reunisse numa conexão lógica o maior número de fatos observados ou, com base no conhecimento de um certo estado psíquico, prever seu possível desenvolvimento futuro, o que também é um método de comprovar a exatidão de determinada hipótese. Há diagnósticos cuja exatidão é difícil de provar no momento em que o médico os formula, mas são confirmados apenas quando a doença toma o curso previsto. Foi dessa maneira que se formaram aos poucos meus pontos de vista sobre o inconsciente.

1.358 Estou convencido de que a pesquisa da psique é a ciência do futuro. A psicologia é, por assim dizer, a mais jovem das ciências natu-

---

* O volume (tomo 10 da série *Action et Pensée*, Genebra, 1944) contém cinco ensaios de Jung, com excertos do *Basler Seminar* (1934) e *Tavistock Lectures* (cf. vol. XVIII/1, § 1s.), organizado por Roland Cahen-Salabelle.

rais e está apenas no começo de seu desenvolvimento. Mas é a ciência de que mais precisamos, pois é cada vez mais evidente que o maior perigo para o homem não é a fome, o terremoto, os micróbios ou o câncer, mas o próprio homem. E isto pela simples razão de não haver proteção satisfatória contra as epidemias psíquicas que são muito mais devastadoras do que as maiores catástrofes da natureza. O maior perigo que ameaça os indivíduos e nações inteiras é o perigo psíquico. A razão mostrou-se impotente porque seus argumentos só atuam sobre a consciência e não sobre o inconsciente. O maior perigo vem das massas populares porque nelas se acumulam os efeitos do inconsciente e a racionalidade da consciência é suprimida. Toda organização de massa significa perigo latente, precisamente como um amontoado de dinamite. Dela resultam efeitos que ninguém deseja e que ninguém pode deter. Seria, portanto, sumamente desejável que o conhecimento da psicologia se difundisse ao máximo para que as pessoas entendessem donde provêm os maiores perigos que as ameaçam. Não é armando-se até os dentes que as nações podem defender-se a longo prazo contra as terríveis catástrofes da guerra. O simples acúmulo de armas já é um convite à guerra. É muito mais necessário conhecer as condições psíquicas pelas quais surge o predomínio do inconsciente sobre a consciência.

1.359 Espero que este livro dê uma pequena contribuição a esse problema fundamental da humanidade.

Küsnacht-Zurique, janeiro de 1944

Notas marginais sobre a História contemporânea*

Até poucos séculos atrás, aquelas regiões do mundo que foram iluminadas desde então pela ciência estavam mergulhadas na mais profunda escuridão. A natureza vivia ainda em seu estado original, estado em que se encontrava desde tempos imemoriais. Já fora *des-deusada*, mas não fora ainda *des-almada*. Os espíritos demoníacos habitavam fantasmagoricamente a terra, a água, o ar e o fogo; a bruxaria e os vaticínios lançavam sombras sobre o relacionamento humano; os mistérios da fé penetravam fundo na natureza. Em certas flores podiam ser encontradas imagens dos instrumentos de tortura dos mártires ou do sangue de Cristo; as espirais da casa do caracol (no sentido dos ponteiros do relógio) eram prova da existência de Deus; na alquimia, o nascimento da Virgem era prefigurado no despertar do *infans mercurialis* no ventre da terra; a paixão de Cristo era representada pela *separado, solutio* e *digestio* da substância do arcano; a morte e a ressurreição de Cristo eram reproduzidas nos processos da transformação química. Esta dava uma ideia da transubstanciação totalmente incompreensível. O mistério da água batismal foi redescoberto nas qualidades maravilhosas do solvente por excelência, a chamada ὕδωρ θειον, ou *aqua permanens*. A crucifixão de Cristo era quase uma prefiguração da tarefa da ciência natural, pois a árvore da cruz correspondia à *arbor philosophica* que por sua vez representa a *opus scientiae* em geral. 1.360

* Texto datilografado, inédito até os últimos nove parágrafos (cf. adiante, § 1.374[4]). Cf. tb. "Ensaios sobre a história contemporânea" (2011); OC, 10/2 e 16.

1.361 Hoje em dia é quase impossível imaginar este estado de coisas e avaliar corretamente o que significava viver num mundo, repleto do alto com os mistérios das maravilhas divinas até o cadinho da fundição do bronze, e embaixo corrompido em parte pelo engodo demoníaco, em parte manchado pelo pecado original, em parte animado secretamente por um demônio autóctone, por aquela *anima mundi* ou aquela *scintilla animae* que nasciam como sementes de vida da incubação das águas superiores através da *ruah Eloim*.

1.362 É praticamente inimaginável a mudança radical que operou na vida emocional das pessoas a despedida desse mundo totalmente antiquado. Mas quem teve uma infância cheia de fantasias pode fazer disso uma ideia aproximada. É irrelevante lamentar ou saudar a perda irrecuperável desse mundo primitivo. O importante é a questão que nunca ninguém coloca: o que acontece com aquelas figuras e formas, aqueles deuses, demônios e feiticeiros, aqueles mensageiros do céu e monstros do abismo quando constatamos que não há nenhuma serpente de Mercúrio e nenhum espírito vegetativo nas cavernas da terra, nenhuma dríade na mata, nenhuma ondina na água e que os mistérios da fé foram reduzidos a artigos de um credo? Ainda que tenhamos corrigido uma ilusão, isto não significa que esteja abolida aquela instância psíquica que produz ilusões e delas, inclusive, precisa. É muito duvidoso se nosso modo de retificar tais ilusões pode ser considerado válido. Se, por exemplo, alguém se ocupasse em demonstrar que não existe baleia que pudesse ou quisesse engolir um Jonas e, mesmo que o fizesse, a pessoa morreria sufocada em pouco tempo e não poderia ser vomitada viva depois de três dias, esta pessoa não estaria fazendo justiça ao mito com esta crítica. Aliás, sua argumentação seria ridícula, pois estaria tomando o mitologema ao pé da letra, o que atualmente é descabida ingenuidade. Já estamos percebendo que com nossa correção iluminista erramos vergonhosamente o alvo. É qualidade específica do mito fabular e querer dizer o incomum, o extraordinário e até mesmo o impossível. Em vista dessa tendência é inoportuno alguém exibir sua cultura de escola primária. Com este tipo de crítica não se eliminará do mundo o fator mitologizador. Apenas se corrige uma concepção não genuína do mito. Mas não se atinge, nem de longe, seu significado e, muito menos, a instância psíquica mitologizante. Criou-se apenas nova ilusão de que o conteúdo do mito não seja verdadeiro. Como dissemos, isto pode ser constatado por qualquer aluno do primário. Mas o que o mito realmente quer dizer, disso não temos a menor ideia. Ele expressa fatos e situações psíquicas, exatamente como o sonho normal e as delusões de um doente mental. Descreve fatos psíquicos de modo figurado, cuja existência não pode ser desfeita por meio de simples explicação. Perdemos o medo supersticioso de maus espíritos e fantasmas noturnos mas, em vez disso, assalta-nos o pavor de pessoas que, possuídas por demônios, praticam os atos horríveis das trevas. O fato de os praticantes desses atos não se julgarem possessos, mas "super-homens", em nada altera o fato de sua possessão.

1.363 O mundo fantástico e mitológico da Idade Média mudou simplesmente de lugar, graças ao nosso chamado iluminismo; já não são os íncubos, súcubos, ninfas das florestas, melusinas e outras coisas que espantam e chicaneiam, mas as próprias pessoas assumiram, sem saber, esses papéis e realizam a obra demoníaca da destruição com métodos bem mais eficientes do que os fantasmas antigos. Antigamente as pessoas eram rudes, agora estão desumanizadas e possessas de demônios em tal grau que nem a Idade Média mais tenebrosa conheceu. Naquela época, uma pessoa decente e inteligente podia livrar-se até certo ponto das maquinações demoníacas, mas hoje até mesmo seus ideais a arrastam para dentro da lama sangrenta de sua existência nacional.

1.364 Como consequência do cisma eclesiástico, o desenvolvimento da ciência natural continuou a obra de *desdeificação* da Igreja, expulsou os demônios da natureza e, com eles, os últimos restos da concepção mitológica do mundo. O resultado desse processo foi a gradual dissolução da projeção e a retirada dos conteúdos projetados para dentro da psique humana. Portanto, a multidão de fantasmas que existia do lado de fora deslocou-se para dentro da psique humana e, enquanto admiramos a natureza "pura", isto é, sem alma, damos guarida, querendo ou não, a seus demônios, com o resultado de que com o fim da Idade Média, *anno 1918,* pudesse começar a época dos banhos de sangue, da total demonização e total desumanização. Desde os dias das cruzadas infantis, dos anabatistas e do flautista de Hamelin, nunca mais se viu epidemias psíquicas de tal monta, especialmente a nível nacional. Inclusive as câmeras de tortura – assombrosa invenção dos tempos modernos – foram reintroduzidas na Europa. Em toda parte o cristianismo se mostrou incapaz[1] de deter a devastação, ainda que muitos cristãos tenham arriscado suas vidas. Finalmente, a invenção dos abatedouros de pessoas – em comparação dos quais o circo romano de dois mil anos atrás era ínfima amostra – é uma realização do novo espírito alemão e que dificilmente será superada.

1.365 Estes fatos dão o que pensar. Os demônios da natureza, sobre os quais o espírito humano parecia ter triunfado, ele os engoliu sem perceber e se tornou o fantoche do demônio. Isto só pôde acontecer porque acreditou ter abolido os demônios declarando-os superstição. Com isso foi desconsiderado o fato de que eles são, no fundo, projeções, ou seja, produtos de certos fatores da psique humana. Mesmo declarando esses produtos inautênticos e ilusórios, suas fontes não secam nem deixam de atuar. Ao contrário, quando se torna impossível aos demônios refugiar-se nas rochas, matas, montanhas e rios, usam a pessoa como moradia bem mais perigosa. Nos objetos da natureza sua atuação tinha limites bem mais estreitos: raras vezes acontecia que pedras soterrassem alguma cabana, que um rio transbordasse, destruindo plantações e afogando pessoas. Mas a pessoa não percebe quando é governada por demônios e empresta todo o seu poder e astúcia ao seu dominador inconsciente que chega então a uma atividade altamente diversificada.

1.366 Este modo de pensar só parece "original", estranho ou absurdo a quem nunca pensou onde desapareceram aquelas forças psíquicas que estavam incorporadas nos demônios. As descobertas da ciência merecem nossa admiração, mas são espantosas também as consequências psíquicas desse magnífico triunfo humano. Infelizmente não existe nenhum bem neste mundo que não deva ser pago por um mal, no mínimo tão grande quanto o bem. As pessoas não sabem ainda que o maior progresso é contrabalançado por um retrocesso de igual tamanho. *Não se tem noção ainda do que significa viver numa natureza des-almada.* Acredita-se, ao contrário, que foi um tremendo avanço ter o homem submetido a natureza e ter assumido, por assim

1. Isto pode ser discutido, pois foram as organizações cristãs que mostraram sua impotência. Mas quando identificamos Igreja e cristianismo esta diferença cai por terra.

dizer, o leme para guiar o navio de acordo com sua vontade. Todos os deuses e demônios, cuja nulidade física foi tão facilmente apresentada como "ópio do povo", voltam a seus lugares de origem – à pessoa humana – tornando-se um narcótico tão poderoso que o antigo "ópio" parece brincadeira de criança. O que é o nacional-socialismo[2] a não ser uma embriaguez monstruosa que precipitou a Europa numa catástrofe indescritível?

1.367 O que a ciência descobriu uma vez não pode ser desfeito. O progresso da verdade não pode e nem deve ser detido. Mas o mesmo impulso pela verdade que deu origem à ciência deve também reconhecer as consequências que o progresso traz. A ciência deve também reconhecer as catástrofes psíquicas, ainda imprevisíveis, que o progresso trouxe consigo. Nas mãos do homem praticamente infantil de hoje foram colocados instrumentos de destruição que exigem uma responsabilidade ilimitada ou um medo quase doentio para impedir o abuso muito fácil do poder. O mais perigoso são as aglomerações das massas, manipuladas por algumas poucas cabeças. Já tomam forma os imensos blocos continentais que, por simples desejo de paz ou de segurança, preparam as catástrofes futuras. Quanto maior a massa voltada para uma mesma direção, mais violento e calamitoso é seu movimento!

1.368 Quando a humanidade passou de uma natureza com alma para uma sem alma, isto aconteceu da maneira mais grosseira: o animismo da natureza foi ridicularizado e condenado como supersticioso. Quando o cristianismo expulsou os antigos deuses, substituiu-os pelo Deus único. Mas quando a ciência aboliu o animismo da natureza, não lhe deu outra alma, mas colocou a razão humana acima da natureza. Sob o domínio do cristianismo os antigos deuses foram ao menos temidos por muito tempo, pelo menos como demônios. A ciência, porém, não deu valor algum à alma da natureza. Estivesse ela consciente da inovação abaladora de seu procedimento, teria refletido por um mo-

2. Deve-se desconfiar em princípio de todos os *-ismos* que prometem um novo mundo "melhor", porque o mundo se torna apenas diferente, mas não melhor. A pessoa, sim, pode adotar até certo ponto uma atitude melhor ou pior, mais razoável ou menos razoável. Jamais se libertará dos males básicos da existência, sejam externos ou internos. Faria melhor conscientizando-se de que o mundo é um campo de batalha e apenas uma curta tensão entre nascimento e morte.

mento e perguntado a si mesma se não conviria muita prudência nesta operação que abolia a condição primitiva da humanidade. Se a resposta fosse positiva, então haveria necessidade de um *rite de sortie*, uma comunicação cerimoniosa oficial aos poderes que iam ser destronados. Assim ao menos se teria demonstrado o devido respeito à existência deles. Mas a ciência e a chamada humanidade culta jamais pensaram que o progresso do conhecimento científico poderia significar um *peril of the soul* que precisava ser antecedido por algum rito poderoso. Isto teria sido impossível, pois semelhante "rite de sortie" nada mais seria do que uma reverência cortês diante dos demônios; e o triunfo do iluminismo era exatamente admitir que não existia algo assim como alma da natureza. Mas só não existia aquilo que se imaginava que os espíritos fossem, pois *a coisa* em si existe, e precisamente na psique humana, independentemente do que acham as mentes obtusas ou esclarecidas. Tanto existe que diante de nossos olhos o "povo mais aplicado, competente e inteligente" da Europa caiu num estado de exceção e colocou um pintor de parede, pouco dotado e que nunca se distinguiu por uma inteligência especial, mas apenas pelo uso dos métodos certos de intoxicação das massas, literalmente no altar do totalitarismo, outrora reservado só para a teocracia, e lá o deixou. Evidentemente para dirigir uma nação não há necessidade de qualquer conhecimento ou preparação e para ser um grande general não há necessidade de formação militar. Diante disso até mesmo a inteligência empalidece e se vê forçada a admirar um "gênio" sem precedentes. Foi algo realmente fora do comum quando chegou alguém e disse friamente que *ele* assumiria a responsabilidade. Isto foi tão surpreendente que ninguém pensou em perguntar *quem* estaria assumindo a responsabilidade ou em tomar as medidas necessárias contra a desordem evidente. De qualquer forma a coisa era tão grotesca que não era possível irritar-se seriamente. A psicopatologia conhece esse tipo de "gênio" de promessas irresponsáveis: chama-se *pseudologia phantastica,* e é quase uma façanha não se cair nas malhas dessas pessoas, sobretudo quando apresentam grande quantidade de sintomas de possessão como fenômenos divinatórios (pressentimentos, leitura do pensamento etc.) e ataques de emoção patológica (o clássico arrebatamento dos profetas). Nada é tão contagiante como a emoção e nada é mais pacificador do que o cumprimento prometido de desejos egoístas. Não ouso pensar no que teria acontecido a nós suíços se tivéssemos tido a infelicidade de ser uma nação de oitenta milhões de pessoas. Neste caso, segundo todas as previsões psicológicas, nossa estupidez teria sido multiplicada por vinte e nossa moral dividida pelo mesmo número. Quanto maior a acumulação das massas, menor é o grau de inteligência e de moralidade. Se houvesse necessidade de prova ulterior para essa verdade, está aí como exemplo a descida da Alemanha para o submundo. Não nos devemos iludir de que não teríamos também sucumbido. O contágio da fronteira e a presença de traidores em nosso meio mostram que facilmente sucumbimos à sugestão, mesmo sem a escusa atenuante de sermos oitenta milhões.

1.369 O que nos protegeu foi sobretudo nossa *pequenez* e as inevitáveis consequências psicológicas disso. Em primeiro lugar a desconfiança do homem pequeno que cuidava dia e noite para que o homem grande não o enganasse ou violentasse, pois é isto que se deve pressupor do grande quando se é pequeno. Por isso, quanto mais altissonantes as palavras, mais resistência e teimosia provocam: "Agora já não quero", diz o homem de bom senso. Ser acusado de misoneísta, conservador ou cabeçudo, isto pouco afeta a força de sua reação instintiva – no momento; mas a longo prazo, o suíço é tão "razoável" que sente uma vergonha secreta de sua morosidade, teimosia, de estar cem anos atrás no tempo e corre o risco de envolver-se no tumulto da "organização mundial", do "espaço vital", dos "blocos econômicos" e de outros nomes que o deus nos acuda atual inventa. Neste sentido não é nenhum erro permanecer fixo no passado. Via de regra é prudente demorar a embarcar no futuro, pois é duvidoso se o que vem depois é sempre melhor. Em geral é melhor com reservas, ou não o é de modo algum.

1.370 Longe de mim querer incentivar coisas ruins como a inveja e mesquinharia, mas o fato é que existem e contribuem para aumentar a desconfiança e o não querer colaborar. São como animais nocivos, mas têm também sua utilidade. Não quero evidentemente falar em favor das más qualidades, mas gosto de estudá-las porque, numa coletividade, elas são mais atraentes do que as virtudes. As primeiras têm a vantagem de aumentar na proporção do tamanho da multidão, ao passo que as últimas se neutralizam mutuamente sob as mesmas condições. Sofrem o mesmo efeito que as galerias de arte, onde na reunião de muitas obras de grandes mestres, uma ofusca a outra. A virtude é ciumenta, mas o vício procura companheiros (e o malfeitor gosta de números grandes, despreza os pequenos e, por isso, às vezes não os leva em conta).

1.371 Graças a Deus que numa época irrequieta como a nossa somos protegidos pelas raízes profundas da tradição ainda viva e cultivada; pelo amor à pátria; por uma profunda convicção de que nenhuma árvore cresce até o céu e que, quanto mais cresce mais suas raízes se aproximam do inferno; por um gosto que prefere o meio, aquele μηδέν ἄγαν (não exagerar em nada) dos sábios gregos que só conheciam sua πόλιζ (cidade), e provavelmente nunca sonharam com uma nação de oitenta milhões de habitantes; e finalmente pelas más qualidades, acima mencionadas, das quais certamente não queremos abrir mão. Já ouvimos várias vezes dizer do outro lado do Reno: "o povo mais saudável, trabalhador, competente, inteligente e fiel" – é o toucinho para pegar o camundongo. Quem estiver realmente convencido da imperfeição própria e da de seu povo não sucumbe ao poder dos superlativos com os quais acena a mentira. Sabe ou deveria saber que o governante que brinca com medidas ilegítimas está trabalhando, em última análise, para a ruína do povo. A exigência de probidade por parte do representante do povo deve ser o princípio básico da política, por mais prosaico, não diplomático, não moderno e míope que isto possa soar. O êxito conseguido por meios condenáveis, mais cedo ou mais tarde acaba em ruína. A história do império alemão, desde 1871, é uma demonstração clara disso. Mas é grande o perigo de não se aprender nada a partir da história.

1.372 Tão prejudicial quanto o culto do sucesso e a crença nos superlativos parece-me a tendência atual de reduzir o homem a simples função dos fatores econômicos. O célebre dito de Moleschott[3] "A pessoa é o que ela come" não pode ser elevado a uma verdade fisiológica, pois, mesmo dependendo de sua alimentação, ela não é o que a comida é, mas como ela a digere. Todos os planos de melhoria do mundo, do sistema econômico, das comunicações, das alianças nacionais etc.,

---

3. Jacob Moleschott (1822-1893), professor de fisiologia e médico prático.

se mantêm ou caem segundo a maneira como as pessoas lidam com esses fatores. E quem não acredita que até a melhor ideia será provavelmente sabotada pela notória incompetência, estupidez, preguiça, falta de consciência, egoísmo etc. humanos, pode desde logo empacotar suas tabelas estatísticas. Por outro lado, um sistema remendado por inúmeros compromissos, sobrecarregado de todo tipo de apêndices históricos aparentemente incômodos e desnecessários, permite a um Estado prosperar sofrivelmente, enquanto a maioria de seus cidadãos ainda possui um senso não atrofiado de justiça. Ninguém pode negar a importância das relações econômicas, mas é muito mais importante o modo como os cidadãos encaram suas inevitáveis oscilações. Acima dos fatores externos, as decisões últimas sempre cabem à psique humana. O fato de se ter um "espaço vital" grande ou pequeno pouco significa diante da questão se possuímos uma psique sadia ou "propensa à insanidade". Os "líderes" devem ter percebido claramente onde a necessidade é maior: falta de uma autoridade inquestionavelmente espiritual e moral. O Papa e a Igreja podem dizer que são esta autoridade, mas quantos acreditam nisso? A gente *deveria* acreditar nisso; mas não usamos sempre esta palavrinha "deveria" quando precisamos admitir que não sabemos exatamente donde poderia provir o remédio necessário?

1.373 Não creio que o apelo à consciência religiosa da humanidade ainda encontre hoje em dia um eco respeitável. Os modernos traficantes de entorpecentes substituíram esse "ópio" por preparados mais eficazes. Hoje em dia a ciência representa a grande força para o bem ou para o mal. A ciência não trouxe uma nova época de descrença, ela é esta época. Quando alguma coisa é rotulada de "científica", é certo que receberá uma atenção positiva por parte de todos que valorizam sua inteligência e reputação intelectual. Aqui teríamos, portanto, uma autoridade bastante aceita que deu provas não só de iconoclastia mas também de sua força positiva.

1.374 Há quase meio século a ciência começou a examinar sob a lente do microscópio algo que é mais invisível do que o átomo, isto é, a psique humana; e o que foi descoberto inicialmente longe está de ser divertido. Tivéssemos a necessária fantasia, deveríamos ficar consternados diante dessas descobertas. Mas acontece ao psicólogo de hoje praticamente o mesmo que aconteceu ao físico que descobriu os elementos da futura bomba atômica, capaz de transformar a terra em outra nova. Só pressente atrás disso um problema interessante e científico, sem perceber que com isso o fim do mundo se torna uma realidade palpável. O caso da psicologia ainda não é tão grave, mas em todos os casos ela descobriu onde estão atualmente alojados aqueles demônios que em tempos antigos dominavam a natureza e consequentemente o destino das pessoas, e descobriu também que o iluminismo não lhes fez mal algum. Ao contrário, estão ativos e bem dispostos como outrora, e sua atividade ampliou-se inclusive a ponto de poderem reportar-se a todas as realizações da mente humana. Sabemos hoje que existem no inconsciente de toda pessoa propensões instintivas ou sistemas psíquicos carregados de grande tensão. Quando são ajudados de qualquer maneira a irromper na consciência, e esta não é capaz de interceptá-los por meio de formas igualmente elevadas, eles arrebentam tudo como rio caudaloso e transformam as pessoas em criaturas para as quais o nome "besta" é bom demais. Só podemos dar-lhes o nome de "demônios". Para provocar na massa esses fenômenos basta um ou alguns possessos. A antiga possessão não se tornou obsoleta, só mudaram os nomes: antigamente o nome era "espírito maligno", hoje é "neurose" ou "complexos inconscientes". Como em tudo, também aqui o nome não tem importância. O fato é que uma pequena causa inconsciente basta para destruir um destino humano, amainar uma família e atuar durante gerações como uma maldição dos atridas. Se acontecer que esta disposição inconsciente seja comum à grande maioria dos habitantes de um país, então basta um único desses indivíduos possessos de complexos, que se arvora em megafone da nação, para precipitar a catástrofe. O povo bom, em sua inocência e inconsciência, não sabe o que está acontecendo quando é transformado do dia para a noite numa "raça dominante" (uma obra satânica que já tantas vezes transformou bosta de cavalo em ouro) e a Europa, estupefata, mal consegue localizar-se na "Nova Ordem", onde algo de tão monstruoso (pensemos na relação que existe entre Maidanek e Eckhart, Lutero, Goethe e Kant!) não é apenas possibilidade mas a crua realidade[4].

---

4. Os § 1.375-1.383 foram publicados em *Basler Nachrichten*, n. 486 (16 de novembro de 1946) sob o título "Zur Umerziehung des deutschen Volkes" (Sobre a reeducação do povo alemão).

Inúmeras pessoas se perguntaram como foi possível uma nação culta como a Alemanha chafurdar nesse atoleiro infernal? Escrevi certa vez, há muitos anos, que a Alemanha era o país das catástrofes espirituais[5]. Quando o delírio neogermânico anuncia que os alemães são o povo eleito, e quando esses, por inveja concorrencial, perseguem os judeus com os quais têm em comum certas características psicológicas (atrás de toda perseguição há um amor secreto, como atrás de todo fanatismo se esconde uma dúvida), então existe realmente uma peculiaridade, uma "eleição". Pois ninguém pode ser atingido tão profundamente, se não tiver essa grande profundidade. Quando isto acontece a alguém, ele procura por outro lado o mais alto, isto é, a esta profundidade corresponde uma altitude potencial, e à escuridão mais densa corresponde uma luz escondida. Esta luz é atualmente invisível porque está soterrada e escondida na profundeza da psique. Tudo correu muito torto na Alemanha, e o que aconteceu foi uma caricatura infernal da resposta que o espírito alemão deveria ter dado para a Europa sobre a questão de uma nova era. Em vez de refletir sobre essa questão, caiu na esparrela do super-homem, figura que a mente neurótica e degenerada de Nietzsche criou para compensar a sua própria fraqueza. (E isto não sem alguma desculpa, pois aquele Fausto que fez o pacto com o diabo era seu compadre.) A Alemanha sujou seu nome e sua honra com o sangue de inocentes e tomou sobre si a maldição da eleição. Despertou um ódio tão grande no mundo todo que é difícil restabelecer o equilíbrio na balança da justiça. E assim mesmo, o primeiro a entrar no paraíso com o Salvador foi o ladrão. O que diz o Mestre Eckhart? "Por esta razão Deus está disposto a suportar o impacto dos pecados e muitas vezes fecha os olhos para eles; em geral envia-os para as pessoas a quem preparou algum destino maior. Vede! Quem era mais íntimo ou mais caro ao Senhor do que seus apóstolos? Nenhum deles caiu em pecado mortal, mas todos eram pecadores mortais"[6]. 1.375

Em parte nenhuma os opostos estiveram mais separados do que no povo alemão. Parece um doente que foi vítima de seu inconsciente e não conhece mais a si mesmo. 1.376

---

5. Wotan [OC, 10/2, § 391].

6. "Daz ist von Sünden...". *Deutsche Mystiker*, II, p. 557, 28-34.

1.377 A psicologia sabe que certas forças perigosas e inconscientes podem ser neutralizadas ou mantidas em xeque quando se consegue torná-las conscientes às pessoas, isto é, quando o paciente consegue assimilá-las e integrá-las no todo da personalidade. Enquanto o psiquiatra se ocupar da terapia psíquica desses complexos, terá que lidar todos os dias com "demônios", isto é, com aqueles fatores psíquicos que apresentam traços demoníacos quando são fenômenos de massa. Mas uma operação incruenta desse tipo só tem êxito quando se trata de um *único* indivíduo. Se for uma família inteira, a relação passa a ser de 1 : 10 ou mais, e só um milagre pode encontrar o remédio. Tratando-se de um povo inteiro, então a artilharia dirá a palavra final. Se isto quer ser evitado, é preciso começar com o indivíduo, o que pode parecer um trabalho de Sísifo, lamentavelmente longo e sem esperança. Seja como for, as pessoas ficam tão impressionadas com o poder sugestivo da oratória de megafone que tendem a acreditar que estes meios ruins, isto é, o hipnotismo das massas, podem ser usados para fins bons por meio de discursos "inflamados", palavras "vigorosas" e sermões enternecedores. Não quero negar sem mais a afirmação dos meios santificados pela finalidade (pois nada é totalmente certo ou totalmente errado), mas devo frisar que a persuasão das massas para o bem compromete a sua finalidade, pois ela é, no fundo, apenas propaganda, cujo efeito desaparece na primeira oportunidade. Os inúmeros discursos e escritos sobre "renovação" são inúteis, palavrório que a ninguém comove e a todos chateia.

1.378 Se o todo deve mudar, primeiro deve mudar o indivíduo. O bem é um dom e uma conquista do indivíduo. Como sugestão de massa é simples entorpecente que nunca teve o valor de virtude. O bem é unicamente adquirido pelo indivíduo como uma conquista pessoal. Nenhuma massa pode fazer isso por ele. O mal, porém, precisa da massa para sua existência e permanência. Os homens dominadores da SS são todos eles, individualmente considerados, indescritivelmente pequenos e feios. Mas a pessoa boa brilha como pedra preciosa que foi perdida no Saara. A ciência sabe que nenhuma epidemia pode ser isolada por cordão sanitário, se o indivíduo não for impedido de ultrapassá-lo. Não se pode confiar na limpeza de um povo, se o indivíduo não está convencido de que deve lavar-se todo dia. Talvez num futuro mais esclarecido o candidato a um cargo público deva submeter-se a uma comissão psiquiátrica para ver se não é portador de bacilos psíquicos. (O que esta medida, antes de 1933, não teria poupado ao mundo!)

1.379 A desinfetação dos escalões mais altos seria mero paliativo, pois a verdadeira cura consistiria na imunização dos indivíduos. Mas aqui está o nó da questão, porque mudar o indivíduo parece um caminho muito longo e desanimador. Mas é preciso lembrar que só existem duas outras possibilidades. A primeira seria o método de êxito garantido da sugestão das massas, que infelizmente só funciona bem quando se quer desmoronar ou implodir alguma coisa. Com isso só se constroem castelos de cartas, campos de concentração ou fogueiras. Este método não é, portanto, aconselhável. A segunda possibilidade seria cruzar os braços, esconder a cabeça na areia e entregar tudo a Deus ou ao diabo. É extremamente difícil e irritante deixar que as coisas sigam seu curso natural. Se, ao final, o resultado fosse razoável, teria acontecido algo como um "crime de lesa-majestade humana". Também isto não é um caminho trilhável.

1.380 Resta, portanto: *Só com o indivíduo é possível fazer alguma coisa*. O surgimento e a expansão do cristianismo mostram que algo parecido não é totalmente impossível. Até mesmo o cético tem de concordar que o cristianismo trouxe certa mudança psíquica, ainda que mais ou menos superficial[7]. Expulsou muitos demônios (mas reuniu-os novamente em outro lugar) e procedeu inclusive à des-deificação da natureza. Abstraindo de algumas conversões em massa, ele se difundiu principalmente pela atuação de um indivíduo sobre o outro. Nos primórdios do cristianismo, o indivíduo era abordado pessoalmente, e esta abordagem individual prosseguiu na pastoral da Igreja durante séculos. (No protestantismo é preciso perguntar onde, devido à exclusividade da pregação, foi parar a pastoral?) Sem abordagem pessoal não existe influência pessoal, a única capaz de mudar para o bem a atitude do indivíduo. Para isso é necessário não só o engajamento pessoal daquele a ser mudado, mas sobretudo daquele que quer mudar o outro. Só se deixa influenciar por gestos e palavras

7. Diante dos acontecimentos mais recentes na Europa, é preciso precaver-se contra a pressuposição de que a educação cristã penetrou na medula.

aquele que está a ponto de cair fora, só está esperando uma desculpa ou ocasião adequada.

1.381 Necessárias são algumas verdades esclarecedoras, mas não artigos de fé. Onde atua uma verdade compreensível, também a fé se estabelece de boa vontade; e esta sempre ajudou onde o pensamento e a compreensão não se entenderam plenamente. A compreensão nunca é o auxiliar da fé, mas a fé complementa a compreensão. Educar as pessoas numa fé que elas não compreendem é sem dúvida um esforço bem intencionado. Mas arrisca-se assim criar uma atitude que acredita em tudo que não compreende. Parece-me que foi isso que preparou o terreno para o "gênio do *Führer*". É muito cômodo poder simplesmente acreditar quando se tem medo do esforço da compreensão.

1.382 Na medicina chama-se terapia sugestiva à tentativa de construir a fé ou pregar a fé. Tem a desvantagem de tirar ou incutir nas pessoas algo que elas não intencionam nem querem. A fé infantil, onde ela se manifesta naturalmente, é um carisma. Mas quando a "alegria da fé" e a "confiança infantil" são conseguidas por meio da educação religiosa, já não se trata de carisma, mas de um presente dos deuses ambíguos, pois podem ser manipuladas muito facilmente e com maiores resultados também por outros "salvadores" (daí a queixa de muitos alemães a respeito do uso vergonhoso que se fez das melhores qualidades do povo alemão: sua fé, sua lealdade e seu idealismo).

1.383 Sendo a Igreja ainda o maior instituto de educação das massas, sem nenhum concorrente do mesmo valor, deve pensar futuramente num maior refinamento de seus métodos, sobretudo se quiser atingir as pessoas cultas. Estas não são de forma alguma quantidade desprezível, pois, como mostram certas estatísticas, o que elas pensam e escrevem está difundido entre as massas num espaço de tempo menor do que uma geração. Por exemplo, o livro extremamente estúpido do senhor Büchner *Kraft und Stoff*[8] foi, após um espaço de vinte anos, o livro mais lido nas bibliotecas populares da Alemanha. A pessoa culta é e continua sendo um líder do povo, quer ela o saiba ou não, quer ela o queira ou não. O povo procura, apesar de tudo,

8. Ludwig Büchner (1824-1899), médico alemão e filósofo, apóstolo de um materialismo extremo.

compreender. Ainda que no plano original da criação não estivesse claramente previsto que os primeiros pais comessem da árvore do conhecimento, parece que assim aconteceu e, desde então, já não é possível girar em sentido inverso a roda da história. O povo está cada vez mais ávido desses frutos. É um sinal de esperança, pois, além das bombas estratosféricas e das sedutoras possibilidades do urânio, talvez existam também verdades salutares que ensinem ao homem sua verdadeira natureza e lhe mostrem sua periculosidade com a mesma evidência que a moderna higiene mostra a etiologia do tifo e da varíola. Talvez estas verdades contribuam também para que as pessoas assumam aquela atitude que as grandes religiões sempre quiseram inculcar na humanidade.

Respostas ao "Mishmar"* sobre Adolf Hitler

Como psiquiatra, qual o seu julgamento sobre Hitler como "paciente"?

1.384 Em minha opinião, Hitler é antes de tudo um histérico (já fora assim oficialmente diagnosticado na guerra mundial de 1914-1918). Caracteriza-se especialmente por uma subforma da histeria: *pseudologia phantastica,* em outras palavras, um "mentiroso patológico". Mesmo que estes indivíduos não comecem logo como enganadores, são uma espécie de idealistas, sempre apaixonados por suas ideias e que antecipam seus objetivos, considerando suas fantasias de desejos como facilmente realizáveis ou já realizadas, e acreditando eles mesmos em suas óbvias mentiras. (Quisling é um caso semelhante, conforme demonstrou seu processo.) Para realizar suas fantasias de desejos não há meio ruim, pois acreditam que com ele podem alcançar seu amado objetivo. "Acreditam" que estão agindo para o bem da humanidade, ou ao menos para o bem da nação ou de seu partido, e jamais percebem que seu objetivo é sempre egoísta. Estes casos dificilmente são considerados doentios pelo leigo, porque esta atitude é uma falha humana muito comum. Pelo fato de apenas o convencido

* Eugen Kolb, correspondente em Genebra de *Mishmar (The Daily Guardian)* de Tel Aviv, escreveu a Jung, em 4 de setembro de 1945, pedindo-lhe que respondesse a algumas perguntas. Jung respondeu a 14 de setembro. O texto foi publicado apenas em 15 de novembro de 1974, quando as cartas de Kolb e Jung apareceram no *Mishmar* (em hebraico) sob o título "O que disse Jung ao correspondente de *Mishmar,* na Suíça, há 29 anos?" A publicação deveu-se a uma pergunta do editor da Obra Completa de Jung em inglês, se o falecido Eugen Kolb tinha publicado a carta de Jung.

convencer diretamente a outro (por contágio psíquico), possui ele, via de regra, influência devastadora sobre seu ambiente. Quase todos caem em sua rede.

Como pôde este "psicopata" influenciar nações inteiras?

1.385 Sendo seu sistema maníaco de desejos um sistema político-social e correspondendo ele às ideias preferidas da maioria, surge uma epidemia psíquica que aumenta qual avalanche. A maioria do povo alemão estava descontente, alimentava sentimentos de vingança e ressentimento, provindos em parte de seu complexo de inferioridade nacional, e identificava-se com os oprimidos. (Daí seu ódio e inveja dos judeus que lhe haviam tomado a ideia de povo "eleito".)

O senhor também considera psicopatas seus contemporâneos que executaram os seus planos?

1.386 Uma sugestão só funciona onde já existe um desejo secreto de realizá-la. Hitler conseguiu desse modo atuar sobre todos os que compensavam seu complexo de inferioridade através de aspirações sociais e desejos secretos de poder. Por isso cercou-se de um exército de desajustados, psicopatas e criminosos, sendo ele mesmo um deles. Mas atingiu também o inconsciente das pessoas normais que sempre pareceram totalmente inocentes e corretas. A maioria das pessoas normais (sem considerar os dez por cento aproximadamente de pessoas abaixo da inteligência mediana) é ridiculamente inconsciente e ingênua e é por isso vulnerável a qualquer sugestão oportuna. Uma vez que a falta de adaptação é uma doença, também podemos chamar de doente uma nação. Mas trata-se de psicologia normal *das massas, um fenômeno gregário como o pânico. Quanto mais as pessoas são reunidas aos montes, mais estúpido e sugestionável se torna o indivíduo.*

Se isto é assim, em que consiste a cura?

1.387 Em educar para a plena consciência. Impedir a formação social gregária como proletarização e massificação. Nada de sistema de partido único. Nada de ditadura. Autonomia comunal.

Técnicas de mudança de atitude a serviço da paz mundial*

Memorando à Unesco

I

1.388 A psicoterapia, como ensinada e praticada no Instituto C.G. Jung de Psicologia Analítica, em Zurique, pode ser descrita como técnica para mudar a atitude mental. É um método pelo qual podem ser tratadas não só as neuroses e psicoses funcionais, mas também toda

---

* Texto extraído de um manuscrito, com passagens escritas à máquina, escrito em inglês, em 1948, em resposta a uma pesquisa da Unesco (Organização das Nações Unidas para a Educação, Ciência e Cultura). A Segunda Conferência Geral da Unesco, em novembro-dezembro de 1947, havia aprovado uma resolução, incumbindo o diretor geral de promover "pesquisas sobre os métodos modernos que foram desenvolvidos nas áreas da educação, ciências políticas, filosofia e psicologia para mudar as atitudes mentais e sobre as circunstâncias sociais e políticas que favorecem o emprego de técnicas especiais". Por isso foram solicitados memorandos de representantes de institutos especializados, incluindo a International Psychoanalytic Association, o Tavistock Institute of Human Relations e o C.G. Jung-Institut für Analytische Psychologie. O senhor P.W. Martin, um funcionário da Unesco, fez as negociações junto ao Jung-Institut. O memorando de Jung, aqui publicado com pequenas alterações linguísticas, foi posteriormente incorporado num texto, preparado pela Dra. Jolande Jacobi a pedido do Jung-Institut e enviado à Unesco, em 23 de junho de 1948, para discussão na Conferência sobre métodos de mudança de atitude em prol da compreensão internacional, em outubro de 1948, em Royaumont (perto de Paris). Mas o memorando do Jung-Institut não foi incluído na agenda da Conferência de Royaumont. Agradecemos à Unesco-Press a autorização de publicar este memorando, bem como a Mr. J. Havet, diretor do Departamento de Ciências Sociais da Unesco, por suas sugestões e ajuda em 1974.

espécie de conflitos mentais e morais das pessoas normais. Consiste principalmente na integração dos conteúdos inconscientes na consciência. Uma vez que a mente inconsciente complementa ou, mais exatamente, compensa a atitude consciente, torna-se de grande utilidade prática quando a atitude da consciência se desvia para um lado a ponto de comprometer o equilíbrio mental. É o caso das neuroses e psicoses. Os conflitos mentais e morais das pessoas normais apresentam um distúrbio de equilíbrio que varia de pessoa para pessoa: os opostos em conflito são ambos conscientes, ainda que nas neuroses a metade contraditória é em geral inconsciente. Mas, mesmo em pessoas normais, a atitude mental se baseia apenas parcialmente em motivos conscientes e racionais. Número razoável de motivos, muitas vezes decisivo, permanece inconsciente.

1.389 O inconsciente consiste de:

a. Conteúdos outrora conscientes, mas agora esquecidos ou reprimidos.

b. Elementos e combinações de elementos subliminares ainda não conscientes.

c. Padrões instintivos hereditários, os chamados arquétipos, que determinam o comportamento humano.

Todos esses conteúdos e elementos constituem juntos uma matriz da consciência que não funcionaria sem a constante colaboração deles. A dissociação entre consciência e inconsciente causa imediatamente distúrbios patológicos. Por isso, o inconsciente é um fator da maior importância biológica. Seu aspecto fisiológico consiste no funcionamento de todos os centros subcorticais que não podem ser influenciados pela vontade, e seu aspecto psicológico consiste daquelas tendências emocionais e dominantes na natureza humana que não podem ser governados pela razão. Essas tendências são extremamente dinâmicas e de natureza ambivalente. Se corretamente entendidas, dão um suporte muito bem-vindo e útil às convicções e decisões conscientes. Se erroneamente entendidas e direcionadas, paralisam e cegam as pessoas, empurrando-as para uma psicose de massa. É, pois, de vital importância na psicologia clínica ter acesso a esse reservatório de energia, e nenhuma tentativa de mudar as atitudes mentais pode ter êxito permanente sem estabelecer primeiro um novo contato com o inconsciente. O enorme efeito psicológico, causado por Hitler, baseou-se em seu método, altamente engenhoso, de jogar com o bem conhecido complexo de inferioridade nacional dos alemães, sendo ele mesmo seu exemplo mais gritante. Uma liberação semelhante, mas positiva, desse dinamismo inconsciente foi a expansão avassaladora do cristianismo no segundo e terceiro séculos, e a difusão explosiva do islã no século sétimo. Um exemplo instrutivo da insanidade epidêmica foi a mania da caça às bruxas nos países germânicos no século XV. Isto foi a causa de uma verdadeira campanha de esclarecimento, iniciada pela Bula papal *Summi desiderantes*, em 1484.

1.390 Devo ressaltar que "atitude mental" é um conceito que não descreve ou define muito bem o que entendemos por este termo. A atitude visada por nosso método não é apenas um fenômeno mental, mas também *moral*. Uma atitude é governada e sustentada por uma ideia consciente dominante, acompanhada por uma chamada "carga emocional", isto é, um *valor emocional* que é responsável pela eficácia da ideia. A simples ideia não tem qualquer efeito prático ou moral se não estiver baseada numa qualidade emocional, tendo normalmente um *valor ético*. Na maior parte das vezes, uma dissociação neurótica é devida ao efeito de uma ideia intelectual ou moral que constitui um ideal incompatível com a natureza humana. O contrário também é verdadeiro, quando uma ideia imoral dominante suprime a melhor natureza de um indivíduo. Em ambos os casos, a atitude é determinada tanto por fatores mentais quanto morais. Isto explica por que uma mudança de atitude não é tarefa fácil, uma vez que sempre envolve esforço moral considerável. Se este falhar, a atitude não se modificará realmente e os velhos costumes persistirão sob o disfarce de novos slogans.

1.391 O *método* só pode ser descrito em seus aspectos gerais:

a. O paciente faz um relato honesto de sua biografia.

b. Reúne os sonhos e outros produtos do inconsciente e os submete à análise.

c. O procedimento analítico procura estabelecer o *contexto* que envolve cada item do sonho etc. Isto é feito recolhendo-se as associações referentes a cada item. Esta parte é executada sobretudo pelo paciente.

d. O contexto elucida o texto incompreensível do sonho, da mesma forma que os paralelos filológicos tornam legíveis textos corrompidos ou mutilados.

e. Desse modo é possível estabelecer uma *leitura do texto do sonho*. Mas isto não significa ainda uma compreensão do *sentido do sonho*. A determinação de seu sentido é questão de prática, isto é, o sentido aparente deve ser relacionado à atitude consciente e com ela comparado. Sem esta comparação é impossível compreender o sentido funcional do sonho.

f. Via de regra, o sentido de um sonho é compensar a atitude consciente, isto é, ele acrescenta a esta última o que estava faltando nela. O sonho é uma *tentativa natural de corrigir uma falta de equilíbrio*, e ele muda a atitude consciente até que seja restabelecido o estado de equilíbrio.

g. O método só pode ser aplicado a casos individuais, e quando o indivíduo a ele se submete voluntariamente.

h. Só é possível haver uma mudança de atitude quando há um motivo suficientemente forte para uma séria submissão ao método. Nos casos patológicos é em geral a própria doença ou suas consequências intoleráveis que fornecem a necessária motivação. Em casos normais de conflito, é uma forte depressão, desespero ou um problema religioso que levam o indivíduo a fazer um esforço concentrado para mudar definitivamente de atitude. Uma aplicação provisória ou experimental do método raramente produz o efeito desejado, isto é, uma completa mudança de atitude.

i. É possível também que uma pessoa séria e conscienciosa, com mente treinada e educação científica, possa adquirir conhecimento suficiente, através de cuidadoso estudo da literatura existente, para aplicar o método a si mesma até certo ponto. Assim, pode ao menos certificar-se de suas possibilidades. Mas, como o método é essencialmente um *procedimento dialético*, não conseguirá ir além de certo ponto sem a ajuda de um professor experiente. Uma vez que o método não envolve apenas fatores intelectuais, mas também valores sentimentais e sobretudo a questão do *relacionamento humano*, torna-se imperativo o princípio da colaboração.

II

1.392 A aplicabilidade e eficácia do método descrito acima restringem-se fortemente ao indivíduo. A mudança de atitude só ocorre no indivíduo e por meio de tratamento individual. Além disso, só é aplicável com razoável esperança de sucesso a indivíduos dotados de certo grau de inteligência e de um senso sadio de moralidade. Uma acentuada ausência de educação, baixo grau de inteligência e deficiência moral são fatores proibitivos. Sendo que 50% da população está abaixo da normalidade em um ou outro desses aspectos, o método não teria nenhum efeito sobre essas pessoas, mesmo sob condições ideais. Uma vez que os problemas mais íntimos e mais delicados se apresentam no momento em que se começa a penetrar no sentido dos sonhos, a atitude da pessoa não pode ser mudada sem que tome conhecimento dos aspectos mais questionáveis e dolorosos de seu próprio caráter. Portanto, não se pode esperar muito da aplicação desse método a um *grupo*. A mudança de atitude nunca começa pelo grupo, mas apenas pelo indivíduo.

1.393 Se vários indivíduos se submetessem separadamente a esse tratamento e – suposto que sua motivação fosse suficientemente forte – experimentassem uma mudança de atitude, poderiam formar posteriormente um grupo, uma *minoria dirigente*, que pode tornar-se o núcleo de uma corporação maior de pessoas. O número poderia aumentar

a. por tratamento individual,

b. por sugestão através de uma autoridade.

A grande massa do povo é levada por sua sugestibilidade. Não se pode mudar sua *atitude*, apenas seu *comportamento*. E este depende da *autoridade dos líderes*, cuja atitude foi realmente mudada.

1.394 Foi dessa maneira que se propagaram as ideias da psicologia moderna; e foi de maneira semelhante também que tomaram pé os vários tipos de movimentos intelectuais, morais e imorais. Este desenvolvimento parece teoricamente possível enquanto pudermos ter certeza de que as causas da atitude humana são de natureza psicológica e podem ser alcançadas por meios psicológicos. Por outro lado temos que ter em mente que a psicologia hodierna é uma ciência ainda bem jovem, talvez ainda no berço. Por isso temos que admitir a possibilidade de fatores causais além de nossas expectativas racionais.

Dentro dos limites acima mencionados, pode-se pressupor com bastante certeza uma mudança de atitude. O êxito não é fácil nem o método é infalível ou isento de fracassos. Requer uma boa dose de educação e treinamento do médico e do professor, e uma motivação bem forte por parte do paciente ou do aluno. Mas é fato também que o interesse do público em geral pela psicologia aumentou, apesar da resistência da autoridade acadêmica. As ideias e os conceitos psicológicos difundiram-se amplamente, o que é prova irrefutável da necessidade real de se conhecer mais sobre psicologia. Dadas essas circunstâncias, não é impróprio considerar a possibilidade de aplicação mais ampla desse método. 1.395

A primeira coisa a fazer é convencer os *professores*. Mas aqui esbarramos contra a questão inevitável da motivação. Esta deve ser vital e mais forte do que o preconceito. Este é um obstáculo muito sério. É preciso mais que mero idealismo – o professor deve estar absolutamente convencido de que sua atitude pessoal necessita de revisão e até mesmo de mudança real. Ninguém concordará com isso a não ser que perceba que existe realmente algo de errado. Considerando a condição atual do mundo, qualquer pessoa inteligente está pronta a admitir que há algo de extremamente errado com nossa atitude. Esta afirmação global raramente atinge o indivíduo em questão, ou seja, o professor em potencial. Ele acha que sua atitude é correta, precisando apenas de confirmação e apoio, mas não de mudança. Um passo muito grande separa esta convicção da seguinte conclusão: o mundo está errado e, por isso, eu também estou errado. Pronunciar estas palavras é fácil, mas sentir sua verdade na medula dos próprios ossos é uma proposição bem diferente, ainda que seja a *conditio sine qua non* do verdadeiro professor. Em outras palavras, é uma questão de personalidade, sem a qual não têm sentido nenhum método e nenhuma organização. *A pessoa que não tem o coração mudado não mudará o coração de ninguém.* Infelizmente o mundo de hoje tende a menosprezar e ridicularizar esta verdade tão simples e evidente, provando assim sua própria imaturidade psicológica que é uma das causas principais do atual estado de coisas, bem como de inúmeras neuroses e conflitos individuais. 1.396

Desde a Idade Média nosso horizonte mental se ampliou muito, mas infelizmente de forma unilateral. O objeto exterior prevalece sobre a condição interior. Conhecemos muito pouco a nós mesmos e 1.397

detestamos conhecer mais. No entanto, é a pessoa que experimenta o mundo, e toda experiência é determinada tanto pelo sujeito quanto pelo objeto. Portanto, o sujeito seria tão importante quanto o objeto. Mas na verdade conhecemos infinitamente menos nossa psique do que os objetos externos. Este fato não pode deixar de impressionar qualquer pessoa que tenta compreender a motivação das atitudes humanas. O inconsciente de pessoas com boa formação intelectual é muitas vezes quase incrível em certos aspectos, sem mencionar seus preconceitos e modos irresponsáveis de lidar – ou, melhor, não lidar – com eles. Naturalmente o exemplo sugestivo que dão às massas tem consequências funestas, mas elas pouco ligam para a *trahison des clercs*. Nossa intuição e nossa autoeducação não acompanharam a contínua expansão do horizonte externo. Ao contrário, sob certos aspectos conhecemos menos da psique do que a Idade Média.

1.398 É evidente que um melhor conhecimento da psique humana começa com uma compreensão melhor de nós mesmos. Se o método tiver êxito, ele integra muitas vezes na consciência grande quantidade de material até então inconsciente, alargando tanto seu campo de visão quanto sua responsabilidade moral. Quando os pais sabem quais de suas tendências e hábitos inconscientes são prejudiciais à psique de seus filhos, sentirão como dever moral fazer algo, suposto que seu senso de dever e seu amor estejam normalmente desenvolvidos. A mesma lei atua nos grupos e também nas nações, isto é, nas minorias dirigentes, se forem constituídas de pessoas conscientes de certas tendências que poderiam ameaçar seriamente as relações humanas. O principal perigo é o *egoísmo direto e indireto,* isto é, a inconsciência da igualdade última de todas as pessoas. O egoísmo indireto manifesta-se num altruísmo anormal que é capaz de impor a nosso próximo alguma coisa que a ele pareça correto ou bom, sob o disfarce de amor cristão, humanidade ou ajuda mútua. O egoísmo tem sempre o caráter de *ganância* e manifesta-se especialmente de três modos: desejo de poder, prazer e preguiça moral. Esses três males morais são suplementados por um quarto, que é o pior deles: *a estupidez*. A verdadeira inteligência é muito rara e constitui, estatisticamente, parte infinitesimal da mente média. Considerada do ponto de vista de uma mente superior, a inteligência média é muito baixa. Infelizmente a inteligência fora do comum – como uma qualidade individual incomum –

tem muitas vezes que pagar um preço alto, pois corresponde-lhe uma fraqueza ou deficiência moral, sendo portanto um presente duvidoso dos deuses.

A ganância é incontrolável, exceto quando contrabalançada por uma moralidade igualmente violenta. Mas quando a moralidade excede a norma, torna-se um perigo real para o relacionamento humano, porque é a instigadora direta do comportamento imoral compensador e, assim, revela sua raiz secreta, a ganância. 1.399

Uma nação consiste da soma de seus indivíduos, e seu caráter corresponde à média moral. Ninguém é imune a um mal nacionalmente difundido, a não ser que esteja firmemente convencido do perigo de que seu próprio caráter possa ser contaminado pelo mesmo mal. A imunidade da nação depende totalmente da existência de uma minoria dirigente, imune ao mal e capaz de combater o efeito altamente sugestivo da realização aparentemente possível de desejos. Se o líder não tiver imunidade total, será vítima inevitável de sua própria vontade de poder. 1.400

A ganância acumulada de uma nação torna-se incontrolável, a menos que seja neutralizada por todas as forças (civis e militares) de que dispõe o governo. Nenhuma sugestão funciona enquanto não se estiver convencido de sua força de persuasão. Argumentos racionais são ineficazes. 1.401

III

Como seguinte passo do desenvolvimento ulterior do método acima mencionado proponho: 1.402

a. Divulgar estas ideias em círculos que influenciam os poucos capazes de tirar suas próprias conclusões.

b. Se houver alguns convencidos de que sua própria atitude precisa realmente de reversão, seja-lhes concedido a oportunidade de submeter-se a um tratamento individual.

c. Uma vez que se deve contar com muita autoilusão na seriedade da motivação de cada um, alguns logo desistirão, e outros precisarão mais tempo do que o previsto. Neste caso, a subvenção financeira concedida aos primeiros passa para os outros, de modo que possam continuar seu trabalho por um período de seis meses a um ano.

d. Sendo o termo "mudança de atitude" bastante indefinido, devemos sublinhar que entendemos por isso a mudança operada pela integração na consciência de conteúdos antes inconscientes. Esta adição envolve necessariamente uma mudança que é sentida como tal. A mudança nunca é neutra. É essencialmente um aumento de consciência, e depende inteiramente do caráter do indivíduo qual a forma que assumirá. Na pior das hipóteses é uma inoculação das próprias virtudes do indivíduo. É um desafio para a pessoa, e deve ser considerada um risco – o risco contido no desenvolvimento futuro da consciência humana[1].

---

1. Aqui foi anexada uma lista de "obras de referência":
1. Atitude: *Tipos psicológicos*. 2. Método: *O eu e o inconsciente*, *L'Homme à la découverte de son âme*; Baynes, *Mythology of the Soul*: Wickes, *Inner World of Childhood and Inner World of Man*; *Psicologia e educação*. 3. Psicologia: *A psicologia do inconsciente*; *Psicologia e religião*; *A energia psíquica e a natureza dos sonhos*; *A psicologia da transferência*; Jacobi, *A psicologia de C.G. Jung*.

O efeito da tecnologia sobre a psique humana*

Prezados senhores

1.403 Como podem facilmente supor, a pergunta que me fizeram a respeito do efeito da técnica sobre a psicologia humana não pode ser respondida de pronto. O problema é de natureza bem mais complexa.

1.404 A tecnologia consiste de certos procedimentos inventados pelos homens, por isso não é algo que está fora da esfera humana. É possível supor então que existam modos humanos de adaptação que correspondem às exigências da técnica. As atividades técnicas consistem em geral na repetição idêntica de certos procedimentos rítmicos. Isto corresponde ao esquema básico do trabalho primitivo que nunca era executado sem ritmo ou sem um canto que o acompanhasse. O primitivo, ou seja, o ser humano ainda relativamente instintivo, suporta uma carga incomum de monotonia. Ela possui inclusive algo de fascinante para ele. Quando o trabalho é acompanhado pelo som do tambor, é capaz de exaltar-se até o êxtase, ou a monotonia da ação o faz cair num estado de semi-inconsciência, que também não é desagradável. A pergunta que naturalmente se faz é esta: como atuam esses elementos primitivos sobre o homem moderno que não possui mais a capacidade de cair em estados duradouros de semi-inconsciência ou de êxtase?

1.405 Podemos dizer em geral que a técnica representa para o homem moderno um desequilíbrio que gera insatisfação no trabalho e na vida. Afasta o homem da versatilidade natural de suas ações e deixa

* Carta de 14 de setembro de 1949 aos editores do *Zürcher Student* (Eidgenossische Technische Hochschule), publicada no fascículo de novembro, ano 27.

inexplorados muitos de seus instintos. Como consequência temos uma resistência cada vez maior contra o trabalho em geral. O remédio seria deslocar a indústria para fora das cidades, um período de trabalho de quatro horas, e o resto do tempo trabalhar na terra, num terreno que fosse propriedade do trabalhador – se algo parecido fosse possível. Na Suíça isto poderia ser feito com o tempo. Outra coisa naturalmente é a mentalidade proletária de grandes populações operárias, mas isto é um problema à parte.

1.406 Considerada em si mesma, como atividade humana legítima, a tecnologia não é boa nem má, não é perigosa nem inofensiva. Usá-la para o bem ou para o mal depende exclusivamente da atitude humana que, por sua vez, depende da tecnologia. O técnico tem um problema semelhante ao do trabalhador industrial. Como está sempre lidando com fatores mecânicos, existe o perigo de se atrofiarem suas outras capacidades mentais. Assim como uma dieta unilateral é perniciosa para o corpo, também a unilateralidade psíquica produz efeitos perniciosos com o tempo e necessita ser compensada. Observei muitas vezes em minha atividade prática que sobretudo os engenheiros desenvolveram tendências claramente filosóficas, o que é uma reação sadia e uma compensação. Por isso sempre recomendei à Escola Técnica que cultivasse algumas disciplinas intelectuais, para ao menos lembrar aos estudantes de que algo neste gênero existe e que, ao se apresentar uma necessidade desse tipo, pudessem recorrer a ele.

1.407 A tecnologia não é mais perigosa do que qualquer outro campo do desenvolvimento da consciência humana. O perigo não está na tecnologia, mas nas possibilidades implícitas na descoberta. Sem dúvida, uma nova descoberta não será usada só para o bem, mas certamente também para o mal. O homem corre sempre o risco de descobrir algo que possa destruí-lo, se dele fizer mau uso. Já chegamos muito perto desse perigo com a bomba atômica. Diante desses desenvolvimentos ameaçadores, cabe a pergunta se o homem está dotado de juízo suficiente para resistir à tentação de usar essa possibilidade para fins destrutivos, ou se sua constituição lhe permite suportar tais catástrofes. Só a experiênca pode responder a esta pergunta.

Prefácio ao livro de Neumann: "Depth psychology and a new ethic"*

O autor deste livro pediu-me um prefácio. Faço-o de boa vontade, dentro de minhas limitações. Ocupei-me do campo da psicologia profunda apenas como empírico, não como filósofo, e não posso gloriar-me de alguma vez ter tentado formular princípios éticos. Meu trabalho profissional teria dado muita oportunidade para isso, pois as causas principais da neurose são conflitos de consciência e problemas morais difíceis, cujo processo de cura exige que se dê uma resposta a eles. O psicoterapeuta está, por isso, numa posição sumamente ingrata. Aprendeu da longa e muitas vezes dolorosa experiência que é relativamente inútil inculcar preceitos morais nos pacientes e que precisa renunciar a qualquer conselho ou advertência que comecem com a palavra "deve". Acresce ainda que, com o aumento da experiência e conhecimento das conexões psíquicas, diminui a convicção de saber com certeza, no caso individual, o que é bom e o que é mau. Em relação a nós, a outra pessoa é realmente um outro, inclusive um profundo estranho, quando a discussão chega ao essencial, isto é, à sua individualidade única. O que é bom então? Bom para ele? Bom para mim? Bom para seus familiares? Bom para a sociedade? O julgamento envereda desesperadamente por uma trilha de considerações e relações que, se as circunstâncias não nos obrigarem a cortar o 1.408

* "Psicologia profunda e nova ética". Escrito em 1949 para uma planejada edição inglesa do livro de Erich Neumann, *Tiefenpsychologie und neu Ethik* (Zurique, 1949). Para conhecer o julgamento de Jung, cf. *Cartas II* (a Neumann, dezembro de 1948, e ao Dr. Jürg Fierz, 13 de janeiro de 1949). Trad. para o português pela Ed. Paulinas. S. Paulo, 1991.

nó górdio, melhor seria deixar a coisa como está ou contentar-nos por oferecer ao sofredor uma modesta contribuição para desembaraçar as cordas.

1.409 Por estas razões é difícil ao médico formular princípios éticos. Isto não significa, porém, que esta tarefa não exista ou que sua solução seja totalmente impossível. Reconheço que hoje há necessidade urgente de formular os problemas éticos de uma maneira nova, pois, como diz muito bem o autor, surgiu uma situação totalmente nova desde que a moderna psicologia ampliou seus conhecimentos sobre os processos inconscientes. Concomitantemente, por assim dizer, aconteceram e ainda acontecem coisas na Europa que ultrapassam de longe a crueldade do Império Romano e o terror da Revolução Francesa. São coisas que puseram a nu toda a fraqueza do nosso sistema ético.

1.410 Os princípios morais que parecem claros e inequívocos para a consciência do eu perdem sua força de convicção e, com isso, sua aplicabilidade quando se considera a *sombra compensadora* sob o ângulo da responsabilidade ética. Qualquer pessoa com algum senso ético se vê forçada a fazê-lo. Apenas alguém reprimido ou moralmente embotado será capaz de negligenciar esta tarefa, mas não será capaz de se livrar das funestas consequências desse comportamento. (A este respeito o autor diz algumas verdades que merecem consideração.)

1.411 A enorme revolução em nossos conceitos que, devido à descoberta do inconsciente, em parte já se realizou e, em parte, ainda virá, é pouco compreendida e, até mesmo, pouco percebida hoje em dia. O pressuposto psicológico das afirmações filosóficas, por exemplo, é desprezado ou obscurecido propositalmente de modo que certas filosofias modernas abrem o flanco para críticas psicológicas. O mesmo vale para a ética.

1.412 É compreensível que seja o psicólogo clínico o primeiro a perceber as falhas ou os males da época, pois diante dele se apresentam as vítimas das dificuldades atuais e ele é o primeiro a se ocupar com elas. A cura da neurose não é, em última análise, um problema técnico, mas um problema moral. Há, supostamente, soluções técnicas provisórias, mas que nunca resultam numa atitude ética que poderíamos chamar de verdadeira cura. Toda conscientização e todo ato de cura significam no mínimo um passo adiante no caminho da individuação, ou seja, da "totalização" do indivíduo. Mas a integração da personalidade é inconcebível sem a relação responsável, ou seja, moral das partes entre si, assim como é impossível a constituição de um país sem a inter-relação de seus membros. Portanto, o problema ético se coloca por si, e cabe, em primeiro lugar, ao psicólogo encontrar uma resposta e ajudar a seus pacientes a encontrá-la também. Este trabalho é muitas vezes enfadonho e difícil; ele não pode ser realizado através de curtos-circuitos intelectuais ou de receitas morais, mas unicamente através de cuidadosa observação das condições internas e externas e através de paciência e tempo para a cristalização gradual de um objetivo e de uma orientação pelos quais o paciente possa responsabilizar-se. O analista aprende sempre que a problemática ética é assunto da maior intimidade do indivíduo, que as diretrizes morais coletivas são no máximo soluções provisórias que nunca levam a decisões capazes de mudar o destino da pessoa. "A diversidade e complexidade da situação torna impossível estabelecermos qualquer regra teórica de comportamento ético"[1].

1.413 A formulação de normas éticas não é apenas difícil mas impossível porque praticamente não existe nenhuma frase que não devesse ser também invertida para ser válida. Inclusive a frase "conscientizar é bom" só tem validade condicional, pois não é raro encontrarmos situações em que a conscientização teria as mais funestas consequências. Por isso tomei como norma considerar como obrigatória a "velha ética" enquanto não houver provas de ser prejudicial à vida. Mas se houver ameaça de efeitos perigosos, estaremos diante de um problema da maior gravidade[2], cuja solução desafia toda a personalidade, exigindo o máximo de atenção, paciência e tempo. De acordo com a minha experiência, esta solução é sempre individual e de valor apenas subjetivo. Num esforço desses, devem ser consideradas seriamente todas as ponderações que o autor faz. Apesar de sua natureza subjetiva, essas ponderações só podem ser formuladas como conceitos coletivos. Mas como ideias desse tipo se repetem frequentes vezes na prática, pois a integração de conteúdos inconscientes coloca continuamente essas questões, segue-se necessariamente que, apesar da diversidade indivi-

---

1. NEWMANN, E., p. 99.

2. "Les plus misérables des inventeurs sont ceux qui inventent une nouvelle moralité: ce sont toujours des immoralistes" (Os inventores mais miseráveis são aqueles que inventam uma nova moralidade: são sempre imoralistas), disse certa vez um aforista.

dual, há certa regularidade que torna possível a abstração de algumas normas. Como isso não quero dizer que alguma dessas normas seja absolutamente válida, porque às vezes seu oposto também pode ser verdadeiro. Esta é a grande dificuldade que nos coloca a integração do inconsciente: temos de aprender a raciocinar em antinomias, tendo presente que toda verdade última representa uma antinomia se levada ao extremo. Todas as nossas afirmações sobre o inconsciente são verdades "escatológicas", isto é, conceitos-limite que formulam um fato ou uma situação apenas parcialmente apreensíveis e, por isso, são em princípio somente válidos ou inválidos condicionalmente.

1.414 Os problemas éticos que não podem ser resolvidos do ponto de vista da moral coletiva ou da "velha ética" são *conflitos de deveres,* caso contrário não seriam éticos. Apesar de não partilhar do otimismo de Friedrich Theodor Visher de que a moralidade é sempre autoevidente, sou de opinião que, ao trabalhar um problema difícil, é preciso considerar seu aspecto moral, caso não se queira correr o risco de uma repressão ou de uma fraude. Quem engana os outros engana a si mesmo, e vice-versa. Não se consegue nada com isso, muito menos a integração da sombra. Esta faz as maiores exigências à moral do indivíduo, pois a "aceitação do mal" significa que toda a existência moral foi colocada em questão. Trata-se de decisões de graves consequências. Quando um alquimista diz: "a arte exige o homem todo", isto vale mais ainda para a integração do inconsciente, que foi antecipada simbolicamente pela alquimia. É evidente, portanto, que uma solução só é satisfatória quando nela o todo da psique pode manifestar-se a contento. Mas isto só é possível quando a consciência leva em consideração o inconsciente, quando o desejo é confrontado com suas possíveis consequências e quando o agir está sujeito à crítica moral.

1.415 Não se deve esquecer que a lei moral não é apenas algo imposto de fora à humanidade (por exemplo, por um avô ranzinza), mas é expressão de uma realidade psíquica. Como regra e esquema do agir, corresponde a uma imagem premoldada, a um "padrão de comportamento" de natureza arquetípica e que está profundamente enraizado no ser humano. Não significa um conteúdo determinado, mas uma forma específica que pode ter os mais diversos conteúdos. Para alguém é bom matar aquele que pensa de modo diferente; para um outro vale o princípio da tolerância; para um terceiro é pecado tirar o couro de um animal com faca de ferro; para um quarto é falta de respeito pisar na sombra do chefe etc. É fundamental a todas essas normas o "observar religioso" ou a "consideração conscienciosa", e isto envolve um esforço moral, indispensável ao desenvolvimento da consciência. Um dito de Jesus, contido no *Codex Bezae* (referente a Lucas 6,4) expressa isso de forma lapidar e profunda: "Homem, se sabes o que fazes és abençoado, mas se não o sabes és maldito e um transgressor da Lei"[3].

1.416 Poderíamos então definir a "nova ética" como um desenvolvimento e diferenciação dentro da chamada ética antiga e com base nela, restrita por ora àqueles casos raros em que as pessoas, na situação de hoje e premidas por conflitos inevitáveis de deveres, fazem a tentativa de colocar numa relação responsável o inconsciente com a consciência.

1.417 Sendo a ética um sistema de exigências morais, segue-se que toda inovação dentro ou acima desse sistema deve possuir um caráter "deontológico". Mas a situação psíquica à qual se aplicaria esta admoestação "você deveria" é tão complicada, delicada e difícil que eu não saberia dizer quem poderia propor semelhante exigência. Isto nem seria necessário, pois quem se defronta com tal situação e dispõe de um certo senso ético já tem esta exigência dentro de si e sabe muito bem que não existe moral coletiva que o possa tirar de seu dilema. Se os valores da ética "antiga" não estivessem arraigados até a medula dos ossos, a pessoa não teria chegado a esta situação. Tomemos, por exemplo, o preceito de validade geral "não deves mentir". Mas o que fazer quando se está numa situação – que é frequente no consultório médico – em que o dizer a verdade ou o simples calar a verdade pode causar uma catástrofe? Se não quisermos provocar diretamente uma desgraça, não há outra saída do que inventar uma mentira convincente, baseados na sã razão, na disposição de ajudar, no amor ao próximo, na compreensão psicológica, na consideração do destino de outras pessoas talvez envolvidas – em resumo, baseados em motivos éticos tão fortes ou mais fortes ainda do que aqueles que nos obrigam a dizer a verdade. Em tais casos costumamos tranquilizar-nos dizendo que foi por uma boa causa e que, portanto, foi moralmente correto. Mas quem tiver uma visão mais profunda sabe que, por um lado,

---

3. HENNECKE, E. (org.). *Neutestamentliche Apokryphen*. Tübingen/Leipzig: Mohr, 1904, p. 11.

foi covarde demais para provocar uma catástrofe e, por outro, mentiu despudoradamente. Praticou o mal e ao mesmo tempo o bem. Ninguém está além do bem e do mal, caso contrário estaria além dessa vida. A vida é um contínuo equilíbrio entre os opostos, como qualquer outro processo energético. A abolição dos opostos seria o mesmo que a morte. Nietzsche escapou da colisão dos opostos indo para o manicômio. O iogue chega ao "nirdvandva" (livre dos dois) na rígida posição do lótus do "samadhi" (refugiar-se na meditação) inconsciente e inativo. Mas a pessoa normal está entre os opostos e sabe que, enquanto tudo estiver bem, nunca poderá aboli-los. Como não existe bem sem o mal, também não há mal sem o bem. Um é condição do outro; se assim não fosse, um se tornaria o outro, ou um eliminaria o outro. Se tivermos senso ético e estivermos convencidos da sacralidade dos valores éticos, então estaremos no caminho mais seguro da colisão de deveres. Mesmo que isto se pareça desesperadoramente a uma catástrofe moral, é a única possibilidade de surgir uma diferenciação ética mais elevada e uma consciência mais aberta. O conflito de deveres nos força a examinar nossa consciência, possibilitando assim a descoberta da sombra. E esta, por sua vez, nos obriga a um entendimento com o inconsciente e a uma integração dele. O autor descreve com louvável clareza os aspectos éticos desse processo de integração.

1.418 Quem não está familiarizado com a psicologia do inconsciente acha difícil imaginar o papel que o inconsciente desempenha no processo analítico. O inconsciente é uma entidade psiquicamente viva e, ao que parece, com relativa autonomia, comportando-se como uma personalidade dotada de intenções próprias. Em todo caso, seria totalmente incorreto considerar o inconsciente como simples "material" ou como objeto passivo para ser usado e manipulado. Também sua função biológica não pode ser considerada como uma espécie de *complementação* mecânica da consciência. Ele tem mais o caráter de *compensação*, isto é, de uma escolha inteligente dos meios que visam não só ao estabelecimento do equilíbrio mas também à progressão no sentido da totalidade. A reação do inconsciente não é de forma alguma meramente passiva, mas toma iniciativas e é criadora; e às vezes sua atividade intencional predomina sobre sua reatividade costumeira. Como participante do jogo da diferenciação da consciência ele não faz apenas oposição, mas contribui positivamente, através da revelação de seus conteúdos, para o enriquecimento da consciência, promovendo assim sua diferenciação. Só se verifica uma oposição hostil quando a consciência teima em sua unilateralidade e insiste em seu ponto de vista arbitrário, o que acontece sempre que há uma repressão e, consequentemente, uma dissociação parcial da consciência.

1.419 Esta natureza do inconsciente faz com que o entendimento ético com ele tenha caráter especial: não se trata de lidar com um material dado, mas de negociar com uma minoria (ou maioria, conforme o caso) com iguais direitos. Por isso o autor compara muito bem a relação com o inconsciente ao sistema parlamentar de uma democracia, enquanto a ética "antiga" imita ou prefigura inconscientemente o procedimento de uma monarquia absolutista ou de uma ditadura de partido único como acontece nas chamadas "democracias populares". Por meio da ética "nova" a consciência do eu é removida de sua posição central monárquica, fascista ou democrático-popular, e em seu lugar entra ou, melhor, é considerada central a *totalidade,* isto é, o *si-mesmo.* Este esteve desde sempre no centro e sempre desempenhou o papel de dirigente secreto. Este estado de coisas já foi projetado até os céus, por assim dizer, pelo sistema metafísico dos gnósticos: a consciência do eu como o vaidoso demiurgo que supunha ser o único criador do universo e o Deus supremo e incognoscível do qual o demiurgo era uma emanação. A união entre consciência e inconsciente, ou seja, o processo de individuação, que é o cerne do problema ético, foi projetado como drama de salvação e consistia (em alguns sistemas) no descobrimento e reconhecimento, por parte do demiurgo, da existência do Deus altíssimo.

1.420 Este paralelo pode servir para indicar a magnitude do problema que estamos analisando e chamar a atenção para o caráter especial do confronto ético com o inconsciente. Trata-se aqui realmente de coisas essenciais. Isto explica por que a questão de uma "nova" ética se apresenta ao autor como algo muito sério e urgente, assunto que tratou com audácia, acuidade, paixão e reflexão intelectual em seu livro. Louvo o trabalho do autor como a primeira e notável tentativa de formular os problemas éticos, surgidos com a descoberta do inconsciente, e torná-los objeto de discussão.

Março de 1949

C.G. Jung

Prefácio ao livro de Baynes: "Analytical psychology and the english mind"*

1.421 Escrevo estas poucas palavras introdutórias a esta coletânea de ensaios e conferências em terna memória de seu autor. O falecido H.G. Baynes foi meu assistente por vários anos, meu companheiro de viagem na expedição à África e meu fiel amigo até sua morte prematura que abriu uma lacuna dolorosa no círculo de seus amigos e colegas.

1.422 Sua primeira obra publicada foi a excelente tradução de meu livro *Tipos psicológico*[1]. Mais tarde tornou-se conhecido como autor de duas obras importantes[2].

1.423 Na primeira, usando um material psíquico bruto com o qual o psicoterapeuta se defronta em sua realidade diária, tentou apresentar a imensidade de reflexões individuais, concepções, interpretações e tentativas de explicação. O material empírico estimula tais considerações, e elas são indispensáveis também para sua integração na consciência.

1.424 A segunda trata dos grandes problemas contemporâneos que desafiam o médico de orientação psicológica. Este livro tornou conhecido o autor em círculos mais amplos.

1.425 Seus escritos menores que foram reunidos neste volume tratam das condições psíquicas complexas que caracterizam a psicologia clínica. A psicologia é, portanto, uma disciplina que obriga o psicólogo clí-

---

* "A psicologia analítica e a mente inglesa". Londres: [s.e.], 1950. O prefácio foi escrito em alemão. Helton Godwin Baynes (1882-1943) era psicólogo analista inglês que acompanhou Jung, em 1925/1926, em sua expedição à África Oriental.

1. Londres/Nova York: [s.e.], 1923.

2. *Mythology of the Soul*, Londres: [s.e.], 1940; e *Germany Possessed*, Londres: [s.e.], 1941.

nico a lidar com fatores psíquicos complexos, pois o processo psicoterápico só pode realizar-se a este nível. Por isso a psicologia analítica é chamada também, com muita propriedade, "psicologia complexa".

1.426 Uma teoria simplificada é naturalmente muito popular neste campo altamente complexo, mas o autor resistiu com muita sabedoria a esta tentação. Em vez disso utilizou uma notável riqueza de pontos de vista teóricos e práticos e trouxe à luz possibilidades e conexões dignas de discussão ulterior.

1.427 H.G. Baynes deixou-nos muito cedo. Que este livro seja um marco no caminho da pesquisa psicológica.

C.G. Jung

Normas de vida*

Prezados senhores

1.428 Em resposta à gentil pergunta que me fizeram sobre "normas de vida" gostaria de dizer que estive tão ocupado no atendimento a pessoas que sempre me esforcei por não me colocar normas enquanto fosse possível. Não obedecer a normas dá menos trabalho, pois em geral a gente coloca uma norma com a finalidade de reprimir ao máximo a tendência de não observá-la. Sobretudo no campo psicológico as normas só são válidas quando também podem ser invertidas. Elas também não são inócuas, pois consistem em palavras, e a nossa cultura se baseia em grande parte numa crença supersticiosa nas palavras. Inclusive um dos maiores pressupostos religiosos é a *palavra*. As palavras podem substituir as pessoas e as coisas. Isto tem vantagens e desvantagens. Com elas é possível poupar-se de muitas reflexões e outros esforços humanos, para proveito e prejuízo próprio e de seus semelhantes.

1.429 Eu, por exemplo, tenho a tendência de estabelecer para mim o seguinte princípio: fazer o mais rápido possível aquilo que gostaria de fazer ou o que devo fazer. Isto pode parecer insensato e até mesmo estúpido. O mesmo se aplica praticamente a todas as "sabedorias" e "normas de vida". Tomemos, por exemplo, a máxima: "Quidquid agis, prudenter agas et respice finem" (O que fazes, faze com prudência, considerando a finalidade)[1]. Por mais louvável que seja este princípio, ele pode fazer que escape para sempre uma decisão momentânea de importância vital.

---

* *Weltwoche*, XXII/1100, 10 de dezembro de 1954. Zurique. Jung foi uma das várias personalidades de renome procuradas para fazer um comentário sobre este tema.

1. *Gesta Romanorum,* c. 103.

Nenhuma norma está à altura dos paradoxos da vida. A norma moral, como a lei da natureza, representa apenas um aspecto parcial da realidade. Mas todas as reflexões desse gênero não impedem que sigamos *inconscientemente* certas práticas "normativas", práticas essas de que não nos damos conta, e que só podem ser percebidas fazendo uma pesquisa cuidadosa em nosso meio ambiente. Mas é raro que as pessoas gostem de ouvir dos outros o que elas não gostariam de saber sobre si mesmas. Preferem então estabelecer normas para si que são exatamente o contrário do que elas fazem realmente. 1.430

Com alta estima

C.G. Jung

Sobre os "Discos voadores"*

Prezados senhores

1.431 É oportuna e atual a intenção dos senhores de discutir o problema dos "discos voadores". Devo confessar que não erraram o alvo ao me convidarem para dizer o que penso. Mas devo confessar também que, apesar do interesse que venho demonstrando pelo assunto desde 1946, ainda não consegui estabelecer uma base empírica suficiente que me permitisse tirar conclusões. Ao longo desses anos, reuni um dossiê volumoso sobre as observações, incluindo o depoimento de duas testemunhas oculares, bem conhecidas minhas (eu pessoalmente nunca vi nada!), li todos os livros publicados até agora sobre o tema, mas não consegui determinar, nem de modo aproximado, a natureza dessas observações. Até o momento uma coisa é certa: não se trata de simples boato, alguma coisa é *vista*. Num caso individual, o que é visto pode ser uma visão subjetiva (ou alucinação), e, no caso de vários observadores, uma visão coletiva. A semelhança do boato, um fenômeno psíquico dessa espécie poderia ter *sentido compensador,* ou seja, uma resposta espontânea do inconsciente à situação atual da consciência, respectivamente ao medo diante da situação política aparentemente insolúvel e que pode, a qualquer momento, levar a uma catástrofe universal. Em tempos assim, o olhar se volta esperançoso para o céu de onde vêm prenúncios fantásticos de natureza ameaçadora ou consoladora. (Os símbolos "redondos" são particularmente sugestivos, aparecendo hoje em dia em muitas fantasias espontâneas e associados diretamente à situação sombria do mundo.)

---

* Carta à *Weltwoche*, XXII/1078, 9 de julho de 1954. Zurique. Em resposta a um pedido de entrevista, feito por Georg Gerster. Seguiram-se outras perguntas e respostas que foram publicadas no mesmo fascículo.

A possibilidade de uma explicação exclusivamente psicológica é ilusória, pois um grande número de observações apontam para um fenômeno físico (explicável em parte pelo reflexo da inversão da temperatura). A Força Aérea americana (apesar de seus relatos contraditórios) e canadense consideram o observado como algo real e possuem agências especiais para coletar todas as informações. Os "discos", isto é, os próprios objetos não se comportam como "físicos", mas como se *não tivessem peso,* e revelam um *comando inteligente,* fazendo supor que neles há um piloto quase humano. Sua aceleração, porém, é de tal ordem que nenhum ser humano poderia suportá-la. 1.432

A opinião de que os "discos" sejam reais está tão difundida (na América) que não poderiam faltar relatos de aterrissagens. Li recentemente descrições desse tipo, provindas de duas fontes diferentes. Em ambos os relatos via-se claramente o elemento místico na visão ou fantasia: descreviam seres parecidos com os humanos mas idealizados com aspecto de anjos que transmitiam mensagens edificantes. Infelizmente houve falta total de qualquer informação aproveitável. Em ambos os casos falhou também repentinamente a máquina fotográfica. Por isso, os relatos de aterrissagens devem ser vistos por enquanto com certa reserva. 1.433

O que mais me admira é que a Força Aérea americana (que deve possuir um vasto dossiê), apesar de seu suposto receio de criar um pânico semelhante ao de Nova Jersey por ocasião da novela radiofônica de Welles[1], continue sistematicamente a trabalhar neste sentido, sem ter dado até hoje nenhuma informação autêntica ou confiável dos fatos. A única coisa que temos são eventuais informações arrancadas a duras penas pelos jornalistas. É impossível, por isso, ao leigo formar uma opinião do que está acontecendo. Há oito anos venho reunindo tudo o que foi possível dentro de minha área de trabalho, mas confesso que estou no mesmo pé que no começo. Ainda não sei o que existe de verdade sobre esses "discos voadores". Os relatos são tão estranhos que, pressuposta a realidade desses fenômenos, somos tentados a compará-los aos acontecimentos parapsicológicos. 1.434

Dada a completa falta de fundamentos, de nada adianta continuar especulando. Temos de esperar pelo que nos dirá o futuro. 1.435

---

1. *The War of the Worlds,* 1938, de Orson Welles, adaptada do romance de H.G. Welles. Trata-se de uma invasão dos marcianos nos Estados Unidos.

Explicações ditas "científicas", como a teoria do reflexo, de Menzel, são possíveis apenas se colocarmos educadamente de lado todos os relatos que são "inadequados".

1.436 É tudo o que tenho a dizer sobre o assunto. Por isso não há necessidade de uma entrevista. Mas podem fazer o uso que quiserem desta carta.

Questões suplementares

Supondo que estivéssemos sendo espiados por seres inteligentes não humanos, o senhor acha que isto poderia ser assimilado no quadro mundial de hoje sem resultados prejudiciais? Ou acha que se trataria necessariamente de uma revolução do tipo copernicano, sendo portanto o pânico, que o senhor tanto teme, expressão de uma correção legítima?

Além disso, deveriam as autoridades competentes tomar medidas para impedir um pânico, e quais as medidas psico-higiênicas que lhe parecem adequadas para alcançar este objetivo?

Prezados senhores

1.437 Tentarei responder da melhor maneira possível às suas perguntas referentes aos "discos voadores". Essas perguntas são perfeitamente legítimas hoje em dia, pois há pessoas, melhor informadas do que eu, que acreditam que os fenômenos em questão têm origem extraterrestre. Como já afirmei, não posso, ou não posso ainda, partilhar dessa opinião porque ainda não consegui reunir razões suficientes para isso. Se, como se afirma, esses "corpos" são de origem extraterrestre ou de outros planetas (Marte, Vênus), o que dizer das observações que informam que certos "discos" decolaram do mar ou da terra? É preciso levar em conta também que há várias descrições que lembram os fenômenos de relâmpagos esféricos ou certos fogos-fátuos estranhos e estacionários (não confundi-los com os fogos de santelmo). Em casos raros, os relâmpagos esféricos podem assumir configuração estranha, por exemplo a de uma bola deslumbrante de luz, do tamanho da metade da lua cheia, indo devagar de uma nuvem à outra, ou a forma de uma faixa de uns quatro metros de largura e duzentos de comprimento que bate no mato despedaçando todas as árvores em seu caminho. São silenciosos como os "discos" ou podem desaparecer com o trovão. Talvez os relâmpagos esféricos, como cargas elétricas isoladas (o chamado raio de colar de pérolas), possam ser a origem daqueles "discos" ordenados em série que já foram fotografados várias vezes. Também outros fenômenos elétricos já foram mencionados em relação com os "discos".

1.438 Se, apesar de ainda não comprovada essa possibilidade, esses fenômenos forem de origem extraterrestre, isto provaria a existência de uma conexão interplanetária inteligente. Não se pode imaginar o que este fato significaria para a humanidade. Nós nos sentiríamos, sem dúvida, na mesma situação crítica que as sociedades primitivas quando confrontadas com a cultura superior dos brancos. As rédeas seriam tiradas de nossas mãos e deveríamos dizer, como me disse um velho feiticeiro com lágrimas nos olhos: "não temos mais sonhos". Nosso voo mental para as alturas teria sido antecipado sem esperanças e paralisado para sempre.

1.439 A primeira coisa a ir para o lixo seria a nossa ciência e técnica. O que significaria moralmente semelhante catástrofe podemos copiá-lo do desaparecimento doloroso que acontece diante de nossos olhos das culturas primitivas. Não há como negar que a produção de tais máquinas demonstraria uma tecnologia científica bem superior à nossa. Assim como a *Pax Britannica* colocou um fim à guerra das tribos na África, nosso mundo poderia enrolar sua cortina de ferro e fazer dela sucata, bem como de milhões de toneladas de armas, navios de guerra e munições. Isto realmente não seria muito ruim, mas nós teríamos sido "descobertos" e colonizados – razão suficiente para um pânico universal.

1.440 Se quisermos evitar semelhante catástrofe, as autoridades constituídas e que têm informações fidedignas não deveriam hesitar em informar o público da maneira mais rápida e completa possível, e sobretudo parar com esse jogo estúpido de mistificação e alusões sugestivas. Mas, em vez disso, permitiu-se que uma publicidade tão fantasiosa quanto mentirosa tivesse livre curso – a melhor preparação possível para o pânico e distúrbios psíquicos.

Outras questões suplementares

Sua ideia de um possível paralelismo com os acontecimentos parapsicológicos parece muito interessante. Suponho que o senhor esteja pensando nas aparições de fantasmas.

O senhor escreve que em tempos como os nossos os olhos se voltam esperançosos para o céu. O senhor pensa num cataclismo histórico que produziu fenômenos semelhantes? Isto é: há evidência de outras visões (ou alucinações) coletivas com conteúdo semelhante?

A que atribui o fato de que, com poucas exceções, os discos só tenham sido observados no continente americano? O senhor acredita que este fato indica que se trata de fenômenos psíquicos (eventualmente também no sentido de um "fantasma" especificamente americano) ou que são de natureza objetiva?

1.441 É difícil responder à pergunta sobre a analogia entre os "discos" e os fenômenos parapsicológicos, pois faltam para isso os fundamentos necessários. Se quisermos tomar a sério esta possibilidade, deveria antes ficar provado que tais fenômenos estão causalmente ligados a estados psíquicos; em outras palavras, que um grupo maior de pessoas experimente, sob a influência de certas condições emocionais, a mesma dissociação psíquica e a mesma exteriorização da "energia" psíquica que um médium individualmente. Até agora só sabemos que existem visões coletivas. Mas ainda é uma questão em aberto se elas podem produzir fenômenos *físicos* de ordem coletiva como levitação, aparições de luz, materialização etc. Até agora, a referência a aspectos parapsicológicos só demonstra a ilimitada perplexidade da situação atual.

1.442 Nesta ocasião devo dizer que todo o problema psicológico coletivo, levantado pela "epidemia dos discos", está numa oposição compensadora à nossa cosmovisão científica. Este quadro tem provavelmente maior importância nos Estados Unidos do que entre nós. Como é sabido, ele consiste em grande parte de verdades estatísticas ou de "médias"; elas excluem casos extremos que os cientistas não gostam de admitir porque são incompreensíveis. Como consequência, temos uma visão do mundo constituída apenas de casos normais. E estes, como as pessoas "normais", são essencialmente *ficções* que podem ser causa de erros fatais principalmente na psicologia. Podemos dizer com certo exagero que a realidade se constitui sobretudo de exceções que são transformadas em norma pelo intelecto; e no lugar de um quadro colorido do mundo temos um quadro trivial de racionalismo árido que não oferece pão, mas só pedras, ao sentimento e à compreensão mais profunda do universo. Disso brota logicamente uma fome insaciável pelo extraordinário. Se acrescentarmos a isso a grande derrota da razão humana, demonstrada diariamente pelas notícias da política mundial e exacerbada pela ameaça das consequências imprevisíveis da bomba de hidrogênio, o quadro que se desvenda diante de nós é o de uma reviravolta psíquica chegando ao infortúnio espiritual, comparável à situação do início de nossa era, ou ao caos que seguiu ao ano 1000 d.C., ou à virada do século XV para o século XVI. Não seria de admirar se, como relatam as antigas crônicas, aparecesse no céu todo tipo de sinais e maravilhas, ou se fosse esperada do céu uma intervenção miraculosa que viesse em auxílio da impotência humana. *Mutatis mutandis,* nossas "observações de discos" já se encontram em relatos da Antiguidade, ainda que não com a mesma frequência como hoje em dia. Mas naquela época não existia a possibilidade de uma destruição em escala global, como a que os políticos (!) de hoje têm nas mãos.

1.443 O macarthismo e sua influência mostram a inquietação profunda e angustiante do povo americano. Por isso, é na América do Norte que se vê o maior número de sinais no céu.

1.444 No início deste século eu estava convencido de que nada mais pesado do que o ar pudesse voar e de que o átomo era realmente "a-tômico" (indivisível). Desde então tornei-me muito cauteloso e repito o que escrevi no começo de nossa correspondência: apesar do conhecimento relativamente profundo que tenho da literatura disponível (seis livros, inúmeros artigos de jornais e revistas, notícias e relatos inclusive de duas testemunhas oculares), ainda não sei o que existe de verdadeiro sobre os "discos voadores". Por isso não me sinto capacitado a tirar conclusões e emitir um julgamento de certa forma confiável. Não sei o que pensar sobre este fenômeno.

Atenciosamente

Jung

COMUNICADO À UNITED PRESS INTERNATIONAL

13 de agosto de 1958

1.445 Devido a um artigo publicado no *APRO Bulletin,* espalhou-se na imprensa que, segundo minha opinião, os Ovnis (Objetos Voadores Não Identificados) eram fisicamente reais. Esta notícia é totalmente falsa. Numa publicação recente minha, *Ein moderner Mythos: Von Dingen, die am Himmel gesehen werden* (Um mito moderno: Sobre coisas vistas no céu, em: OC, 9) eu disse textualmente que não poderia me pronunciar sobre a questão da realidade ou irrealidade dos Ovnis, pois não possuía nenhuma prova a favor ou contra. Ocupei-me, por isso, única e exclusivamente do aspecto psicológico do fenômeno, havendo neste sentido grande material disponível. Formulei minha posição diante da realidade dos Ovnis da seguinte forma: "alguma coisa é vista, mas não se sabe o quê". Esta formulação deixa em aberto a questão do "ver": pode-se ver alguma coisa material, mas pode-se também ver alguma coisa psíquica. Ambas são realidades, mas de espécie diferente.

1.446 Meu relacionamento com a APRO (Aerial Phenomena Research Organization) restringe-se ao fato de que o *APRO Bulletin* me ajudou quando eu reunia material para o meu ensaio acima mencionado. Quando esta organização me perguntou recentemente se podia considerar-me como membro honorário, respondi afirmativamente. Enviei meu livro à APRO para informá-la sobre minha posição quanto aos Ovnis. A APRO insiste com muito fervor e idealismo na realidade física dos Ovnis. Considero, por isso, aquele artigo enganoso um acidente lamentável de percurso.

CARTA A KEYHOE*

16 de agosto de 1958

Major Donald E. Keyhoe
National Investigation Committee on Aerial Phenomena
1536 Connecticut Avenue
Washington 6, D.C.

Prezado Major Keyhoe

1.447 Agradeço muito a sua amável carta. Li tudo que escreveu sobre os Ovnis e fiz uma assinatura do *NICAP Bulletin*. Sou grato por todos os seus passos corajosos no sentido de elucidar o difícil problema da realidade dos Ovnis.

---

* Original em inglês.

Infelizmente é incorreto o artigo no *APRO Bulletin*, de julho de 1958, que causou toda aquela celeuma na imprensa. Como o senhor sabe, sou médico alienista e psicólogo clínico. Nunca vi um Ovni e não tenho qualquer informação de primeira mão sobre esses objetos nem sobre a atitude dúbia da AAF (American Air Force). Devido a esta lamentável lacuna, estou impossibilitado de formar uma opinião definitiva sobre a natureza física do fenômeno Ovni. Como cientista, somente afirmo o que posso provar, e abstenho-me de julgamento sempre que duvido de minha competência. Por isso eu disse: "coisas são vistas, mas ninguém sabe o quê". Não afirmo nem nego. Mas certamente não existe dúvida alguma de que se fazem muitas afirmações de todos os tipos sobre os Ovnis. Estou mais interessado neste aspecto do fenômeno. Há uma grande riqueza de opiniões sobre seu significado universal. Minha preocupação especial não fecha questão quanto à sua realidade física, nem quanto à sua origem extraterreste, nem quanto a seu comportamento intencional etc. Não possuo provas suficientes para tirar conclusões. Mas os indícios de que disponho são bastante convincentes para despertar e manter meu interesse. Acompanho com a maior simpatia suas pesquisas e esforços para estabelecer a verdade sobre os Ovnis. 1.448

Apesar de eu manter em suspenso – espero que temporariamente – meu julgamento sobre a natureza dos Ovnis, achei conveniente trazer alguma luz ao rico material de fantasia que se acumulou em torno das extraordinárias observações nos céus. Toda nova experiência tem dois aspectos: 1) o fato em si e 2) a maneira de conhecê-lo. E é neste último que estou interessado. Se for verdade que a AAF ou o governo retêm fatos que circulam à boca pequena, então pode-se dizer que esta é a política mais antipsicológica e estúpida que alguém poderia inventar. Nada contribui mais para os boatos e o pânico do que a ignorância. É evidente que o público precisa conhecer a verdade, pois ao final ela virá à luz. Não é possível imaginar um choque maior do que a bomba H, mas todos sabem de sua existência sem que tenham desmaios. 1.449

Quanto à sua pergunta sobre uma possível hostilidade dos Ovnis, devo enfatizar que não tenho outro conhecimento do assunto além do que todos sabem através da imprensa. Esta é a razão de estar longe de qualquer certeza sobre a realidade física dos Ovnis. 1.450

1.451 Agradeço a gentileza de querer enviar-me recortes da imprensa, mas já tenho bastante deles. E um fato surpreendente que toda vez que faço alguma declaração ela é torcida e falsificada. Parece até que a imprensa gosta mais de mentiras do que da verdade.

Atenciosamente

C.G. *Jung*

A natureza humana não se curva facilmente a conselhos idealistas*

Há pouco que criticar no artigo de Mr. Roberts, pois o autor é obviamente pessoa de boa vontade e de entusiasmo otimista. Além do mais, aponta na direção certa e atribui seu real valor à atitude mental e moral da pessoa. Parece-me que ele espera e acredita que dizer a coisa boa e certa é suficiente para produzir o efeito desejado. Infelizmente a natureza humana é algo mais complicada e não se curva a um aceno bem intencionado ou a um conselho idealista. 1.452

Sempre foi e ainda é a grande questão de como levar o ser humano comum a formar sua opinião, a tirar as devidas conclusões, a fazer a coisa certa, ou a simplesmente ouvir. Sua inércia moral e mental e seus preconceitos notórios são o obstáculo mais sério a qualquer renascimento moral ou espiritual. Se ele estivesse propenso a resistir ao impacto esmagador de suas complicações emocionais, paixões e desejos, colocar um ponto final na pressa e correria de suas atividades diárias, tentar ao menos sair de sua lamentável mas acarinhada inconsciência de si mesmo, o mundo e sua triste história de intrigas, violência e crueldade teria alcançado um estado de paz e humanidade bem antes de Cristo – ao tempo de Buda ou de Sócrates. Mas levá-lo até lá, este é o problema. 1.453

---

* Escrito em inglês. Comentário (encomendado) ao artigo "Analysis and Faith", de William H. Roberts, que foi publicado, juntamente com os comentários de Jung e de outros como Gregory Zilboorg, Erich Fromm e Karl Menninger, em *The New Republic*, 132/20, 16 de maio de 1955. Washington. O artigo tinha o subtítulo: "How close are religion and psychiatry in their approaches to sin and salvation?" Roberts era professor de filosofia e religião no Philander Smith College, uma faculdade de negros em Little Rock, Arkansas.

1.454 Tavez seja uma boa ideia libertar o homem de todas as inibições e preconceitos que o tolhem, atormentam e desfiguram. Mas a questão não é tanto libertá-lo de alguma coisa mas, como perguntou Nietzsche, para quê? Em certos casos, porém, ficar livre das inibições e cargas dá a impressão de que se "jogou fora o melhor da gente". A libertação pode ser uma solução boa ou muito ruim. Vai depender muito da escolha de nosso objetivo futuro se a libertação foi um benefício ou um erro fatal.

1.455 Não pretendo avançar na complexidade desse problema e, além disso, seria descortês criticar o autor por alguma coisa de que ele não tem conhecimento, isto é, de que a formulação desse problema já foi feita há mais de quarenta anos. Desde então, vasta literatura surgiu discutindo em profundidade esta questão. Não conheço as circunstâncias que impediram o autor de informar-se sobre os desenvolvimentos mais modernos da discussão entre religião e psicologia. Em vista da evidente inabilidade de Freud de entender a religião, o leitor teria recebido de bom grado, ou mesmo esperado, ao menos um resumo do trabalho feito neste sentido durante as últimas quatro décadas. Não se deve subestimar a boa vontade e o entusiasmo, mas a ignorância é lamentável.

A Europa civilizada e a Revolução Húngara*

I

1. A sujeição sangrenta do povo húngaro pelo exército russo é um crime abominável e hediondo que deve ser condenado sem mais. 1.456

2. O ditador egípcio provocou, através de medidas ilegais, a Grã-Bretanha e a França a uma ação de guerra. Isto é de lamentar como uma recaída nos métodos obsoletos e bárbaros da política.

II

A invasão da Hungria é mais um elo na cadeia de iniquidades que fazem dos meados do século XX um dos capítulos mais negros da história, rica em infâmias desse tipo. A Europa ocidental teve que assistir ao espetáculo de um povo europeu culto ser massacrado e, cônscia de sua impotência lamentável, contentar-se com o papel de bom samaritano. Mas a onda de indignação que brotou dos corações ultrajados do mundo inteiro não conseguiu afastar os tanques russos. Trouxe ao menos aquele alívio que sente cada um quando a culpa incide sobre alguém outro. No grito moral do mundo todo, mal se ouve a voz da própria consciência que lembra ao Ocidente os atos maldosos de maquiavelismo, miopia e estupidez, sem os quais os acontecimentos da Hungria não teriam sido possíveis. O foco da doença mortal está na Europa. 1.457

---

* Contribuições a pesquisas de opinião: I. "Das geistige Europa und die ungarische Revolution", em *Die Kultur*, V/73, 1º de dezembro de 1956. Munique; II. *Aufstand der Freiheit. Dokumente zur Erhebung des ungarischen Volkes*. Zurique: [s.e.], 1957.

Sobre psicodiagnóstico*

Com os métodos psicodiagnósticos de hoje é possível, em algumas horas ou, no máximo, em alguns dias, decidir melhor se um candidato serve para determinado emprego do que decidiria um empregador com a ajuda de seu conhecimento geral da natureza humana?

Prezados senhores

Posso responder às perguntas através de carta.

1.458 O empregador pode ser um bom conhecedor de pessoas e conseguir em poucos segundos captar intuitivamente a situação toda de maneira válida. Esta habilidade não se pode obtê-la através de nenhum método. Mas há empregadores que são tudo menos bons conhecedores de pessoas. Neste caso, a única coisa certa é um psicodiagnóstico cuidadoso e consciencioso. Ele é bem melhor do que nada e, em todo caso, melhor do que as ilusões e projeções de um empregador.

Temos algum direito de nos opormos ao uso dos métodos psicodiagnósticos na seleção de candidatos, ou isto seria uma tentativa inútil como a de querer fazer retroceder a roda da história?

1.459 Seria simplesmente insensato opor-se ao uso do psicodiagnóstico; estes testes são empregados hoje em dia em tão larga escala que ninguém pode lutar contra eles. A recusa a submeter-se a eles colocaria a pessoa imediatamente numa posição ruim, como em certos ca-

---

* Carta dos editores do *Zürcher Student*, XXXVI/1, julho de 1958. Zurique. Em resposta ao seguinte pedido, datado de 24/06/1958: "Digníssimo senhor Professor, publicaremos no final do semestre um número especial sobre psicotécnica ou psicologia aplicada. Resolvemos pedir sua opinião uma vez que o senhor conhece bem as grandes conexões".

sos de recusa ao depoimento judicial. Se alguém tiver uma entrevista com um bom conhecedor de pessoas, este extrairá com muito jeito, sem que aquele o perceba, os segredos mais dolorosos, e melhor do que um método psicodiagnóstico.

Gostaríamos de perdir-lhe um rápido prognóstico do desenvolvimento futuro desses métodos a serviço do empregador e de sua influência sobre a sociedade.

Não sou profeta para predizer o futuro de nossa sociedade. Só posso dizer que espero um aprimoramento futuro dos métodos psicodiagnósticos e uma compreensão da pessoa humana em geral, em oposição às outras possibilidades em que se força qualquer pessoa a qualquer serviço, em qualquer lugar. Tudo o que contribui para a compreensão de nossos semelhantes eu o aceito de boa vontade. 1.460

Atenciosamente

C.G. Jung

Se Cristo viesse à Terra hoje*

1.461 É absolutamente certo que, se um Cristo aparecesse novamente na terra, seria entrevistado e fotografado pela imprensa e não viveria mais do que um mês. Ao final, sentiria repugnância por si mesmo porque fora banalizado até o insuportável. Seu próprio sucesso o mataria moral e fisicamente.

---

* Texto redigido em inglês. Contribuição a um simpósio, publicada no *Cosmopolitan*, CXLV/6, dezembro de 1958. Nova York, sob o título "Dez opiniões exclusivamente pessoais de célebres pensadores que dedicaram sua vida aos problemas do espírito". Incluídos estavam nomes como o de Norman Vincent Peale, Aldous Huxley, Pitrim A. Sorokin e Billy Graham.

Prefácio ao livro "Hugh Crichton-Miller, 1877-1959"*

1.462 Faz mais de trinta anos, por ocasião de breve estadia na Inglaterra, que conheci o Dr. Hugh Crichton-Miller. Sendo eu um estrangeiro e, devido aos meus pontos de vista não ortodoxos, um excêntrico na psiquiatria, fiquei muito bem impressionado pela maneira amigável, aberta e sem preconceitos com que me recebeu. Não apenas me apresentou à equipe de sua clínica, mas convidou-me a dirigir-lhe algumas palavras – o que me deixou embaraçado, pois nunca me senti particularmente seguro quando tinha de falar a um auditório totalmente desconhecido. Mas logo percebi que havia uma atmosfera de mútua confiança e respeito entre o chefe e a equipe, de modo que pude falar de maneira mais ou menos natural – pelo menos acho que sim. Falar com Crichton-Miller era fácil. Parecia que falávamos a mesma linguagem, ainda que nossos pontos de vista não fossem sempre os mesmos. Mas eram diferentes de modo razoável, o que permitia uma discussão satisfatória. Sempre que havia oportunidade, gostava de discutir com ele pontos controversos, e isso aconteceu por muitos anos. Foi o único homem de minha idade com o qual pude conversar, durante não sei quantos anos, de homem para homem, sem temer que meu interlocutor tivesse de repente um acesso de ira ou fosse de alguma forma indelicado. Nós nos aceitávamos como éramos, e com o passar dos anos cheguei à conclusão de que tínhamos um bom relacionamento. Esta minha convicção secreta pode ter sido, apesar de tudo, uma ilusão, pois nunca chegamos ao ponto de

---

* O livro (Dorchester: [s.e.], 1961) trazia o subtítulo "A Personal Memoir by His Friends and Family". O prefácio foi escrito em inglês.

ter que colocar as cartas na mesa. A prova disso eu a tive nos últimos anos antes da segunda guerra mundial.

1.463 Tínhamos então uma Sociedade Internacional de Psicoterapia no continente europeu, integrada por representantes da Holanda, Dinamarca, Suíça e por um grande grupo da Alemanha. O presidente vinha sendo o Professor Kretschmer até 1933, quando renunciou no ano fatal em que Hitler usurpou o poder. Até então eu ocupava o cargo inativo de um vice-presidente honorário. O grupo alemão, temendo ser absorvido, isto é, eclipsado pela "Sociedade de Psiquiatria", bem mais influente e com nítido preconceito antipsicológico, pediu-me para assumir a presidência uma vez que eu não era alemão e poderia, assim, enfatizar o caráter internacional da organização. Esperavam eles desta forma escapar da completa aniquilação, mesmo que tivessem de sobreviver numa sociedade adepta de ervas e que acreditava na "cura natural". Sabia que me esperava uma tarefa árdua se fosse aceitar a proposta. Mas, tendo sido o vice-presidente por longos anos, não achei muito honroso tirar o corpo fora, e acabei aceitando.

1.464 A primeira tarefa a enfrentar era aumentar o número de membros não alemães para ter um contrapeso adequado. Conseguimos a adesão de um grupo sueco e abri negociações com representantes da França, mas eu estava mais interessado na Inglaterra e na América. A primeira pessoa que procurei foi Crichton-Miller, e ele não me decepcionou. Entendeu a situação e minhas razões. Os alemães tornaram-se cada vez mais difíceis e procuravam esmagar-nos com grande número de membros italianos e até japoneses. Embora nada se conhecesse sobre a moderna psicologia clínica desses dois países, chegaram longas listas, elaboradas por ordem superior, de novos membros que eram absolutamente leigos no assunto e não tinham o menor conhecimento profissional da psicoterapia moderna. Pouco antes de estourar a guerra, houve um confronto decisivo com os alemães em Zurique. Sendo o representante do grupo inglês, Crichton-Miller veio em meu auxílio para deter a intriga dos alemães. Sou eternamente grato a ele por sua eficaz cooperação e sua amizade realmente fiel. Este era o homem que jamais esquecerei.

1.465 Durante a guerra naturalmente não nos vimos. Somente após a guerra recebi a triste notícia de sua doença fatal. Queria vê-lo novamente mas estava sobrecarregado de trabalho urgente e impedido pelas sequelas de um problema cardíaco. Não tive oportunidade de ir à Inglaterra. Felizmente ele conseguiu vir à Suíça em 1949, quando pude vê-lo bem como à sua esposa. Encontrei-o em estado avançado de sua doença. Como houvesse manifestado o desejo de falar com urgência comigo, estava curioso para saber do que se tratava. Após o almoço fomos conversar a sós. Puxou uma folha de papel, cheia de um texto escrito em letra bem pequena. Como nossas conversas nunca houvessem sido íntimas ou pessoais, estranhei quando entrou *in medias res* e pediu-me para responder a uma série de perguntas sobre religião. Era um resumo completo da *religio medici,* de todas as conclusões religiosas que um velho médico pode tirar de suas inúmeras experiências de sofrimento e morte e da inexorável realidade dos reveses da vida. Sabia que falávamos *in conspectu mortis* das últimas coisas nos últimos dias. Despedimo-nos e nos apertamos as mãos amigável e cortesmente, como se fosse após um almoço delicioso com um amigo distante mas estimado. *Vale amice!*

Janeiro de 1960

XII
PSICOLOGIA E RELIGIÃO

(Relacionado ao volume 11 da Obra Completa)

Por que não adoto a "verdade católica?"*

1.466 *Em primeiro lugar* porque sou um cristão prático que dá mais importância ao amor e à justiça para com seu irmão do que às especulações dogmáticas, cuja verdade ou não verdade últimas ninguém pode saber. O relacionamento com meu irmão e a unidade da cristandade verdadeiramente "católica" são para mim infinitamente mais importantes do que a "justificação *pela fide sola*". Como cristão devo ajudar meu irmão a suportar a injustiça, e o pior de tudo é que não sei se ele, afinal, não tem mais razão do que eu. Considero imoral, ou ao menos não cristão, julgar que meu irmão está errado (chamando-o, por exemplo, de tolo, burro, malévolo, teimoso etc.) simplesmente porque eu acho que estou de posse da verdade absoluta. Toda reivindicação totalitária isola-se aos poucos porque exclui muitas pessoas como "rebeldes, perdidos, decaídos, apóstatas, hereges" etc. O totalitário sempre manobra a si mesmo para um canto, não importando qual tenha sido o número de seus seguidores. Considero todo confessionalismo inteiramente não cristão.

1.467 *Em segundo lugar* porque sou médico. Se eu possuísse a verdade absoluta, só poderia colocar nas mãos de meus pacientes um livro de orações ou um guia para a confissão, exatamente aquilo que não lhes serve de nada. Mas, por outro lado, se descubro em sua não verdade uma verdade, em sua confusão uma ordem, em seu estar perdido um ter encontrado, então eu o ajudei. Isto exige maior autoabnegação e autoengajamento por amor do irmão do que avaliar corretamente, do ponto de vista de uma confissão, os motivos do outro.

---

* Escrito como parte de uma carta ao senhor H. Irminger, Zurique, 22 de setembro de 1944. Esta carta não chegou a ser enviada, mas assim mesmo Jung a guardou. Para a carta a Irminger, cf. Jung, *Cartas* II, org. por Aniela Jaffé.

1.468 O senhor subestima o imenso número dos que têm boa vontade, mas para os quais o confessionalismo fecha as portas. O cristão deve interessar-se, principalmente se for um médico das almas, pela espiritualidade dos supostamente não espirituais (espírito = fidelidade confessional), e só consegue fazer isso se falar a sua linguagem, não o conseguindo por certo se soprar a corneta querigmática já rouca, como o faz o confessionalismo amedrontador. Quem no mundo de hoje ainda fala de uma única e absoluta verdade fala um dialeto obsoleto, mas não a linguagem da humanidade. O cristianismo tem um εὐαγγέλιον, uma boa-nova de Deus, mas não um manual de dogmática com pretensões totalitárias. Por isso é difícil entender por que Deus teria se limitado a uma só mensagem. De qualquer forma, a modéstia cristã proíbe severamente pensar que Deus tenha enviado mensagens εὐαγγέλια em outras línguas que não o grego a outros povos. Se não pensarmos assim, estamos pensando de maneira profundamente não cristã. O Cristo – o meu Cristo – não conhece fórmulas de maldição, também não aprova a maldição da figueira inocente do rabi Jesus, nem dá ouvidos ao missionário Paulo de Tarso quando proíbe aos cristãos amaldiçoar e, pouco depois, ele mesmo amaldiçoa.

1.469 *Em terceiro lugar* porque sou um cientista.

1.470 A doutrina católica, que o senhor me expõe com tanta propriedade, eu também a conheço. Estou convencido de sua "verdade" enquanto formula fatos psíquicos comprováveis e, como tal, confesso-me adepto dessa verdade sem mais. Mas quando faltam os fundamentos empíricos dos fatos psíquicos, em nada me ajudaria acreditar em algo além deles, pois isto não substituiria minha falta de conhecimentos, ou seja, eu não poderia entregar-me à autoilusão de saber alguma coisa pelo simples fato de nela acreditar. Estou com quase setenta anos de idade, mas o carisma da fé nunca se manifestou em mim. Talvez eu tenha sido muito soberbo, muito convencido; talvez o senhor tenha razão de que o mundo todo gira em redor do deus Jung. Mas nunca cheguei ao ponto de supor que aquilo que eu creio, sinto, penso e entendo fosse a única e definitiva verdade, e que eu gozo do indizível privilégio dessa semelhança de Deus de ser o dono da única verdade. O senhor percebe que, apesar de estimar o carisma da fé e de sua bem-aventurança, é impossível para mim dizer sim à "fé", simplesmente porque isto não me diz nada.

1.471 O senhor certamente objetará que, apesar de tudo, eu falo de "Deus". Faço isso com o mesmo direito com que toda a humanidade desde sempre chamou de Deus aqueles efeitos numinosos de certos fatos psíquicos com causa desconhecida. Esta causa está além de minha compreensão e por isso nada mais posso dizer dela a não ser que estou convencido de sua existência; e o faço com a mesma lógica com a qual se pode concluir, a partir de distúrbios na trajetória de um planeta, que existe um corpo celeste até então desconhecido. Não acredito na validade absoluta da lei causal, por isso me abstenho de "colocar" Deus como causa, pois assim eu já teria uma definição precisa.

1.472 Esta abstenção é sem dúvida um escândalo para o crente confessional. Mas, de acordo com o mandamento fundamental do cristianismo, devo suportar e entender não somente o meu irmão cismático protestante, mas também os meus irmãos da Arábia e da Índia. Também eles receberam mensagens estranhas, mas não menos confiáveis, e que eu tenho de entender. Como europeu, é muito difícil para mim suportar o meu irmão de cor que se defronta comigo em seu neopaganismo anticristão. Isto passa muito além dos limites da Alemanha como o cisma mais pernicioso que já atingiu o cristianismo. E mesmo que o negue milhares de vezes, *ele está também em mim*. Não é possível resolver este conflito, dizendo que o outro está errado e que eu estou absolutamente certo. Este conflito só pode ser resolvido, em primeiro lugar, dentro de mim e não no outro.

Verbete "Demonismo"*

1.473 Demonismo (demonomania) caracteriza um estado peculiar da mente em que certos conteúdos psíquicos, os chamados complexos, assumem em lugar do eu, ao menos temporariamente, o controle de toda a personalidade, de modo a suspender a vontade livre do eu. Nestes estados a consciência do eu às vezes está presente, outras vezes ausente. O demonismo é um fenômeno psíquico primitivo e, por isso, manifesta-se muitas vezes sob condições primitivas. Encontramos uma boa descrição do demonismo no Novo Testamento (Lucas 4,33; Marcos 1,23; 5,2 etc.). Nem sempre o fenômeno do demonismo é espontâneo; pode ser provocado deliberadamente como transe, por exemplo no xamanismo, espiritismo etc.

1.474 Do ponto de vista médico, o demonismo pertence em parte ao campo das neuroses psicógenas e, em parte, à esquizofrenia. Pode também manifestar-se como epidemia. Uma das epidemias mais famosas da Idade Média foi a possessão das Ursulinas de Loudun (1632-1633). Fazem parte da forma epidêmica do demonismo as psicoses coletivas de natureza religiosa e política como, por exemplo, as do século XX[1].

---

* Escrito em julho de 1945 para o *Schweizer Lexikon*, Encylios Verlag, I (Zurique, 1949). O verbete não está assinado.

1. No Lexikon está indicada a seguinte literatura: "E. Schürer, Zur Vorstellung von der Besessenheit im N.T. (Jahrb. f. Prot. Theol., 1892); O. Stoll, Suggestion u. Hypnotismus in der Völkerpsychologie (²1904); G. Le Bon, Psychologie der Massen (em alemão, 1912); Art. Possession (in: *Encyclopaedia for Religion and Ethics*, X, Edimburgo, 1918".

Prefácio ao livro de Jung: "Symbolik des Geistes"*

Este volume VI da série *Psychologische Abhandlungen* contém cinco ensaios que tratam do simbolismo do espírito: um estudo sobre satanás no Antigo Testamento, do Dr. phil. Riwkah Schärf e quatro ensaios de minha autoria. O primeiro ensaio, "A fenomenologia do espírito", dá um breve esboço do arquétipo do "espírito", isto é, uma descrição de como as figuras fantásticas, que aparecem nos sonhos e nos contos de fadas, desempenham o papel daquele motivo que se comporta de tal forma que devemos considerá-lo um "espírito". Também são trazidos exemplos, cujas complicações dramáticas levam ao surgimento desse motivo. O segundo ensaio descreve como o tipo natural "espírito" se transformou no "espírito Mercurius" na filosofia natural dos alquimistas da Idade Média. Como se pode provar a partir dos textos originais, surgiu uma figura espiritual em oposição direta à concepção cristã de espírito. O terceiro ensaio, do Dr. Schärf, traz a história do desenvolvimento do espírito oposto a Deus, o satanás, de acordo com os textos do Antigo Testamento. O quarto ensaio, "Tentativa de uma interpretação psicológica do dogma da Trindade", faz uma breve exposição da história do desenvolvimento do conceito trinitário antes e depois de Cristo, apresentando a seguir uma sinopse de opiniões e reflexões psicológicas que, do ponto de vista da psicologia dos complexos, precisam ser levadas em conta para uma compreensão racional da ideia da Trindade. Nem é preciso dizer que numa discussão desse tipo ficam excluídos os pontos de vis- 1.475

* *Symbolik des Geistes*. Studien über psychische Phänomenologie (Simbolismo do espírito. Estudos sobre a fenomenologia psíquica). Zurique: [s.e.], 1948.

ta metafísicos, pois dentro do campo de competência de uma psicologia científica uma ideia caracterizada como "metafísica" só pode receber o tratamento de um fenômeno psíquico. Nem a psicologia se arroga a presunção de dizer algo "metafísico", isto é, algo que transcenda o seu campo específico. Enquanto – e somente enquanto – a Trindade não é apenas um objeto de fé, mas além disso também um conceito humano que incide no campo da psicologia, pode ser submetida a uma observação científica. Isto não afeta de forma nenhuma o objeto da fé. O leitor deve ter bem presente esta limitação ao ler o livro.

1.476 A contribuição final é uma exposição e análise de um texto em chinês, mas de origem hindu, que descreve um caminho de meditação para alcançar o estado de buda. Acrescentei de propósito este ensaio de cunho oriental para dar ao leitor uma visão mais completa.

1.477 Ainda me cabe corrigir aqui um erro: Em meu livro *A psicologia da transferência* (prefácio, p. XI) prometi publicar meu novo livro *Mysterium Coniunctionis* como volume VI da série "Psychologische Abhandlungen", mas devido a doenças e outras razões tive que mudar meus planos e, por isso, deixei que *Symbolik des Geistes* fosse o volume VI. A obra acima referida só irá mais tarde ao prelo.

Junho de 1947

C.G. *Jung*

Prefácio ao livro de Quispel: "Tragic Christianity"*

1.478 O autor destes ensaios pediu-me para iniciar seu livro com algumas palavras introdutórias. Apesar de não ser filólogo, acedi de boa vontade a esse desejo porque o Dr. Gilles Quispel dedicou particular atenção a um campo que também me é familiar do ponto de vista psicológico. De fato, o gnosticismo é ainda um assunto obscuro que precisa de explicação, mesmo que várias personalidades se tenham ocupado dele dos mais diversos pontos de vista e fornecido explicações de dúbia validade. Tem-se mesmo a impressão de que paira ainda sobre este vasto campo a proscrição por heresia, ou ao menos aquele menosprezo que os especialistas costumam sentir em relação a assuntos incomodamente incompreensíveis. Temos um equivalente dessa situação na psiquiatria que desconhece abertamente a psicologia das psicoses e coloca todo tipo de resistência contra qualquer tentativa neste sentido. Mas este fato, ainda que espantoso, é compreensível quando se tem em mente as dificuldades que devem ser superadas quando se tenta abordar a psicologia das ideias delirantes. Só podemos entender a doença mental se entendermos a mente em geral. As ideias delirantes não podem ser explicadas em si mesmas, mas apenas a partir do conhecimento da mente normal. Aqui ainda não penetrou e nem mesmo foi entendido o único método fenomenológico que promete algum êxito diante do preconceito filosófico e religioso. A razão principal disso é que o médico, que só tem acesso a experiências psicopatológicas, raras

---

* Gilles Quispel, professor de História Antiga da Igreja na Universidade de Utrecht, Holanda, havia planejado em 1949 publicar suas conferências-Eranos num volume da Bollingen Series, sob o título *Tragic Christianity* (Cristianismo trágico). Jung escreveu este prefácio para a edição, mas o livro nunca foi publicado.

vezes ou nunca domina as premissas epistemológicas necessárias. Ao invés dessas, quando se põe a refletir e não se limita a observar e registrar, sucumbe a uma convicção filosófica ou religiosa e preenche a lacuna de seu conhecimento com profissões de fé.

1.479 O que vale da psicopatologia pode ser aplicado – *mutatis mutandis* – ao tratamento que foi dispensado ao gnosticismo. Os produtos mentais peculiares do gnosticismo requerem a mesma compreensão psicológica que as formações psicóticas de delírios. O filólogo ou teólogo que se ocupa do gnosticismo geralmente não possui conhecimentos psiquiátricos que sempre devem concorrer para explicar fenômenos psíquicos extraordinários. A explicação das ideias gnósticas "por si mesmas", isto é, a partir de seus fundamentos históricos, é insuficiente, pois dessa forma serão reduzidas apenas a seus pré-estágios menos desenvolvidos, mas não entendidos em seu significado real.

1.480 Temos algo semelhante também na psicopatologia das neuroses, onde, por exemplo, a psicanálise freudiana reduz a sintomatologia neurótica a seus estágios infantis, desconhecendo completamente seu valor funcional, isto é, *simbólico*. Enquanto se conhecer apenas a causalidade, ou seja, o desenvolvimento histórico de um fenômeno biológico ou psicológico normal, mas não seu desenvolvimento funcional, ou significado finalista, este fenômeno não é realmente conhecido. O mesmo vale das ideias gnósticas; elas não são apenas sintomas de certo desenvolvimento histórico, mas novas configurações criativas que foram de suma importância para o desenvolvimento ulterior da consciência ocidental. Basta lembrar, por exemplo, os pressupostos gnóstico-judeus em Paulo, e a enorme influência do "gnóstico" *Evangelho de João*. Apesar de perseguido, tido como heresia e declarado morto no âmbito da Igreja, o gnosticismo não morreu sem mais. Seu aspecto filosófico e psicológico continuou na alquimia até o tempo de Goethe, e o sincretismo judeu da época de Filo[1] encontrou sua continuidade, dentro do judaísmo ortodoxo, na cabala. Ambas as orientações, mesmo que não sejam exatamente pré-estágios da moderna psicologia do inconsciente, são, em todo caso, fontes quase

---

1. Philo Iudeus ou Alexandrinus, filósofo greco-judeu do começo do século I em Alexandria.

inesgotáveis de conhecimento para o psicólogo. Isto não é acaso, pois os sistemas gnósticos primitivos já apresentavam fenômenos paralelos aos conteúdos, constatados empiricamente, do inconsciente coletivo. Os chamados motivos arquetípicos do inconsciente constituem as fontes psíquicas das ideias gnósticas, das ideias delirantes (especialmente das formas esquizofrênico-paranoides) e da formação de símbolos nos sonhos e na imaginação ativa no transcorrer de um tratamento analítico da neurose.

1.481 À luz dessas reflexões, considero a constatação do Dr. Quispel de que "o Autopator continha em si todas as coisas num estado de inconsciência" (ἐν ἀγνωσία = lit. na ignorância)[2] e que "o Pai era desprovido de consciência" (ἀνεννόητος)[3] uma descoberta fundamental da psicologia do gnosticismo. Isto significa que os gnósticos aqui em questão derivavam do inconsciente os supracorporais conhecíveis, isto é, que eles representavam conteúdos inconscientes. Nasce daí não só a possibilidade mas também a necessidade de complementar os métodos históricos de explicação pelos métodos científico-psicológicos de explicação.

1.482 A psicologia tem um dever de gratidão para com o autor, porque seu trabalho facilitou a compreensão do gnosticismo. A psicologia não só tomou para si a tarefa de explicar o gnosticismo, mas viu nele um *tertium comparationis* que presta valiosa ajuda na compreensão prática da formação moderna e individual dos símbolos.

Maio de 1949

C.G. Jung

---

2. EPIFANIO. (Panarium) Contra octoginta haereses opus quod inscribitur Pararium sive arcula. In: MIGNE, J.P. (org.). *Patrologia Grega*. Vol. XLI, col. 173-XLII col. 832. Paris: Migne, [s.d.]. [Para uma versão mais completa dos textos gregos, cf. *Aion* (OC, 9/2; § 298).]

3. HIPÓLITO. *Elenchos*. VI, 42, 4, p. 117 [*Aion*. Op. cit.].

Prefácio ao livro de Abegg: "Ostasien denkt anders"*

1.483 A autora desse livro, cujo texto completo infelizmente não tive em mãos, falou-me de seu projeto e de suas ideias com relação às diferenças entre a psicologia oriental e ocidental. Pude perceber vários pontos de consenso entre nós, e a competência por parte dela nos julgamentos, o que só é possível a uma pessoa como ela que, sendo europeia, teve a inestimável vantagem de haver passado mais da metade de sua vida no ambiente do espírito oriental. Sem esta experiência direta seria um empreendimento temerário abordar o problema da psicologia oriental. É preciso estar diretamente imbuído da estranheza, para não dizer incompreensibilidade, da psique oriental. As experiências decisivas não se encontram em livros, mas são adquiridas pela vida cotidiana, em contato direto com o povo. Neste sentido a autora dispõe de uma grande riqueza, estando em condições de discutir as questões, em certo sentido básicas e da mais alta importância, da diferença entre a psicologia ocidental e oriental. Pessoalmente estive em situações nas quais tive de aplicar essa diferença, não só ao lidar com textos da literatura chinesa e hindu, mas também no tratamento psicológico de pessoas orientais. Entre elas, infelizmente, nunca tive um paciente da China ou do Japão, nem me foi possível visitar esses dois países. No entanto, tive a oportunidade de experimentar com dolorosa clareza a insuficiência de meu conhecimento. Nesse campo temos ainda que aprender tudo, e isso para nosso maior proveito. O conhecimento da psicologia oriental é base indispensável para uma crítica e uma compreensão objetiva da psicologia ociden-

* "A Ásia Oriental pensa diferente". Zurique: [s.e.], 1950.

tal. Em vista da situação psíquica, realmente lamentável, do Ocidente, é da maior importância um conhecimento profundo de nossos preconceitos ocidentais.

1.484 A longa experiência com os produtos do inconsciente ensinou-me que existe um notável paralelismo entre a peculiaridade da psique inconsciente do Ocidente e a psique "manifesta" do Oriente. Mostra a experiência que o papel biológico desempenhado pelo inconsciente na economia psíquica é a compensação da consciência; poderíamos, então, levantar a hipótese de que a mente do Oriente longínquo se comporta como sendo o inconsciente para a consciência ocidental, ou, em outras palavras, como a mão esquerda para a direita.

1.485 Fundamentalmente, nosso inconsciente tem uma tendência de *totalidade*, conforme creio já haver demonstrado. O mesmo se pode dizer com toda razão da psique oriental, com a diferença apenas de que no Oriente a consciência se caracteriza por uma apercepção da totalidade, ao passo que o Ocidente desenvolveu uma atenção diferenciada e, por isso, necessariamente unilateral. Na mesma linha vai o causalismo ocidental que, como princípio de conhecimento, está em oposição frontal ao princípio da sincronicidade que constitui a base e a causa da "incompreensibilidade" oriental, e não só dessa, mas também da estranheza do inconsciente com a qual se defronta o Ocidente. A compreensão da sincronicidade é a chave que abre a porta para a apercepção oriental da totalidade que nós achamos tão misteriosa. Parece-me que a autora deu atenção especial precisamente a este ponto. Não hesito em dizer que espero com o maior interesse a publicação deste livro.

Março de 1949

C.G. Jung

Prefácio ao livro de Allenby: "A psychological study of the origins of monotheism"*

1.486 Não paira mais dúvida hoje em dia de que existem conexões inconscientes significativas que se manifestam nos sonhos e em outros fenômenos espontâneos do inconsciente. Sabendo disso, surge a questão sobre a origem dos conteúdos inconscientes: são eles criações genuínas da psique inconsciente ou são ideias originalmente conscientes que por alguma razão se tornaram inconscientes depois?

1.487 As representações individuais do sonho provêm, ao menos em seus elementos, sempre da consciência, caso contrário nem poderiam ser representadas ou conhecidas. Também conexões maiores e significativas dentro de um sonho, como quadros e cenas inteiras, são muitas vezes derivadas da memória consciente. Mas quando se trata do sentido do sonho todo, então é bem mais difícil responder à pergunta sobre a origem. Enquanto é possível constatar empiricamente, manifesta-se no sonho uma função compensadora da situação da consciência. Esta função corresponde a um impulso natural de equilíbrio. Quanto mais unilateral a situação da consciência, tanto mais a compensação assume o caráter de complemento. Exemplos particularmente esclarecedores disso podemos encontrar em pessoas que vivem numa ingênua autoilusão ou que se aferram a alguma crença fanática. Encontraremos as cenas mais coloridas de tentações na vida

* "Um estudo psicológico sobre a origem do monoteísmo". Escrito para o livro de Amy I. Allenby (dissertação de doutorado em filosofia. Universidade de Oxford) que nunca foi publicado. Dra. Allenby é psicóloga analítica em Oxford.

dos ascetas. Nesses casos e em outros semelhantes, fica difícil provar que o sentido do sonho deriva de uma reflexão anterior que depois se tornou consciente, pois parece óbvio que esta autorreflexão ou autocrítica não existiu e, por isso, foi criada pelo sonho. A hipótese de sua procedência a partir da consciência é totalmente insustentável em todos aqueles casos em que surgem conexões que são desconhecidas ao sonhador, ou que ele nem poderia conhecer. Os fenômenos mais plausíveis desse tipo, que também convencem o próprio leigo, são os sonhos telepáticos que informam sobre eventos longínquos no espaço e no tempo, que estão além da percepção dos sentidos.

1.488 Mostram claramente esses casos que há conexões inconscientes que não provêm da reflexão consciente. O mesmo vale da ocorrência de motivos nos sonhos que, fora disso, encontramos nos mitos e nos contos de fada, e de cujas formas características a consciência do sonhador não tem o menor conhecimento. Não se trata portanto de ideias, mas de dados instintivos, de formas fundamentais da constituição fantasiosa de ideias, portanto de uma espécie de "padrão de comportamento mental" que simplesmente faz parte da natureza humana. A partir daí explica-se também o aparecimento desses *arquétipos* da fantasia. Sua presença apriorística fundamenta-se no fato de que eles, como os instintos, são inatos e por isso – *cum grano salis* – produzem em cada indivíduo, sempre de novo, motivos mitológicos, enquanto sua fantasia tiver livre acesso ou o inconsciente se mostrar mais forte, por alguma razão, do que a consciência.

1.489 A moderna experiência psicológica com a fenomenologia do inconsciente provou que não só o sentido do sonho, mas também certos conteúdos do sonho devem ser atribuídos totalmente ao inconsciente, porque não é possível demonstrar que têm sua origem na consciência e também pela simples razão de que muitas vezes não podem ser conhecidos pela consciência.

1.490 Por menor que seja o efeito do sonho individual, a compreensão inconsciente é da maior importância para a vida consciente da pessoa e para aquilo que chamamos destino. Aqui naturalmente os arquétipos têm papel relevante e, por isso, não é fortuito que deuses e demônios tenham personificado desde sempre as determinantes da mente inconsciente.

1.491 Dada a circunstância de que, no relacionamento do inconsciente com a consciência, não se trata de uma complementaridade por assim dizer mecânica e, portanto, previsível, mas de uma função compensadora com sentido, é preciso levantar a pergunta sobre um eventual autor ou sujeito desse efeito. Em nossa experiência imediata só encontramos fenômenos semelhantes no âmbito da consciência pensante e volitiva do eu. Mas existem também na natureza atos "inteligentes" de compensação bastante parecidos que se manifestam sobretudo no campo das práticas instintivas. Para nós, ao menos, eles não têm características de decisão consciente, mas se parecem com atividades humanas que são controladas exclusivamente pelo inconsciente. A grande diferença está em que o comportamento instintivo é previsível e sempre idêntico em sua repetição, ao passo que os atos compensadores são sempre individuais e "criativos" por assim dizer.

1.492 O "autor" dessas decisões parece ser o padrão comportamental, ou o arquétipo. Ainda que este seja um tipo de agir e reagir coletivo ou, por assim dizer, difundido universalmente, sua atividade geralmente não é previsível, isto é, não se sabe quando – ou qual – arquétipo vai surgir. Mas quando se manifesta, partem dele efeitos "numinosos", ou seja, determinantes. Freud não apenas se defrontou com o chamado complexo de Édipo, mas também com o motivo da dupla mãe[1], tão característico do mito dos heróis; no caso de Leonardo da Vinci ele supôs ter que derivar esse motivo do fato de Leonardo ter tido na verdade duas mães, uma verdadeira e uma madrasta. Não percebeu que o motivo da dupla mãe ocorre muitas vezes não só na mitologia mas também nos sonhos e fantasias de certos indivíduos que não possuem duas mães nem conhecem os motivos arquetípicos da mitologia. Não há necessidade de haver concretamente duas mães para evocar o motivo da dupla mãe. Ao contrário, o motivo indica uma tendência inconsciente de reproduzir a situação da dupla mãe, da dupla descendência, ou da lenda da substituição do filho (em geral para compensar um sentimento de inferioridade).

1.493 Pelo fato de os arquétipos serem formas instintivas ou inatas do acontecer psíquico, exercem forte influência sobre o processo psíqui-

---

1. Cf. Jung, C.G. OC, 5, cap. VII: "A dupla mãe"; e OC, 9/1, § 93s.

co. Quando a consciência não intervém criticamente ou com esforço da vontade, as coisas acontecem como sempre aconteceram, seja para proveito ou prejuízo do indivíduo. Parece que os prejuízos são sempre maiores, caso contrário não se teria processado um desenvolvimento da consciência. O proveito da decisão "livre" da vontade é tão evidente que o homem civilizado facilmente é persuadido a colocar toda a orientação de sua vida na consciência e deixar de lado ou mesmo combater o inconsciente como um fator hostil ou desprezível. Mas corre assim o risco de perder o contato com seu mundo instintivo em geral, colaborando para isso sua vida em cidade grande que parece depender somente de condições humanas.

1.494 Nesta perda dos instintos, que já se tornou realidade em grande parte, baseia-se a patologia da cultura atual. As religiões, que sob este aspecto são sistemas de cura psíquica, ainda conservam a relação com o mundo arquetípico da alma, mas estão perdendo cada vez mais terreno, como mostram as estatísticas, de modo que a Europa já é atualmente em grande parte descristianizada ou até antricristã. Vistos sob esta ótica, os esforços da moderna psicologia do inconsciente representam uma reação salutar da psique europeia que procura recompor as conexões perdidas com suas raízes através de uma conscientização do inconsciente. Não se trata aqui simplesmente de uma restauração dos instintos naturais (que parecem ser a preocupação especial de Freud), mas de uma renovação da relação com as formas arquetípicas de concepção e função que dão forma e limitação de sentido ao instinto. Para alcançar este objetivo é imprescindível naturalmente o conhecimento dos arquétipos.

1.495 Em primeiro lugar está a questão da existência de uma *imagem arquetípica de Deus,* pois ela tem importância essencial na determinação do agir humano. Pode-se demonstrar empiricamente, a partir da história dos símbolos e dos casos de pacientes, que existe realmente tal "imagem de Deus", uma imagem de totalidade que chamei de *símbolo do si-mesmo.* Neste sentido entram em consideração na maioria das vezes os chamados símbolos dos mandalas. A autora deste livro se propôs a tarefa difícil e louvável de estudar do modo mais completo possível, por um lado, o aspecto psicológico da imagem de Deus e, por outro, o aspecto teológico do símbolo do si-mesmo; segundo penso, é uma tarefa necessária e bem atual. Uma época que está prestes a dissipar seus bens mais valiosos faz muito bem em refletir cuidadosamente sobre o sentido e a finalidade da coisa de que pretende livrar-se; pois já aconteceu muitas vezes que em inovações desse tipo se cometesse a falta imperdoável de jogar fora a criança junto com a água do banho. Antes de se acusar a psicologia moderna de querer psicologizar e, assim, destruir (como se a psique não fosse nada!) as concepções religiosas, seria bom considerar que é exatamente a psicologia que tenta reatar a consciência com a realidade da alma, para que a consciência não flutue sem raízes no espaço vazio e seja vítima indefesa da sugestão de todo tipo de intelectualismos imagináveis. A atrofia dos instintos é o mesmo que sugestionabilidade patológica, de cujo efeito devastador dá testemunho impressionante a epidemia psíquica do delírio ditatorial totalitário.

1.496 Desejo que o livro encontre grande aceitação entre os leitores sérios.

Zurique, maio de 1950

C.G. *Jung*

O jejum milagroso do Irmão Klaus*

1.497 O fato de o Irmão Klaus, conforme declarado por ele mesmo e pelo relato de testemunhas fidedignas, ter ficado sem comida material durante vinte anos, é um assunto que não pode ser menosprezado sem mais, ainda que seja desagradável. Também no caso de Teresa de Konnersreuth[1] existem afirmações, cuja confiabilidade absoluta não posso provar nem negar, de que ela viveu longo tempo só se alimentando da hóstia. Esses fenômenos são incompreensíveis com os conhecimentos de fisiologia que temos hoje. Mas, certa precaução nos aconselha a não recusá-los de antemão como impossíveis. Já houve tantas coisas que no passado foram consideradas totalmente impossíveis e que agora sabemos e podemos provar que são possíveis.

1.498 Naturalmente não tenho nenhuma explicação para os casos, mas estou inclinado a procurar no campo parapsicológico a possibilidade desses fenômenos. Eu estava presente no exame de um médium que apresentava fenômenos físicos. Um engenheiro de eletricidade media o grau de ionização da atmosfera na proximidade imediata do médium. Os números eram normais, exceto num ponto do lado direito do tórax, onde a ionização era sessenta vezes maior do que o normal. Durante os fenômenos (parapsicológicos) houve a emissão neste lu-

---

* Publicado em *Neue Wissenschaft*, 7, 1950/1951, p. 14s. Baden, Suíça. Diz a introdução: "No 'Neue Wissenschaft', fascículo 4, foi comentado o livro do professor Dr. Fritz Blanke, *Bruder Klaus von Fliie* e também abordado o jejum milagroso do santo. Os leitores exigiram uma explicação desse fenômeno certamente não comum. O autor enviou-nos então uma carta a ele dirigida pelo professor Dr. C.G. Jung, em que o conhecido pesquisador tenta dar uma interpretação muito interessante". Cf. para isso a carta de Jung a Fritz Blanke (10 de novembro de 1948) em *Briefe* II.

1. Teresa Neumann (1898-1962), conhecida por Teresa de Konnersreuth (Alemanha), portadora dos estigmas desde 1926.

gar de um apêndice (ectoplasma), capaz de agir à distância. Se tais coisas podem acontecer, então é concebível também que pessoas na proximidade do médium poderiam servir de ponte dos íons, isto é, a alimentação poderia acontecer pela passagem de moléculas vivas de albume de um corpo para outro. Queremos lembrar neste contexto que foi constatado, em experimentos parapsicológicos, a perda de peso de até vários quilos, durante os fenômenos (físicos), tanto no médium como em alguns participantes, estando todos eles sentados em balanças. Eu vislumbraria nisso um possível caminho para uma explicação. Infelizmente essas coisas ainda foram muito pouco estudadas. Temos que esperar séculos futuros.

C.G. Jung

"À guisa de apêndice transcrevemos aqui uma explicação ao menos original de Paracelso do jejum milagroso (F. Blanke, p. 106): '[...] Irmão Klaus e outros anacoretas dos quais se sabe que ele não comeu nada em vinte anos e que, para manter-se vivo, colocava algumas ervas e raízes sobre a parte externa de seu estômago; e quando aquelas ervas estavam secas ele colocava outras, e assim conservou por muitos anos sua vida; não tomou nenhuma outra comida em sua boca e muito menos a engoliu. Mas ninguém deve admirar-se que a pessoa possa manter sua vida sem comer ou beber e ser alimentado de fora, pois como o ímã absorve seu alimento do ferro... assim faz o estômago da pessoa; como um ímã tem que ter sua comida diária, seja de dentro ou de fora' (Segundo o Cod. Voss Chym. foi. n° 24, Leiden, foi. 232 v.)".

Sobre o livro de Jung: "Resposta a Jó"*

Este não é um livro "científico", mas uma confrontação pessoal 1.498a com o universo das concepções cristãs tradicionais, motivada pelo escândalo que o novo dogma mariano (da assunção) provocou. São reflexões de um médico e teólogo leigo que teve de responder a muitas questões sobre temas religiosos e que, por conseguinte, se viu forçado a considerar o sentido das concepções da fé sob um ponto de vista especial e extraconfessional. A razão destas questões encontra-se, em última análise, nos eventos da época: a mentira, as injustiças, a escravidão e os assassinatos em massa inundaram não somente grande parte da Europa, como continuam a dominar extensas regiões da terra. Que nos diz um Deus bondoso e todo-poderoso a este respeito? Esta é a pergunta desesperada, colocada milhares de vezes, com a qual se ocupa este livro.

---

* Texto da contracapa da edição original de *Resposta a Jó* (publicado em abril de 1952). Foi incluído pelo editor de então também no apêndice do volume 11 da Obra Completa: *Psicologia da religião ocidental e oriental*, mas não na edição inglesa. O mesmo vale dos textos: Resposta a Martin Buber (§ 1.499-1.513 deste volume) e Os sermões de Gautama Buda, de K.E. Neumann (§ 1.575-1.580). A partir da 3ª edição do volume 11, estes textos já não constam ali.

"Religião e psicologia": Uma resposta a Martin Buber*

1.499 Há algum tempo, os leitores de sua revista tiveram a oportunidade de ler um artigo do Conde Keyserling[1], no qual fui classificado como um "negador do espírito" *(ungeistig)*. E eis que agora, no último número, encontro um artigo de Martin Buber[2], que se preocupa igualmente com minha qualificação. Sinto-me tanto mais no dever de agradecer-lhe esta exposição, pois ele me elevou da condição de negador do espírito, na qual o Conde Keyserling me havia apresentado ao público de língua alemã, à esfera da espiritualidade, ainda que daquela espiritualidade do gnosticismo dos primórdios do cristianismo, e que sempre foi encarada com desconfiança pelos teólogos. O cômico é que esta apreciação coincide cronologicamente com a opinião provinda de fonte teológica autorizada e que me acusa de agnosticismo, que é justamente o oposto do "gnosticismo".

1.500 Ora, se as opiniões divergem tanto umas das outras sobre uma determinada questão, é porque, segundo me parece, existe a suposição bem fundada de que nenhuma delas é verdadeira, isto é, há um mal-entendido. Por que se dedica tanta atenção ao problema de saber se sou gnóstico ou agnóstico? Por que não dizer simplesmente que sou um psiquiatra cujo interesse principal é expor e interpretar o material colhido em suas experiências? O que tento fazer é investigar os

---

* Carta de 22 de fevereiro de 1952 ao editor, publicada em *Merkur* VI/5, maio de 1952, p. 467-473. Stuttgart. Cf. nota no § 1.498a.

1. Hermann Keyserling (1880-1946), "Begegnungen mit der Psychoanalyse". *Merkur*, IV/11, novembro de 1950, p. 1.151-1.168. Stuttgart.

2. "Religion und modernes Denken". *Merkur*, VI/2, fevereiro de 1952.

fatos concretos e torná-los acessíveis à inteligência. A crítica não tem o direito de agir apressadamente, atacando apenas afirmações isoladas e fora do contexto.

1.501 Para apoiar o seu diagnóstico, Buber se utiliza até mesmo de um pecado que cometi em minha juventude, há cerca de quarenta anos, isto é, o de perpetrar uma poesia[3] na qual eu expunha certos conhecimentos psicológicos em estilo "gnóstico", pois na época estava estudando os gnósticos com grande entusiasmo. Este entusiasmo se baseava na constatação de que parecia terem sido eles os primeiros pensadores a se ocuparem a seu modo com os conteúdos do assim chamado inconsciente coletivo. Mandei imprimir o poema sob pseudônimo e dei alguns exemplares de presente a determinados conhecidos, sem suspeitar que um dia ele seria arrolado contra mim num processo de heresia.

1.502 Permito-me lembrar aos meus críticos que fui considerado não só gnóstico e o contrário disso, mas também teísta e ateu, místico e materialista. Em meio ao concerto de tantas e tão variadas opiniões, não quero atribuir demasiada importância àquilo que eu próprio penso de mim, mas citar apenas uma opinião expressa a meu respeito, extraída de fonte aparentemente insuspeita: um artigo publicado no *British Medical Journal*, de 9 de fevereiro de 1952: "Facts first and theories later is the keynote of Jung's work. He is an empiricist first and last"[4]. Esta opinião tem todo o meu apoio.

1.503 Quem não conhece meus trabalhos certamente indagará qual o motivo determinante e a razão dessas opiniões tão conflitantes a respeito de um só e mesmo objeto. A resposta é que todas elas, sem exceção, foram expressas por "metafísicos", isto é, por pessoas que julgam saber acerca da existência de coisas incognoscíveis, situadas no além. Eu nunca ousei afirmar que tais coisas *não* existem: mas também não tive a ousadia de pensar que alguma de minhas afirmações atinge, de um modo ou de outro, tais coisas ou que as exponha corretamente. Eu duvido que nossas concepções (a minha e a deles) a res-

---

3. *Sete sermões sobre os mortos*, de Basílides de Alexandria. Escrito em 1916. A partir da 2ª edição em *Erinnerungen, Träume, Gedanken*, org. por Aniela Jaffé.

4. "Primeiro os fatos, depois as teorias: eis a tônica da obra de Jung. Ele é em primeira e última análise um empírico" ("A Great Thinker", p. 315).

peito da natureza das coisas em si sejam idênticas, e isto por razões evidentes de ordem científica.

1.504 Como, porém, as concepções e opiniões a respeito de determinados objetos metafísicos ou religiosos desempenham papel de grande importância na psicologia experimental[5] , sou obrigado, por razões de ordem prática, a manejar conceitos correlatos. Mas, ao fazê-lo, dou-me plenamente conta de que estou lidando com noções antropomórficas e não com divindades ou anjos reais, embora tais imagens (arquetípicas) se comportem com tal autonomia, devido à sua energia específica, a ponto de podermos denominá-las metaforicamente de "demônios psíquicos". A realidade desta autonomia deve ser levada muito a sério: primeiramente, sob um ponto de vista teórico, dado que ela expressa a dissociabilidade e a dissociação efetiva da psique e, em segundo lugar, sob um ponto de vista prático, considerando que ela constitui a base da confrontação dialética entre o eu e o inconsciente, que é um dos pontos principais do método psicoterapêutico. Quem dispuser de algum conhecimento sobre a estrutura da neurose sabe que o conflito patogênico tem suas raízes na oposição entre o inconsciente e a consciência. As chamadas "forças do inconsciente" não são *conceitos* abstratos que podemos manipular arbitrariamente, mas antagonistas perigosos que às vezes provocam terríveis devastações na economia da personalidade. Eles são o que de mais temível se possa esperar como "contrapartida" psíquica. Mas para o leigo no assunto parece que se trata de uma doença orgânica de natureza obscura. O teólogo, imaginando que por detrás disto há a presença do diabo, é quem mais próximo se acha da verdade psíquica.

1.505 Receio que Buber, por compreensível desconhecimento da experiência psiquiátrica, não entenda o que pretendo dizer por "realidade da psique" e pelo processo dialético da individuação. O eu, com efeito, se contrapõe em primeiro lugar às forças psíquicas que trazem nomes consagrados desde os tempos antigos, e foram por isso invariavelmente identificadas com seres metafísicos. A análise do inconsciente demonstrou, há muito tempo, a existência de tais "forças" sob a

5. Cf. a este respeito a exposição elucidativa de G. Schmaltz, *Östliche Weisheit und westliche Psychotherapie*. Stuttgart: [s.e.], 1951.

forma de imagens arquetípicas que, entretanto, *não se identificam com os conceitos abstratos correspondentes.* Talvez alguém acredite que os conceitos da consciência sejam representações diretas e corretas de seu objeto metafísico, por virtude da inspiração do Espírito Santo. Não há dúvida de que uma tal convicção só é possível para aquele que possui o carisma da fé. Infelizmente não posso gloriar-me dessa posse, e por isso não penso que ao dizer alguma coisa sobre um arcanjo faça uma afirmação de caráter metafísico. Pelo contrário, o que expressei foi uma opinião a respeito de algo que pode ser experimentado, ou seja, a respeito de uma das "forças do inconsciente" que podemos sentir. Estas forças são *typi* (tipos) numinosos ou conteúdos, processos e dinamismos inconscientes. Esses *typi* são, se assim podemos dizer, imanentes e transcendentes ao mesmo tempo. Como meu único meio de conhecer as coisas é a experiência, não tenho a possibilidade de ultrapassar este limite, imaginando que minha descrição tenha reproduzido a imagem perfeita de um arcanjo metafísico real. Apenas descrevi um fator psíquico que apesar de tudo exerce uma grande influência sobre a consciência. Por causa de sua autonomia, este fator representa um polo oposto do eu subjetivo, na medida em que representa um segmento da *psique objetiva.* É por isso que podemos denominá-lo "tu". Em favor de sua realidade temos o testemunho dos fatos diabólicos de nossa época: os seis milhões de judeus assassinados, as vítimas incontáveis do trabalho escravo na Rússia e a invenção da bomba atômica – para dar apenas alguns exemplos do lado tenebroso da humanidade. Em compensação, tenho sido testemunha de tudo aquilo que pode ser expresso pelas palavras "beleza, bondade, sabedoria e graça". Estas experiências das profundezas e das alturas da natureza humana autorizam-nos a usar o termo "demônio" em sentido metafórico.

1.506 Não se deve esquecer de que eu me ocupo com os fenômenos psíquicos que podem ser demonstrados empiricamente como fundamentos de *conceitos* metafísicos, e de que, ao pronunciar a palavra "Deus", por exemplo, não posso referir-me senão a paradigmas psíquicos demonstráveis, mas que são de uma realidade tremenda. Se alguém achar isto inacreditável, eu o aconselho a fazer um giro de reflexão através de um manicômio.

1.507 A “realidade da psique” é minha hipótese de trabalho, e minha atividade precípua consiste em coletar, descrever e interpretar o material que os fatos me oferecem. Não elaborei um sistema nem uma teoria geral. Formulei apenas conceitos auxiliares que me servem de instrumentos de trabalho, tal como se faz habitualmente nas ciências naturais. Se Buber considera meu empirismo como gnosticismo, então cabe-lhe o ônus de provar que os fatos por mim descritos nada mais são do que meras invenções. Se ele conseguir isso através de material empírico, é lícito concluir que sou gnóstico. Mas, neste caso, ele se acharia na situação incômoda de concordar que todas as experiências religiosas não passam de autoilusões. Atualmente minha opinião é a de que o julgamento de Buber bateu no endereço errado. Isto se percebe sobretudo no fato de que aparentemente ele não é capaz de entender o modo pelo qual um “conteúdo psíquico autônomo” como a imagem de Deus possa contrapor-se ao eu, não faltando vivacidade a essa relação. Não há dúvida de que não é tarefa da ciência experimental verificar até que ponto um conteúdo psíquico desta natureza foi produzido e determinado pela existência de uma divindade metafísica. Isto é da competência da teologia, da revelação e da fé. Parece que meu crítico não percebe que ele mesmo, ao falar de Deus, o faz partindo principalmente do que lhe diz sua consciência, e depois de seus pressupostos inconscientes. Não sei de que Deus metafísico ele fala. Se é um judeu ortodoxo, fala de uma divindade ainda não revelada por sua encarnação ocorrida no ano I de nossa era. Se é cristão, conhece a encarnação a respeito da qual Javé ainda não deixa entrever coisa alguma. Não ponho em dúvida a convicção que ele tem de estar em relação viva com um tu divino mas, como sempre, acho que tal relação tem como objeto primeiramente um conteúdo psíquico autônomo, definido de modo diferente por ele e pelo Papa. Quanto a isto não me compete absolutamente julgar até que ponto aprouve ao Deus metafísico revelar-se ao judeu fiel como o Deus anterior à encarnação, aos padres da Igreja como o Deus trino posterior, aos protestantes como o único Redentor, *sem* Corredentora, e ao Papa atual como Redentor *com* uma *Corredemptrix* (Corredentora). Ou devemos duvidar de que os representantes de outras religiões como o islã, o budismo, o hinduísmo e o taoísmo não tenham também esta mesma relação vital com “Deus”, com o Nirvana ou com o Tao, tal como Buber com o seu próprio conceito de Deus?

1.508 É estranho que Buber se escandalize com a minha afirmação de que Deus não pode existir sem uma ligação com o homem, e a considere como uma proposição de caráter transcendente. Mas eu digo expressamente que tudo, absolutamente tudo o que dizemos a respeito de "Deus" é uma afirmação humana, isto é, psíquica. Mas será que a noção que temos ou formamos de Deus nunca está "desligada do homem"? Poderá Buber informar-me onde foi que Deus criou sua própria imagem, sem ligação com o homem? Como e por quem semelhante coisa pode ser constatada? Vou especular ou "fabular" aqui – excepcionalmente – em termos transcendentes. Deus, na realidade, formou uma imagem sua, ao mesmo tempo incrivelmente esplêndida e sinistramente contraditória, sem a ajuda do homem, e a implantou no inconsciente do homem como um arquétipo, um ἀρχέτυπον ὦζ, não para que os teólogos de todos os tempos e de todas as religiões se digladiassem por causa dela, mas sim para que o homem despretensioso pudesse olhar, no silêncio de sua alma, para dentro desta imagem que lhe é aparentada, construída com a substância de sua própria psique, encerrando tudo quanto ele viesse, um dia, a imaginar a respeito de seus deuses e das raízes de sua própria psique.

1.509 Este arquétipo, cuja existência é atestada não somente pela história dos povos, como também através da experiência psicológica com os indivíduos em particular, satisfaz-me perfeitamente. Ele é humanamente tão próximo e, ao mesmo tempo, tão estranho e diferente e, como todos os arquétipos, de atuação sumamente determinante, sinal inequívoco de uma confrontação interior. É por isso que a relação dialética com os conteúdos autônomos do inconsciente coletivo constitui parte essencial da terapia.

1.510 Buber engana-se ao afirmar que eu "elaboro" enunciados metafísicos partindo de uma "concepção fundamentalmente gnóstica". Não é lícito tomar um resultado da experiência como pressuposto filosófico, pois este resultado não foi obtido dedutivamente e sim através de material fornecido pela experiência clínica. Eu recomendaria ao meu crítico que lesse as biografias de doentes mentais como as que se encontram, por exemplo, em John Custance: *Wisdom, Madness and Folly* (Londres 1951) ou em Daniel Paul Schreber: *Denkwürdigkeiten eines Nervenkranken* (Leipzig 1903), que certamente não partiram de pressupostos gnósticos, como eu também não, ou a análise de um material mitológico como o que se encontra no excelente trabalho de seu vizinho de Tel Aviv, o Dr. Erich Neumann: *Apuleius: Amor und Psyche* (Zurique 1952). Minha afirmação de que existe uma analogia e um parentesco muito próximo entre os produtos do inconsciente e certas representações metafísicas se baseia em minha experiência profissional. Permito-me, neste contexto, lembrar que conheço um grande número de abalizados teólogos, tanto católicos como protestantes, que não têm dificuldade de compreender meu ponto de vista empírico. Por isso não vejo motivos para considerar minha maneira de expor tão errônea como se depreende das alusões de Buber.

1.511 Gostaria ainda de mencionar um equívoco que tenho constatado com muita frequência. É o referente à estranha hipótese segundo a qual, se as projeções fossem "retiradas", nada mais restaria do objeto. O fato de eu corrigir minhas opiniões errôneas a respeito de uma determinada pessoa não significa que eu a renegue ou a faça desaparecer. Pelo contrário, agora é que a vejo de modo mais ou menos correto, coisa que só poderá ser útil para uma determinada relação. Mas o fato de considerar que todos os enunciados referentes a Deus provêm sobretudo da alma, não implica a negação de Deus ou que se substitua Deus pelo homem. Devo confessar que não me é nada simpático pensar necessariamente que, todas as vezes que um pregador cita a Bíblia ou ventila suas opiniões religiosas, é o próprio Deus metafísico que fala por meio dele. Não há dúvida de que a fé, quando a possuímos, é algo de grandioso e que o conhecimento da fé é talvez muito mais perfeito do que tudo quanto conseguimos com nossa fatigante experiência de curto fôlego. O edifício da dogmática cristã está, por exemplo, num patamar muito mais alto do que os "philosophoumena" agrestes dos gnósticos. Os dogmas são estruturas pneumáticas de imensa beleza e de sentido admirável com os quais eu me tenho ocupado a meu modo. A seu lado simplesmente se desvanecem as nossas tentativas científicas de estabelecer paradigmas da "psique objetiva". Elas estão presas à terra e à realidade, são contraditórias, incompletas, lógica e esteticamente insatisfatórias. As noções das ciências naturais e da psicologia clínica não derivam de princípios teóricos imaculados e irrepreensíveis, mas do trabalho quotidiano realizado no terra a terra da existência humana e de seus males. Os conceitos empíricos são de natureza irracional. O filósofo que os critica, como se fossem conceitos filosóficos, trava uma batalha contra moinhos de vento e se envolve, como Buber com seu conceito do *si-mesmo*, nas maiores dificuldades. Os conceitos empíricos são nomes que usamos para designar complexos de fatos reais e existentes. Dado o caráter paradoxal de nossa existência, é compreensível que o inconsciente encerre uma imagem de Deus também paradoxal que não se harmoniza com a beleza, a sublimidade e a pureza do conceito dogmático de Deus. O Deus de Jó e do Salmo 18 é, porém, um pouco mais realista, e seu comportamento não conflita com a imagem de Deus do inconsciente. Este último favorece a ideia da encarnação, com seu simbolismo do *anthropos*. Não me sinto responsável pelo fato de a história dos dogmas ter feito algum progresso depois do Antigo Testamento. Não prego, com isto, uma nova religião, pois para tanto precisaria apoiar-me, segundo o antigo costume, pelo menos em uma revelação divina. Sou um médico que se ocupa com a enfermidade do homem e de sua época, voltado para aqueles meios terapêuticos que correspondam à realidade do mal. Não somente Buber, como qualquer um é livre para curar meus pacientes com a "palavra de Deus", evitando minha odiosa psicologia. Acolherei de braços abertos esta sua tentativa. Mas como a "cura animarum" espiritual nem sempre tem produzido os efeitos desejados, é do modo acima indicado que deverão proceder por enquanto os médicos que não dispõem de coisa melhor do que a modesta "gnose" que a experiência lhes oferece. Ou algum de meus críticos conhece algo melhor?

1.512 Como médico que sou encontro-me numa situação aflitiva, pois infelizmente não é possível fazer alguma coisa com a palavrinha "deveria". Não podemos exigir de nossos pacientes uma fé que eles próprios rejeitam porque nada entendem, ou porque ela nada significa para eles, mesmo que a possuíssem. Temos sempre de contar com as possibilidades de cura encerradas na natureza do doente, pouco importando que as concepções daí decorrentes estejam ou não de acordo com qualquer uma das confissões ou filosofias conhecidas. O meu material empírico parece conter de tudo um pouco: de primitivo, ocidental e oriental. Quase não se encontra um mitologema que não seja mencionado e nenhuma heresia que não misture aí alguma de suas singularidades. É assim que deve ser constituída a camada coletiva das profundezas da alma humana. O intelectualista e o racionalista contentes com a própria crença talvez se indignem contra isso e me acusem de ecletismo ímpio, como se eu tivese inventado os fatos da natureza e da história humanas e preparado com eles uma beberagem teosófica intragável. Ora, quem tem uma crença ou prefere falar uma linguagem filosófica não precisa preocupar-se com os fatos. Mas um médico não pode deixar de encarar a realidade repugnante da natureza humana.

1.513 Os representantes dos sistemas tradicionais dificilmente entenderão as minhas formulações corretamente. Um gnóstico, por exemplo, de maneira alguma estaria satisfeito comigo, mas criticaria a ausência de uma cosmogonia, bem como o desalinho de minha gnose, em relação aos acontecimentos ocorridos no pleroma. Um budista reclamaria contra o fato de eu me deixar cegar pela *maya* (ilusão) e um taoísta criticaria meu caráter complicado. Um cristão bem ortodoxo dificilmente deixaria de censurar-me a despreocupação e a falta de respeito com que navego no céu das ideias dogmáticas. Mas sou obrigado a pedir a meus críticos impiedosos que observem, por bondade, que parto de *fatos*, buscando para eles uma interpretação.

Palestra na apresentação do "Códice Jung"*

Senhor presidente, *viri magnifici*, senhoras e senhores!

1.514 É para mim grande alegria receber este precioso presente em nome de nosso Instituto. Agradeço por ele e também pela honra surpreendente e imerecida de terem batizado o Códice com o meu nome. Gostaria de agradecer ao Dr. Meier por seu empenho persistente e coroado de êxito na aquisição do Códice e também pela organização dessa festividade. Ele me pediu para dizer algumas palavras sobre a importância psicológica dos textos gnósticos.

1.515 Infelizmente só conheço até agora três dos tratados contidos no Códice. Um deles é muito importante e, ao que parece, um texto valentiniano bem antigo que nos dá certa visão mais profunda da mentalidade do século II d.C. Trata-se do "Evangelho da verdade"[1], que não é tanto um evangelho mas um tratado esclarecedor sobre a mensagem cristã, cujo conteúdo estranho e de difícil compreensão queria trazer à assimilação do mundo intelectual helenístico-egípcio daquela época. É evidente que o autor desse tratado apela à inteligência do leitor, lembrando-se das palavras "escândalo para os judeus e loucura para os pagãos". Para ele, Cristo é em primeiro lugar aquele que traz a luz, que veio do Pai para iluminar a apatia, a escuridão e a inconsci-

---

* Palestra proferida numa casa de encontros em Rüden, em 15 de novembro de 1953. O *Códice Jung é* um papiro gnóstico em língua copta. Foi encontrado, em 1945, perto da aldeia de Nag Hamadi no Alto Egito e adquirido para o Instituto C.G. Jung, graças a um apoio financeiro através de George H. Page. Após longo trabalho de reconstituição, tradução e publicação do manuscrito, foi ele entregue ao museu copta do Cairo.

1. *Evangelium veritatis*. Zurique: [s.e.], 1956. Organizado e comentado por M. Malinine, H.C. Puech e G. Quispel.

ência da humanidade. Com a libertação da agnosia, o texto está na mesma linha da descrição que Hipólito faz em seu *Elenchos* dos gnósticos, sobretudo dos naassenos e peráticos. Aqui também encontramos a maior parte daquilo que chamo de "fenômenos de assimilação". Consistem em parte de alegorias e em parte de símbolos autênticos, cuja finalidade era lançar luz sobre a figura essencialmente metafísica de Cristo e torná-la mais compreensível à mentalidade da época. Para a compreensão moderna, este acumulo de símbolos, parábolas e sinônimos tem o efeito exatamente oposto, intensificando ainda mais a escuridão e enredando o portador da luz num emaranhado de analogias incompreensíveis. Não é provável que a explicação e iluminação dos gnósticos tenha tido muito êxito no mundo intelectual pagão, sem considerar que a Igreja bem cedo se opôs às tentativas de assimilação dos gnósticos e os suprimiu na medida do possível. Mas assim procedendo, a Igreja felizmente conservou as melhores peças, ao menos quanto ao seu conteúdo, para a posteridade, de modo que temos hoje a possibilidade de ver como a mensagem cristã foi acolhida pelo inconsciente daquela época.

1.516 Essas assimilações são naturalmente de grande importância para o psicólogo e o psiquiatra que se ocupam profissionalmente dos processos psíquicos mais ocultos, o que explica o fato de nosso Instituto se interessar tanto pela aquisição e tradução de textos gnósticos autênticos. Apesar de sujeitos à repressão e ao esquecimento, os fenômenos de assimilação que começaram com o gnosticismo perpassaram a Idade Média e chegaram aos tempos modernos. Podem ser observados hoje em dia por toda parte onde a consciência individual se confronta seriamente com sua própria sombra, isto é, com a parte inferior de sua personalidade. Isto acontece espontaneamente em certos casos que podem ser normais ou patológicos. Via de regra o homem moderno precisa contar com a ajuda de peritos para se conscientizar de sua escuridão, porque normalmente já esqueceu há muito tempo este problema fundamental do cristianismo, qual seja, a agnosia moral e intelectual da pessoa puramente natural. O cristianismo como fenômeno psicológico contribuiu muito para o desenvolvimento da consciência, e onde este processo dialético não chegou a uma paralisação, encontramos novas assimilações. Mesmo no judaísmo medieval desenvolveu-se durante os séculos um processo paralelo, ainda que independente, às assimilações cristãs: a cabala. Sua analogia mais próxima no campo cristão é a filosofia naturalista da alquimia, cuja afinidade psicológica com o gnosticismo é fácil de provar.

1.517 A confrontação do paciente com seu lado escuro, que é considerada inevitável e urgente pela psicoterapia moderna, continua o processo secular da conscientização cristã e produz os mesmos efeitos, isto é, fenômenos de assimilação semelhantes aos conhecidos historicamente no gnosticismo, na cabala e na filosofia hermética. Sendo a comparação com os pré-estágios históricos do mesmo processo da maior importância para a interpretação do fenômeno moderno, a descoberta de textos gnósticos autênticos tem enorme interesse para nossa orientação de pesquisa; e tanto mais que ela não é de natureza apenas teórica mas também prática. Infelizmente devo contentar-me com simples indicações para explicar nosso interesse por um Códice gnóstico. Mas a fundamentação mais detalhada encontra-se numa série de estudos já publicados.

Carta ao Père Bruno O.C.D.*

5 de novembro de 1953

Prezado Père Bruno

1.518 As perguntas que o senhor faz interessaram-me vivamente. O senhor deseja informações sobre métodos a serem seguidos para estabelecer a existência de um arquétipo. Em vez de uma dissertação teórica, prefiro expor-lhe de maneira prática o meu método ao tentar dizer-lhe o que penso sobre a personalidade provavelmente histórica do profeta Elias.

1.519 Quando na tradição se trata de uma pessoa que é caracterizada por traços individuais ou quase únicos, aos quais não se liga nenhum ou apenas pequeno número de lendas, feitos ou acontecimentos maravilhosos, relações ou paralelos com figuras mitológicas, então não há motivo para existir um arquétipo. Mas quando a biografia da pessoa contém motivos e paralelos míticos e quando a posteridade acrescenta elementos tipicamente mitológicos, então não há dúvida de que se trata de um arquétipo.

1.520 O profeta Elias é uma personalidade altamente mítica, o que não impede que seja, igualmente, histórico como, por exemplo, São João Batista ou o próprio Jesus, o rabi de Nazaré. Eu chamo de "fenômenos de assimilação" os atributos míticos. (Publiquei há pouco um estudo sobre a assimilação astrológica de Cristo como *peixe* em meu livro *Aion*, 1951.)

---

* Publicada em *Elie le prophète*, org. por Père Bruno de Jésus-Marie, O.C.D., vol. II (Les Études Carmélitaines, Paris, 1956), p. 13-18, no capítulo "Puissance de l'archétype". Cf. tb. a carta de Jung, de 20 de novembro de 1956, ao P. Bruno, em *Briefe* III, org. por Aniela Jaffé.

1.521 Não preciso repetir para o senhor a tradição bem conhecida do Antigo Testamento. Lancemos primeiramente um olhar sobre a tradição cristã no Novo Testamento e mais tarde: como homem "cabeludo" é comparável a João Batista. O chamamento de um apóstolo (Eliseu), o andar sobre a água, o desânimo (1Rs 19,4s.) prefiguram os mesmos acontecimentos na vida de Cristo. Este também foi considerado uma reencarnação de Elias, e sua palavra na cruz: "Eli, Eli..." como se estivesse chamando por Elias. O nome é derivado de El (Deus). Crisóstomo deriva o nome de "helios" (sol), "quod sicut sol ex Oceano emergens versus supremum coelum tendit"[1]. Em seu nascimento foi saudado pelos anjos. Foi enrolado em fraldas de fogo e alimentado por chamas. Tinha duas almas(!). (Cf. Mieg, *De raptu Eliae,* 1660, e Schulinus, *De Elia corvorum alumno,* 1718). No tempo romano havia um santuário no Carmelo que consistia ao que parece de um altar apenas (Tácito, *Historiarum* liber II, 78: "[...]tantum ara et reverentia"[2]). Vespasiano teria obtido um oráculo neste santuário. Jâmblico (*Vita Pyhagorica*, III, 15) informa que o monte era santo, que representava um lugar de tabu e que Pitágoras teria permanecido muitas vezes na solidão sagrada do Carmelo. Provavelmente os drusos conservaram em seu santuário no Monte o lugar do altar de Elias.

1.522 No *Pirkê Eliézer,* 31, Elias é a encarnação de uma substância anímica eterna da mesma natureza dos anjos. Foi o seu espírito que evocou o carneiro para substituir Isaac. Ele usa a pele daquele carneiro como tanga. Está presente na circuncisão como "o anjo da aliança" *(Pirkê Eliézer,* 29). Ainda em nossos dias reserva-se uma cadeira especial para Elias no rito da circuncisão; na ceia pascal coloca-se um cálice com vinho sobre a mesa, e o chefe da família abre a porta para convidar Elias a entrar e participar da festa.

1.523 A lenda diz que ele era violento, autoritário e impiedoso. Por causa desses atributos desagradáveis teve que entregar seu ofício de profeta a Eliseu. No sacrifício do monte Carmelo ele ordenou ao sol que parasse. Ele despertará os mortos na ressurreição futura. O rapaz que ele ressuscitou foi Jonas (que mais tarde foi engolido pela baleia).

1. [...] que tende para o supremo céu como o sol que surge do oceano.

2. [...] somente um altar e a veneração.

Após sua subida ao céu foi colocado entre os anjos, e paira qual águia sobre a terra para espiar os segredos dos homens.

1.524 Elias também é considerado um paralelo de Moisés. Os dois têm em comum: o assassinato de um homem, a fuga, ser alimentado por uma mulher, a revelação de Deus, a reunião do povo numa montanha. Elias e Moisés estavam presentes na transfiguração do Tabor.

1.525 Elias socorre o rabi Meir, assumindo a forma de uma hetera. É alguém que socorre em qualquer dificuldade humana (traz cura – até de dor de dente –, riqueza para os pobres, folhas do paraíso, constrói palácios mágicos etc.). Também prega peças, fazendo com que pessoas percam suas bolsas de dinheiro. Mata sem mais alguém que não reza direito. E assim Elias é idêntico à figura de Chidr ou al-Kadir da tradição islâmica[3]. Quando este revelou ao rabi Chijja o segredo da ressurreição dos mortos, os anjos intervieram, levaram o rabi à força e deram-lhe uma violenta surra com varas de fogo. Os cães da cidade latiram alegremente quando Elias apareceu (disfarçado). Três dias antes do surgimento do Messias, Elias se manifestará nas montanhas de Israel.

1.526 Segundo Moisés ben Leon, Elias pertence à categoria dos anjos que recomendaram a criação do homem. Moisés Cordovero compara-o a Henoc mas, enquanto o corpo deste foi consumido pelo fogo, Elias conserva sua forma terrena para estar preparado para a nova vinda. Seu corpo descende da árvore da vida. Como ele não morreu, acreditava-se que morasse invisível no Monte Carmelo. Por exemplo, a sunamita foi procurá-lo e o encontrou no monte Carmelo (2Rs 4,25). (Quanto à tradição judaica, ver Strack-Billerbeck, *Kommentar zum Neuen Testament* IV, parte 2, p. 764s.; também *Encyclopaedia Iudaica,* 1930, VI). Na tradição hassídica, Elias ficou sendo o responsável pela alma coletiva de Israel. Cada filho homem, quando é apresentado para a aliança com Deus, recebe uma parte da alma de Elias e, quando atinge a idade adulta e desenvolveu esta alma, Elias lhe aparece. Diz-se que Abraham ibn Esra de Toledo foi incapaz de desenvolver completamente esta sua alma. (É evidente que Elias representa ao mesmo tempo o inconsciente coletivo e o si-mesmo – atmã,

---

3. Cf. JUNG, C.G. *Símbolos da transformação* [OC, 5; § 282s.]; "Sobre o renascimento" [OC, 9/1; § 240s.].

purusha – da pessoa. Trata-se do *processo de individuação.* Cf. *Buber, Die Erzählungen der Chassidin,* 1949, p. 402[4]. Martin Buber é um dos meus adversários mais renhidos. Ele não entende nem mesmo o que ele próprio escreve![5]).

1.527 A tradição islâmica depende em primeiro lugar dos comentários judeus. Ilyas (Elias) recebeu de Deus o direito de dispor sobre as chuvas. Ele causou uma grande seca. Subiu ao céu num cavalo de fogo, e Deus o transformou num anjo que ainda é metade homem (segundo al-Tabarî). No *Corão,* sura 18, 64s, é substituído por al-Kadir. (Numa lenda judaica é Elias que viaja com Joshua ben Levi, no *Corão* é al-Chadir com Joshua ben Nun.) Em geral Elias e al-Kadir são gêmeos imortais. Todos os anos passam o ramadã em Jerusalém e depois acompanham a peregrinação a Meca, sem serem reconhecidos. Ilyas é identificado com Henoc e Idris (Hermes Trismegisto). Mais tarde Ilyas e al-Kadir são identificados com São Jorge (cf. *Encyclopädie des Islam,* Leiden e Leipzig 1913).

1.528 Na tradição cristã da Idade Média, Elias continuou a ocupar a fantasia das pessoas. Especial fascínio exerceu sua subida aos céus, representada muitas vezes em pinturas. Nas iluminuras de manuscritos segue-se a representação mitraica do nascer do sol que convida Mitra a subir com ele no carro de fogo (cf. Bossuet, "Die Himmelreise der Seele", em *Archiv für Religionswissenschaft* IV, 1901, p. 160s.; Cumont, *Textes et monuments* I, p. 178, fig. 11). Tertuliano (*De praescriptione haereticorum,* 40) diz de Mitra: "[...] imaginem resurrectionis inducit"[6]. O herói salvador masdeísta Saoshyant, o próximo na série dos salvadores ou profetas milenários, é fundido com Mitra, e este com Idris (Hermes, Mercúrio; cf. Dussaud, *Notes de mythologie syrienne,* p. 23s.). Nestas circunstâncias já não surpreende que Elias se torne o "Helyas Artista" na alquimia medieval (cf. por exemplo Dorneus, "De transmutatione metallorum", in *Theatrum chemicum,* 1602,1, p. 610: "[...] usque in adventum Heliae Artistae quo tempore nihil tam occultum quod non revelabitur")[7]. Esta passagem tem

4. "Elija", do rabi Elimelec.

5. A respeito de Buber, cf. §1.499s. deste volume.

6. [...] induz uma imagem da ressurreição.

7. [...] até a chegada de Elias Artista, tempo em que nada estará tão oculto que não seja revelado.

sua origem no tratado *De tinctura physicorum,* de Paracelso. (Cf. tb. Helvetius, *Vitulus aureus,* 1667; Gláuber, *De Elia Artista,* 1668; Kopp, *Die Alchemie,* 1886, vol. I, p. 250)[8].

1.529 É desnecessário continuar esta longa lista de fenômenos de assimilação que desde os tempos mais remotos seguem-se por assim dizer ininterruptamente. Isto prova indiscutivelmente que Elias é um arquétipo *vivo.* Na psicologia dizemos que é um arquétipo *constelado,* isto é, mais ou menos ativo que produz novas formas de assimilação. Um desses fenômenos foi a escolha do monte Carmelo para a construção do primeiro convento no século XII. O monte havia sido por muito tempo um lugar numinoso, sede das divindades cananeias de Baal e Astarte (cf. a dualidade de Elias, a transformação numa hetera). YHWH vem substituí-las como habitante do lugar sagrado (Eli-yah como al-Kadir uma espécie de personificação de YHWH ou

---

8. Ao final desta carta, Père Bruno transcreve outra de Jung, de 22 de dezembro de 1953 (?): "Quanto ao *Elias dos alquimistas,* gostaria de lembrar-lhe o texto de Gerardus Dorneus (citado acima). Em vez de dizer 'usque ad adventum Christi', este alquimista prefere uma forma mais antiga do *anthropos,* isto é, Elias, que foi uma das quatro pessoas levadas em corpo ao céu: Henoc, Elias, Cristo e Maria.

"A razão do alquimista preferir Elias, uma figura ou um estado que precedem a Cristo, talvez se encontre no fato de que, em Paracelso, Elias, bem como Henoc, pertencerem aos 'Enochdiani e Heliezati', isto é, àqueles cujo corpo é capaz de longa vida (até mil anos) ou é incorruptível como os corpos de Henoc e Elias; o prolongamento da vida era um desejo ardoroso do mestre, pois a morte prematura de Cristo não lhe parecia nada interessante. (Paracelso está sem dúvida no limiar do materialismo científico do século XVIII. Cf. o Tratado de Teofrasto Paracelso *De vita longa,* org. por Adam von Bodenstein, 1562.)

"Segundo a tradição judaica, Elias permaneceu em estado corporal para ser visto pelos olhos mortais durante sua peregrinação pela terra. Após ler meu livrinho, que foi publicado há pouco (que aborda, entre outras coisas, a natureza arquetípica de Javé, conforme aparece no livro de Jó), um judeu intelectual e gnóstico (ou materialista) teve um sonho que chegou a meu conhecimento. No sonho ele estava de volta ao campo de concentração onde estivera realmente durante a guerra. De repente viu uma águia de tamanho descomunal sobrevoando o campo. O sonhador percebeu que o pássaro ameaçador o descobrira e o observava. Muito nervoso, tentava defender-se da águia, partindo para o ataque. Com esta finalidade procurou no campo um avião de combate para liquidar o animal.

"Graças ao meu livro, percebeu que é possível na realidade abolir pela razão a ideia de um Deus, mas que não é possível livrar-se dela quando se trata de um arquétipo inato na estrutura da própria psique. (Este sonho é analisado no volume *Estudos alquímicos,* § 466s.) Elias, na figura da águia, representa o olho de Javé que tudo vê – 'os olhos do Senhor, que percorrem toda a terra' (Zc 4,10b). O medo de Deus apoderou-se dele. De modo que o atributo teriomórfico do antigo profeta ainda desempenha seu papel em nossos dias".

Alá. Cf. o temperamento e o fogo do Profeta!). O habitante numinoso do Carmelo é nomeado o padroeiro da Ordem. A escolha é curiosa e sem precedentes. De acordo com a regra empírica, um arquétipo se torna ativo e se deixa escolher quando certa falta na esfera consciente exige *uma compensação por parte do inconsciente.* O que falta por parte da consciência é a relação direta com Deus: na medida em que Elias é um ser semelhante aos anjos e dotado de poder divino, que traz o nome mágico de Eli-YHWH, liberto da corruptibilidade, onisciente e onipresente, representa a compensação ideal não só para os cristãos, mas também para os judeus e muçulmanos. É o tipo "theos anthropos", mais humano do que Cristo, pois foi gerado e nasceu no pecado original, e mais universal porque abrange inclusive as divindades pré-javistas como Baal, El-Elyon, Mitra, Mercúrio e al-Kadir, a personificação de Alá.

1.530 Disse acima que o arquétipo se deixa escolher, em vez de ser escolhido conscientemente. Prefiro esta formulação, pois é quase a regra que sigamos inconscientemente a atração e a sugestão do arquétipo. Creio que a lenda de Elias e a atmosfera peculiar do monte Carmelo tenham exercido tal influência que os fundadores da Ordem não puderam livrar-se dela, nem os drusos, os romanos, os judeus, os cananeus e os fenícios. Não foi apenas o *lugar,* mas também o *tempo* que favoreceram a escolha de uma figura compensadora. O século XII e o início do século XIII foram a época que ativou os movimentos espirituais que surgiram na nova era, iniciada no século XI[9]. Foi a época de um Joaquim de Fiore e dos Irmãos do Livre Espírito, de um Alberto Magno e Rogério Bacon, dos inícios da alquimia latina e das ciências naturais, bem como de um símbolo religioso feminino, o Santo Graal. (Para o significado do ano 1000, cf. meu livro *Aion.*)

1.531 Para completar o estabelecimento de um arquétipo vivo, não bastam as provas históricas, pois não é possível explicar a documentação histórica pela tradição (cujo início é, além do mais, sempre obscuro). É preciso acrescentar, por isso, o fato notório de que o arquétipo também se manifesta espontaneamente fora da tradição. Deus como alma coletiva, como arquétipo do espírito, inclusive na forma

---

9. *Aion.* § 137s. [OC, 9/2].

de "trapaceiro", como divindade pagã, é encontrado também na alquimia antiga e medieval que certamente nada tem a ver com a tradição local do monte Carmelo. O *Deus absconditus* da alquimia tem a mesma função compensadora da figura de Elias. Finalmente – um fato desconhecido – chegamos a entender a psicologia da alquimia graças ao fato de observarmos compensações semelhantes em indivíduos patológicos e normais da época moderna. Denominando-se "ateus" ou "agnósticos", as pessoas insatisfeitas com a tradição cristã não são meramente negativas. Em muitos casos é fácil observar o fenômeno do "Deus compensador", conforme demonstrei em meus trabalhos mais recentes.

Espero, prezado Père Bruno, ter-lhe mostrado como se comprova a existência de um arquétipo e ter respondido à sua pergunta sobre a escolha do arquétipo.

Com expressão da minha mais alta estima e consideração, subscrevo-me

C.G. Jung

Carta ao Pastor William Lachat*

Küsnacht, 27 de março de 1954

Prezado senhor

Foi muita gentileza sua enviar-me seu livro *La Reception et l'action du Saint-Esprit*[1]. Eu o li com especial interesse pois o assunto sobre o Espírito Santo parece-me de importância atual. Lembro-me de que o antigo arcebispo de York, Dr. Temple, admitiu numa conversa comigo que a Igreja não havia feito todo o possível para desenvolver a ideia do Espírito Santo. Não é difícil de ver por que isto é assim, pois το πνευμα ὅπου θέλειπνει[2] – um fato não muito conveniente para uma instituição. Durante a leitura de seu pequeno livro ocorreram-me várias interrogações e pensamentos que exporei a seguir, pois talvez minhas reações possam ser-lhe de algum interesse. 1.532

Concordo com o senhor quando diz que a gente hesita antes de confiar-se à "ação imprevisível" do Espírito Santo. A gente tem medo dele e, eu diria, não sem razão. Uma vez que existe notável diferença entre o Deus do Antigo Testamento e o do Novo, seria desejável uma definição. O senhor não explica a sua ideia de Deus. Que Deus o senhor tem em mente: o Deus do Novo ou do Antigo Testamento? O último é um paradoxo; ele é bom e também semelhante ao demônio, é justo e injusto ao mesmo tempo, enquanto o Deus do Novo Testamento é por definição perfeito, bom e até mesmo o *Summum Bonum*, sem qualquer elemento de escuridão ou de demoníaco. Mas se 1.533

---

* Teólogo protestante em Neuchâtel. Cf. cartas de Jung, de 18 de janeiro e 29 de junho de 1955, em *Cartas* II, org. por Aniela Jaffé.

1. Neuchâtel: [s.e.], 1953.

2. Jo 3,8: "O vento sopra onde quer".

o senhor identifica esses dois Deuses, por mais diferentes que sejam, entende-se perfeitamente por que as pessoas sentem medo e resistência em se confiarem incondicionalmente ao Espírito Santo. A ação divina é tão imprevisível que também pode ser desastrosa. Sendo assim, a prudência da serpente nos aconselha a não chegarmos muito perto do Espírito Santo.

1.534 Se, no entanto, o senhor tem em mente o Deus do Novo Testamento, então pode-se ter certeza de que o risco é mais aparente do que real, porque o fim será sempre bom. Neste caso o experimento perde seu caráter de aventura; não será realmente perigoso. Seria insensatez não se entregar totalmente à ação do Espírito Santo. A pessoa o procurará dia após dia e facilmente se apossará dele, como nos assegura Mr. Horton[3]. Na ausência de uma posição formal de sua parte, presumo que o senhor identifica os dois Deuses. Neste caso não seria muito fácil captar o Espírito Santo; seria até bastante perigoso atrair a atenção divina por um comportamento especialmente piedoso (como no caso de Jó e alguns outros). No Antigo Testamento, Satanás ainda é ouvido pelo Pai e pode inclusive influenciá-lo contra o justo. O Antigo Testamento nos oferece uma série desses exemplos, e eles nos previnem a sermos muito cautelosos ao lidarmos com o Espírito Santo. A pessoa que não é especialmente corajosa e aventureira faz bem em guardar esses exemplos e agradecer a Deus que o Espírito Santo não se interesse muito por ela. Ela se sente mais segura à sombra da Igreja, que serve de fortaleza para proteger-nos contra Deus e seu Espírito. É confortador sermos assegurados pela Igreja católica de que ela "possui" o Espírito que está presente regularmente em seus ritos. Então se sabe que ele está bem preso. O protestantismo não é menos tranquilizador, apresentando-nos o Espírito Santo como algo que deve ser procurado, que pode ser facilmente "bebido" e até mesmo ser possuído. Tem-se a impressão de que ele é algo passivo, que não pode mover-se sem nós. Perdeu suas qualidades perigosas, seu fogo, sua autonomia, seu poder. É representado como um elemento inofensivo, passivo e apenas beneficente, de modo que ter medo dele é mera estupidez.

---

3. Harold Horton, chefe do movimento pentecostal. Citação (p. 19) de: *Receiving Without Tarrying*. Lugar e data desconhecidos.

Esta caracterização do Espírito Santo não leva em conta os terrores de YHWH. Ele não nos diz o que o Espírito Santo é, porque deixou de nos explicar claramente o que fez com o *Deus absconditus*. Albert Schweizer nos informa singelamente que ele se mantém no lado do Deus ético e evita o *absconditus*, como se um mortal fosse capaz de esconder-se diante de um Deus todo-poderoso ou tomar o outro lado menos perigoso. Deus pode mergulhá-lo na injustiça sempre que o quiser.

Também senti falta de uma definição de Cristo; não se sabe se ele é idêntico ao Espírito Santo, ou diferente dele. Todos falam de Cristo, mas quem é este Cristo? Quando falo com um sacerdote católico ou anglicano, não fico em dúvida. Mas quando falo com um pastor da Igreja reformada, então pode ser que Cristo seja a segunda pessoa da Trindade e o Deus todo, ou um homem divino (a "autoridade suprema", segundo Albert Schweizer, o que não se coaduna muito bem com o erro da parusia), ou um daqueles grandes fundadores de sistemas éticos como Pitágoras, Confúcio etc. O mesmo se dá com a ideia de Deus. De que fala Martin Buber quando nos revela sua relação íntima com "Deus"? De YHWH? Da Trindade antiga ou da moderna, que se tornou mais uma quaternidade desde que a esposa foi recebida no tálamo?[4] Ou do Deus algo nebuloso do protestantismo? O senhor acredita que todo aquele que diz entregar-se a Cristo realmente se entregou a ele? Não é mais provável que tenha se entregue à imagem que ele construiu para si de Cristo, de Deus Pai ou do Espírito Santo? São todos o mesmo Cristo, o Cristo dos sinóticos, dos *Exercitia Spiritualia*, de um místico do monte Atos, do conde Zinzendorf[5], das centenas de seitas, de Caux[6], Rudolf Steiner e – não por último – de Paulo? O senhor acredita realmente que alguém – seja quem for – possa tornar realmente presente uma das pessoas da Trindade, invocando

---

4. Papa Pio XII, Constituição Apostólica *Munificentissimus Deus*, § 21: "Convinha que morasse no tálamo celestial aquela que o eterno Pai desposara". Cf. Jung, C.G. Resposta a Jó [OC, 11; § 743].

5. Conde Nikolaus Ludwig von Zinzendorf (1700-1760), fundador da (Herrnhuter) Brüdergemeine, uma associação religiosa protestante.

6. Caux sur Montreux, sede do "Rearmamento Moral" (originalmente "Oxford Movement").

com seriedade o seu nome? Só posso comprovar que alguém conjurou uma imagem psíquica, mas é impossível para mim confirmar a presença real do ser invocado. Não cabe a nós nem a outros decidir *quem* foi invocado por este nome sagrado ou a quem a gente se entregou. Já não aconteceu que a invocação do Espírito Santo trouxesse à cena o demônio? O que é invocado em primeiro lugar são imagens, e por isso elas têm importância especial. Não nego de forma alguma que a profunda emoção de uma oração autêntica possa alcançar a transcendência, mas isto está acima de nossa compreensão. Não haveria transcendência se nossas imagens e metáforas fossem mais do que simples antropomorfismos e as palavras tivessem efeito mágico. A Igreja católica manifesta-se *expressis verbis* contra esta insinuação e insiste em seu ensinamento de que Deus não pode abolir suas próprias instituições. Está moralmente obrigado a mantê-las através de seu Espírito Santo ou de sua graça. Toda a pregação teológica é um *mitologema*, uma série de imagens arquetípicas que se destina a dar uma descrição mais ou menos exata da transcendência inimaginável. Isto é um paradoxo, mas é justificado. A totalidade desses arquétipos corresponde ao que chamei de *inconsciente coletivo*. Trata-se aqui de *fatos empíricos*, conforme já demonstrei. Aliás, o senhor não parece muito bem informado sobre a natureza do inconsciente nem sobre minha psicologia. A ideia de que o inconsciente é o abismo de todos os horrores está bastante ultrapassada. O inconsciente coletivo é neutro; nada mais é do que natureza, tanto espiritual quanto ctônica. É falso imputar à minha psicologia a ideia de que o Espírito Santo é "apenas uma projeção da alma humana". É um fato transcendental que se apresenta a nós sob a dissimulação de uma imagem arquetípica (por exemplo...[7], ou devemos admitir que ele realmente é um "sopro" do Pai e do Filho?). Não há nenhuma certeza de que esta imagem corresponda exatamente à entidade transcendental.

1.537 O inconsciente é ambivalente; pode produzir tanto efeitos bons quanto maus. Assim também a imagem de Deus tem dois lados, como YHWH ou o Deus de Clemente Romano que tem duas mãos; a direita é Cristo e a esquerda é Satanás, e com essas duas mãos ele governa

---

7. Lacuna na cópia da carta; talvez uma palavra grega como pneuma.

o mundo[8]. Nicolau de Cusa chama Deus de *complexio oppositorum* (naturalmente sob a condição apotropeica da *privado boni!*). As qualidades paradoxais de YHWH continuam no Novo Testamento. Nestas circunstâncias torna-se muito difícil saber como proceder com a *oração*. Podemos dirigir nossa oração ao bom Deus, com exclusão do demônio, como recomenda Albert Schweizer? Temos a capacidade de dissociar Deus como a camponesa que disse ao Menino Jesus, que interrompeu sua oração à Virgem: "Quieto, Menino, estou falando com tua mãe"?[9] Podemos realmente colocar de lado o Deus que nos é perigoso? Acreditamos que Deus seja tão impotente que possamos dizer-lhe: "Vai embora, estou falando com o teu lado melhor"? Ou podemos ignorar o *absconditus*? Albert Schweizer nos convida a fazer exatamente isto; vamos banhar-nos no rio sem atentar para os crocodilos. Aparentemente não é preciso incomodar-se com eles. Quem é capaz de ter uma "fé tão simples"?

1.538 À semelhança de Deus, o inconsciente tem dois aspectos: um é bom, favorável e benfazejo, o outro é mau, malévolo e nefasto. O inconsciente é a fonte imediata de nossas experiências religiosas. A natureza psíquica de toda experiência não significa que as realidades transcendentais sejam também psíquicas. A física não considera que a realidade transcendental, representada por seu modelo psíquico, também seja psíquica. Ela chama isso de *matéria;* da mesma forma a psicologia não atribui sua própria natureza psíquica às suas imagens ou arquétipos. Ela os denomina "psicoides"[10] e está convencida de que representam realidades transcendentais. Ela conhece inclusive a "fé simples" como uma espécie de *convicção inevitável*. Podemos procurá-la em toda parte, mas ela só vem ao nosso encontro quando quer, pois é um dom do Espírito Santo. Só existe um *único* espírito divino: uma presença imediata, muitas vezes aterradora e de forma nenhuma sujeita ao nosso arbítrio. Não há garantia de que possa muito bem ser o diabo, como aconteceu a santo Inácio de Loyola em sua visão da "serpens oculatus", que ele interpretou a princípio como

8. Cf. JUNG, C.G. *Aion* [OC, 9/2; § 99s.].

9. Cf. FRANCE, A. *Sur la Pierre blanche*. Paris: [s.e.], 1906, p.12.

10. Cf. JUNG, C.G. OC, 8 e 14; índices.

Cristo ou Deus e, depois, como o diabo[11]. Nicolau de Flüe teve a visão amedrontadora do *absconditus* que ele transformou mais tarde na amável Trindade da igreja paroquial de Sachseln[12].

1.539 A entrega a Deus é uma aventura tremenda, e tão "simples" quanto qualquer situação que a pessoa já não consegue controlar. Quem se arrisca a entrar totalmente encontra-se diretamente nas mãos de Deus e se confronta aí com uma situação que faz da "fé simples" uma necessidade vital ou, em outras palavras, a situação fica tão arriscada ou abertamente ameaçadora que os instintos mais profundos despertam. Uma experiência desse tipo é sempre numinosa porque une todos os aspectos da totalidade. Tudo isso encontra sua mais bela expressão no simbolismo da religião cristã: a vontade de Deus que tomou forma em Cristo impõe o desfecho fatal, a catástrofe seguida do fato ou da esperança da ressurreição. Enquanto a fé cristã acentua o perigo mortal da aventura, as Igrejas nos garantem que Deus nos protege contra todo perigo e especialmente contra a fatalidade de nosso próprio caráter. Em vez de assumirmos nossa cruz, somos ensinados a jogá-la para cima de Cristo. Ele assumirá o peso de nossas angústias, e nós podemos gozar de nossa "fé simples" em Caux. Nós nos refugiamos na coletividade cristã onde podemos esquecer até mesmo a vontade de Deus, porque na sociedade perdemos o senso da responsabilidade pessoal e podemos nadar com a correnteza. Sentimos segurança na multidão, e a Igreja faz tudo para garantir-nos contra o temor de Deus, como se não acreditasse que ele pode causar uma situação séria. Por outro lado, pinta-se a psicologia com as cores mais pretas possíveis, porque ela ensina – em perfeita consonância com o símbolo cristão – que ninguém pode subir sem que tenha descido antes. Certa vez um professor de teologia me acusou publicamente de que, "em flagrante contradição com as palavras de Cristo", critiquei como *infantil* a pessoa que permanece criança, conservando suas crenças do passado. Tive que lembrá-lo de que Cristo

11. Cf. JUNG, C.G. "Considerações teóricas sobre a natureza do psíquico". In: JUNG, C.G. *A natureza da psique*. Petrópolis: Vozes, 2011 [OC, 8/2; § 12s.].

12. Cf. "Bruder Klaus". In: JUNG, C.G. *Psicologia da religião ocidental e oriental*. Petrópolis: Vozes, 2011 [OC, 11/6]; e *Os arquétipos e o inconsciente coletivo*. Petrópolis: Vozes, 2011 [OC, 9/1; § 12s.].

nunca disse "permanecei crianças", mas "sede como as crianças". Este é um pequeno exemplo de como a experiência cristã é falsificada; ela é embelezada, seus aspectos sombrios são negados, seus perigos são escondidos. Mas a ação do Espírito Santo não vem ao nosso encontro na atmosfera de uma vida normal burguesa (ou proletária!), bem protegida e ordenada, mas apenas na incerteza, fora do planejamento humano, no espaço sem limites, onde se está sozinho com a providência divina. Nunca se deve esquecer que Cristo foi um inovador e revolucionário, *executado entre criminosos*. Os reformadores e os grandes gênios da religião foram hereges. Aqui encontramos os rastos do Espírito Santo, e ninguém o pede ou recebe sem *pagar um alto preço*. O preço é tão alto que ninguém ousaria dizer que possui ou está possuído pelo Espírito Santo – seria considerado hoje em dia como muito próximo da clínica psiquiátrica. O perigo de tornar-se ridículo é muito real, sem falar no risco de ofender a nosso verdadeiro Deus: a *respeitabilidade*. Aqui nos tornamos bastante severos, e seria totalmente inadmissível que Deus e seu Espírito dessem conselhos e ordens como no Antigo Testamento. Certamente todos atribuiriam essas infrações da regra ao inconsciente. Diríamos: Deus é fiel, ele não nos abandona; Deus não mente, ele mantém sua palavra etc. Sabemos que isto não é verdade, mas continuamos a repetir estas mentiras sem parar. É compreensível que se queira manter à distância a verdade comprovada, porque parece impossível confiar num Deus que não respeita suas próprias leis, quando se deixa levar por um acesso de ira ou esquece seu juramento solene. Quando ouso mencionar esses fatos comprovados, os teólogos me acusam de blasfêmia, pois estão pouco dispostos a admitir a ambivalência do caráter divino, o caráter demoníaco do Deus bíblico e até mesmo do Deus cristão. Por que era preciso esse sacrifício terrível do Filho, se não é difícil aplacar a ira do "Deus ultionum"? Não se vê muita coisa da bondade e do amor do Pai no trágico fim do Filho.

1.540 É claro que deveríamos abandonar-nos o máximo possível à vontade divina; mas o senhor há de convir que é difícil e perigoso, e tão perigoso que eu não ousaria recomendar a nenhum de meus clientes que assumisse em si o Espírito Santo ou a ele se entregasse, antes de torná-lo consciente dos riscos de tal atitude.

1.541 Permita-me fazer alguns comentários. Na página 11s.: O Espírito Santo deve ser temido. Ele é revolucionário *sobretudo* em assuntos religiosos (de modo algum "talvez mesmo em assuntos religiosos", p. 11, ao pé). Deveras, o Espírito Santo é recusado com razão porque se pretende torná-lo agradável a nós, sem dizer o que é este fogo sagrado que mata e que dá vida. É possível passar por uma batalha sem ferimentos, mas há sempre alguns azarados que não conseguem evitar a mutilação ou a morte. Talvez sejamos um deles. Não se assume um perigo desses sem necessidade premente. É totalmente normal e razoável fugir do Espírito Santo. Modificou-se por acaso a vida do senhor Boegner?[13] Correu ele o risco de ir contra o convencional (por exemplo, comer com os pagãos quando se é um judeu ortodoxo ou, melhor ainda, com mulheres de vida duvidosa, ou ser mergulhado na escuridão como Oseias), de tornar-se ridículo, derrubando a ordem tradicional etc.? O que falta são ações e não palavras.

1.542 Página 13: É bastante delicado, mas também muito característico, dizer do Espírito Santo que ele é "incômodo e às vezes desconcertante".

1.543 Página 16: Está claro que o Espírito Santo visa em última análise à coletividade (*ecclesia*), mas em primeira instância ao indivíduo, e para criá-lo, isola-o de seu meio ambiente, como o próprio Cristo foi considerado louco por seus familiares.

1.544 Página 19: O Espírito Santo é "o portador da santidade de Deus". Mas quem quer reconhecê-lo como tal? Todos vão ver nisso embriaguez, heresia ou loucura. Ao título "portador da santidade" deve ser acrescentado "da santidade que o próprio Deus às vezes joga de lado" (Salmo 89).

1.545 Página 21: O senhor Horton pode ser de opinião de que receber o Espírito Santo seja uma coisa relativamente simples. É simples enquanto não nos damos conta do que se trata. A gente se entrega a um Espírito de dois aspectos. Por isso não se está muito disposto a "beber" dele ou a "ter sede" dele. Espera-se antes que Deus passe por cima de nós, que fiquemos protegidos contra sua injustiça e sua violência. Concordo que o Novo Testamento fala de modo diferente, mas quando se chega ao *Apocalipse* o estilo muda drasticamente e se aproxima daquele dos tempos antigos. O reino de Cristo foi provisório; depois, o

---

13. Pastor Marc Boegner, Paris; citação de *Radiopfingstpredigt*, 1º de junho de 1952.

mundo é deixado por um longo tempo ao anticristo e a todos os horrores que pode imaginar uma fantasia sem dó e sem amor. O testemunho em favor de um Deus de duas faces é dado pelo último e trágico capítulo do Novo Testamento que pretende estabelecer um Deus exclusivamente bom e de puro amor. Será que o *Apocalipse* foi um terrível equívoco daqueles Padres que estabeleceram o cânon dos livros sagrados? Não o creio. Estavam muito próximos da dura realidade das coisas e também da tradição religiosa para partilhar de nossa interpretação adocicada e de nossa opinião belamente falsificada.

1.546 Página 23: "Entrega sem a mínima reserva". O senhor Horton nos aconselha a atravessar a *Avenue de l'Opéra* de olhos vendados? Ele acredita tanto no bom Deus que esqueceu o *temor de* Deus. Para o senhor Horton, Deus já não é perigoso. Mas, o que acontece então ao *Apocalipse*? Ele no entanto pergunta: "a qual dinamismo a gente se entrega, ao natural ou ao sobrenatural"? Quando diz: "eu me entrego todo a Deus", como sabe o que é "todo"? Nossa totalidade é um fato inconsciente, cuja extensão não podemos estabelecer. Somente Deus pode julgar sobre a totalidade do ser humano. Só podemos dizer humildemente: "todo quanto possível".

1.547 Também não há certeza de que seja realmente *Deus* quando dizemos "Deus". Talvez seja uma palavra que esconde um demônio ou um vazio, ou é um ato da graça que coincide com nossa oração.

1.548 Esta entrega total é inquietadora. Há mais ou menos vinte anos dei um curso de dois semestres na ETH[14] sobre os *Exercitia spiritualia* de Santo Inácio. Fiquei muito impressionado naquela ocasião com esta entrega total, a respeito da qual nunca se sabe se estamos lidando com santidade ou com orgulho espiritual. Também se percebe que o Deus ao qual alguém se entrega é uma prescrição clara e bem definida, dada pelo diretor dos Exercícios. Isto é bem evidente na parte chamada "colloquium", onde é um só que fala, ou seja, o iniciando. A gente se pergunta o que Deus ou Cristo estariam dizendo se fosse um diálogo real, mas ninguém espera que Deus responda.

1.549 Página 26: A identidade de Cristo com o Espírito Santo me parece questionável, pois Cristo fez uma distinção bem clara entre ele e o

14. Eidgenössische Technische Hochschule, Zurique, junho de 1939 – março de 1940.

Paráclito, ainda que esta última função se pareça com a de Cristo. A quase identidade do Espírito Santo com Cristo no Evangelho de São João é característica do gnosticismo do evangelista. Parece-me importante insistir na sequência cronológica das três Pessoas, pois há uma evolução em três estágios:

1. O Pai. Os opostos ainda não estão diferenciados; Satanás é ainda enumerado entre os "filhos de Deus". Cristo é apenas uma referência.

2. Deus é encarnado como o "Filho do Homem". Satanás caiu do céu. Ele é o outro "filho". Os opostos estão diferenciados.

3. O Espírito Santo é *alguém*, seu protótipo é a *ruah Eloim*, uma emanação, um princípio ativo que procede (como quintessência) *a Patre Filioque*. Enquanto procede também do Filho, ele é diferente da *ruah Eloim*, que representa o princípio ativo de Javé (não encarnado, com apenas anjos no lugar do filho). Os anjos são chamados "filhos", eles não são gerados e não há mãe dos anjos. Mas Cristo partilha da natureza humana e é homem por definição. Neste caso é evidente que o Espírito Santo, procedente do Filho, não surge apenas da natureza divina, isto é, da segunda Pessoa, mas também da natureza humana. Graças a este fato, a natureza humana é incluída no mistério da Trindade. A humanidade faz parte dela.

1.550 Esta "natureza humana" é apenas figurativamente humana, pois está isenta do pecado original. Isto torna o elemento "humano" definitivamente duvidoso, pois todas as pessoas, à exceção de Cristo e sua mãe, são geradas e nascidas trazendo a *macula peccati*. Por isso Cristo e sua mãe possuem uma natureza mais divina do que humana. Para o protestantismo não há razão para pensar Maria como deusa. Por isso é fácil admitir que Cristo foi contaminado pelo pecado original por parte de sua mãe; isto o torna sumamente humano, ao menos enquanto o *filioque* da confissão protestante não exclui o verdadeiro homem da natureza "humana" de Cristo. Por outro lado, torna-se evidente que o Espirito Santo procede necessariamente *das duas naturezas* de Cristo, não só do Deus nele, mas também do homem nele.

1.551 Houve boas razões para a Igreja Católica purificar cuidadosamente Cristo e sua mãe de toda contaminação do *peccatum originale*. O protestantismo foi mais corajoso e mais ousado ou – talvez? – mais desatento às consequências, não negando *expressis verbis* a natureza humana (em parte) de Cristo e (totalmente) de sua mãe. *Por isso a pessoa humana comum tornou-se uma fonte do Espírito Santo,* ainda que não a única. É um raio que não procede apenas das nuvens mas também dos cumes das montanhas. Isto significa a contínua e progressiva encarnação divina. Por isso a pessoa humana é recebida e integrada no drama divino. Parece destinada a desempenhar parte decisiva nele; eis a razão por que deve receber o Espírito Santo. Considero a recepção do Espírito Santo como um fato altamente revolucionário que não pode realizar-se antes que seja reconhecida a natureza ambivalente do Pai. Se Deus é o *Summum Bonum,* a encarnação não tem sentido, pois um Deus bondoso jamais poderia produzir tal ódio e ira que seu único filho devesse ser sacrificado para apaziguá-los. Diz um midraxe que no dia da expiação soa ainda o *shofar* para lembrar a YHWH o seu ato de injustiça com Abraão (forçando-o a matar Isaac) e para impedi-lo de repetir isso. Um esclarecimento consciencioso da ideia de Deus teria consequências tanto perturbadoras quanto necessárias. Seriam indispensáveis para o desenvolvimento interior do drama trinitário e do papel do Espírito Santo. O Espírito destina-se a ser encarnado na pessoa humana ou a escolhê-la como moradia passageira. "Non habet nomen proprium", diz santo Tomás[15]; porque receberá o nome da pessoa. Eis por que não deve ser identificado com Cristo. Não podemos receber o Espírito Santo sem que tenhamos aceito nossa vida individual, como Cristo aceitou a dele. Assim nos tornamos os "filhos de Deus", destinados a experimentar o conflito dos opostos divinos, representado pela crucifixão.

1.552 A pessoa humana parece indispensável ao drama divino. Entendemos melhor o papel da pessoa humana se considerarmos a natureza paradoxal do Pai. Como o *Apocalipse* (*evangelium aeternum*) deu a entender, e Joaquim de Fiore[16] o expressou, o Filho pareceria ser o intermediário entre o Pai e o Espírito Santo. Poderíamos repetir o que Orígenes disse das três Pessoas: que o Pai é o maior e o Espírito Santo é o menor. Isto é verdade, uma vez que o Pai, descendo da

15. Não tem nome próprio (*Sumna Theologica,* I, XXVI, art. 1).

16. Cf. Ap 14,6s.; tb. JUNG, C.G. *Aion.* Op. cit., § 137s.

imensidade cósmica, tornou-se o menor por sua encarnação dentro dos limites estreitos da alma humana (culto ao Deus menino, Ângelo Silésio). Sem dúvida, a presença do Espírito Santo amplia a natureza humana com atributos divinos. A natureza humana é o vaso divino e, como tal, a união dos Três. Isto resulta numa espécie de quaternidade que sempre significa *totalidade,* enquanto a tríade é mais um processo, mas nunca a divisão natural do *círculo,* o símbolo natural da totalidade. A quaternidade como união dos Três parece ter sido visada pela *Assunção de Maria.* Este dogma acrescenta o elemento feminino à Trindade masculina, o elemento terrestre *(virgo terra!)* ao espiritual e, com isso, o homem pecador à divindade. Pois Maria em seu caráter de *omnium gratiarum mediatrix* intercede pelos pecadores diante do juiz do mundo (Ela é o "paráclito" deles). Ela é φιλάνθρωπος como sua prefiguração: a *Sophia* do Antigo Testamento[17]. Os críticos protestantes esqueceram completamente o aspecto simbólico e o valor emocional do novo dogma, o que é um erro fundamental.

1.553 A "pequenez" do Espírito Santo provém do fato de o pneuma de Deus se dissolver na forma de pequenas chamas, permanecendo porém intacto e um todo. Morando em certo número de pessoas humanas e transformando-as em υἱοὶ του θεοῦ significa um progresso muito importante para além do "cristocentrismo". Todo aquele que toma a sério a questão do Espírito Santo defronta-se com a pergunta se Cristo é idêntico ao Espírito Santo ou diferente dele. Acompanhando o dogma, prefiro a independência do Espírito Santo. O Espírito Santo é *alguém,* uma *complexio oppositorum,* em contraste com YHWH após a separação dos opostos divinos, simbolizados pelos dois filhos de Deus: Cristo e Satanás. Ao nível do Filho não há resposta para a pergunta sobre o bem e o mal; há somente uma separação insanável dos opostos. A anulação do mal pela *privado boni* (declarando ser μὴ ὄν é uma *petitio principii* da espécie mais flagrante e nenhuma solução[18]. Parece-me ser tarefa e obrigação do Espírito Santo reconciliar e reunir os opostos no indivíduo humano através de um desenvolvimento especial da alma humana. A alma é paradoxal como o Pai; é preta e branca, divina e semelhante ao demônio, em seu estado primitivo e natural. Pela função discriminativa de

17. Cf. JUNG, C.G. Resposta a Jó. Op. cit., § 613s.

18. Cf. *Aion.* Op. cit., § 89s.

seu lado consciente ela separa os opostos de todo tipo, sobretudo aqueles de ordem moral, personificados em Cristo e no demônio. Com isso, o desenvolvimento espiritual da alma cria uma tensão enorme, a qual só podemos sofrer. Cristo lhe promete redenção. Mas em que consiste isso precisamente? A *imitatio Christi* nos leva ao Calvário e à aniquilação do "corpo", isto é, da vida biológica; e se tomarmos esta morte como simbólica, então é um estado de suspensão entre os opostos, ou seja, um conflito não resolvido. Isto é exatamente o que Przywara denominou a "fenda"[19], o abismo que separa o bem do mal, a eternidade do demônio e da condenação. (Na medida em que o bem é real, também o é o mal.)

1.554 Para encontrar uma resposta a esta questão não podemos confiar, de um lado, em nossa capacidade mental e, por outro, no funcionamento do inconsciente, este espírito que não conseguimos controlar. Só podemos esperar que seja o Espírito "Santo". A cooperação da razão consciente com os dados do inconsciente chama-se a "função transcendente" (cf. *Tipos psicológicos,* § 828)[20]. Esta função une progressivamente os opostos. A psicoterapia se serve dela para curar as dissociações neuróticas, mas esta função já serviu de base para a filosofia hermética durante dezessete séculos. Além disso, é um fenômeno natural e espontâneo, parte do processo da individuação. A psicologia não tem prova de que este processo não se desenvolva sob instigação da vontade divina.

1.555 O Espírito Santo há de manifestar-se de qualquer maneira na esfera psíquica do ser humano e apresentar-se como uma experiência psíquica. Torna-se assim objeto da psicologia empírica da qual precisará para traduzir seu simbolismo nas possibilidades deste mundo. Uma vez que sua intenção é a encarnação, isto é, a realização do ser divino na vida humana, já não pode ser uma luz que não assuma a escuridão. Ao contrário, ele precisa do apoio do ser humano e de sua inteligência para compreender o *mysterium iniquitatis* que começou no paraíso antes da existência dos homens. (A serpente deve sua existência a Deus e não ao homem. A ideia: *omne bonum a Deo, omne malum ab homine* é totalmente falsa.) YHWH está propenso a en-

---

19. *Deus semper maior*. I, p. 71s.

20. Cf. "A função transcendente". In: JUNG, C.G. *A natureza da psique*. Petrópolis: Vozes, 2011 [OC, 8].

contrar a causa do mal no ser humano, mas ele coloca evidentemente uma antinomia moral, acompanhada de uma falta de reflexão quase completa. Por exemplo, ele parece ter esquecido que criou seu filho Satanás e o conservou entre os outros "filhos de Deus" até a vinda de Cristo – uma despreocupação estranha.

1.556 Os dados do inconsciente coletivo favorecem a hipótese de um criador paradoxal como YHWH. Um Pai totalmente bom parece pouco provável. Uma constatação dificilmente confessável é que o próprio Cristo se esforça para reformar seu Pai. Não o conseguiu totalmente, nem mesmo em seus próprios *logia.* Nosso inconsciente se parece com esse Deus paradoxal. Esta é a razão por que o homem se defronta com uma condição psicológica que não lhe permite diferenciar-se da imagem de Deus (YHWH). Naturalmente, podemos acreditar que Deus é diferente da imagem que dele fazemos, mas deve-se admitir, por outro lado, que o Senhor mesmo, ao insistir na bondade perfeita do Pai, deu-nos uma descrição dele que dificilmente coincide com a ideia de um ser moralmente perfeito. (Um pai que induz em tentação os seus filhos, que não desfaz o erro de uma parusia imediata, que está tão cheio de ira que é necessário o sangue de seu único filho para apaziguá-lo, que deixou entregue o crucificado ao desespero, que há de arrasar sua própria criação e matar milhares de pessoas para salvar apenas um pequeno rebanho, que antes do fim do mundo vai substituir o testamento de seu Filho por outro evangelho e que complementará o amor através do temor de Deus.) É interessante, ou antes trágico, que Deus sofra uma recaída total no último livro do Novo Testamento. Mas no caso de um ser antinômico não era possível esperar outra coisa. Os opostos são mantidos em equilíbrio, e assim o reino de Cristo é seguido pelo do anticristo. Nessas circunstâncias o Espírito Santo, a terceira forma de Deus, torna-se de extrema importância, pois é graças a ele que a pessoa de boa vontade é atraída para o drama divino e nele envolvida; e o Espírito Santo é *alguém.* Nele os opostos já não estão separados.

1.557 Peço desculpas pelo caráter algo herético de meus pensamentos e por sua exposição imperfeita. Com estima e consideração, subscrevo-me

C.G. *Jung*

Sobre a ressurreição*

Vocês têm razão. Nunca tratei de todos os aspectos da figura de Cristo, pela simples razão de que isto seria demais. Não sou teólogo e não tive tempo de adquirir todo o conhecimento necessário para tentar a solução de problemas como o da ressurreição. 1.558

Sem dúvida, a ressurreição é um dos itens mais importantes – se não o mais importante – do mito ou da biografia de Cristo e da história da Igreja primitiva. 1.559

1. *A ressurreição como fato histórico na biografia de Jesus*

Três evangelhos trazem um relato completo dos acontecimentos pós-mortais depois da crucifixão. Marcos, porém, menciona apenas o sepulcro aberto e vazio e a presença do anjo, sendo a aparição do corpo visível de Cristo relatada por uma mão posterior num óbvio adendo. O primeiro relato sobre o Cristo ressuscitado foi feito por Maria Madalena, de quem Cristo expulsou três demônios. Este comentário tem caráter bastante superficial (cf. para isso Mc 11,19)[1] e alguém, percebendo que o relato de Marcos era muito pobre, achou necessário, para que fosse mais completo, acrescentar as coisas que se costumavam contar sobre a morte de Cristo. 1.560

---

* Escrito em inglês, a 19 de fevereiro de 1954, em resposta a um questionário de Martha Dana, Peggy Gerry e Marian Reith, participantes de um seminário, dirigido pelo Dr. James Kirsch, em Los Angeles, em 1953/1954, sobre o livro de Jung, *Aion*, no qual (segundo palavras do Dr. Kirsch) "cada linha do livro foi lida e discutida. Durante o seminário, as senhoras Dana, Gerry e Reith admiraram-se de que nunca encontraram nos escritos de Jung um comentário sobre a ideia da ressurreição [...] que lhes parecia ser o ponto central da história de Cristo, e indagaram a razão disso".

1. Certamente um engano, deve ser 16,9s.

1.561 A fonte mais antiga sobre a ressurreição é são Paulo, uma testemunha não ocular, mas que enfatizava a importância absoluta e vital da ressurreição bem como a autenticidade dos relatos (cf. lCor 15,14s e 15,5s). Ele menciona Cefas (Pedro) como a primeira testemunha, depois os doze, os cinco mil, Tiago, todos os apóstolos e, finalmente, ele próprio. Isto é interessante, pois a experiência dele foi, ao que tudo indica, uma visão compreensível, ao passo que os relatos posteriores insistem na concretitude material do corpo de Cristo (particularmente Lc 24,42 e Jo 20,24s). Os testemunhos evangélicos concordam entre si apenas quanto ao vazio do sepulcro, mas não quanto à cronologia das testemunhas oculares. Aqui a tradição se torna extremamente não confiável. Se acrescentarmos a história sobre o fim de Judas, que foi um objeto muito especial do ódio dos cristãos, nossas dúvidas sobre a história da ressurreição se intensificam ainda mais. Há duas versões completamente diferentes da maneira como ele morreu.

1.562 O fato da ressurreição é historicamente duvidoso. Se estendermos o *beneficium dubii* às afirmações contraditórias, poderíamos considerar a possibilidade de uma visão individual ou mesmo coletiva (menos provável é a possibilidade de uma materialização).

1.563 A conclusão a que chegaram os antigos cristãos – uma vez que Cristo ressuscitou dos mortos também nós ressuscitaremos num corpo novo e incorruptível – é exatamente o que Paulo mais temia[2], ou seja, inválida e vã como a expectativa da parusia imediata, que não aconteceu.

1.564 Como mostram as várias e chocantes histórias de milagres nos evangelhos, a realidade espiritual não podia ser demonstrada para a população inculta e bastante primitiva a não ser por "milagres" grosseiros e palpáveis ou por histórias desse gênero. A concretitude era inevitável com todas as suas implicações grotescas – por exemplo, os que acreditavam em Cristo seriam equipados, pela graça de Deus, com um corpo glorioso na ressurreição, mas os que não acreditaram e os pecadores não redimidos também o seriam, para que pudessem ser atormentados no inferno ou no purgatório por tempo indefinido. Para este último processo era necessário um corpo incorruptível, caso contrário a condenação chegaria ao fim em pouco tempo.

---

2. "Se Cristo não ressuscitou é vã nossa pregação e vã a vossa fé" (1Cor 15,14).

Sob este aspecto, a ressurreição não pode ser afirmada como um fato histórico e concreto, ainda que o desaparecimento do cadáver pudesse ser um fato real. 1.565

2. *A ressurreição como fato psicológico*

Os fatos aqui são perfeitamente claros e bem documentados. A vida do homem-Deus na terra chega a um fim com sua ressurreição e ascensão ao céu. Isto é uma crença firme desde o início do cristianismo. Na mitologia é inerente ao herói que ele vença a morte e devolva à vida seus pais, ancestrais da tribo etc. Ele tem uma personalidade mais perfeita, mais rica e mais forte do que o comum dos mortais. Ainda que ele também seja mortal, a morte não aniquila sua existência; ele continua numa forma algo modificada. Num grau mais elevado de civilização ele se aproxima do tipo do Deus que morre e ressuscita, à semelhança de Osíris que se torna a personalidade mais elevada em cada indivíduo (como o Cristo de João), ou seja, seu τέλειος ἄνθρωπος, o ser humano completo (ou perfeito), o si-mesmo. 1.566

O si-mesmo como arquétipo representa uma totalidade numinosa que pode ser expressa apenas em símbolos (p.ex., mandala, árvore etc). Como imagem coletiva, ele vai além do indivíduo no espaço e no tempo[3], e por isso não está sujeito à corruptibilidade de *um* corpo: a compreensão do si-mesmo está quase sempre ligada ao sentimento de intemporalidade, "eternidade" ou imortalidade (cf. o atmã pessoal e suprapessoal). Não sabemos o que é (isto é, em que consiste) um arquétipo, uma vez que a natureza da psique nos é inacessível; mas sabemos que os arquétipos existem e atuam. 1.567

Sob este aspecto já não é difícil ver até que ponto a história da ressurreição representa a projeção de um conhecimento indireto do si-mesmo que apareceu na figura de um certo homem, Jesus de Nazaré, sobre o qual circularam muitos boatos[4]. Naquele tempo os velhos 1.568

3. Cf. os chamados fenômenos parapsicológicos.

4. Cf. a passagem sobre Cristo no texto eclesial eslavo de Josefo, *A guerra judaica*. In: MEAD, G.R.S. *The Gnostic John the Baptizer*. Londres: [s.e.], 1924, p. 97s. (Cap. III: The Slavonic Josephus Account of the Baptist and Jesus, p. 106s.).

deuses tinham deixado de ser importantes. Seu poder havia dado lugar ao poder concreto do Deus visível, o César; só a ele eram devidos sacrifícios obrigatórios. Mas esta substituição foi tão insatisfatória quanto a de Deus pelo estado comunista. Foi uma tentativa desvairada e desesperada para criar – não importa com que material duvidoso – um monarca espiritual, um *pantokrator*, em oposição à divindade concretizada em Roma. (Que piada sem graça da história – a substituição de César pelo múnus pontifício de são Pedro!)

1.569 Sua necessidade de uma autoridade espiritual tornou-se tão urgente naquela época porque só havia um indivíduo divino, o César, enquanto todos os outros eram anônimos e não tinham nem mesmo deuses privados que ouvissem suas orações[5]. Por isso recorreram a todo tipo de magia. Nossa situação atual é quase a mesma: tornamo-nos rapidamente escravos de um estado anônimo como autoridade máxima que governa nossa vida. O comunismo realizou este ideal da maneira mais perfeita. Infelizmente nossa democracia nada tem a oferecer de diferente em matéria de ideais; ela também acredita no poder concreto do estado. Não há em parte alguma autoridade espiritual que se possa comparar à do estado. Precisamos urgentemente de uma contrapartida espiritual para o concretismo bolchevista atual. É novamente o caso de "testemunhar" contra César.

1.570 Os redatores dos evangelhos estavam tão interessados quanto Paulo em acumular qualidades miraculosas e significados espirituais sobre o jovem Rabi, quase desconhecido e que, após uma carreira que talvez tenha durado só um ano, encontrou seu fim prematuro. Sabemos o que fizeram com ele, mas não sabemos até que ponto esta imagem tem algo a ver com o homem realmente histórico, sufocado sob uma avalanche de projeções. Não sabemos se ele foi o Cristo e o Logos eternamente vivo. Isto também pouco importa, uma vez que a imagem do homem-Deus vive em cada um e foi encarnada (isto é, projetada) no homem Jesus para tornar-se visível, de modo que as pessoas pudessem reconhecê-lo como seu próprio *homo* interior, o seu si-mesmo.

---

5. Sua condição era pior do que a dos egípcios nos últimos séculos pré-cristãos: estes já haviam adquirido um Osíris individual. De fato, o Egito tornou-se cristão sem hesitação alguma.

Assim reconquistaram sua dignidade humana: cada um tem uma natureza divina. Cristo lhes dissera: *Dii estis:* "Vós sois deuses"[6]; e assim as pessoas eram seus irmãos, de sua natureza, e venceram a aniquilação que vinha do poder de César ou da morte física. Elas haviam "ressuscitado com Cristo". 1.571

Como seres psíquicos e não dependentes inteiramente do espaço e tempo, podemos entender facilmente a importância central da ideia da ressurreição: não estamos completamente sujeitos aos poderes da aniquilação porque nossa totalidade psíquica ultrapassa a barreira do espaço e tempo. Através da integração progressiva do inconsciente temos uma chance razoável de fazer experiências de natureza arquetípica que nos dão o sentimento de continuidade antes e depois de nossa existência. Quanto melhor entendermos o arquétipo, mais participaremos de sua vida e mais perceberemos sua eternidade e intemporalidade. 1.572

O redondo significa plenitude ou perfeição, mas também expressa a rotação (o movimento rodante) ou progresso num movimento circular sem fim, uma identidade com o sol e as estrelas (por isso a bela confissão na liturgia de Mitra: ἐγώ ἔιμι σύμπλανος ὑμῖν ἀστήρ – "Eu sou uma estrela seguindo seu caminho como você")[7]. O reconhecimento do si-mesmo também significa um restabelecimento do homem como microcosmo, isto é, a correlação cósmica do homem. Tais concepções muitas vezes vêm acompanhadas de acontecimentos sincrônicos. (A experiência profética da vocação faz parte dessa categoria.) 1.573

Para os cristãos primitivos e para todos os primitivos, a ressurreição tinha de ser um acontecimento concreto e material, para ser visto com os olhos e tocado com as mãos, como se o espírito não tivesse existência própria. Mesmo hoje em dia as pessoas não conseguem perceber facilmente a realidade de um fato psíquico, a não ser que seja bem concreto ao mesmo tempo. A ressurreição como fato psíquico não é certamente concreta; é apenas uma experiência psíquica. É engraçado que os cristãos sejam ainda tão pagãos que só entendam a existência espiritual como um corpo e como um fato fí- 1.574

---

6. Sl 82,6, citado em Jo 10,34.

7. Cf. DIETERICH, A. *Eine Mithrasliturgie*. 2. ed. Berlim: [s.e.], 1910, p. 8 e 9.

sico. Temo que nossas Igrejas cristãs não possam manter por muito tempo esse anacronismo chocante se não quiserem enveredar por contradições intoleráveis. Como concessão a esta crítica, certos teólogos explicaram o corpo glorificado (sutil), devolvido aos mortos no dia do juízo (conforme ensina Paulo), como a "forma" individual autêntica, ou seja, uma ideia espiritual que caracteriza suficientemente o indivíduo para tornar supérfluo o corpo material. Foi a prova de uma vida após a morte e a esperança de escapar da condenação eterna que fez da ressurreição da carne o esteio da fé cristã. A única coisa que sabemos com certeza é o fato de que o espaço e o tempo são relativos para a psique.

Sobre o livro de Eugen Neumann: "Die Reden Gotamo Buddhos"*

1.575 Mesmo com a hesitação de um estranho em terra estranha, atendo de boa vontade ao desejo da editora Artemis para um pronunciamento meu sobre a nova edição da tradução dos sermões de Buda, feita por Karl Eugen Neumann. Conheço alguma coisa da literatura budista mas, por falta de conhecimentos linguísticos, só através de traduções, o que limita de certa forma minha compreensão. Não foi pelo caminho da história das religiões nem da filosofia que me aproximei do mundo do pensamento budista; foi o interesse profissional do médico que faz do tratamento dos enfermos psíquicos a sua principal tarefa que me levou a conhecer as concepções e o método desse grande Mestre da humanidade, cujos temas de pregação eram sobretudo o sofrimento do mundo, a velhice, a doença e a morte. Mesmo que a *cura* da enfermidade seja a principal preocupação do médico, ele não pode ignorar que há também vários tipos de doença e de sofrimento, rebeldes a uma cura direta, exigindo, por isso, tanto da parte de quem sofre como da parte do médico, uma atitude perante o dado real de sua incurabilidade. Mesmo que não se trate diretamente desta incurabilidade, há, em quase todos os casos desta espécie, fases de estagnação e de desalento que parecem insuportáveis e que, por isso mesmo, exigem ser tratados como sintomas diretos, reclamando uma certa atitude moral que só uma fé religiosa ou uma convicção filosófica poderão oferecer-lhe. Infelizmente faltam para isso muitas

---

* "Discursos de Gautama Buda". Colaboração para o prospecto da nova edição dos textos, por Neumann (3 vols. Zurique/Viena: [s.e.], 1956/1957). Jung conservou o estilo de Buda. Cf. nota ao § 1.498a.

vezes os pressupostos necessários. O estudo dos escritos budistas foram de muita utilidade para mim, sob este aspecto, mas o que eles nos proporcionam são instruções para a objetivação do sofrimento, de um lado, e para uma apreciação geral de suas causas, de outro. Da mesma forma que Buda, segundo diz a tradição, libertou paradigmaticamente sua consciência do envolvimento em milhares e milhares de coisas e sua vida afetiva das malhas das emoções e ilusões, graças à consideração objetiva da cadeia de causas, assim também o doente e o sofredor da esfera de nossa civilização ocidental, que se contrapõe ao Oriente como estranha e quase incomensurável, pode tirar considerável proveito da doutrina budista, presumindo-se que tenha as necessárias forças mentais. Esta pressuposição é de real importância e pode colocar restrições sérias à terapia médica. Quando a natureza não colabora, o médico trabalha em vão.

1.576 Justamente sob este aspecto os sermões de Buda, apresentados na nova versão de Neumann, são de um valor incalculável. Mesmo sem falar de seu sentido profundo, de sua forma por assim dizer ritual, isto é, de uma certa "praefatio" solene, deles promana uma força de efeito penetrante, exaltante e arrebatador, do qual nosso sentimento dificilmente consegue subtrair-se por muito tempo. Poder-se-ia objetar, do ponto de vista cristão, contra o uso deste patrimônio espiritual do Oriente – como aliás tem sido feito com certa frequência – que a fé do Ocidente garante um "consolamentum" no mínimo de igual importância, não havendo pois necessidade de recorrer-se ao pensamento budista, com sua atitude extremamente racional. Desconsiderando a circunstância de que não existe, na maioria dos casos, essa fé cristã de que se fala, e que ninguém sabe dizer como poderia ser conseguida (a não ser por uma providência especial de Deus), é um fato conhecido que algo que se torna demasiado familiar e formalista pelo uso perde gradativamente o seu sentido e, com isso também, sua força de ação; ao passo que algo estranho, desconhecido e de natureza totalmente diferente, pode abrir-nos portas até então fechadas, e também novas possibilidades. Se algum cristão insiste tanto em sua fé que nenhuma ajuda lhe traz, nem mesmo contra uma neurose, tal fé é frívola e, neste caso, o mais aconselhável é que ele receba com humildade aquilo de que necessita, pouco importando donde venha, contanto que lhe seja benéfico. Nessas coisas não se trata mais do ter razão ou da reivindicação do poder da única verdade, mas de concepções e mudanças importantes para a vida. O cristão não precisa renegar suas convicções religiosas, quando toma emprestado elementos do budismo, pois, neste caso, estará seguindo o conselho do Apóstolo: "Examinai tudo, retendo o que for bom" (1Ts 5,21).

1.577 Entre essas coisas boas a serem retidas se incluem, sem dúvida, muitas das doutrinas de Buda, as quais têm muito a oferecer, mesmo àquele que se gloriar de não possuir qualquer convicção cristã. Baseiam-se em pressupostos psicológicos que têm validade geral, embora não exclusiva. Elas proporcionam ao homem ocidental possibilidades de disciplinar sua vida psíquica interior, remediando assim muitas vezes uma falta lamentável nos diversos ramos do cristianismo. Por isso a doutrina budista pode revelar-se um processo valioso de educação, justamente onde a utilização dos ritos cristãos ou o controle por meio de concepções da fé se revelaram ineficientes, como acontece, frequentemente, nas perturbações psicógenas.

1.578 Acusaram-me de considerar e avaliar a religião do ponto de vista por assim dizer da "higiene mental". Que se releve à autolimitação e modéstia profissionais do médico a circunstância de não assumir o compromisso de demonstrar afirmações metafísicas ou fazer profissões de fé, limitando-se a enfatizar o valor terapêutico de uma atitude genérica em relação ao problema do sofrimento psíquico, insistindo na importância dos pressupostos de uma cosmovisão. Um sofrimento incompreensível é, como se sabe, difícil de suportar, ao passo que é espantoso ver, com frequência, o que um indivíduo é capaz de aguentar quando entende a razão e a finalidade do seu padecimento. Os meios em tal sentido lhe são proporcionados pelos pressupostos filosóficos ou religiosos superiores de uma cosmovisão das coisas que se revelam, por isso mesmo, no mínimo, como *métodos terapêuticos* de caráter psíquico, e no verdadeiro sentido deste termo. O próprio Cristo e seus discípulos não se envergonharam de curar doentes, mostrando assim a força salvadora de sua missão. O médico não está na posição sem risco do teólogo que, com o rótulo "patológico" pode entregar o caso nas mãos do médico. Este deve confrontar-se com o sofrimento concreto, seja para a vida seja para a morte, não vendo além disso senão o mistério daquela força que governa o mundo. Por isso não é de admirar que ele preconize certas ideias e atitudes religiosas e filosóficas como "sistemas de curas", desde que se revelem benéficas, e reconheça, até mesmo em Buda, cuja doutrina tem como problema central a libertação do sofrimento mediante a evolução da consciência, um dos auxiliares mais importantes no caminho que leva à cura. É um fato já sentido profundamente na Idade Média que em certos casos não bastam apenas a fé ou o rito para curar um sofrimento incompreensível. É por isso que os médicos têm procurado, desde a Antiguidade, uma panaceia, uma "medicina catholica", e inconscientemente se aproximaram, em grau espantoso, mercê de seus persistentes esforços neste sentido, das ideias centrais da religião e da filosofia orientais.

1.579 Dado o fato de que muitas vezes eram os médicos que desenvolviam a filosofia natural na Idade Média, era perfeitamente natural que, estando a farmacologia de então nas mãos de médicos, tivessem eles necessidade de ideias "de cura" e ideias sobre a doença e o efeito dos remédios. Como mostra o exemplo de Paracelso, ele já tinha conhecimento da importância prática da "theoria", isto é, da "consulta" terapêutica e explicação da doença. Talvez tenha percebido melhor do que a medicina científica de hoje a importância do efeito sugestivo de suas práticas e opiniões, e não por último, de sua própria personalidade. Qualquer conhecedor do método da sugestão hipnótica sabe perfeitamente que as sugestões plausíveis atuam mais e melhor do que as que se chocam com as disposições inatas do paciente. Por isso o médico viu-se obrigado "nolens volens" a desenvolver pontos de vista que correspondessem do melhor modo possível às condições psicológicas preexistentes. Por isso não é de admirar que surgisse assim uma "filosofia" ou teoria que se adaptassem oportunamente à condição arquetípica, ou seja, humana em geral. Daí surgiu uma esfera de pensamento que não só incorporou os dados da cultura tradicional, como também levou em conta a constelação do inconsciente que compensava a inevitável unilateralidade dessa cultura, isto é, todos aqueles fatores que a filosofia cristã deixava de considerar. Entre estes fatores se achavam não poucos aspectos que a filosofia oriental, ainda desconhecida no Ocidente, havia desenvolvido desde épocas imemoriais. A este fato corresponde, por exemplo, o crescimento da teosofia e antroposofia de orientação oriental que, no entanto, ameaçam cair numa nova unilateralidade, uma vez que permanecem inconscientes pelo fato de serem compensações. Em oposição a isso, a "religio medici" medieval contentou-se via de regra com a ideia de ser uma complementação.

1.580 Por isso, quando reconheço, do ponto de vista médico, a ajuda múltipla que devo precisamente à doutrina budista, estou me movendo numa linha que pode remontar a um período de dois mil anos de história do pensamento humano.

Janeiro de 1956

C.G. Jung

Prefácio ao livro de Froboese-Thiele: "Träume – Eine Quelle religion Erfahrung?"*

1.581 Este livro tem o mérito de ser o primeiro a estudar a maneira como se comporta o inconsciente de um protestante quando deve compensar uma atitude intensamente religiosa. A autora apresenta para a questão um material casuístico que ela reuniu em sua atividade prática. Teve a sorte de encontrar casos bem instrutivos e que receberam autorização para serem publicados. Nós devemos em primeiro lugar à fenomenologia dos sonhos o conhecimento dos processos inconscientes, por isso a autora ocupou-se principalmente com os sonhos de seus pacientes. Mesmo para a pessoa perita nesse material, são dignos de consideração os sonhos relatados e seu simbolismo. A conduta terapêutica da autora aborda os sonhos de maneira muito feliz, isto é, a partir principalmente de um ponto de vista prático, de modo que surja uma espécie de compreensão mútua entre paciente e médico sobre o sentido do sonho. Isto coloca o leitor numa posição de participar, por assim dizer, desse diálogo. Este método é instrutivo e satisfatório, possibilitando a apresentação de séries mais longas de sonhos. Um comentário que descesse a pormenores científicos ocuparia um espaço muito grande, sem tomar mais empolgante a interpretação dos sonhos. O fato de a interpretação ser às vezes imprecisa ou não considerar certos detalhes não prejudica a intenção terapêutica de trazer o sentido do sonho mais próximo à consciência. Na

* *Sonhos* – uma fonte de experiência religiosa? Göttingen: [s.e.], 1957. Dra. Froboese-Thiele, médica e psicoterapeuta em Hamburgo, morreu em 1971.

prática, faz-se justiça muitas vezes ao sonho quando se enfoca corretamente sua tendência geral, sua atmosfera emocional e seu sentido aproximado, havendo naturalmente necessidade de uma prévia e espontânea concordância do sonhador. Se for pessoa inteligente, pode-se deixar ao próprio paciente esta reflexão meditativa sobre o sentido do sonho.

1.582 A autora conseguiu demonstrar o significado religioso do sonho e, assim, confirmar sua tese. Na verdade, uma certa atitude religiosa constitui um desafio direto do inconsciente, e quanto mais contrária à vida for a atitude da consciência, mais forte e mais drástica é a reação do inconsciente. As compensações produzidas pelo inconsciente servem em primeiro lugar para um equilíbrio da atitude extremada da consciência e, em segundo lugar, para a obtenção de uma totalidade aproximada da pessoa, isto é, a individuação.

1.583 O material que a Dra. Froboese apresenta em seu livro é de muito valor tanto para médicos como para teólogos, pois ambos têm aqui oportunidade de certificar-se do fato de que o inconsciente possui um aspecto religioso contra o qual não há argumentos plausíveis. Envergonhados temos de admitir que até agora foi publicado muito pouco desse material empírico de casos, o que poderia ter dado ao leigo uma compreensão satisfatória dos processos religiosos. Por isso somos gratos à autora que se deu ao trabalho de apresentar por extenso casos tão ilustrativos. Espero que seu livro chegue às mãos de muitas pessoas que pensam, cujas mentes não estejam obstruídas por preconceitos inúteis, e que estejam em condições de encontrar uma resposta satisfatória às questões religiosas, ou mesmo, fazer aquelas experiências que tivessem como base convicções religiosas autênticas.

Jung e a fé religiosa*

1. *Perguntas a Jung e suas respostas*[1]

Pergunta 1. *O senhor diz que a religião é proveitosa à saúde psíquica e muitas vezes é de grande importância na segunda metade da vida, mas ela não é apenas útil à saúde quando o crente está convencido de que sua religião é verdadeira?*

O senhor não acha que, em seu compreensível desejo de restringir-se à psicologia, não manifesta uma tendência de menosprezar a procura das pessoas pela verdade e a maneira como o fazem, por exemplo, pela dedução?

1.584 Ninguém mais do que eu está convencido da importância da procura da verdade. Mas quando digo: algo transcendente é verdadeiro, então começa a minha crítica. Quando digo que alguma coisa é verdadeira, isto não significa que seja absolutamente verdadeira. Se eu não tivesse nenhuma dúvida a respeito, isto significaria que aceito implicitamente estar em condição de afirmar uma verdade absoluta.

---

* Excertos de PHILP, H.L. *Jung and the Problem of Evill.* Londres: [s.e.], 1958. O livro é mencionado em uma troca de cartas entre o autor e Jung na forma de perguntas e respostas, bem como de uma longa crítica de 175 páginas aos escritos de Jung sobre religião, com especial ênfase no livro *Resposta a Jó.* Termina com as respostas de Jung a perguntas a ele dirigidas por outro correspondente, o pastor David Cox (autor de *Jung and St. Paul,* 1959). Em ambos os casos, as respostas são reproduzidas aqui com pequenas alterações estilísticas e notas de rodapé. Para outras cartas de Jung a Philp, cf. *Cartas* III, org. por Aniela Jaffé.

1. PHILP, H.L. Op. cit., p. 8-21 (9 de novembro de 1956).

Isto é obviamente orgulho. Quando Erich Fromm[2] me critica por causa de minhas ideias falsas, mas aduz em seu apoio o judaísmo, o cristianismo e o budismo, mostra apenas que seu ponto de vista é desprovido de lógica, exatamente como as concepções dessas religiões, cujas verdades se contradizem. O judaísmo tem um Deus moralmente ambivalente; o cristianismo, uma Trindade e um *Summum Bonum;* o budismo não tem Deus, mas tem divindades interiores. A verdade deles é relativa e não absoluta – quando estas religiões são colocadas no mesmo nível, como o faz Fromm. Eu concordo e estou firmemente convencido de que é da máxima importância constatar a "verdade". Eu estaria disposto a fazer afirmações transcendentais, sob uma condição: que eu constatasse ao mesmo tempo a possibilidade de que elas pudessem não ser verdadeiras. Por exemplo, "Deus é", isto significa que ele é como eu o penso. Mas como sei que é impossível para mim fazer uma ideia adequada de um ser universal e eterno, então minha ideia dele é lamentavelmente imperfeita; por isso a afirmação "Deus não é" é igualmente verdadeira e necessária. Fazer afirmações absolutas está fora do alcance da pessoa, ainda que seja eticamente indispensável que garanta totalmente sua verdade subjetiva, o que significa reconhecer que está obrigado por sua convicção de aplicá-la

---

2. Em sua pergunta, Philp cita a seguinte passagem de *Psicanálise e religião,* de Fromm: "Antes de apresentar a análise que Jung faz da religião, julgo necessário fazer um exame crítico dessas premissas metodológicas. É insustentável o uso que Jung faz do conceito de verdade. Ele afirma que 'a verdade é um fato e não um juízo', que 'um elefante é verdadeiro porque ele existe'. Esquece, porém, que a verdade se refere sempre e necessariamente a um juízo e não à descrição de um fenômeno que percebemos com nossos sentidos e designamos por um símbolo da palavra. Jung afirma então que uma ideia 'é psicologicamente verdadeira enquanto existe'. Mas uma ideia 'existe' independentemente do fato de ser uma ilusão ou corresponder a uma realidade. A existência de uma ideia não a torna 'verdadeira'. O próprio psiquiatra prático não poderia trabalhar se não estivesse interessado na verdade de uma ideia, isto é, em sua relação com os fenômenos que ela normalmente representa. Se assim não fosse, não poderia falar de uma delusão ou de um sistema paranoide. Mas a concepção de Jung não é apenas insustentável do ponto de vista psiquiátrico; ela defende um ponto de vista do relativismo que, superficialmente considerada, é mais simpática à religião do que a posição de Freud, mas no fundo está em franca oposição a religiões como o judaísmo, cristianismo e budismo. Todas elas consideram a busca da verdade como virtude cardeal e obrigação dos homens e insistem que suas doutrinas, quer alcançadas pela revelação ou pelo raciocínio lógico, estão sujeitas ao critério da verdade".

como princípio de sua ação. Todo julgamento humano, por maior que seja a convicção subjetiva, está sujeito a erro, sobretudo os julgamentos que se referem a temas transcendentais. Tenho a impressão de que a filosofia de Fromm ainda não superou o nível do século XX; mas o instinto de poder das pessoas e seu orgulho são tão grandes que elas acreditam num julgamento de validade absoluta. Nenhuma pessoa de mentalidade científica e com senso de responsabilidade intelectual pode permitir-se tal arrogância. Estas são as razões de eu insistir no critério da *existência,* tanto no campo da ciência quanto no campo da religião, e no critério da *experiência* direta e primordial. Os fatos são fatos e não contêm falsidade. É o nosso julgamento que introduz o elemento do engano. Segundo penso, é mais importante que a ideia exista do que ser ela verdadeira. E isto apesar do fato de subjetivamente significar muito se uma ideia me parece verdadeira ou não, ainda que isto seja uma consideração secundária, pois não há outra maneira de estabelecer a verdade ou a inverdade de uma afirmação transcendental do que por meio da fé subjetiva.

Pergunta 2. *É possível que o senhor menospreze a consciência por causa de uma supervalorização do inconsciente?*

1.585 Nunca tive a tendência de menosprezar a consciência insistindo na importância do inconsciente. Se me atribuem tal tendência, isto se deve a uma espécie de ilusão ótica. O que é consciente é o “conhecido”, mas o que é inconsciente é muito pouco conhecido, e meus esforços principais visam iluminar nossa psique inconsciente. A consequência natural disso é que falo mais do inconsciente do que da consciência. Uma vez que todos acreditam ou, ao menos, procuram acreditar na superioridade inequívoca da consciência racional, devo acentuar a importância das forças irracionais inconscientes para conseguir uma espécie de equilíbrio. Por isso parece ao leitor superficial de meus escritos que atribuo importância exagerada ao inconsciente em detrimento da consciência. Mas, na verdade, o peso principal está na consciência como *conditio sine qua non* da apercepção dos conteúdos inconscientes e como árbitro supremo no caos das possibilidades inconscientes. O meu livro sobre os “tipos” é um estudo cuidadoso da estrutura empírica da consciência. Se tivéssemos uma consciência inferior, seríamos todos loucos. O eu e a consciência do eu são da máxima importância. Seria supérfluo enfatizar a consciência se não estivesse numa relação compensadora especial com o inconsciente.

1.586 Pessoas como Demant[3] partem da ideia preconcebida de que o inconsciente seja algo mais ou menos feio e arcaico, do qual a gente devia livrar-se. Mas a experiência contradiz isso. A semelhança da natureza, o inconsciente é neutro. Se por um lado é destrutivo, por outro é construtivo. É a fonte de todos os males possíveis e, ao mesmo tempo, a matriz de toda experiência divina e – por mais paradoxal que pareça – ele produziu e produz a consciência. Esta afirmação não significa que a fonte gera, isto é, que a água nasce exatamente no lugar onde se vê a fonte do rio; ela provém da profundeza da montanha, passando por caminhos secretos, até chegar à luz do dia. Quando digo "Aqui está a fonte" quero significar apenas o lugar onde a água se torna visível. A comparação da água exprime com bastante propriedade a natureza e o significado do inconsciente. Onde não há água, não há vida; onde há água demais, tudo se afoga. É tarefa da consciência escolher o lugar apropriado onde não se esteja muito perto nem muito longe da água; mas a água é indispensável. Uma opinião desfavorável sobre o inconsciente não permite a bons cristãos como Demant reconhecer que a experiência religiosa, enquanto acessível à mente humana, não pode ser distinguida da experiência dos chamados fenômenos inconscientes. Não é normal que um ser metafísico entre em contato conosco por telefone; ele se comunica com a pessoa por meio da alma ou, em outras palavras, seu inconsciente ou, melhor ainda, através de sua base "psicoide" transcendental[4]. Quando menosprezamos o inconsciente, bloqueamos os canais através dos quais flui a *aqua gratiae*, mas certamente não imobilizamos com este método o demônio. Sua função é precisamente criar obstáculos.

1.587 Quando são Paulo teve a visão de Cristo, esta visão foi um fenômeno psíquico – se é que foi *alguma coisa*. Eu não pretendo saber o

---

3. Cf. DEMANT, V.A. *The Religious Prospect*. Londres: [s.e.], 1941, p. 188s., que Philp cita em sua pergunta.

4. Cf. Considerações teóricas sobre a natureza do psíquico [OC, 8; § 368].

que é a psique; sei apenas que há um âmbito psíquico no qual e a partir do qual se manifesta algo assim. E o lugar donde brota a *aqua gratiae*, mas ela provém, como sei muito bem, das profundezas incomensuráveis da montanha; e eu não pretendo conhecer os caminhos e lugares secretos que ela percorre antes de chegar à superfície.

1.588 Sendo as manifestações do inconsciente em geral ambivalentes ou mesmo ambíguas ("terrível é cair nas mãos do Deus vivo", Hb 10,31), a firmeza e a capacidade de discernir são da maior importância. Vemos isso de maneira bem clara durante o processo da individuação, quando devemos impedir que o paciente rejeite cegamente os dados do inconsciente ou a eles se submeta sem senso crítico. (Por que teve Jacó de lutar com o anjo do Senhor? Porque ele o teria matado se Jacó não defendesse sua vida.) Não haverá desenvolvimento algum, mas apenas uma morte miserável num deserto árido, se acreditarmos poder dominar o inconsciente por meio de nosso racionalismo arbitrário. Foi isto que o princípio alemão "onde há uma vontade, também há um caminho" tentou conseguir, e sabemos quais foram os resultados.

Pergunta 3. *Em seu livro* "Resposta a Jó", *p. 463*[5], *o senhor diz o seguinte: "Já me perguntaram tantas vezes se eu acreditava ou não na existência de Deus que fiquei preocupado com a possibilidade de me considerarem um 'psicologista', num sentido mais amplo do que eu mesmo penso". E o senhor diz também: "Evidentemente Deus é uma realidade psíquica e não física", mas tenho a impressão de que o senhor não respondeu propriamente à pergunta se acredita ou não na existência de Deus, sem considerar o aspecto do arquétipo. O senhor acredita?*

Esta pergunta é importante porque gostaria de responder a uma espécie de objeção levantada por Glover em seu "Freud or Jung", *p. 163: "O sistema de Jung é basicamente irreligioso. Ninguém deve preocupar-se se Deus existe, e muito menos Jung. Tudo o que é necessário é 'experimentar' uma 'atitude' porque isto 'ajuda a pessoa a viver'".*

---

5. § 751.

1.589 Um arquétipo – enquanto é possível constatá-lo empiricamente – é uma imagem. Como diz o próprio conceito, uma imagem é um quadro de algo. Um quadro arquetípico é como o retrato de um desconhecido numa galeria de arte. Seu nome, sua biografia, sua existência em geral são desconhecidos; supomos, no entanto, que o quadro retrate uma pessoa que já foi viva, alguém que teve uma realidade. Encontramos muitas representações de Deus, mas o original ninguém consegue encontrar. Para mim não há dúvida de que o original se esconde atrás de nossas representações, mas ele nos é inacessível. Jamais estaríamos em condições de perceber o original, porque deveria ser antes de mais nada traduzido em categorias psíquicas para tornar-se de alguma forma perceptível. Como se pareceria a *Crítica da razão pura*, de Kant, se traduzida para o imaginário psíquico de uma barata? E eu presumo que a diferença entre o ser humano e o criador de todas as coisas é incomensuravelmente maior do que entre um ser humano e uma barata. Por que seríamos tão imodestos a ponto de supor que poderíamos encerrar um ser universal dentro dos estreitos limites de nossa linguagem? Sabemos que as representações de Deus têm papel importante na psicologia, mas não podemos provar a existência física de Deus. Como cientista responsável não farei sermões sobre minha convicção pessoal e subjetiva, que não posso provar. Não contribuirei em nada para o conhecimento ou para a melhoria e alargamento futuros da consciência se fizer uma confissão de meus próprios preconceitos. Vou simplesmente até onde alcança minha mente, e seria imoral do ponto de vista de minha ética intelectual aventurar-me em opiniões que ultrapassam o horizonte de minha compreensão. Se eu dissesse "acredito em tal e tal Deus", isto seria tão inútil quanto o primitivo dizer que há um poderoso fetiche dentro de uma latinha que encontrou na praia. Quando me atenho a uma afirmação que acredito poder provar, isto não significa que eu negue a existência de outra coisa que possa existir além dela. É pura maldade imputar-me uma atitude ateia só porque procuro ser honesto e disciplinado. Para mim pessoalmente, a pergunta se Deus existe ou não é descabida. Estou suficientemente convencido dos efeitos que a humanidade desde sempre atribuiu a um ser divino. Se eu manifestasse para além disso alguma fé ou afirmasse a existência de Deus, isto não seria apenas supérfluo e ineficaz, mas mostraria também que não baseio minhas opiniões em fatos. Quando as pessoas dizem que acreditam em Deus, isto nunca me causou a menor impressão. Ou eu sei alguma coisa, e então não preciso acreditar nela; ou eu acredito em alguma coisa porque não estou certo de saber o que seja. Estou muito satisfeito com o fato de conhecer experiências que não posso qualificar de numinosas ou divinas.

Pergunta 4. *O senhor ignora a importância de outras disciplinas para a psique?*

Goldbrunner diz em seu livro "Individuation"[6] *que o tratamento que o senhor dispensa à questão "O que é Deus em si mesmo" é o de uma questão que o senhor considera como estando fora do campo da psicologia, e ele acrescenta: "Isto implica uma renúncia positivista e agnóstica de qualquer metafísica". O senhor concorda que seu tratamento chega a este ponto? O senhor não acha que temas como a metafísica e a história merecem um lugar no campo experimental da psique?*

1.590 Não ignoro a importancia das outras disciplinas para a psique. Quando eu era professor na ETH (Eidgenössische Technische Hochschule) em Zurique dei aulas um ano inteiro sobre o tantrismo[7] e, outro ano, sobre os *Exercícios Espirituais*, de santo Inácio de Loyola[8]. Além disso escrevi uma série de livros sobre a singular disciplina espiritual dos alquimistas.

1.591 O que Goldbrunner diz é correto. Eu não sei o que Deus é em si. Não sofro de megalomania. A psicologia é para mim uma ciência honesta que conhece seus limites, e eu não sou um filósofo ou um teólogo que acredita em sua capacidade de ultrapassar os limites epistemológicos. A ciência é feita por homens, o que não significa que não possam ocorrer às vezes atos da graça que fazem uma investida em campos do além. Não menosprezo nem nego esses fatos, mas para

---

6. GOLDBRUNNER, J. *Individuation*. Die Tiefenpsychologie von Carl Gustav Jung. Krailling vor München: [s.e.], 1949, p. 167.

7. Seminário sobre budismo e ioga tântrica (outubro de 1938 até junho de 1939), em: *The Process of Individuation*. Notes on Lectures at the ETH, Zurique, trad., e org. de Barbara Hannah. Edição privada. Segunda edição 1959.

8. *Exercitia Spiritualia of St. Ignatius of Loyola* (junho de 1939 a março de 1940). Op. cit.

mim eles estão fora do campo científico, conforme já expliquei acima. Eu acredito firmemente no valor autêntico do esforço humano para conseguir compreender, mas reconheço também que a mente humana não pode superar-se a si mesma, ainda que a graça divina possa conceder-nos, e provavelmente nos concede, ao menos relances passageiros numa ordem transcendental das coisas. Mas não estou em condições de dar uma explicação racional dessas intervenções divinas, nem posso prová-las. Muitas sessões analíticas com meus pacientes foram preenchidas com discussões sobre intromissões "metafísicas", e eu preciso urgentemente de conhecimentos históricos para estar a par de todos os problemas que me são trazidos. Para a saúde mental do paciente é da maior importância que receba uma explicação adequada sobre as coisas numinosas do inconsciente coletivo para que lhes dê o devido lugar. Trata-se de uma deturpação da verdade ou de falta de informação quando Goldbrunner classifica de "positivista" minha posição, o que significa um reconhecimento unilateral da verdade científica. Sei muito bem que nossas hipóteses são transitórias e às vezes fúteis para valerem como verdades duradouras e como fundamentos confiáveis de uma cosmovisão capaz de dar ao ser humano uma orientação segura no caos desse mundo. Ao contrário, confio muito na afluência contínua das coisas numinosas a partir do inconsciente e do que quer que esteja por trás disso. Por isso Goldbrunner também não tem razão quando fala de uma "renúncia agnóstica a qualquer metafísica". Apenas defendo que a metafísica não pode opor-se à ciência, mas isto não significa que não ocorram muitas vezes experiências numinosas sobretudo no curso de uma análise ou na vida de uma pessoa verdadeiramente religiosa.

Pergunta 5. *Se interpreto bem seu ponto de vista, devo admitir que o senhor considera o mal como força bem mais ativa do que admitem as opiniões teológicas tradicionais. Parece que o senhor não consegue explicar de outro modo o estado do mundo de hoje. Será que estou certo? Em caso positivo, será que devemos então procurar o lado escuro na divindade? E se o senhor acredita que Satanás completa a quaternidade, isto não significa que a divindade seria imoral?*

Victor White escreve em seu livro "God and the Unconscious" *ao final da nota à página 76: "Por outro lado, não conseguimos encontrar qualquer sentido inteligível e, muito menos, desejável nas concepções tão fundamentais de Jung como 'assimilação da sombra', se não devem ser entendidas como o suplemento de algum bem ausente* ao que é essencialmente válido e 'bom' em si mesmo".*

1.592 Estou convencido de que o mal é um fator tão positivo quanto o bem. Desconsiderando a experiência diária da vida, seria totalmente ilógico pensar que pudéssemos postular uma qualidade sem seu contraditório. Quando existe algo bom, naturalmente deve existir também algo que seja mau. A constatação de que alguma coisa é boa não seria possível sem que a pudéssemos diferenciar de outra coisa. Mesmo quando dizemos que algo existe, esta constatação só é possível ao lado de outra constatação de que algo não existe. Portanto, se a doutrina da Igreja declara que o mal não existe (μὴ ὄν), ou que é mera sombra, então o bem também é ilusório, uma vez que sua postulação seria sem sentido.

1.593 Suponhamos que tivéssemos algo cem por cento bom, e quando entrasse algo de mau, este bom sofreria uma diminuição de, digamos, cinco por cento. Ficaríamos então com noventa e cinco por cento de bom, e cinco por cento ficariam simplesmente faltando. Se o originalmente bom fosse reduzido em noventa e nove por cento, teríamos um por cento de bom, e noventa e nove por cento teriam sumido. Se este um por cento também sumisse, tudo desapareceria, e ficaríamos sem nada. Até o último momento só teríamos o bom, e nós mesmos seríamos bons, mas de outro lado não haveria nada, e nada teria acontecido. A identificação do bem com a *ousia* é uma falsidade, porque a pessoa que é totalmente má não desaparece simplesmente quando perdeu seu último bem. Mas, ainda que tenha um por cento de bom em si, ela é *totalmente boa* com seu corpo, alma e toda a sua existência; pois, de acordo com a doutrina, o mal é simplesmente idêntico à não existência. Isto é um silogismo tão horrível que para sua construção deve ter havido um motivo muito forte. A razão disso

---

* O original inglês tem aqui ainda (e.g. *consciousness*).

é óbvia: é uma tentativa desesperada de salvar do dualismo a fé cristã. Segundo essa teoria[9], o próprio demônio, o mal encarnado, deve ser bom porque ele existe; mas sendo totalmente mau, ele não existe. Isto é uma tentativa clara de acabar com o dualismo, em flagrante contradição ao dogma de que o demônio é eterno e de que a condenação é uma realidade. Não pretendo saber explicar a situação real do mundo, mas toda pessoa sem preconceitos deve perceber que as forças do mal estão perigosamente próximas de vencer as forças do bem. Aqui Basílio Magno diria: "Naturalmente, isto é assim, mas todo o mal provém do homem e não de Deus", esquecendo completamente que a serpente do paraíso não foi feita pelo homem, e que Satanás é um dos filhos de Deus, anterior ao homem. Se o homem fosse a origem de todo mal, teria um poder igual ou quase igual ao do bem, que é Deus. Mas não precisamos investigar a origem de Satanás. Temos no Antigo Testamento uma série de provas de que Javé é ao mesmo tempo moral e imoral, e a teologia rabínica tem plena consciência disso. Javé comporta-se como um ser imoral, ainda que fosse o guardião da lei e da ordem. Segundo o Antigo Testamento, ele é injusto e não confiável. Mesmo o Deus do Novo Testamento é altamente irascível e vingador, a ponto de precisar do autossacrifício de seu filho para acalmar sua ira. A teologia cristã nunca negou a identidade do Deus do Antigo Testamento com a do Novo. Agora eu pergunto: o que pensar de um juiz que, como guardião da lei, é ele mesmo injusto? Estaríamos inclinados a chamar de imoral esta pessoa. Eu o chamaria de moral e imoral ao mesmo tempo, acreditando ter encontrado a verdade com essa fórmula. Certamente, o Deus do Antigo Testamento é bom e mau. Ele é o pai e o criador de Satanás tanto quanto o é de Cristo. Se Deus Pai fosse apenas um pai amoroso, certamente a morte cruel de Cristo não teria acontecido. Eu não deixaria trucidar meu filho para me reconciliar com os outros seres humanos desobedientes.

1.594 O que Victor White escreve sobre a assimilação da sombra não deve ser levado a sério. Na qualidade de sacerdote católico está de mãos e pés amarrados através da doutrina de sua Igreja, e precisa defender qualquer erro. A Igreja conhece tudo sobre a "assimilação" da

---

9. Da *privatio boni*.

sombra, isto é, como reprimi-la e o que é o mal. Na minha qualidade de médico nunca estou muito certo de meus julgamentos morais. Muitas vezes constato que aquilo que é virtude num indivíduo, no outro pode ser vício, e aquilo que é bom para alguém, para outro pode ser veneno. Por outro lado, sentimentos piedosos inventaram o conceito da *felix culpa,* e Cristo deu preferência ao pecador. O próprio Deus não parece ter uma predileção especial pelo simplesmente justo.

1.595 Em lugar nenhum é mais importante enfatizar que estamos falando da imagem (o que não é a mesma coisa que o original) tradicional de nosso Deus do que na discussão sobre a *privatio boni.* Nós não criamos Deus por uma palavra mágica ou por uma representação de sua imagem. A palavra é sempre ainda um fetiche para nós, e nós pressupomos que ela cria a coisa da qual é simples imagem. Ninguém sabe o que Deus é em si mesmo; ao menos eu não sei. Por isso está fora do alcance humano fazer afirmações válidas sobre a natureza divina. Se desconsiderarmos a incapacidade da mente humana de pressupor um conhecimento de Deus que não podemos ter, só nos sufocamos em contradições impossíveis e na tentativa de nos livrarmos delas, usando de sofismas horríveis como a *privatio boni.* Além disso, nossa fé infantil na onipotência da palavra é um sério empecilho para nosso pensar. Esta é a razão histórica do grande número de contradições chocantes que ofereceram flancos vulneráveis ao ataque dos inimigos da religião. Recomendaria por isso com insistência uma revisão de nossas fórmulas religiosas com ajuda de uma visão psicológica. A grande vantagem do protestantismo é que dentro dele se torna possível uma discussão inteligente. O protestantismo deveria fazer uso dessa liberdade. Somente é vivo o que muda e evolui, ao passo que as coisas estáticas são o mesmo que morte espiritual[10].

---

10. Para melhor compreensão dos problemas aqui abordados, recomendo: *Resposta a Jó; Tentativa de uma interpretação psicológica do dogma da Trindade* (Cap. V: O problema do quarto componente); *Aion* (Cap. V: Cristo, um símbolo do si-mesmo); *Psicologia e alquimia* (Introdução, especialmente § 36). Além disso: SCHÄRF, R. Die Gestalt des Satans im Alten Testament. In: JUNG, C.G. *Symbolik des Geistes.* Studien über psychische Phänomenologie (Simbolismo do espírito. Estudos sobre a fenomenologia psíquica). Zurique: [s.e.], 1948.

2. *Perguntas e respostas finais*[11]

Pergunta 1. *Se, em sua encarnação, Cristo concentrou-se no bem, como o senhor afirma em* "Resposta a Jó", *p. 414, 429s., o que o senhor entende por "Cristo deu preferência ao pecador" e "o próprio Deus não parece ter uma predileção especial pelo simplesmente justo"? Não há certa inconsequência nisso?*

1.596 Naturalmente. E eu mostro exatamente isso.

Pergunta 2. *O senhor acentua o princípio dos opostos e a importância de sua união. O senhor fala também da enantiodromia em conexão com os opostos, mas isto (no sentido em que Heraclito emprega o termo) jamais criaria um estado de equilíbrio dinâmico que pudesse levar à união dos opostos. Não há portanto uma contradição naquilo que o senhor afirma sobre os opostos?*

1.597 "Enantiodromia" designa um fato psicológico determinado, isto é, eu emprego esta palavra como conceito psicológico. Naturalmente ela não leva à união dos opostos e, além disso, nada tem a ver com isso. Não vejo contradição em lugar nenhum.

Pergunta 3. *Se o princípio da enantiodromia, um oscilar contínuo do pêndulo, está sempre presente, não teríamos um estado em que não existe mais qualquer senso de responsabilidade, mas tão só amoralidade e falta de sentido?*

1.598 Naturalmente a vida não teria sentido se a enantiodromia de estados psicológicos durasse para sempre. Mas tal suposição seria arbitrária e descabida.

Pergunta 4. *Quando entramos em contato direto com o farisaísmo, latrocínio ou assassinato, envolvendo descaridade, crueldade e tratamento egoísta dos outros, sabemos que isto é mau e abominável. Na vida real, o que chamamos de bom – fidelidade, integridade, caridade – não se manifesta como elemento de um par de opostos, mas como um*

11. PHILP, H.L. Op. cit., p. 214-225 (8 de outubro de 1957). As indicações das páginas referem-se à edição inglesa de *Resposta a Jó;* correspondem aos § 657s. e 688s.

comportamento que esperamos de nós e de nossos semelhantes. A dificuldade está em que não conseguimos avaliar com certeza todos os motivos que se escondem por trás de uma ação. Não temos condições de ver o todo e, por isso, deveríamos ser muito prudentes e cautelosos em nosso julgamento. Mas isto não significa que o bom não seja bom e que o mau não seja mau. O senhor não acha que aquilo que afirma sobre a quaternidade e a enantiodromia não anula em última instância a distinção entre o bem e o mal? O que está sendo anulado não é a nossa capacidade de ver claramente as questões morais?

1.599 Significa apenas que os julgamentos morais são humanos, limitados e de forma nenhuma válidos metafisicamente. Dentro desses limites, o bom é bom e o mau é mau. Devemos ter a coragem de sustentar as nossas convicções. Não podemos imaginar um estado de totalidade (quaternidade) que seja bom e mau. Isto está além de nosso discernimento moral.

Pergunta 5. *Os teólogos que acreditam em Satanás dizem que ele foi criado bom, mas tornou-se mau por causa do uso de sua livre vontade. Qual a razão de se supor que ele seja o princípio inevitável do mal na divindade -- a quarta pessoa na quaternidade?*

1.600 Por que os Três são o *Summum Bonum*, e o demônio é o princípio e a personificação do mal. Numa quaternidade católica, a quarta pessoa seria a Mãe, que é noventa e nove por cento divina. Graças à *privatio boni*, em que o *bonum* é igual à οὐσία, o demônio não contaria, sendo μὴ ὄν, uma sombra vazia.

Pergunta 6. *O senhor insiste muito na existência de quatro funções: pensamento, sentimento, sensação e intuição. Isto é uma tipologia definitiva e satisfatória ? Se o sentimento está incluído, por que também não a conação?*

1.601 As quatro funções são apenas um modelo para considerar as propriedades da *consciência*. A conação é um conceito aplicável ao processo criador, que começa no inconsciente e termina num resultado consciente; em outras palavras, é um aspecto dinâmico da vida psíquica.

Pergunta 7. *Em diversas passagens de seus últimos escritos o senhor acrescenta Satanás e a Santíssima Virgem Maria à Trindade; mas isto seria uma quinternidade. Quem constitui a quaternidade?*

1.602 A quaternidade pode ser uma estrutura hipotética, representando uma totalidade. Não é um conceito lógico, mas um dado empírico. O *quinarius* ou *quinio* (na forma de 4 + 1, isto é, *quincunx)* aparece realmente como um símbolo da totalidade (na China e às vezes na alquimia), mas raras vezes. Em geral, o *quinio* não é um símbolo da totalidade, mas o contrário (p.ex., a estrela de cinco pontas dos soviéticos ou dos EUA). É antes a *prima matéria* caótica.

Pergunta 8. *A quaternidade não envolveria uma revisão não só da doutrina mas também das leis morais, uma vez que deveria forçosamente significar uma relatividade completa da moral se a amoralidade tivesse sua origem na própria divindade?*

1.603 A pessoa humana não consegue viver sem julgamentos morais. A partir da estrutura empírica da quaternidade de 3 + 1 (3 = bom, 1 = mau) pode-se concluir que o próprio inconsciente se caracteriza como uma mistura desigual de bem e mal.

1.604 Também há muitos casos em que a estrutura se inverte: 1+3(1 = bom, 3 = mau). Neste caso, o 3 representaria a chamada "tríade inferior". Uma vez que a quaternidade aparece via de regra como unidade, os opostos se anulam mutuamente, o que significa simplesmente que nosso julgamento antropomorfo já não é aplicável, isto é, a divindade está além do bem e do mal, ou a afirmação metafísica é inválida. Na medida em que o espírito humano e suas necessidades provêm das mãos do criador, temos de admitir que o discernimento moral surgiu da mesma fonte.

Pergunta 9. *O que o senhor entende exatamente quando usa a palavra quaternidade em relação à religião? O senhor usa "quaternidade" só para as imagens que os homens fazem da divindade? Às vezes o senhor dá a impressão de só se referir às imagens de Deus. Mas, outras vezes, parece que tem em mente a própria divindade. Isto acontece sobretudo quando o senhor acentua a necessidade de incluir Satanás e principalmente a Santíssima Virgem Maria na divindade. Se o senhor não se refere à própria divindade, então me parece inexplicável a insistência de suas palavras no reconhecimento do princípio do mal em Deus e seu louvor à proclamação da Assunção.*

1.605 Emprego o conceito quaternidade para o mandala e estruturas semelhantes que surgem *espontaneamente* em sonhos e visões ou que são *inventadas* para exprimir uma totalidade (quatro ventos e estações do ano ou quatro filhos, evangelistas, evangelhos, a via quádrupla etc.). A quaternidade é naturalmente uma representação ou uma imagem, o que não significa que não haja um original para isso.

1.606 Se os opostos não estivessem unidos na imagem, não haveria uma imagem da totalidade. Mas a intenção é ser uma imagem de totalidade inefável, em outras palavras, seu símbolo. Para o teólogo isto só tem importância enquanto ele atribui significado a ela. Pressupondo ele que suas imagens ou formulações não são conteúdos de sua consciência (o que seria uma *contradictio in adiecto),* só pode admitir que são réplicas exatas do original. Mas quem poderia afirmar isso? Ainda que a Igreja tenha desaprovado há muito tempo a ideia da quaternidade, permanece o fato de que o simbolismo eclesial está cheio de alusões à quaternidade. Uma vez que o três (Trindade) representa apenas um (ainda que o mais importante) aspecto da divindade, o quarto princípio que restou é extinto pelo sofisma da *privatio boni.* Mas a Igreja católica estava consciente de que a imagem sem os opostos não era completa. Por isso admitiu (ao menos a título de experiência) a existência de um fator feminino dentro do âmbito da Trindade masculina (Assumptio Beatae Virginis). Por boas razões, o demônio é ainda excluído e, até mesmo, anulado pela *privatio boni.*

1.607 A assunção da *Beata Virgo é* uma tentativa ousada, uma vez que ela pertence ao "lubricum illud genus"[12] (Sto. Epifânio), tão suspeito às tendências moralistas da referida Igreja. Já fora "deificada" espiritualmente através do dogma da Imaculada Conceição. Considero a Assunção uma aproximação cautelosa da solução do problema dos opostos, isto é, da integração da quarta pessoa metafísica na totalidade divina. A Igreja católica quase conseguiu criar uma *quaternidade sem sombra,* mas o demônio ainda está de fora. A assunção é no míni-

---

12. Aquele gênero lascivo.

mo um passo importante no simbolismo cristão(?). Este desenvolvimento ficará completo quando se chegar ao dogma da Corredentora. Mas o problema principal continua insolúvel, mesmo com a inserção na totalidade divina de um par de opostos (masculino e feminino). Dessa maneira a Igreja católica (na pessoa do Papa) achou por bem considerar seriamente o movimento mariano nas massas, isto é, como *fato psicológico,* e abrir mão sem hesitar do princípio santificado pelos séculos da autoridade apostólica.

1.608 O protestantismo está livre para ignorar os problemas espirituais levantados por nossa época, mas afasta-se assim do campo de batalha e perde contato com a vida.

1.609 Como um símbolo natural e espontâneo, a quaternidade tem a ver diretamente com a psicologia humana, ao passo que o símbolo trinitário (ainda que igualmente espontâneo) tornou-se frio e uma abstração sem força. Curiosamente, em minha coleção de mandalas tenho apenas pequeno número de trindades e tríades. Todas são de procedência alemã[13] (inconscientes de sua sombra e, por isso, também inconscientes de sua culpa coletiva).

1.610 Não tenho nenhuma noção até que ponto as fórmulas humanas, inventadas ou espontâneas, correspondem ao original. Sei apenas que elas nos atingem profundamente, quer o saibamos ou não, assim como nos atinge uma doença quando dela não temos consciência. É de enorme consequência prática se nossa ideia predominante de totalidade se expressa através de três ou de quatro. No primeiro caso, todo o bem vem de Deus e todo o mal vem do homem. Então o homem é o demônio. No segundo caso, o homem tem uma chance de ser salvo da possessão demoníaca, enquanto não estiver "inflado" pelo mal. O que aconteceu na Alemanha sob o nacional-socialismo? O que aconteceu sob o bolchevismo? Com a quaternidade, os poderes do mal, bem maiores do que os do homem, são restituídos à totalidade divina, donde se originaram, segundo o próprio Gênesis. A serpente não foi criada pelo homem.

1.611 O símbolo da quaternidade tem tanto a ver com a divindade como a Trindade. Quando começo a refletir sobre a experiência de

13. Cf. *Um mito moderno sobre coisas vistas no céu* [OC, 10/4; § 775].

Deus em geral, tenho de escolher em meu estoque de imagens entre os conceitos que o representam como mônada, díade, tríade, tétrade ou como uma multiplicidade indistinta. Levando-se a sério qualquer uma dessas opções, a escolha se limita à espécie de imagem revelada que recebemos. Javé e Alá são mônadas, o Deus cristão é uma tríade (considerado historicamente), a experiência moderna é provavelmente uma tétrade, a divindade da Pérsia antiga é uma díade. No Oriente temos a mônada diádica Tao e o Anthropos (purusha) monádico, Buda etc.

1.612 Segundo minha humilde opinião, tudo isso tem muito a ver com psicologia. Não temos outros pontos de apoio a não ser essas imagens. Sem imagens não poderíamos sequer falar de experiências divinas. Estaríamos totalmente desarticulados. Poderíamos apenas balbuciar "mana", e mesmo isto seria uma imagem. Como se trata de uma vivência indizível, a imagem é indispensável. Concordaria plenamente com a afirmação: Deus se aproxima dos homens na forma de símbolos. Mas estamos longe de saber se o símbolo é verdadeiro ou não.

1.613 A *privatio boni* não pode ser comparada à quaternidade, pois ela não é nenhuma revelação. Ao contrário, tem todas as características de uma "doutrina", de uma invenção filosófica.

1.614 Não faz diferença alguma se digo "Deus" ou "divindade". Ambos se encontram como tais muito além do alcance humano. Revelam-se a nós como imagens psíquicas, isto é, como símbolos.

1.615 Longe de mim fazer qualquer afirmação sobre o próprio Deus. Falo de imagens, e é importante refletir sobre elas, falar delas e criticá-las, porque a natureza de nossas ideias dominantes depende muito delas. Faz uma enorme diferença se eu considerar a mim mesmo, meu vizinho, o demônio ou um ser superior como fonte do bem ou do mal.

1.616 Naturalmente estou falando de pessoas *que pensam* e, como a maioria não pensa, falo de uma pequena minoria. Apesar disso, tem seu lugar na criação e, possivelmente, um sentido. Sua contribuição para o desenvolvimento da consciência é considerável e, uma vez que a natureza concedeu ao ser *consciente* o maior prêmio do sucesso, a consciência deve ser mais preciosa para a natureza do que o inconsciente. Por isso acredito não errar muito quando tento compreender o símbolo da divindade. Segundo penso, esta tentativa – tenha ela êxito ou não – poderia ser de grande interesse para a teologia que *nolens volens* está construída sobre as mesmas imagens primordiais. De qualquer forma, torna-se cada vez mais difícil convencer o leigo culto de que a teologia nada tem a ver com a psicologia, mesmo que esta se considere devedora das concepções teológicas.

1.617 Minha discussão com a teologia parte do fato de que os símbolos centrais, revelados de modo natural, como a quaternidade não concordam com os símbolos trinitários. Enquanto aquela inclui a escuridão na totalidade divina, o símbolo cristão a exclui. O símbolo javista da estrela de Davi é uma *complexio oppositorum:* Δ fogo e ∇ água: ✡ um mandala baseado no três, um reconhecimento inconsciente da Trindade, mas incluindo a sombra. E com razão, pois Satanás está ainda entre os *benê Elohim* (filhos de Deus), ainda que Cristo o tenha visto caindo do céu (Lc 10,18). Esta visão indica a separação da sombra, mencionada por Irineu[14]. Como dissemos, é da maior e mais vital importância para o homem se ele considera a si mesmo como fonte do mal e afirma que todo o bem procede de Deus. Quer ele o saiba ou não, isto o enche de um orgulho satânico e de soberba, por um lado, e de um sentimento abismal de inferioridade, por outro. Mas quando atribui a poderosa forçados opostos à divindade, pode assumir seu modesto lugar como imagem da divindade; não de Javé, em quem os opostos são inconscientes, mas de uma quaternidade, que consiste dos opostos principais – masculino e feminino, bom e mau – e que se reflete na consciência humana, como é confirmado pela experiência psicológica e pela evidência histórica. Fui *eu* por acaso que inventei a ideia do Tao, o símbolo espiritual vivo da China antiga? Ou os quatro filhos de Horus no antigo Egito? Ou a quaternidade alquímica que esteve viva por quase um milênio? Ou o mandala mahayana que está viva ainda hoje?

Pergunta 10. *Uma de suas objeções à doutrina da privatio boni é que ela minimiza o mal; mas sua concepção da quaternidade, que abrange*

---

14. *Adversas haereses,* II, 5, 1. Cf. *Aion*. Op. cit., § 75 e nota 24.

tanto o bem quanto o mal, não minimiza ainda mais o mal, pressupondo sua existência para sempre?

1.618 O símbolo da quaternidade relativiza o bem e o mal, mas não os minimiza de forma nenhuma.

Pergunta 11. *O senhor argumenta em* "Resposta a Jó" *(p. 399, 430)*[15] *que Cristo, devido a seu nascimento virginal, não foi verdadeiramente humano e, por isso, não poderia ser uma plena encarnação no sentido da natureza humana. O senhor acredita que Cristo nasceu de uma virgem? Se não, sua argumentação em* "Resposta a Jó" *cai no vazio. Se o senhor acredita no nascimento virginal, não seria lógico que o senhor aceitasse as doutrinas principais da fé cristã em seu todo, pois certamente não é mais difícil acreditar nelas do que no nascimento virginal?*

1.619 O dogma do nascimento virginal não elimina o fato de "Deus", na figura do Espírito Santo, ser o pai de Cristo. Se Javé for seu pai, então faltam os poderes da escuridão, o conceito do "bem" perdeu seu sentido, e Cristo não se tornou pessoa humana, porque a pessoa humana é afetada pela escuridão.

Pergunta 12. *Conforme relatam os evangelhos, Cristo nasceu numa manjedoura porque não havia lugar para ele na hospedaria de Belém; em sua infância ocorreu a matança das crianças em Belém, e sua família teve que exilar-se por um tempo no Egito; foi tentado no deserto pelo demônio; exerceu seu ministério em tão duras condições que "não tinha onde repousar a cabeça" (Mt 8,20). Encontrou e ajudou muitos sofredores; os pecadores encontraram junto a ele compaixão e compreensão; suportou no jardim do Getsêmani uma agonia profunda, seguida de sua condenação e da morte mais cruel na cruz. O que leva o senhor a afirmar que Cristo foi uma encarnação do lado claro de Deus e que não teve plena participação nos aspectos escuros da existência?* ("Resposta a Jó", *p. 398s, 414, 430)*[16]. *Segundo a tradição, no entanto, foi qualificado muitas vezes como um "homem das dores" e familiarizado com o sofrimento.*

---

15. § 626, 690.

16. § 626, 657s., 690.

Tudo isso nada tem a ver com o lado escuro do ser humano. Cristo é, bem ao contrário, a vítima inocente e sem mácula, sem a *macula peccati* e, portanto, não realmente um ser humano que deve viver sem a vantagem de um nascimento virginal e que é crucificado de milhares de formas. 1.620

Pergunta 13. *O que o senhor tem em mente quando se refere em* "Resposta a Jó" *ao anticristo e seu reino e afirma que isto foi predito astrologicamente?*

Isto foi predito potencialmente pela era de peixes (♓) que então começou, e também pelo apocalipse. Veja minha exposição em *Aion*, capítulo VI; também *Apocalipse* 20,7: "Terminados os mil anos, Satanás será solto da prisão". 1.621

Pergunta 14. *O que o senhor entende por "inconsciência divina", em* "Resposta a Jó" *(nota de rodapé à página 383)*[17]*? Deus é mais limitado do que o ser humano?*

Este é exatamente o problema. Em Jó torna-se bem claro que Javé se comporta como um homem com consciência inferior e com absoluta falta de autorreflexão moral. Neste aspecto a imagem de Deus é mais limitada do que o homem. Por isso Deus precisa ser encarnado. 1.622

Pergunta 15. *Um dos maiores problemas de Jó foi: Posso acreditar num Deus justo? A individuação, "uma cristificação de muitos", a solução dada em* "Resposta a Jó" *(p. 470)*[18], *não resolve o problema de Jó. Jó não desejava antes uma explicação, um Deus bom, em vez de simples individuação? Ele estava envolvido em questões metafísicas e teológicas, como está o moderno Jó; e assim como o homem não vive só de pão, também não pode viver só da individuação que, no melhor dos casos, não pode ser mais do que um processo de preparação que o capacita a enfrentar essas questões com maior objetividade.*

Jó queria justiça. Ele percebeu que não poderia consegui-la. Com Javé era impossível argumentar. Ele é um poder sem reflexão. 1.623

---

17. § 600[13].

18. § 758.

O que resta a Jó senão ficar calado? Não sonha com individuação, mas sabe com que Deus está lidando. Certamente não é Jó que tira ulteriores conclusões, mas Deus. Ele percebe que a encarnação é inevitável, porque a compreensão do homem está um passo adiante. Precisa despojar-se da divindade e assumir a forma do δοῦλος (escravo)[19], isto é, do ser humano em sua forma mais baixa, para alcançar a joia que a pessoa humana possui em sua autorreflexão. Por que Javé, o criador onipotente, está tão ansioso por possuir seu "escravo" em corpo e alma, até ao ponto do ciúme confessado?

1.624 Por que o senhor diz "só da individuação"? *Individuação é a vida em Deus* como mostra claramente a psicologia do mandala. O senhor não leu os meus livros mais recentes? Pode concluir isso de cada um deles. Os símbolos do si-mesmo coincidem com os da divindade. O si-mesmo não é o eu, ele simboliza a totalidade do homem, e este obviamente não é completo sem Deus. Isto parece ser o que se entende por encarnação e também por individuação.

3. *Respostas a perguntas do Revdo. David Cox* [20]

I

Esta pergunta refere-se à afirmação de Jung, em "Dois ensaios sobre psicologia analítica"[21], *de que a cultura ocidental não possui um nome ou conceito "para a união dos opostos num caminho do meio" e que possa ser comparado ao conceito do Tao. Sugeriu-se que a doutrina cristã da justificação pela fé fosse tal conceito.*

1.625 Como não sou teólogo, não consigo ver uma conexão entre a doutrina da justificação e o Tao. O Tao é a colaboração dos opostos claro-escuro, seco-molhado, quente-frio, norte-sul, dragão-tigre etc., e nada tem a ver com os opostos morais ou com uma reconciliação entre o *Summum Bonum* e o demônio. Ao que eu saiba, a doutrina

---

19. Fl 2,6.

20. PHILP, H.L. Op. cit., p. 226-239 (agosto de 1957). As perguntas não foram citadas diretamente devido à maneira pessoal com que algumas foram formuladas.

21. *O eu e o inconsciente* [OC, 7/2; § 327].

cristã não reconhece o dualismo como estrutura do Tao, mas a filosofia chinesa sim.

É certo que o homem natural procura sempre multiplicar o que lhe parece "bom" e remover o "mau". Ele confia em sua consciência, cujos objetivos, porém, podem ser atravessados pelo "consciente" ou por uma intenção inconsciente. Este fator pode ser eventualmente mais forte do que a consciência, de modo que não é possível combatê-lo. Na psicoterapia ocorrem muitos casos desses. 1.626

A "vontade de Deus" está muitas vezes em contradição com os princípios conscientes, por melhores que eles pareçam ser. Penitência e contrição são consequências da divergência da vontade superior. O resultado é – se não for um conflito crônico – uma *coniunctio oppositorum* na forma do símbolo *(symbolum* = as duas metades de uma moeda partida), como expressão da totalidade. 1.627

Não sabia que o senhor considerava Cristo como o novo centro do indivíduo. Uma vez que este centro do indivíduo aparece empiricamente como uma união dos opostos (comumente uma quaternidade), Cristo deve estar além do conflito moral e, assim, representar a decisão definitiva. Esta concepção concorda perfeitamente com minha ideia do si-mesmo (= Tao, Nirdvandva). Mas como o si-mesmo abrange tanto minha consciência quanto o meu inconsciente, meu eu é parte integrante dele. É esta também sua concepção de Cristo? Em caso afirmativo, poderia concordar plenamente com o senhor. A vida torna-se então uma aventura perigosa, porque me entrego sem contestar a um poder que está além dos opostos, a um fator superior ou divino. Sua decisão suprema pode ser algo que eu denomino bom ou mau, uma vez que é ilimitada. Onde está a diferença entre o meu comportamento e o de um animal que cumpre incondicionalmente a vontade de Deus? A única diferença que eu vejo é que tenho consciência e reflito sobre o que faço. "Quando sabes o que fazes, és bem-aventurado"[22]. Fizemos alguma coisa. 1.628

(O administrador infiel). Isto é moral gnóstica, mas não a do decálogo. O verdadeiro servo de Deus corre riscos de não pequena monta. *Entendu!* Assim, por ordem de Deus, Oseias toma por esposa 1.629

22. Codex Bezae sobre Lc 6,4, em: *Neutestamentliche Apokryphen*, p. 11.

uma prostituta. Não está excluída a possibilidade de que tais ordens possam ser dadas mesmo em nossa época. Quem está disposto a obedecer? E qual é a nossa atitude perante o fato de que tudo o que provém do inconsciente é expresso numa linguagem peculiar (palavras, pensamentos, sentimentos, impulsos) que pode ser interpretada erroneamente? Estas perguntas não pretendem ser argumento contra a validade de seu ponto de vista. Elas querem mostrar apenas a enormidade do risco. Eu as levantei só para ter certeza de que acreditamos num Cristo além do bem e do mal. Tenho medo do otimismo irrefletido e de saídas secretas como, por exemplo: "Pode confiar que tudo vai dar certo". Isto é: "Deus é bom" (e não além do bem e do mal). Por que Deus criou a consciência, a razão e a dúvida, se a *ultima ratio é* a entrega total e a obediência à sua vontade? Obviamente não se contentou apenas com os animais. Quis seres racionais que fossem ao mesmo tempo capazes de entregar-se à escuridão criadora primordial de sua vontade, sem considerar as consequências.

1.630 Vejo-me forçado a dizer que no cristianismo primitivo houve muitos testemunhos em favor de sua concepção de Cristo, mas nenhum no desenvolvimento posterior da Igreja. Não obstante, temos os testemunhos bíblicos, aparentemente inabaláveis, sobre a bondade essencial de Deus e de Cristo, e não existe – ao menos quanto eu saiba – nenhuma passagem que fale expressamente de uma concepção além do bem e do mal, nem mesmo por alusão. Isto me parece uma interpretação bem moderna, nova e de caráter revolucionário, ao menos em relação ao *Summum Bonum*, visto que o senhor acrescenta o mal e transcende a ambos. Neste sentido concordamos plenamente. Só gostaria de ter certeza de que nos entendemos quando chegamos à conclusão de que a verdadeira relação do homem com Deus deve conter tanto o amor quanto o temor para ser perfeita. Se ambos estiverem presentes, podemos estar certos de que temos uma relação adequada com ele. Um relativiza o outro: no temor devemos ter esperança, no amor devemos ter desconfiança. Os dois fatores apelam à nossa consciência, reflexão e razão. Ambos os dons exercem o seu direito. Mas não será isto uma relativização da entrega total? Ou, ao menos, uma aceitação, após uma luta interna? Ou uma disputa com Deus da qual se consegue sair vencedor somente quando Ele – como Jó entendeu – se apresentar como advogado contra Ele mesmo? Não será isto uma dilaceração da unidade primordial de Deus por meio da teimosia do homem? Uma decomposição procurada pelo próprio Deus ou pelo próprio si-mesmo? Sei de minha experiência profissional que o si-mesmo aspira a estes resultados porque deseja a *consciência,* que não é acessível sem distinção (diferenciação, separação, oposição, contradição, discussão). Empiricamente considerado, o si-mesmo encontra-se num estado que chamaríamos de inconsciente em nosso mundo tridimensional. Não sabemos o que ele é em seu estado transcendental. Enquanto for um objeto do conhecimento, passa por um processo de distinção e, com ele, tudo o que emana dele. A diferenciação é intelectual, emocional, ética etc. Isto significa: até este ponto, o si-mesmo está sujeito à nossa livre decisão. Mas quando ultrapassa nossa compreensão, somos seus objetos ou escravos, crianças ou ovelhas que nada mais sabem do que obedecer ao pastor. Devemos acentuar mais a consciência e a liberdade do julgamento, ou dar mais valor à obediência? No primeiro caso, podemos cumprir a vontade divina de conscientização e liberdade de julgamento e, no segundo caso, o instinto primitivo de obediência? Assim personificamos o verdadeiro sim e não do *opus divinum* da *creatio continua.* Em certo sentido, nós mesmos estamos "além do bem e do mal". Isto é de fato muito perigoso (cf. Nietzsche), mas nenhum argumento contra a verdade. E, apesar disso, são igualmente verdadeiros nossa deficiência, nosso embotamento, preguiça, estupidez etc. Ambos são aspectos de um e mesmo ser.

1.631 Também os alquimistas pensavam que seu *opus* era uma continuação e um aperfeiçoamento da criação, enquanto a tentativa psicológica moderna confronta entre si os opostos e sujeita-se à tensão do conflito "expectans naturae operationem, quae lentissima est, aequo animo"[23], como disse um mestre antigo. Sabemos que um "tertium quid" se desenvolve a partir de um oposto, em parte com a ajuda de nosso esforço consciente e, em parte, com a colaboração do inconsciente (os alquimistas acrescentam "Deo concedente"). O resultado desse opus é o *símbolo* ou, em última instância, o si-mesmo. Os alquimistas entendem isso física e espiritualmente, como o *filius macro-*

23. Esperando pacientemente a atuação da natureza, que é muito lenta.

cosmi, um paralelo de Cristo, o υἵος τοῦ ἀνθρώπου. Os gnósticos consideravam a serpente do paraíso como o λόγος e, da mesma forma, os alquimistas acreditavam que seu *filius philosophorum* fosse a *serpens mercurialis* transformada (entendiam a serpente no σταυρός (cruz) como uma "allegoria ad Christum spectans")[24]. Sua ingenuidade revela uma hesitação (que eu também sinto) de identificar o si-mesmo com Cristo. Seu símbolo é o *lapis*. Ele é indestrutível, "semel factus" (provém do *increatum*, do caos primordial), perpétuo, nosso instrumento e senhor ao mesmo tempo ("Philosophus non est Magister lapidis, sed potius minister")[25], o salvador da criação em geral, dos minerais, plantas, animais e da imperfeição física do homem. Daí seus sinônimos: *panacea, alexipharmakon, medicina catholica etc*. (e heléboro, porque cura a demência).

1.632 Naturalmente, quando se define Cristo como *complexio oppositorum*, resolve-se a equação. Mas a gente se confronta com uma violenta contraposição histórica. Como se trata de um ponto da maior importância, gostaria de esclarecer o problema de forma a não deixar dúvidas. Isto pode desculpar e explicar minha argumentação de longo fôlego.

II

Em "Resposta a Jó", *Jung afirma que Jesus só encarna o lado claro de Deus. Esta pode ser a maneira pela qual a maioria dos homens e mulheres do Ocidente considera hoje Jesus; mas não é isto uma adulteração do Novo Testamento e do pensamento cristão, desenvolvido durante séculos?*

1.633 O senhor precisa levar em conta que eu sou um médico de doentes mentais e um psicólogo prático que deve tomar as coisas como elas são entendidas *realmente*, e não como *poderiam* ou *deveriam* ser entendidas. Os gnósticos entenderam que Cristo livrou-se de sua

---

24. Cf. *Psicologia e alquimia*, ilustração 217 (Alegoria que se refere a Cristo).

25. O filósofo não é o mestre da pedra, mas seu servidor [Ros. phil. In: *Art. aurif.* II, p. 356. Cf. JUNG, C.G. "A árvore filosófica". In: JUNG, C.G. *Estudos alquímicos*. Petrópolis: Vozes, 1978 (OC, 13; § 436)].

sombra, e eu nunca ouvi dizer que ele tivesse incorporado o mal, como Javé o fez expressamente. A doutrina católica bem como a protestante insistem na ausência de pecado em Cristo. Como cientista, ocupo-me principalmente do que é acreditado em geral, ainda que me impressione o fato de as doutrinas eclesiais não fazerem justiça a certos fatos do Novo Testamento. Mas devo considerar o *consensus omnium* de que Cristo é sem *macula peccati*. Se eu dissesse que em Cristo há algum mal, teria certamente as Igrejas contra mim. Enquanto psicólogo não posso ocupar-me do conceito teológico da verdade. Meu campo é aquilo que o povo em geral acredita.

1.634 Uma vez que não me importa em primeiro lugar a teologia, mas sim a imagem que o leigo tem dos conceitos teológicos (um fato que o senhor deve sempre ter presente), tenho a tendência de fazer afirmações que parecem contraditórias (como as pessoas da Idade Média que, como o senhor muito bem coloca, estavam familiarizadas com todas as histórias cósmicas sobre Jesus). Os evangelhos dão realmente várias indicações que apontam para o lado escuro, mas isto não influenciou a imagem difundida em geral do *lumen de lumine*. Penso como psicólogo em todas as outras representações errôneas possíveis que existem em larga escala, apesar da grande preocupação crítica, da cuidadosa exegese e de todos os trabalhos da pesquisa teológica. Meu objeto de pesquisa é o estado geral da mente cristã, e não a teologia, campo em que sou totalmente incompetente. Pelo fato de ser dominante no leigo a ideia do "lumen de lumine", ouso chamar a atenção para determinados testemunhos bíblicos (que são compreensíveis ao leigo) que mostram uma outra imagem de Cristo. Estou certo de que sua concepção de Cristo só entrará com muita dificuldade em certas cabeças duras. O mesmo se dá com a ideia do mal contido em Deus. Estou interessado em dogmas, ilusões, erros e dúvidas de toda espécie que embaralham a mente do leigo, e procuro trazer certa ordem para este caos através de meios acessíveis ao leigo, ainda que eu mesmo seja um representante do modesto "ignoramus".

III

Esta pergunta refere-se à relação entre fé e projeção. Em seus escritos, Jung tratou da fé como ligada a uma forma externa de religião?

1.635 Não entendi bem a pergunta. Naturalmente, a "fé" é uma relação com conteúdos projetados. Mas não consigo entender como isto "corresponde para todos os objetivos práticos a um retraimento da projeção". Parece-me, ao contrário, que a fé mantém a convicção de que a projeção é uma realidade. Por exemplo, projeto em alguém os atributos de um santo. Então minha fé sustenta e aumenta essa projeção, criando em mim uma atitude de veneração. Mas pode ser que o receptor da projeção não seja nada disso, ou que seja um refinado hipócrita. Ou eu poderia projetar, ou hipostasiar, uma convicção religiosa de certo tipo e mantê-la com fé e ardor. Onde fica então o "retraimento da projeção"?

1.636 Em caso de dúvida, é melhor recorrer ao *Símbolos da transformação*. Eu estava naquela época bem no começo. Foi quando rompi com Freud, em 1912. Encontrava-me em grandes dificuldades interiores, porque não tinha ideia alguma do inconsciente coletivo ou dos arquétipos. Minha formação baseava-se principalmente nas ciências naturais, com um modesto suplemento de filologia clássica. Foi uma época de *Sturm und Drang* (tempestade e ímpeto). *Wandlungen und Symbole der Libido*[26] foi um salto intuitivo no escuro e contém muitas formulações inadequadas e pensamentos inacabados.

1.637 Faço uma distinção geral entre "religião" e "confissão de fé", tendo em vista o leigo, pois é ele principalmente que lê meus livros, e não o de formação universitária. Este não está interessado na mentalidade do leigo. Em geral tem aversão à psicologia. Devo repetir: sou psicólogo e, por isso, estou interessado em primeiro lugar na psique humana, ainda que esteja ávido da verdade que o especialista traz à luz. O leigo identifica religião com uma "confissão", isto é, com as "coisas que são feitas na Igreja". O islamismo, o judaísmo, o budismo etc. são simplesmente religiões, como o cristianismo. Só sabemos por ouvir dizer que existe uma verdadeira vida interior, uma comunhão com forças transcendentais, a possibilidade de uma *experiência* religiosa. As Igrejas também não simpatizam com a ideia de que o alfa e o ômega da religião seja a experiência individual subjetiva. Para elas está em primeiro lugar a comunidade, esquecendo o fato de que,

---

26. A edição original (1912) de *Símbolos da transformação*.

quanto mais pessoas estiverem reunidas, menos individualidade existe. Ficar sozinho com Deus é altamente suspeito, porque a vontade de Deus – pasmem! – pode ser terrível e isolar alguém de sua família e de seus amigos ou, se alguém for corajoso ou tolo o bastante, pode baixar ao manicômio. Mas, como é possível a religião sem a experiência da vontade divina? As coisas são relativamente simples enquanto Deus não exige de nós mais do que o cumprimento de suas leis; mas o que dizer se ele exige de nós que as transgridamos – o que também está dentro do possível? O pobre Oseias podia acreditar na natureza simbólica de seu deplorável casamento, mas o que acontece com o igualmente pobre e pequeno médico que, por causa de uma mentira, tem de colocar em risco sua alma para salvar uma vida humana? Ele não pode nem mesmo fazer a tentativa de mostrar o quanto o aflige a mentira, ainda que, sozinho com Deus, ele se sinta justificado. E no caso de ser descoberto, deve arcar com as consequências ignominiosas de sua ação, e ninguém vai acreditar que cumpriu a vontade divina. Ser a voz de Deus já não é uma função social. "Si parva licet componere magnis"[27] – o que ganhei com minha luta honesta em favor de Jó, que eu adiei o quanto pude? Fui considerado blasfemador, desprezível, um monstro cujo nome é lama. Coube a mim reunir ao meu redor as vítimas do *Summum Bonum* e ajudá-las com meus limitados meios. Não posso dizer que a Igreja, seja de qual confissão for, me tenha apoiado em meus esforços. O senhor é um dos poucos que admite a *complexio oppositorum* na divindade. (Parece que Nicolau De Cusa não sabia, nem o restante de seus contemporâneos, realmente do que estava falando, caso contrário teria sido queimado há muito tempo.) Eis a razão por que não identifico religião com nenhuma confissão. Para mim, verdadeira comunidade só é possível com aqueles que têm experiências religiosas iguais ou semelhantes, e não com aqueles que só acreditam na letra e nunca se deram ao trabalho de entender suas implicações e expor-se sem reservas à vontade divina. Estes usam a palavra de Deus para proteger-se da vontade de Deus. Nada protege melhor da solidão e do abandono à experiên-

---

27. Se for permitido comparar coisas pequenas com maiores.

cia divina do que a comunidade. Ela é o melhor e mais seguro substituto da responsabilidade individual.

1.638 O si-mesmo ou Cristo está presente em cada um de nós *a priori*, mas inicialmente em geral no *estado de inconsciência*. Mas é decisivamente uma experiência da vida posterior, se este fato se tornar *consciente*. Não é possível apropriar-nos dele por meio da aprendizagem ou da sugestão. Ele só é uma realidade quando acontece, e só pode acontecer quando retiramos nossas projeções de um Cristo exterior, histórico ou metafísico e, dessa maneira, despertamos o Cristo interior. Isto não significa que o si-mesmo inconsciente seja inativo, mas apenas que não o compreendemos. O si-mesmo (ou Cristo) não pode tornar-se real e consciente sem o retraimento das projeções externas. E necessário um ato de *introjeção*, isto é, o conhecimento de que o si-mesmo vive em nós e não uma figura externa, separada e diferente de nós. O si-mesmo sempre foi nosso centro mais íntimo e nossa periferia, nossa *scintilla* e nosso *punctum solis*, e assim continuará sendo. Ele é inclusive, no sentido biológico, o arquétipo da ordem e – dinamicamente considerado – a fonte da vida.

IV

Aqui a pergunta se refere às objeções de Jung contra a concepção de que Deus é o Summum Bonum e que o pecado é a privatio boni.

1.639 Já mencionei que para o pensamento teológico parece constituir uma dificuldade capital aceitar o fato de que 1) "bem" e "mal" são julgamentos humanos. O que é bom para alguém pode ser mau para outro, e vice-versa. 2) Não é possível falar do "bem", sem ao mesmo tempo falar do "mal", assim como não pode haver "em cima", sem que haja "em-baixo", ou o "dia" sem a "noite". 3) A *privatio boni* parece-me um silogismo. Se "bom" e οὐσία são a mesma coisa, sem uma contrapartida igualmente válida, então "bom" é também um μὴ ὄν, porque a palavra "bom" perdeu seu sentido; ele é simplesmente "ser" e mau é simplesmente "não ser", e o conceito significa "nada". Naturalmente, podemos chamar o mal de "nada", mas nada é simplesmente nada e não pode ter outro nome que o transforme em "algo". Algo não existente não tem nome nem qualidade. A *privatio boni* significa que o mal *é* μὴ ὄν não ser ou nada. Nem mesmo é uma sombra. Permanece apenas o ον, mas ele não é bom porque não existe nada mau. Portanto, o epíteto "bom" é supérfluo. Podemos chamar Deus de *Summum,* mas não de *Bonum,* porque não há outra coisa diferente do "ser", do *Summum* enquanto ser. A *privatio boni* não é uma invenção dos Padres da Igreja, mas este silogismo lhes agradava muito por causa do perigo maniqueísta do dualismo. Mas sem dualismo não existe conhecimento algum, porque é impossível a distinção.

1.640 Eu nunca concluí (como o senhor afirma) de meus estudos dos Padres da Igreja que Deus é o sumo bem *em relação ao ser humano,* não importando o que ele possa ser em si mesmo. Isto é novidade para mim. Obviamente, minha crítica ao *Summum Bonun* não se aplica a este caso. O *Bonum* seria então um julgamento antropomórfico, "Deus é bom para mim", deixando em aberto a questão se ele o é igualmente para os outros. Se o consideramos como uma *complexio oppositorum,* isto é, como além do bem e do mal, então é possível que possa aparecer igualmente como a fonte do mal, o que o senhor acredita que possa ser bom em última análise para o homem. As minhas observações frequentes levaram-me à convicção indubitável de que um mal aparente não é verdadeiro mal quando o aceitamos e o vivenciamos obedientemente até onde for possível; mas também estou convencido do que um bem aparente nem sempre é bom, podendo ser bastante destrutivo. Se não fosse este o caso, tudo seria em última instância bom, isto é, bom em sua essência, e o mal realmente não existiria pois seria simples aparência transitória. Em outras palavras, o conceito "bom" perdeu seu sentido, e a única base segura de conhecimento é nosso mundo da experiência onde a força do mal é muito real e de maneira alguma mera aparência transitória. Talvez possamos ter a esperança otimista de que ao final de tudo, apesar das sérias dúvidas, "tudo ficará bem". Como não estou fazendo juízos metafísicos, não posso deixar de observar que, ao menos em nosso mundo empírico, os opostos estão inexoravelmente em ação e que, sem eles, este mundo não existiria. Não podemos pensar em nada que não seja uma forma de energia, e a energia está forçosamente baseada nos opostos.

1.641 Devo lembrar o fato psicológico de que, enquanto podemos constatar, a *individuação* é um fenômeno natural e, de certa forma, um objetivo inevitável que podemos chamar de *bom para nós* porque ela nos liberta do conflito, que do contrário continuaria insolúvel, dos opostos – ao menos até um grau perceptível. Ela não é uma invenção do homem, mas é a própria natureza que produz sua imagem arquetípica. Assim, a crença de que "no fim tudo dará certo" não é destituída de base psíquica. Porém é mais do que questionável se este fenômeno tem algum significado para o mundo em geral, ou se interessa apenas ao indivíduo que alcançou um estado mais perfeito de consciência: do homem "redimido" de acordo com nossa doutrina cristã sobre a condenação eterna. "Muitos são os chamados, mas poucos os escolhidos"[28] é um *logion* autêntico e característico não apenas do gnosticismo.

V

Jung foi chamado de "gnóstico", mas ele rejeitou esta designação. Este termo foi provavelmente atribuído a ele (e a seu sistema) porque parece acreditar que a salvação é reservada a poucos, e que a massa não poderia nem ousaria fazer uma tentativa de individuação. É possível que seja um "gnóstico" neste sentido?

1.642 Designar meu "sistema" como "gnóstico" é uma invenção dos teólogos que me criticam. Além do mais, não tenho "sistema". Não sou filósofo, mas um simples empírico. É mérito dos gnósticos terem levantado o problema do πόθεν τὸ κακόν (donde vem o mal?). Valentino e Basilides são a meu ver grandes teólogos que procuraram resolver os problemas que foram constelados pelo inevitável afluxo do inconsciente coletivo – um fato claramente retratado pelo Evangelho "gnóstico" de João e por Paulo, sem falar do Apocalipse de João e do próprio Cristo (Administrador infiel e Codex Bezae sobre Lc 16,4). No estilo de sua época, eles hipostasiavam suas ideias como entidades metafísicas. A psicologia não hipostasia, mas considera tais ideias como afirmações psicológicas sobre, ou modelos de, fatores inconscientes essenciais que são inacessíveis à experiência direta. Muito mais longe o conhecimento científico não pode ir. Em nossa época há muitas pessoas que não conseguem acreditar numa afirmação que

28. Mt 22,14.

não entendem. São gratas pela ajuda que a psicologia pode dar-lhes, mostrando-lhes que o comportamento humano é profundamente influenciado por arquétipos numinosos. Isto lhes dá certa compreensão do porquê e da maneira como o fator religioso desempenha um papel importante. Também lhes aponta caminhos e maneiras de reconhecer a atuação das ideias religiosas em sua própria psique.

1.643 Devo reconhecer que também eu só encontrei acesso à religião através da compreensão psicológica das experiências interiores, ao passo que as interpretações religiosas tradicionais me deixavam apático. Somente a psicologia ajudou-me a superar a impressão fatal de minha juventude de que tudo o que era inverídico e mesmo imoral em nosso mundo cotidiano e empírico *devia* ser aceito na religião como verdade eterna. Especialmente o assassinato de uma vítima humana para aplacar a ira descabida de um Deus que criou seres imperfeitos, incapazes de satisfazer suas expectativas, envenenou para mim toda a religião. Ninguém sabia uma resposta. "Em Deus tudo é possível". Realmente! Como alguém que faz coisas inacreditáveis, ele mesmo é inacreditável; e, apesar disso, exigia-se de mim que acreditasse naquilo que todas as fibras de meu corpo se recusavam a aceitar. Há muitas questões que só posso esclarecer através da compreensão psicológica. Apesar de tudo eu apreciei os gnósticos, porque eles reconheceram a necessidade de um raciocínio ulterior que falta totalmente no mundo cristão. Eles eram ao menos humanos e, por isso, compreensíveis. Mas eu não tenho nenhuma γνωοις τον Θεοῦ. Conheço a realidade da experiência religiosa e os modelos psicológicos que permitem uma compreensão limitada. Tenho uma gnose na medida em que tenho uma experiência direta, e meus modelos são amparados em grande parte pelas *représentations collectives* de todas as religiões. Mas não consigo entender por que uma confissão deveria possuir a única e perfeita verdade. Cada confissão reivindica para si esta prerrogativa. Daí a discordância geral. Isto não ajuda em nada. Alguma coisa está errada. Acredito ser a imodéstia da pretensão à deificação dos fiéis que dessa forma compensam sua dúvida interior. Em vez de basear-se na experiência direta, acreditam, por falta de coisa melhor, em palavras. O *sacrificium intellectus* é uma droga adocicada para a preguiça espiritual abrangente e para a inércia das pessoas.

1.644 Devo pedir muitas desculpas ao senhor porque minha atitude espiritual como leigo deve ser terrivelmente irritante ao seu ponto de vista. Mas o senhor sabe que, como psicólogo, meu interesse imediato não é a teologia, mas o público incompetente em geral, cujas convicções errôneas e falhas são tão reais para ele quanto o são as opiniões competentes para os teólogos. Meus pacientes me fazem continuamente perguntas "teológicas" e, quando digo que sou apenas um médico e que eles deveriam perguntar um teólogo, recebo em geral como resposta: "não adianta, já o fizemos", ou "não perguntamos ao padre porque recebemos como resposta o que já sabemos e que nada explica".

1.645 Eis a razão por que tento ajudar, a qualquer custo, os meus pacientes a terem algum tipo de compreensão. Isto lhes traz certa satisfação, e também a mim, ainda que seja insuficiente. Mas para eles soa como se alguém estivesse falando sua linguagem e entendendo suas perguntas que eles levam muito a sério. Outrora foi para mim uma questão importante saber até que ponto o protestantismo moderno identificava o Deus do Antigo Testamento com o do Novo. Perguntei a dois professores universitários. Não responderam às minhas cartas. O terceiro (também professor) disse que não sabia. O quarto disse: "isto é muito simples. Javé é uma concepção algo mais arcaica que contrasta com a concepção diferenciada do Novo Testamento". E eu lhe disse: "Este é exatamente o tipo de silogismo do qual os senhores me acusam". Minha pergunta deve ter sido muito inoportuna ou boba. Mas não sei por quê. Eu falo pela psicologia do leigo. O leigo é uma realidade, e suas perguntas existem. Meu livro *Resposta a Jó* apresenta as perguntas de milhares, mas os teólogos não respondem, contentando-se com alusões obscuras à minha ignorância do hebraico, da crítica moderna, da exegese do Antigo Testamento etc., mas não há nenhuma resposta. Um professor jesuíta de teologia interpelou-me indignado como podia eu sugerir que a encarnação permaneceu incompleta. Eu disse: "o ser humano nasceu sob a *macula peccati*. Nem Cristo nem sua mãe partilham do pecado original. Por isso não são humanos, mas sobre-humanos, uma espécie de Deus". O que respondeu? Nada.

1.646 Por que isto é assim? Meu raciocínio de leigo é sem dúvida imperfeito, e meu conhecimento teológico é lamentavelmente pobre, mas não é tão ruim quanto tudo isto que está aí, ao menos assim o creio. Conheço alguma coisa da psicologia do homem atual e do passado e, como psicólogo, apresento as perguntas que me foram feitas centenas de vezes por meus pacientes e outros leigos. Certamente a teologia não sofreria prejuízo algum se prestasse atenção a elas. Sei que o senhor está muito ocupado para fazê-lo. Tenho máximo interesse em prevenir erros evitáveis e por isso ficaria muito grato se o senhor pudesse dar-se ao trabalho de indicar-me onde estou errado.

1.647 A gnose caracteriza-se por hipostasiar apercepções psicológicas, isto é, por integrar conteúdos arquetípicos além da "verdade" revelada dos evangelhos. Hipólito ainda considerava a filosofia grega clássica, juntamente com a filosofia gnóstica, como pontos de vista perfeitamente possíveis. A gnose cristã era para ele simplesmente a melhor e mais sublime de todas. As pessoas que me chamam de gnóstico não conseguem entender que sou um psicólogo que descreve modos de comportamento psíquico exatamente como o biólogo que estuda os procedimentos instintivos dos insetos. Ele não "acredita" nos teoremas da filosofia das abelhas. Quando apresento os paralelos entre os sonhos e as fantasias gnósticas, não "acredito" em nenhum deles. São apenas fatos que não precisam ser cridos nem hipostasiados. Um médico de doentes mentais não precisa ser louco pelo fato de analisar as delusões dos lunáticos, nem o sábio que estuda os *tripitaka* precisa ser budista.

4. Resposta a uma carta do Revdo. David Cox[29]

1.648 O nó da questão é: "em nossa própria consciência". "Cristo" pode ser uma realidade externa (histórica e metafísica), uma imagem arquetípica ou uma ideia arquetípica no inconsciente coletivo, indicando um pano de fundo desconhecido. Eu consideraria a primeira sobretudo como uma projeção, mas não a última, porque é diretamente evidente. Ela não é projetada sobre coisa alguma, por isso não há projeção. A "fé" em Cristo é apenas diferente da fé em qualquer outra coisa, porque neste caso, sendo "Cristo" diretamente evidente, a palavra "fé", que alude à possibilidade da dúvida ou contém a dúvida, é muito fraca para caracterizar esta presença poderosa da qual

29. PHILP, H.L. Op. cit., p. 239-250 (25 de setembro de 1957).

não há escapatória. Um general pode dizer a seus soldados "vocês devem confiar em mim", porque alguém pode duvidar dele. Mas não se pode dizer a um homem que jaz ferido no campo de batalha: "você deveria *acreditar* que esta batalha é real", ou "esteja certo de que você está lidando com o inimigo". Isto é óbvio demais. Também o Jesus histórico começou a falar de "fé" porque viu que seus discípulos não tinham nenhuma prova. Eles tinham de acreditar, enquanto ele mesmo, idêntico a Deus, não tinha necessidade de "crer em Deus".

1.649 Normalmente identificamos a "psique" com aquilo que conhecemos dela, por isso achamos que podemos designar como não psíquicas certas (presumidas ou acreditadas) entidades metafísicas. Como cientista, cônscio de minha responsabilidade, não posso enunciar semelhante juízo, pois tudo o que sei sobre os fenômenos religiosos comuns parece indicar que se trata de fatos psíquicos. Além disso não conheço a extensão completa da psique, porque existe o âmbito ilimitado do inconsciente. "Cristo" é definitivamente uma imagem arquetípica (eu não acrescento aqui a palavra "somente"), e isto é propriamente tudo o que sei sobre ele. Como tal pertence aos fundamentos (coletivos) da psique. Por isso, eu o identifico com o que chamo de o si-mesmo. O si-mesmo domina sobre a totalidade da psique. Eu acho que nossos pontos de vista não divergem no essencial. Parece que o senhor só tem dificuldades com a diferenciação teológica (e autoimposta) da psique que o senhor parece considerar como definível em última análise.

1.650 Se minha identificação de Cristo com o arquétipo do si-mesmo for válida, ele é, ou deveria ser, uma *complexio oppositorum*. Historicamente isto não é assim. Por isso fiquei muito surpreso com sua afirmação de que Cristo contém os opostos. Entre a minha afirmação e o cristianismo histórico medeia o profundo abismo do dualismo cristão – Cristo e o demônio, o bem e o mal, Deus e a criação.

1.651 "Além do bem e do mal" significa apenas: não enunciamos nenhum juízo de valor moral. Mas, na verdade, nada mudou. O mesmo vale quando dizemos que é *bom* tudo o que Deus é ou faz. Uma vez que Deus faz tudo (e até mesmo o homem criado por ele é seu instrumento), tudo é bom, e o termo "bom" perdeu seu sentido. "Deus" é um termo relativo. Não há bem sem o mal.

Receio que até a verdade revelada deva evoluir. Tudo o que é vivo sofre modificação. Não deveríamos contentar-nos com tradições imutáveis. A grande luta, que começou com o crepúsculo da consciência, ainda não alcançou seu ponto alto em nenhuma interpretação particular, seja ela apostólica, católica, protestante ou outra qualquer. Até a Igreja católica, altamente conservadora, passou por cima de sua antiga norma da autenticidade apostólica com a *Assumptio Beatae Virginis*. Segundo ouço dos teólogos católicos, o próximo passo será o da "Corredentora". Este reconhecimento óbvio do elemento feminino é um passo para a frente muito importante. Ele significa psicologicamente o reconhecimento do inconsciente, uma vez que a representante do inconsciente coletivo é a *anima*, o arquétipo de todas as mães divinas (ao menos na psique masculina). 1.652

O equivalente no lado protestante seria uma confrontação com o inconsciente como a contrapartida ou companheira do *logos* masculino. O símbolo até agora válido da estrutura espiritual mais elevada foi a Trindade + Satanás, a chamada estrutura 3 + 1, correspondendo às três funções conscientes contra uma inconsciente, a chamada função inferior; ou 1 + 3 se o lado consciente é entendido como um contra a chamada tríade inferior ou ctônica, mitológicamente caracterizada como três figuras de mães[30]. Suponho que a avaliação negativa do inconsciente tem algo a ver com o fato de ter sido representado até agora por Satanás, mas sendo na realidade o aspecto feminino da psique masculina e, portanto, não totalmente mau, apesar do dito antigo: "Vir a Deo creatus, mulier a simia Dei"[31]. 1.653

Parece-me de grande importância que o protestantismo integrou a experiência psicológica como, por exemplo, Jacob Böhme. Para ele, Deus não é apenas amor mas, por outro lado e na mesma medida, também o fogo da ira no qual mora o próprio Lúcifer. Cristo é uma revelação de seu amor, mas ele pode também mostrar sua ira no estilo veterotestamentário, isto é, na forma do mal. Na medida em que 1.654

30. Cf. A fenomenologia psicológica dos contos de fadas. In: JUNG, C.G. *Os arquétipos e o inconsciente coletivo*. Petrópolis: Vozes, [OC, 9/1; § 425s., 436s.]; *Aion*. Op. cit., § 351; O espírito de Mercúrio. In: JUNG, C.G. *Estudos alquímicos*. Petrópolis: Vozes, [OC, 13; § 270s.].

31. O homem foi criado por Deus, a mulher pelo macaco de Deus.

do mal pode provir o bem, e do bem o mal, não sabemos se a criação em última análise é boa, ou se é um erro lamentável do qual Deus se arrepende. É um mistério insondável. De qualquer forma não faremos justiça nem à nossa natureza em geral, nem à nossa natureza humana se negarmos a imensidade do mal e do sofrimento, desviando nossos olhos do aspecto cruel da criação. O mal deveria ser reconhecido como tal e não ser atribuído à pecabilidade do homem. Não se ofende a Javé pelo fato de o temermos.

1.655 É perfeitamente compreensível por que foi um Em Εὐαγγέλιον (evangelho, "boa-nova") que tomou conhecimento da *bonitas Deus* e de seu Filho. Os antigos sabiam, não apenas no mundo greco-romano mas também no Oriente longínquo, que a "cognitio sui ipsius" (autoconhecimento)[32] era um pré-requisito para isso. O homem Jesus deve sua apoteose à disposição individual da natureza: ele tornou-se o símbolo do si-mesmo sob o aspecto do bem infindo, um símbolo de que mais precisava a civilização antiga (o mesmo acontecendo ainda hoje).

1.656 Pode ser considerado um fato que a figura dogmática de Cristo é o resultado do processo condensador de várias fontes. Uma das fontes principais é o homem-deus antiquíssimo do Egito: Osíris-Hórus e seus quatro filhos. Foi uma transformação do arquétipo inconsciente que até agora fora projetado sobre um ser divino, não humano. Incorporando-se numa pessoa histórica, chegava mais próximo da consciência; mas em concordância com a capacidade mental da época, ficou como que no limiar entre Deus e o homem, entre o desejo do bem e o medo do mal. Toda dúvida sobre a bondade absoluta de Deus teria levado a uma regressão imediata para o estado primitivo, pagão, isto é, para a amoralidade do princípio metafísico.

1.657 Desde então passaram dois mil anos. Neste período aprendemos que o bem e o mal são categorias do nosso julgamento moral e, por isso, relativas ao homem. Desse modo estava aberto o caminho para um novo modelo do si-mesmo. O julgamento moral é uma necessidade da mente humana. Cristo (ὁ Χριστός) é o modelo cristão do

---

32. Cf. O espírito de Mercúrio. Op. cit., § 301 (AGOSTINHO. *A cidade de Deus*. Col. 446).

si-mesmo, assim como o Ἄνθρωπος é a correspondente fórmula egípcio-judaica. Atributos morais foram retirados da divindade. A Igreja católica conseguiu acrescentar à Trindade masculina um elemento feminino. O protestantismo confrontou-se com o problema psicológico do inconsciente.

1.658 Ao que me parece, isto é um processo peculiar que se estende ao menos por quatrocentos anos de evolução mental. Do ponto de vista "eu-hemerístico", este processo pode ser considerado uma evolução do entendimento humano para compreender as forças supremas que estão fora de seu controle. (O processo abrange os seguintes estágios:) 1. Os deuses. 2. A suprema divindade, governando deuses e demônios. 3. Deus partilha de nosso destino humano, é traído, morto ou morre, e experimenta a ressurreição. Uma contrapartida feminina é envolvida dramaticamente no destino de Deus. 4. Deus torna-se homem de carne e osso e, assim, histórico. É identificado com a ideia abstrata do *Summum Bonum* e perde sua contrapartida feminina. A divindade feminina foi rebaixada a uma posição subordinada (Igreja). A consciência começa a impor-se ao inconsciente. Isto é um passo para frente da maior importância no caminho da emancipação da consciência e de libertar o pensamento de seu entrelaçamento com as coisas. Assim cria-se uma base para a ciência, mas também para o ateísmo e o materialismo. Ambas as coisas são consequências inevitáveis da divisão fundamental entre espírito e matéria na filosofia cristã que proclamava a libertação do espírito em relação ao corpo e às suas amarras. 5. Todo o mundo metafísico é entendido como uma estrutura psíquica, projetada na esfera do desconhecido.

1.659 Neste ponto de vista existe o perigo de um ceticismo e racionalismo exagerados, porque as "forças supremas" primitivas foram reduzidas a meras representações sobre as quais pensava-se ter o controle incondicional. Isto leva a uma negação completa das forças supremas (materialismo científico).

1.660 O outro ponto de vista parte da perspectiva do arquétipo. O caos primitivo da multiplicidade de deuses evoluiu para uma espécie de monarquia, e o arquétipo do si-mesmo impõe aos poucos sua posição central de arquétipo da ordem no caos. *Um* Deus predomina, mas separado dos homens. O arquétipo mostra uma tendência de relacionar-se com a consciência através de um processo de penetração – o efeito humanizador de uma intervenção feminina, como vem expresso, por exemplo, na intriga de Isis. No mito cristão a divindade, o si-mesmo, penetra a consciência quase completamente, sem uma perda sensível de poder ou de prestígio. Com o tempo, porém, nota-se que a encarnação causou uma perda às forças supremas. O lado escuro indispensável ficou para trás ou foi esvaziado, e falta o aspecto feminino. Torna-se, então, necessário outro ato de encarnação. Através do ateísmo, materialismo e agnosticismo é enfraquecido o aspecto poderoso mas unilateral do *Summum Bonum,* de modo que já não pode manter de fora o lado escuro e, consequentemente, o fator feminino. O "anticristo" e o "demônio" ganham a supremacia: Deus afirma seu poder pela revelação de sua escuridão e destrutividade. O homem é mero instrumento na realização do plano divino. Naturalmente ele não deseja sua própria destruição, mas é forçado a ela por suas próprias invenções. Ele é totalmente escravo em seu agir porque ainda não entendeu que é simples instrumento de uma vontade superior destrutiva. Poderia aprender desse paradoxo que ele – *nolens volens* – está a serviço de um poder superior, e que *existem* poderes superiores, ainda que os negue. Uma vez que Deus está vivo em cada um de nós na forma da *scintilla* do si-mesmo, o homem poderia perceber em si mesmo a natureza "demoníaca", isto é, ambivalente, e dessa maneira entender que está penetrado por Deus e que Deus se encarna no homem.

1.661 Por meio de sua encarnação ulterior, Deus se torna uma tarefa apavorante para o homem que precisa encontrar agora caminhos e meios de unir os opostos divinos em si mesmo. Ele é convocado e já não pode deixar suas aflições a outro qualquer, nem mesmo a Cristo, pois foi Cristo que lhe confiou a tarefa quase impossível de sua cruz. Cristo mostrou como cada um será sacrificado conforme seu destino, isto é, conforme seu si-mesmo, como ele o foi. Ele não carregou sua cruz e sofreu a crucifixão para que nós pudéssemos escapar. A conta da era cristã é apresentada a nós: vivemos num mundo dividido em dois de alto a baixo; somos confrontados com a bomba H e temos de enfrentar nossas próprias sombras. Obviamente Deus não quer que permaneçamos criancinhas esperando que um dos nossos pais faça nossa tarefa. Somos encurralados pelo poder supremo da vontade encarnadora. Deus quer realmente ser homem, mesmo que isto o divida. Este é o caso, não importa o que dizemos. Não podemos afirmar que a bomba de hidrogênio ou o comunismo não existem no mundo. Estamos numa situação que é preparada para nós, quer reclamemos direito à sua invenção ou não. Cristo disse a seus discípulos "vós sois deuses". Esta palavra confirmou-se de maneira dolorosa. Quando Deus toma forma no homem concreto, então o homem se confronta com o problema divino. Mesmo sendo e permanecendo homem, precisa encontrar uma solução. É a questão dos opostos que surgiu quando Deus foi declarado como sendo unicamente bom. Onde fica, pois, seu lado escuro? Cristo é o modelo da solução humana, e seu símbolo é a *cruz,* a união dos opostos. Este será o destino do homem, e isto ele deve saber se quiser sobreviver. Nós somos ameaçados pelo genocídio universal, se não pudermos obter nossa salvação através de uma morte simbólica.

1.662 Para executar essa tarefa, o homem é inspirado de certa forma pelo Espírito Santo, de modo a estar propenso a identificar o Espírito Santo com o seu próprio espírito. Corre inclusive o risco de imaginar que tem uma missão messiânica, impondo a seus semelhantes doutrinas tirânicas. Faria melhor distinguindo entre seu espírito e a voz suave em seu íntimo, bem como os sonhos e as fantasias em que se manifesta o espírito divino. Deveríamos ouvir com atenção, inteligência e crítica ("probate spiritus") a voz interior porque a voz que ouvimos é o *influxus divinus* que, como afirmam tão bem os *Atos de João,* se compõe de elementos da "direita" e da "esquerda", isto é, dos opostos[33]. Eles precisam ser claramente separados entre si, de modo que apareçam seus aspectos positivos e negativos. Só assim podemos assumir uma posição intermédia e encontrar um caminho do meio. Eis a tarefa reservada ao homem, e eis a razão por que o homem é tão importante para Deus, a ponto de resolver ele mesmo tornar-se homem.

1.663 Peço desculpas por me ter alongado tanto. Por favor, não pense que constatei alguma verdade. Só tentei apresentar uma hipótese que pudesse esclarecer os resultados confusos do entrechoque dos símbo-

---

33. Cf. *O símbolo da transformação na missa* [OC, 11/3; § 429] *(Neutestamentliche Apokryphen,* p. 188).

los tradicionais com as experiências psicológicas. Achei melhor colocar as cartas na mesa para que o senhor tivesse um quadro preciso das minhas ideias.

1.664 Ainda que tudo isso pareça especulação teológica, é na verdade a perplexidade do homem moderno, expressando-se em forma simbólica. É o problema que encontrei várias vezes ao tratar das neuroses de pessoas inteligentes. Também é possível exprimir isto mais cientificamente numa linguagem psicológica; por exemplo, em vez de Deus pode-se dizer também "o inconsciente"; em vez de Cristo, "o si-mesmo"; em vez de encarnação, "integração do inconsciente"; em vez de redenção ou salvação, "individuação"; em vez de crucifixão ou morte sacrifical na cruz, "conscientização das quatro funções" ou "totalidade". Creio não ser desdouro para a tradição religiosa se pudermos constatar que ela coincide bastante com a experiência psicológica. Ao contrário, parece ser uma ajuda valiosa para a compreensão das tradições religiosas.

1.665 Um mito permanece sempre um mito, mesmo que certas pessoas o considerem a revelação literal de uma verdade eterna; contudo, está fadado a morrer, quando a verdade viva que ele contém deixa de ser objeto da fé. Por isso é necessário reavivá-lo de tempos em tempos através de *nova interpretação*. Isto significa que se deve adaptá-lo de forma nova ao espírito mutante da época. O que a Igreja chama de "prefigurações" refere-se à concepção primordial do mito, enquanto a doutrina cristã é uma nova interpretação e uma nova adaptação ao mundo helenizado. Uma tentativa muito interessante de uma nova interpretação começou no século XI que levou ao cisma no século XVI. A Renascença não foi um renascimento da Antiguidade, nem o protestantismo foi um retomo ao cristianismo primitivo. O protestantismo foi uma nova interpretação, inevitavelmente condicionada pela desvitalização da Igreja católica.

1.666 Hoje em dia o cristianismo está enfraquecido devido a um distanciamento do espírito da época. Há necessidade de nova união ou de novo relacionamento com a era atômica que é uma novidade única na história. O mito precisa ser narrado outra vez numa linguagem espiritual nova, pois o vinho novo não pode ser colocado em barris velhos tanto hoje quanto na época helênica. Até mesmo o judaísmo conservador teve de criar em sua gnose cabalística uma versão totalmente nova do mito. Sei da experiência prática que a compreensão psicológica reativou prontamente as ideias cristãs essenciais e lhes deu novo alento vital. Isto é assim porque nossa visão do mundo, isto é, nosso conhecimento e compreensão científicos, coincide com o enunciado simbólico do mito, ao passo que anteriormente éramos incapazes de superar o abismo entre ciência e fé.

1.667 Voltado à sua carta (p. 2s., de 25 de setembro), devo dizer que poderia aceitar sua definição de *Summum Bonum* como "o que quer que Deus é, isto é bom", se ela não torcesse ou prejudicasse nossa compreensão do bem. Quando nos inteiramos da natureza moral de um ato de Deus, devemos refrear nosso julgamento moral e seguir cegamente o ditado dessa vontade superior, ou devemos julgar à maneira dos homens e chamar o branco de branco e o preto de preto. Mesmo que às vezes obedeçamos cega e quase heroicamente a esta vontade superior, isto não é o normal na minha opinião. O agir cegamente também não é recomendável em geral, porque espera-se de nós que procedamos com premeditação consciente e moral. É perigosamente fácil demais fugir da responsabilidade, imaginando que nossa vontade é a vontade de Deus. Podemos naturalmente ser dominados pela vontade de Deus, mas quando isto não for o caso, devemos fazer uso de nosso discernimento. Então seremos confrontados com o fato inexorável de que, humanamente falando, alguns atos de Deus são bons e outros maus, e isto de tal forma que a pressuposição de um *Summum Bonum* se torna quase um ato de hybris.

1.668 Se Deus pode ser entendido como uma total *complexio oppositorum*, também o pode ser Cristo. Posso endossar plenamente sua concepção de Cristo, mas ela não é a tradicional e, sim, a mais moderna, que está no caminho de uma interpretação mais nova e desejável. Também concordo com sua compreensão do Tao e do antagonismo dele com Cristo que é, na verdade, o paradigma da reconciliação dos opostos divinos no homem, causados pelo processo da individuação. Assim Cristo representa o tesouro e o "bem" supremo.

1.669 Quando a teologia faz afirmações metafísicas, a consciência do cientista não pode endossá-las. Uma vez que Cristo nunca significou mais para mim do que eu podia entender dele, e uma vez que esta compreensão coincide com meu conhecimento empírico do si-mesmo, devo admitir que penso no si-mesmo quando me ocupo com a ideia de Cristo. Além do mais, não tenho outro acesso a Cristo a não ser pelo si-mesmo, e uma vez que não conheço nada além do si-mesmo, agarro-me a este arquétipo. Digo a mim mesmo: "aqui está o arquétipo vivo e palpável que foi projetado em Cristo, ou que nele se manifestou historicamente". Se este arquétipo coletivo não tivesse sido associado a Jesus, ele teria permanecido um Zaddik anônimo. Prefiro o termo "si-mesmo" porque falo tanto a hindus como a cristãos, e eu não quero dividir, mas unir.

1.670 Colocando eu as cartas na mesa, devo confessar que a toda afirmação metafísica corresponde de minha parte um certo sentimento de deslealdade – deve-se especular sim, mas não fazer qualquer afirmação. Não se pode ir além de si mesmo, e quando alguém nos assegura que pode ultrapassar a si mesmo e a seus limites naturais, vai longe demais, torna-se imodesto e inverídico.

1.671 Isto pode ser uma deformação profissional, o preconceito de uma consciência científica. A ciência é uma tentativa honesta de chegar à verdade, valendo para ela a regra de nunca afirmar mais do que pode ser demonstrado dentro de limites razoáveis e defensíveis. Com esta atitude abordo também o problema da experiência religiosa.

1.672 Sou incapaz de imaginar algo que ultrapasse o si-mesmo, pois este – por definição – já é um conceito-limite que representa a totalidade desconhecida do homem. Não há razão para se chamar ou não chamar o além-si-mesmo de Cristo, Buda, Purusha, Tao, Chidr ou Tifereth. Todos esses termos são formulações fáceis de reconhecer daquilo que eu chamo de "si-mesmo". Além do mais tenho certa aversão a um nome especial, pois meus semelhantes são tão bons e tão corretos quanto eu. Por que deveria valer menos do que o meu o nome que eles dão?

1.673 Não é fácil para um leigo obter a informação teológica desejada, porque a própria Igreja não é uniforme neste sentido. *Quem* representa o cristianismo autêntico? E assim o leigo, que queira quer não, está obrigado a citar como sendo cristãos pontos de vista protestantes ou católicos, porque há alguma autoridade a lhes dar suporte. No que me diz respeito, acho que fui prudente na escolha de minhas fontes.

1.674 O senhor, como teólogo, está certamente interessado na melhor concepção ou explicação possível, ao passo que o psicólogo está interessado em toda espécie de opinião porque deseja adquirir algum conhecimento da fenomenologia psíquica, pouco se importando com a afirmação metafísica por melhor que seja, porque ela está fora do alcance humano. Os diversos credos são para ele apenas fenômenos diferentes, não lhe sendo possível decidir sobre a verdade ou validade última de qualquer afirmação metafísica. Eu não posso escolher as "melhores" ou "definitivas" opiniões porque não sei qual opinião escolher e de que Igreja. Também me é indiferente donde provém determinada opinião, pois ultrapassa de longe minha capacidade de descobrir se ela é falsa ou verdadeira. Cometeria um engano se atribuísse, por exemplo, a Imaculada Conceição ao protestantismo ou o ponto de vista da *sola fide* ao catolicismo. Os muitos mal-entendidos que a mim se atribuem caem nesta categoria. Em todos esses casos fica patente que alguém foi descuidado em suas suposições. Mas quando atribuo ao protestantismo os enfoques cristológicos de Ritschl isto não está errado, mesmo que a Church of England não endosse as concepções do senhor Ritschl ou do senhor Barth[34]. Espero não ser culpado inadvertidamente de uma citação falsa.

1.675 Posso ilustrar o problema através de um exemplo típico. Meu pequeno ensaio sobre a meditação oriental[35] aborda o tratado popular *Amitâyur-Dhyâna-Sûtra*, um texto mahayana relativamente tardio e não muito valioso. Um crítico ficou escandalizado com minha escolha: não conseguia entender por que eu havia escolhido um tratado tão insignificante em vez de um texto páli clássico e autenticamente budista para expor o pensamento budista. Ele não percebeu que minha intenção não era explicar o budismo clássico, mas analisar a psicologia deste texto específico. Por que não poderia eu estudar Jacó Böhme ou Ângelo Silésio como escritores cristãos, mesmo não sendo eles representantes clássicos do catolicismo ou do protestantismo?

1.676 Mal-entendido semelhante aparece em sua opinião de que não faço justiça ao *ideal* da comunidade. Enquanto possível, evito ideais e atenho-me à realidade. Nunca encontrei uma comunidade em que o

---

34. Albrecht Ritschl (1822-1889) e Karl Barth (1886-1968), teólogos de renome da Alemanha e da Suíça.

35. "Considerações em torno da psicologia da meditação oriental" [OC, 11/5; § 912s.].

indivíduo nela inserido pudesse "expressar-se com inteira liberdade". Suponhamos que o indivíduo dissesse a verdade sem levar em consideração os sentimentos dos outros: ele seria não apenas o mais abominável *enfant terrible,* mas poderia causar também uma grande catástrofe. Exemplos edificantes podem ser encontrados nos encontros do chamado Oxford Group Movement, de Buchman. O indivíduo deve "comportar-se" sem levar em conta a verdade, isto é, deve reprimir sua reação simplesmente por amor cristão ao próximo. O que aconteceria se eu, após ouvir um sermão sobre os ideais, me levantasse e perguntasse ao pastor até que ponto estava ele mesmo em condições de viver segundo suas recomendações? No meu caso particular, o simples fato de eu estar seriamente interessado na psicologia já provocou uma grande animosidade ou medo em determinados círculos. O que aconteceu na Igreja, ou seja, numa comunidade cristã, com aquelas pessoas que ousaram apresentar uma ideia nova? Nenhuma comunidade consegue fugir das leis da psicologia das massas. Tenho uma atitude crítica em relação à comunidade, da mesma forma que desconfio do indivíduo que constrói castelos no ar e recusa medrosamente exprimir suas próprias convicções. Tenho ojeriza a ideais que são pregados, mas nunca vividos, simplesmente porque é impossível vivê-los. Interesso-me mais pelo que *podemos* viver. Gostaria de construir uma vida humana possível, uma vida capaz de realizar a experiência de Deus, e não inventar um esquema idealista do qual sei que *nunca* será realizado.

Carta posterior[36]

1.677 Agradeço por ter exposto sua opinião e por ter criticado meu modo rústico de pensar, escrever e – temo também – de falar. Este parece ser o estilo do cientista natural: nós simplesmente apresentamos nossa proposição, acreditando que ninguém a tomará por algo mais do que uma hipótese a ser discutida. Nós estamos tão cheios de dúvidas em relação às nossas suposições que aceitamos o ceticismo como algo natural. Temos, por isso, a tendência de omitir a tradicional *captatio*

---

36. PHILP, H.L. Op. cit., p. 250-254 (12 de novembro de 1957).

benevolentiae lectoris com expressões como estas: "com hesitação eu pondero...", "devo considerar como hipótese arriscada..." etc. Esquecemos até o preâmbulo: "é assim que eu vejo a coisa..."

No caso do jesuíta[37], foi assim que me colocou a pergunta direta: "Como pode o senhor afirmar que Cristo não foi humano?" A discussão transcorreu naturalmente no plano *dogmático*, porque não era possível responder a esta pergunta em outro plano. Não trata, portanto, da *verdade*, pois o próprio problema ultrapassa de longe a capacidade humana de julgamento. Meu livro *Resposta a Jó* é mera reconstrução da psicologia, facilmente discemível ao leigo interessado, nesse e em outros textos do Antigo Testamento. O leigo entende pouco da mais alta crítica moderna, que é sobretudo histórica e filológica, e que não se interessa pelas reações do leigo aos paradoxos e horrores morais do Antigo Testamento. Ele conhece sua Bíblia e escuta os sermões de seu pastor ou de seu sacerdote. Como católico teve uma educação dogmática. 1.678

Quando falo de "Jó", não se pode esquecer que estou abordando a psicologia de uma imagem arquetípica e antropomórfica de Deus, e não uma entidade metafísica. Ao que podemos ver, o arquétipo é uma estrutura psíquica que possui até certo ponto vida própria. 1.679

O Deus do Antigo Testamento é um guardião da lei e da moral, mas ele mesmo é injusto. É um paradoxo moral e desconcertante em seu etos. Podemos perceber Deus numa multiplicidade infinda de imagens, mas são todas antropomórficas, caso contrário não as entenderíamos. O paradoxo divino é uma fonte inesgotável de sofrimento para o ser humano. Jó não pôde deixar de ver isso e, por isso, vê mais do que o próprio Deus. Isto explica por que a imagem de Deus tem que tornar-se "carne". O paradoxo que aparece naturalmente com muita hesitação nos detalhes do mito e no dogma católico, é claramente perceptível no fato de que o "Justo Sofredor", historicamente considerado, é uma ideia errônea. Ele não é idêntico ao Deus sofredor, porque ele é Jesus Cristo, adorado como um Deus distinto (ele é mera prefiguração que foi incluído com muito custo numa Trindade), e não um homem comum que foi obrigado a aceitar 1.680

37. Cf. anteriormente, § 1.645.

o sofrimento de opostos intoleráveis que ele não inventou. Eles estavam predeterminados. Ele é a vítima porque é capaz de uma consciência tridimensional e de decisão moral. (Isto está um pouco condensado. Diversamente de Javé, o homem tem autorreflexão.)

1.681 Eu não sei o que Jó teria visto. Mas parece possível que tenha antecipado inconscientemente o futuro histórico, isto é, a evolução da imagem de Deus. Deus tinha que tornar-se homem. O sofrimento do homem não provém de seus pecados mas daquele que o criou com suas imperfeições, do Deus paradoxal. O justo é o instrumento em que Deus entra para conseguir a autorreflexão e, assim, a consciência e o renascimento como uma criança divina, confiado aos cuidados de pessoas adultas.

1.682 Isto não é a afirmação de uma verdade, mas a maneira psicológica de ler um texto mitológico – um modelo que foi construído para fazer a ligação psicológica de seu conteúdo. Minha intenção é mostrar o que acontece quando se aplica a moderna psicologia a semelhante texto. A crítica moderna e a filologia hebraica são desnecessárias, pois trata-se simplesmente do texto que o leigo tem diante dos olhos. A religião cristã não foi formada pela crítica moderna.

1.683 A dificuldade que tenho com meus leitores cultos é que não conseguem ver uma estrutura psíquica como uma entidade relativamente autônoma porque têm a ilusão de estar lidando com um conceito. Mas, na verdade, trata-se de uma coisa viva. Todos os arquétipos têm uma vida própria que segue um padrão biológico. Uma Igreja, que desenvolveu uma Trindade masculina, segue o padrão 3 + 1, onde 1 é um ser feminino; e quando 3 = bom, o 1 como mulher faz a conciliação entre o bem e o mal, sendo este último o demônio e a sombra da Trindade. A mulher é então inevitavelmente a mãe-irmã do filho-Deus com o qual está unida "no tálamo", isto é, no ἱερος γάμος o que é demonstrado na segunda Encíclica sobre a Assunção de Maria[38].

1.684 Uma discussão apaixonada entre o homem Jó e Deus irá levar logicamente a uma aproximação mútua: Deus será humanizado e o ho-

---

38. Constituição Apostólica *Munificentissimus Deus*, de Pio XII, § 22: "O lugar da esposa que o Pai havia desposado era na corte celeste". § 33: "[...] neste dia a Virgem Mãe foi levada para o tálamo celeste".

mem "divinizado". Assim ficará ligada a Jó a ideia da encarnação de Deus e a salvação e a apoteose do homem. Este desenvolvimento será seriamente perturbado pelo fato de a "mulher" trazer sempre e inevitavelmente consigo o problema da sombra. Por isso "mulier taceat in ecclesia"[39]. O arquipecado que a Igreja católica persegue eternamente é a sexualidade, e o ideal procurado por excelência é a virgindade, que porá um fim definitivo à vida. Mas se a vida deve continuar, a sombra entra em cena e o pecado torna-se um sério problema porque não se pode mais entregar a sombra à condenação eterna. Consequentemente suspeitou-se no final do primeiro milênio da era cristã que o mundo, conforme predito pelo *Apocalipse,* fosse criado pelo demônio[40]. O mito impressionante e ainda hoje vivo do Santo Graal acordou para a vida com seus dois importantes personagens: Parsival e Merlin. Ao mesmo tempo observamos um impulso extraordinário da filosofia alquimista com sua figura central do *filius macrocosmi,* um correspondente ctônico de Cristo.

1.685 Seguiu-se a isso o grande e aparentemente insanável cisma da Igreja católica e – *last but not least* – o cisma maior e mais terrível ainda do mundo, por volta do final do segundo milênio.

1.686 Uma interpretação psicológica das imagens arquetípicas predominantes revela uma série contínua de transformações psicológicas onde aparece a vida autônoma dos arquétipos – atrás dos bastidores da consciência. Esta hipótese foi trabalhada para explicar e tornar compreensível nossa história religiosa. O tratamento de doenças psicológicas e a incapacidade de meus pacientes de entender interpretações e conceitos teológicos levaram-me a isso. As necessidades da psicoterapia provaram-me a enorme importância de uma atitude religiosa que não pode ser alcançada sem uma compreensão abrangente da tradição religiosa, assim como não é possível entender ou curar os sofrimentos de um indivíduo sem um conhecimento bem fundamentado de sua biografia. Eu apliquei à imagem de Deus o que aprendi da reconstrução de muitos destinos humanos através do conhecimento do inconsciente. Tudo isso é empírico e pode não ter nada a ver com

---

39. 1Cor 14,34.

40. *Aion.* Op. cit., § 225s.

a teologia, se ela insiste nisso. Mas se a teologia chegar à conclusão de que sua doutrina tem algo a ver com a psique humana experimental, então faço algumas reivindicações. Penso que nesse caso minha opinião deve ser ouvida. Ela não pode ser julgada no plano das afirmações metafísicas. Pode ser criticada somente no seu próprio plano psicológico, independentemente do fato de ser uma explicação psicológica satisfatória dos fatos ou não. Os "fatos" são as manifestações históricas comprováveis do arquétipo, não importa quão "errôneas" possam ser.

1.687 Expus meu ponto de vista cruamente (e peço perdão por isso) para dar-lhe uma chance leal de conhecê-lo do modo mais claro possível. O final de sua carta, onde o senhor trata de Cristo, deixou uma dúvida em mim. Parece que o senhor tenta explicar o homem Jesus empírico, ao passo que eu tenho em mente o arquétipo do Anthropos e sua interpretação bem geral como fenômeno coletivo, em vez da melhor interpretação possível de uma pessoa individual e histórica. A cristandade como um todo está menos interessada no homem Jesus histórico e em sua biografia algo duvidosa do que na figura mitológica do Anthropos ou Filho de Deus. Seria bastante arriscado tentar analisar o Jesus histórico como pessoa humana. "Cristo" aparece num pano de fundo bem mais confiável (porque mitológico) que convida a um exame psicológico. Além disso não é o rabi judeu e reformador Jesus que se encontra em cada um de nós que nos dá a convicção, mas o Cristo arquetípico, como arquétipo do salvador.

1.688 Meu ponto de partida não é teológico e não pode ser tratado como um teologúmeno. É essencialmente uma tentativa psicológica que se baseia na imagem de Deus arquetípica e amoral, que não é um conceito mas antes uma experiência irracional e fenomenal, ou seja, uma imagem primordial. Mas enquanto os teólogos se ocupam também da psicologia da pessoa adulta (talvez não tanto quanto a psicologia clínica), estou convencido de que seria vantagem paia ela familiarizar-se com os aspectos psicológicos da religião cristã. Não escondo o fato de que o modo de pensar teológico é muito difícil para mim, donde concluo que o modo de pensar psicológico também seja uma tarefa árdua para o teólogo. Isto pode explicar a razão de eu inundá-lo com uma carta tão longa.

Quando vejo que a China (e logo também a Índia) vai perdendo aos poucos sua cultura antiga sob o impacto do racionalismo materialista, receio que o Ocidente cristão vá sucumbir à mesma doença, simplesmente porque a linguagem simbólica antiga não mais será compreendida e porque as pessoas já não conseguem ver onde e como usá-la. Nos países católicos todo aquele que se afasta da Igreja torna-se um ateu declarado. Nos países protestantes, pequeno número cria alguma seita, e os outros abandonam as igrejas por causa de seus sermões cruelmente enfadonhos e vazios. Agora alguns começam a acreditar no Estado – mal sabendo que eles mesmos são o Estado. Uma recente programação da BBC[41] mostrou um exemplo típico da atitude do leigo culto diante da religião. Que bela "compreensão"! Parece-me que tudo isso se deve à falta de um ponto de vista psicológico. 1.689

Lamento ser claramente uma *petra scandali*. Não quero ofender ninguém. Perdoe-me a franqueza. Sou-lhe profundamente grato por ter-me dado sua atenção. 1.690

Atenciosamente

C.G. Jung

---

41. Segundo informações da BBC, trata-se provavelmente de uma série de diálogos entre Robert C. Walton, J.D. Mabbott, Alasdair MacIntyre e o revdo. F.C. Cockin sobre "Religião e Filosofia" que foi transmitida em setembro e outubro de 1957.

XIII
ESTUDOS ALQUÍMICOS

(Relacionado aos volumes 12, 13 e 14 da Obra Completa)

Prefácio a um catálogo sobre alquimia*

1.691 A alquimia pertence à pré-história da química, ou ela a contém. Ela tem grande interesse histórico para o químico, pois é possível demonstrar que ela possui certas descrições reconhecíveis de substâncias, reações e procedimentos técnicos da química. A abrangente obra de E.O. Von Lippmann, *Entstehung und Ausbreitung der Alchemie,* Berlim 1919, mostra o quanto se pode aproveitar neste sentido da literatura alquimista. Mas um aspecto peculiar dessa literatura está no fato de que existe um número relativamente grande de tratados nos quais, sem considerar as alusões superficiais, nada se encontra de químico. Supôs-se, por isso – e os próprios alquimistas, ao menos parte deles, queriam que nós acreditássemos isso - que sua misteriosa linguagem de símbolos fosse uma maneira hábil de ocultar os procedimentos químicos que estavam por detrás. Mas o adepto veria através do véu dos hieróglifos e reconheceria o processo químico secreto. Infelizmente, alquimistas de renome destruíram esta lenda, confessando que eram incapazes de solucionar o enigma da esfinge, pois os autores antigos como Geber e Raimundo Lullo tinham escrito de maneira muito obscura. De fato, um exame mais profundo do conteúdo desses tratados, que talvez constituam a maioria, nada pode provar que fosse químico, mas apenas simbólico, isto é, psicologia. A linguagem alquimista provou ser bem menos *semiótica* (= linguagem dos sinais) do que *simbólica,* salientando-se o fato de que não era escondido um conteúdo conhecido, mas sugerido um conteúdo desconhecido ou, melhor, este conteúdo desconhecido *sugeria a si mesmo.* Este conteúdo só pode ser em primeiro lugar psicológico. Quando analisamos essas expressões simbólicas, aprendemos que ne-

---

* K.A. Ziegler (livreiro), *Alchemie.* II (Lista n. 17, Berna, maio de 1946).

las se projetaram conteúdos arquetípicos do inconsciente coletivo. Consequentemente a alquimia ganha o aspecto bem novo e interessante de *uma psicologia projetada do inconsciente coletivo* e, por isso, entra na categoria da mitologia e do folclore. Seu simbolismo tem relação íntima com o simbolismo dos sonhos, por um lado, e com o simbolismo religioso, por outro.

C.G. Jung

Fausto e a alquimia*

O drama de *Fausto* tem suas raízes prévias na alquimia: são, por um lado, sonhos, visões e parábolas; e, por outro lado, são confissões pessoais e notas biográficas, referentes ao grande Opus. Um dos exemplos mais antigos e mais completos dessa espécie é o *Chymische Hochzeit Christiani Rosencreutz* (1616), escrito por Johann Valentin Andreae (1586-1654), um teólogo de Württemberg, que também escreveu a comédia em latim *Turbo*[1] (1616). O herói da peça é um sabichão muito culto que, decepcionado com todas as ciências, volta finalmente ao cristianismo. O *Chymische Hochzeit* apresenta o *opus alchymicum* sob o aspecto do *hieros gamos* de irmão e irmã (Vênus dá à luz um hermafrodita = irmão e irmã). Mas isto só é sugerido veladamente. Pelo fato de o casal de príncipes serem ainda muito jovens (identidade com os pais, ligação incestuosa com a mãe), eles são mortos, purificados e novamente refeitos, sendo submetidos a todos os procedimentos alquímicos. Para sua restauração, os noivos são levados pelo mar afora, havendo a celebração de uma espécie de festa egeia com ninfas e deusas do mar, e é entoado um peã ao amor. Rosencreutz revela-se o pai do jovem rei, respectivamente do casal real. 1.692

A alquimia sabia de há muito que o mistério da transformação não atingia apenas a matéria química, mas também o próprio ser humano. Sua figura central é Mercúrio, ao qual dediquei um estudo especial[2]. Ele é um espírito ctônico, aparentado com Wotan e o demônio. 1.693

---

* Resumo feito pelo autor de uma conferência no Clube de Psicologia de Zurique, em 8 de outubro de 1949; publicado em *Jahresberwht*, 1949/1950. Um manuscrito datilografado (38 páginas) da conferência, tirado de um estenograma, encontra-se no Arquivo de Jung.

1. Cf. "A psicologia da transferência" [OC, 16/2: § 407].

2. O espírito de Mercúrio [OC, 13].

1.694 Fausto é apresentado como Jó; mas não é ele que sofre, todos os outros sofrem por causa dele, e inclusive o demônio leva a pior. Mercúrio aparece na figura de Mefistófeles (do demônio ou satanás), inicialmente como cachorro, filho do caos e do fogo (o alquímico *filius canis* nasce do caos, *natura ignea)*. Torna-se o servo de Fausto *(familiaris, servus fugitivus)*. Mefisto tem dois corvos (Wotan); ele é o "fantasma nórdico" e tem seu "recanto de prazer" no "noroeste".

1.695 O *Axioma de Maria* (3 + 1) perpassa toda a obra (4 fases principais, 4 ladrões, 4 (-1) velhas grisalhas, 4 elementos, parelha de 4 cavalos de Pluto, 3 + 1 meninos, 1+2 + 3 + 4=10 na tabuada das bruxas, 3 – 4, 7 – 8 cabiros, "Três e um, e um e três" etc).

1.696 Mefisto provoca a projeção da anima com um fim trágico (assassinato de criança). Segue depois a repressão do eros pelo instinto do poder (noite de Walpurgis = dominação pela sombra). Na mágica do fogo e na fraude do ouro aparece o menino-guia, um Mercúrio *iuvenis*, por um lado hermafrodita como sua preforma, o demônio, um *kyllenios*, por outro lado uma analogia de Cristo e do Espírito Santo; traz ao mesmo tempo o exército selvagem (Wotan!).

1.697 No tripé do submundo encarna-se a trindade feminina ctônica (Diana, Luna, Hécate, 3 forquíades). Ele corresponde ao *vas Hermetis* (e à mesa eucarística dos primeiros cristãos das catacumbas com 3 pães + 1 peixe). O *tripus aureus* da alquimia é aquele que foi jogado ao mar por Hefesto.

1.698 Fausto desmaia quando quer apoderar-se de Helena. Começa então a segunda fase, a segunda onda do eros. Fausto é novamente rejuvenescido (como na primeira fase) como Baccalaureus, enquanto o demônio está "velho". O Homunculus corresponde ao menino-guia. Seu pai é Wagner (Rosencreutz), seu representante é o demônio, portanto Mercúrio em forma rejuvenescida. Fausto é transferido para o clássico "reino da fábula" (o inconsciente coletivo) para "cura". A "água" cura *(aqua permanens, mare nostrum)*. Dela emerge a montanha (renascimento da personalidade, alquimicamente o nascimento da terra firme a partir do mar). A festa egeia é o *hieros gamos* do Homunculus com Galateia (ambos são "pedras vivificadas") no mar. O toque do tripé com a chave e este *hieros gamos* prefiguram o casamento alquímico de Fausto com Helena, a irmã anima. Seu filho Euforion é a terceira forma de renovação de Mercúrio.

Com a morte de Euforion termina a terceira fase; e a próxima e última fase começa de novo com o instinto do poder. Os devotos Filemon e Baucis são assassinados. Depois da morte de Fausto, o demônio é enganado. O conflito continua. No lugar de Fausto surge sua "enteléquia", o *puer aeternus*, que nunca conseguiu realizar sua natureza dupla unificada, porque Fausto é sempre a vítima de qualquer forma que ele assuma. Ele se perde em muitas sabedorias, no eros autoerótico, na magia e decepção, na delusão de ser um semideus (Helena) e finalmente na inflação de ser o salvador do mundo todo. Está sempre cego em relação a si mesmo, não sabe o que faz, não tem responsabilidade nem humor. Mas o demônio sabe quem ele é; ele não mente para si mesmo, tem humor e o pequeno amor, tudo o que falta a Fausto. A sombra não pode ser redimida, a não ser que a consciência a reconheça como pertencente a si, isto é, que compreenda sua importância compensadora. O "menino abençoado" é portanto mera repristinação de um estado pré-natal que não permite que se saiba para que serviu a experiência da vida terrena. Dr. Marianus é o "filho da mãe". Paralelo dele poderia ser um alquimista do século VIII – Morienes, Morienus, Marianus[3] – um dos alquimistas mais espirituais que entendeu o *opus* como mistério humano de transformação. Ele diz: "Temporum quidem longa mutatio, hominem sub tempore constitutum confundit, et mutat... Ultimam autem mutationem mors dira subsequitur"[4]. 1.699

3. Conhecido como Morienus Romanus. Cf. *Psicologia e alquimia*. Petrópolis: Vozes, [OC, 12; § 386, 558].

4. "De transmutatione metallorum". In: *Ari. aurif.* II, p. 18, 19: "A longa mutação dos tempos confunde e muda o homem colocado sob a lei do tempo. [...] À última mutação segue porém a morte cruel".

Alquimia e psicologia*

1.700 Além de enorme quantidade de material (minerais e drogas) e de um conhecimento limitado das leis dos processos químicos, a alquimia apresenta, em todo o seu percurso histórico, sinais de uma "filosofia" a ela ligada e que foi designada como "hermética" na Idade Média tardia. Este tipo especial de filosofia da natureza aparece em primeiro lugar e bem claramente entre os alquimistas gregos dos séculos I a IV (Pseudo-Demócrito, Zózimo De Panopolis e Olimpiodoro) e depois novamente, em pleno vigor, nos séculos XVI e XVII. Aqui foram sobretudo Paracelso e seus discípulos (Gerardus Dorneus e Henricus Khunrath) que lhe deram um impulso formidável. No intervalo entre esses dois períodos, a especulação filosófica deu lugar a uma orientação mais religiosa (construção de analogias com as ideias dogmáticas). Paralelamente a isso há um caráter "místico" que dá à alquimia seu cunho peculiar. Uma vez que não existia nenhum conhecimento específico sobre a natureza e comportamento da substância química, os processos desconhecidos foram em parte colocados em paralelo com ou "explicados" por motivos mitológicos (cf. Dom Pernety, *Dictionnaire mytho-hermétique,* 1756), e em parte amplificados através de projeções de conteúdos inconscientes. Explica-se assim certa peculiaridade dos textos: por um lado, os autores copiavam sempre de novo seus predecessores, por outro lado predominava um subjetivismo ilimitado do simbolismo. Estudos comparativos mostraram que os símbolos alquimistas são, por um lado, variantes de motivos mitológicos que fazem parte do mundo da cons-

* Texto escrito em alemão para a *Encyclopedia Hebraica* (Tel Aviv: [s.e.], 1951: ano judeu 5711) III, onde o artigo foi publicado em tradução hebraica. Para maiores explicações dos conceitos, cf. OC, 12, 13 e 14.

ciência do alquimista e, por outro, são produtos espontâneos do inconsciente. Isto se depreende do paralelismo entre o simbolismo alquimista e o simbolismo moderno dos sonhos. Os símbolos designam em parte a substância e sua natureza "mística" desconhecida, em parte o proceso que leva ao objetivo, desenvolvendo-se assim um imaginário bem rico. O principal símbolo da substância que se transforma no processo é *Mercúrio.* A imagem que os textos dele fazem concorda no essencial com as propriedades do inconsciente.

1.701 No começo do processo, Mercúrio encontra-se na *massa confusa,* no caos e no *nigredo* (escuridão). Neste estado os elementos se combatem mutuamente. Mercúrio desempenha aqui o papel da *prima materia,* a substância transformadora propriamente dita. Corresponde na alquimia grega ao *nous* ou *anthropos,* submerso na *physis.* Na alquimia posterior ele é a "anima mundi in compedibus", o "systema virtutum superiorum in inferioribus"[1] etc. Com isso se descreve um estado escuro ("inconsciente") do adepto ou o estado de um conteúdo psíquico. Os procedimentos da próxima fase visam à iluminação da escuridão por meio da *união dos elementos.* Disso surge o *albedo* (brancura), comparado ao nascer do sol ou à lua cheia. A substância branca também é conhecida como um corpo puro, purificado pelo fogo, mas que ainda não tem alma. Ela é considerada feminina e recebe a denominação de *sponsa,* prata ou lua. Enquanto a transformação do escuro no claro é simbolizada pelo motivo da luta com o dragão, aparece aqui o motivo do *hieros gamos* (irmã e irmão, mãe e filho). A quaternidade *(quaternio)* torna-se dualidade *(binarius).* À brancura segue-se o vermelho *(rubedo).* Através do *coniugium, matrimonium* ou *coniunctio,* a lua é unida ao sol, a prata ao ouro e o feminino ao masculino.

1.702 O desenvolvimento da *prima materia* até o *rubedo (lapis rubeus, carbunculus, tinctura rubra, sanguis spiritualis sive draconis etc.)* descreve a conscientização *(illuminatio)* de um estado inconsciente de conflito que de agora em diante é ordenado na consciência, devendo ser jogada fora a escória imprestável *(terra damnata).* O corpo branco é comparado ao *corpus glorificationis* e colocado em paralelo com

1. A alma do mundo em algemas. Sistema de forças superiores nas inferiores.

a *ecclesia (sponsa)*. O caráter feminino do *lapis albus* corresponde ao do inconsciente, simbolizado pela lua. A "luz" da consciência corresponde ao sol.

1.703 A conscientização de um conteúdo inconsciente significa sua integração na psique inconsciente, portanto uma *coniunctio solis et lunae*. Este processo de integração representa um dos principais fatores de ajuda na moderna psicoterapia que se ocupa principalmente da psicologia do inconsciente, pois é através dele que se opera a mudança da natureza da consciência como também do inconsciente. Via de regra, este processo vem acompanhado do chamado *fenômeno da transferência*, isto é, a projeção de conteúdos inconscientes sobre o médico. Encontramos este fenômeno também na alquimia, onde o papel da "soror mystica" cabe muitas vezes a uma adepta (Zózimo e Teosebeia, Nicolau Flamel e Petronela, John Pordage e Jane Leade e, no século XIX, Mr. South e sua filha Mrs. Atwood). Freud já havia chamado a atenção para o conteúdo incestuoso da projeção.

1.704 A *coniunctio* gera o *lapis philosophorum*, o símbolo central da alquimia. Ele tem inúmeros sinônimos. Seus símbolos são, por um lado, esquemas quaternários e circulares, por outro lado o *rebis* ou o *anthropos* hermafrodita. O simbolismo do *lapis* corresponde aos símbolos "mandala" (círculo) dos sonhos etc., que significam "totalidade" e "ordem" e, por isso, exprimem a personalidade alterada pela integração do inconsciente. O *opus* alquímico descreve o *processo de individuação*, mas de forma projetada porque é inconsciente.

XIV
O FENÔMENO DO ESPÍRITO NA ARTE E NA CIÊNCIA

(Relacionado ao volume 15 da Obra Completa)

Em memória de Jerome Schloss*

A morte colocou sua mão sobre o nosso amigo. A escuridão da qual brotou sua alma voltou e desprendeu a vida de seu corpo terreno, deixando-nos sozinhos com nossa dor e luto. 1.705

Para muitos, a morte parece um fim brutal e sem sentido de uma existência curta e vazia. Assim parece quando vista da superfície e da escuridão. Mas quando penetramos as profundezas da alma e tentamos compreender sua vida misteriosa, perceberemos que a morte não é um fim sem sentido, um simples desaparecer no nada. Ela é uma realização, um fruto maduro na árvore da vida. Nem é a morte uma extinção abrupta, mas uma meta para a qual se viveu inconscientemente e se trabalhou durante meio período de vida. 1.706

Na expansão da juventude a vida nos parece um rio que se alarga sempre mais, e esta convicção nos acompanha muitas vezes ainda depois do meio-dia de nossa existência. Mas se ouvirmos as vozes silenciosas de nossa natureza mais profunda, perceberemos que logo depois da metade de nossa vida a alma começa seu trabalho secreto de preparar a partida. Sem prestar atenção aos tumultos e erros de nossa vida, começa a desabrochar aquela flor preciosa do espírito, a flor quadrifólia da luz imortal; e mesmo que nossa consciência mortal não se dê conta de sua operação secreta, ela prossegue em seu trabalho de purificação. 1.707

Quando o encontrei pela primeira vez, Jerome Schloss pareceu-me um homem de rara clareza, pureza de caráter e de personali- 1.708

---

* Publicado em *Spring* 1955 (Analytical Psychology Club of New York) de forma abreviada e com a seguinte observação: "Estas palavras pronunciadas em 1927 foram impressas com autorização do Dr. Jung". Escrito em inglês. Jerome Schloss, de Nova York, era membro do Clube. Não se conhecem outros detalhes.

dade. Fiquei profundamente impressionado com a honestidade e sinceridade de suas intenções. E quando trabalhei com ele, ajudando-o a compreender as complexidades da psique humana, tive que admirar a finura de seus sentimentos e a sinceridade de seu pensamento. Mas, apesar de ter sido um privilégio ensinar a alguém com qualidades humanas tão raras, isto não foi o que mais me comoveu. Realmente, eu fui seu professor, mas ele também me ensinou. Ele me falava na linguagem eterna dos símbolos que eu não entendia até se tornar manifesta a conclusão temida, a culminação na morte. Nunca esquecerei como ele libertou sua mente do torvelinho da vida moderna e como, trabalhando aos poucos regressivamente, libertou-se das amarras que o prendiam a seus pais terrenos e à sua juventude; e como aparecia a ele a imagem eterna da alma, a princípio indistintamente, depois tomando forma lentamente na visão de seus sonhos, e como, finalmente, três semanas antes de sua morte, teve a visão de seu próprio sarcófago do qual se ergueu sua alma viva.

1.709 Quem sou eu para dizer algo que vá além dessa visão? Há palavra humana que possa resistir à revelação concedida ao eleito? Não há.

1.710 Voltemos, portanto, à linguagem eterna e ouçamos as palavras do texto sagrado. Como as palavras antigas nos transmitem a verdade, nós queremos dar-lhes vida (1Cor 13; 15,37-55).

Prefácio ao livro de Schmid-Guisan: "Tag and Nacht"*

1.711 A atmosfera do livro de Schmid me é totalmente familiar. Por isso, ao ler o manuscrito, achei difícil a princípio libertar-me da tecitura das experiências cotidianas da prática psicoterapêutica – até conseguir ver o livro em seu pano de fundo histórico. Ele é uma espécie de órfão da literatura, parecendo não ter afinidade com o presente. Sua forma estranha – as aventuras de um herói alegórico – lembra o século XVIII. Mas lembra apenas, porque o seu conteúdo é completamente alheio ao século XVIII. Este conteúdo com sua problemática sentimental peculiar é moderno e revela ao leitor um mundo de vivências que parece estar enterrado desde os tempos de René d'Anjou; aquele mundo todo, cheio de sensualismo erótico que a última Encíclica papal sobre o matrimônio cristão[1] e a consciência penal do homem moderno desconhecem de maneira aterradora e proposital. É propriamente um livro esotérico, uma pétala caída da rosa mística que não murcha, cuja manutenção em segredo os trovadores furiosos da Idade Média atribuíram à Igreja. Como se alguma Igreja tivesse conhecido o segredo e, se o tivesse conhecido, o tivesse guardado! Isto não é para a massa e nem da massa. Existe só para poucos que conseguem duvidar. Para a maioria seria melhor que este livro não existisse, ou que fosse lido apenas por sua má reputação. O melhor que pode acontecer à maioria é sair ilesa. Há quase quinhentos anos foi escrito um livro semelhante, também numa época de virada histórico-cultural, e novamente uma pétala daquela rosa... Uma aventura cavaleiresca e um escândalo para o vulgo: a *Hypnerotoma-*

* "Dia e noite". Zurique/Munique: [s.e.], 1931. Para Hans Schmid-Guisan (1881- 1932), cf. a carta de Jung, de 6 de novembro de 1915, em *Cartas* I, organizado por Aniela Jaffé.

1. *Casti connubii,* de Pio XI, 31 de dezembro de 1930.

chia[2], do famoso Polifilo, que por um momento levantou o véu do pano de fundo psíquico do *Cinquecento*. Quero mencionar uma passagem clássica do prefácio daquele livro que mostra como os cavaleiros da rosa se dão as mãos durante os séculos:

> "A partir disso é evidente que todos os sábios praticaram as ciências sob a sombra dos mais belos segredos do amor. O amor foi e ainda é o gracioso pincel que traçou o que é raro e destinado, tanto entre as forças superiores quanto as inferiores, e tudo o que a elas está sujeito... Sabei, vede e entendei, e conhecereis sabiamente que todos os mistérios especiais, magníficos e bons estiveram escondidos sob as belezas do amor e daí podem ser retirados de novo, pois o amor é a alma feliz de tudo... Se eu soubesse que algum profano ousou estender sua mão detestável sobre este volume para manuseá-lo, ou que algum indigno avançou para folheá-lo, ou que algum supersticioso arrogante sob o manto da piedade tirou dele um pequeno prazer, ou que um espectador malvado dos benefícios soberanos procurou, por tédio, o bem que só pertence aos corações amantes, eu quebraria a pena que descreveu tantas configurações do grande segredo e, esquecido de mim mesmo, haveria de eliminar da memória toda satisfação que encontrei na narrativa, e ocultar delicadamente com a imagem de belas ficções o que é raro, procurando apenas um saber para se elevar acima de tudo o que é virtuoso e, negando a mim mesmo a vida de minha vida, abster-me-ia de tratar com prazer os estímulos voluptuosos que levam aos deleites sagrados"[3].

---

2. De Francesco Colonna, 1499. Cf. adiante § 1.751s., Prefácio ao livro de Fierz-David: *Der Liebestraum des Poliphilo.*

3. *Le Tableau des riches inventions... qui sont représentées dans le Songe de Poliphile... et subtilement exposées par Béroalde* (De Verville), Paris, 1600: "Parquoy ainsi qu'il est evident tous les sages ont pratiqué les sciences soubs l'ombre des plus beaux replis d'amour. L'amour a esté et est encor le gracieux pinceau qui a tracé ce qui est rare et destiné, tant entre les puissances supérieures que les inférieures, et ce qui est de leur subiet. [...] Sçachez, voyez et entendez, et vous remarquerez prudemment que tous les plus spécieux, magnifiques e bons mystères, ont esté cachez et retracez soubs les beautez d'amour, car l'amour est l'ame heureuse de tout. [...] Si ie sçavois que quelque profane osast estendre sa main detestable sur ce volume pour le manier, ou que quelque indigne s'avança pour le fueilletter, que quelque arrogant superstitieux engloutissant de la reputation des belles ames, en tirât un petit de plaisir, ou que le malin spectateur des benefices souverains avec enuie y cerchast le bien qui n'appartient qu'aux coeurs d'amour, ie briserois la plume qui trace tant de revolutions de beaux mystères, ie vou-

Uma vez que o costume absurdo de tomar as coisas ao pé da letra também não morreu em quatrocentos anos, gostaria de gravar na memória do pretenso leitor desse livro a advertência clássica que o inconsciente fez a Polifilo em sua aventura na terra escura: "Quem quer que sejas, toma desse tesouro o quanto te agrada: mas eu te advirto, toma da cabeça e não toques no corpo"[4]. 1.712

Dr. Hans Schmid-Guisan: Im memoriam[5]

A vida é realmente uma batalha em que desaparecem amigos e companheiros de armas, atingidos por um projétil casual. Com tristeza vejo partir um companheiro que por mais de vinte anos partilhou comigo a experiência da vida e a aventura do espírito moderno. 1.713

Encontrei Hans Schmid pela primeira vez em Lausanne[6], num congresso de psiquiatras, em que expus pela primeira vez a natureza impessoal e coletiva dos símbolos psíquicos. Naquela época Schmid era médico assistente na Clínica Manhaim em Cery. Pouco depois veio para Zurique para estudar comigo psicologia analítica. Este trabalho conjunto evoluiu aos poucos, peripateticamente, para um relacionamento amigável, e os problemas da prática psicológica nos congregaram muitas vezes no trabalho sério e também em torno de uma mesa agradável. Naquela época estávamos interessados sobretudo na questão da relatividade do julgamento psicológico, ou seja, da influência do temperamento sobre a formação psicológica dos conceitos. Parece que ele desenvolveu inconscientemente um tipo de atitude francamente oposto ao meu. Esta diferença foi causa de uma longa e anima- 1.714

---

drais en m'oubliant retrancher toute la mémoire qu'il y a de se représenter le contentement qui se pratique à voiler mignonnement avec les toiles de belles fixions, ce qui est rare, et seul expedient à sçavoir pour s'eslever sur tout ce qui est de vertueux, et me frustrant moy-mesme de la vie de ma vie, ie m'abstiendrais de traiter avec plaisir les fructueux appasts qui attirent aux voluptez sacrées".

4. "Quisquis es quantumcumque libuerit, huius thesauri sume: at moneo, aufer caput, corpus ne tangito" (Op. cit., p. 11).

5. *Basler Nachrichten,* 25 de abril de 1932.

6. Cf. Correspondência Freud/Jung, 259J, de 12 de junho de 1911.

da correspondência, que me levou a esclarecer uma série de questões fundamentais. Os resultados estão em meu livro sobre os tipos[7].

1.715 Lembro-me de uma viagem de bicicleta, muito agradável, que nos levou a Ravena. Além de pedalarmos pela areia e ressaca do mar, esta viagem foi uma constante discussão de trabalho que ia do café da manhã, passando pela poeira das estradas vicinais da Lombardia até ao garrafão bojudo de noite e, mesmo, prosseguindo no sonho. Ele resistiu bem à prova dessa viagem: foi um bom companheiro e permaneceu assim o resto da vida. Lutou bravamente contra a hidra da psicoterapia e fez o possível para inculcar em seus pacientes a mesma humanidade que ele transformou em ideal para si mesmo. Não conseguiu ser famoso no mundo científico, mas pouco antes de sua morte teve a felicidade de encontrar um editor para o seu livro *Tag und Nacht*[8], onde descreve muitas de suas experiências naquela forma que lhe era peculiar. Fiel às suas convicções, escreveu como achava que devia ser, sem considerar se agradava ou desagradava a alguém. Sua humanidade e sua sensível compreensão psicológica refinada não foram dons caídos do céu, mas frutos do trabalho incansável em sua própria alma. Não apenas parentes e amigos estão tristes diante de seu esquife, mas também inúmeras pessoas para as quais abriu o caminho para os tesouros da psique. Elas sabem o que isto significa numa época de aridez espiritual.

C.G. Jung

---

7. Cf. *Tipos psicológicos*. Op. cit., p. 18. Esta correspondência (1915-1916) foi oferecida ao público em 1966 pela filha de Schmid, Marie-Jeanne Boller-Schmid, secretária de Jung por longos anos.

8. Cf. anteriormente, § 1.711s.

Prefácio à obra de Schmitz: "Märchen vom Fischotter"*

1.716 Ao escrever algumas palavras introdutórias à obra de Oscar A.H. Schmitz, uma de suas últimas, estou cumprindo um dever para com meu amigo falecido. Não sou literato nem competente para emitir um julgamento sobre estética literária. Além do mais, pouco me interessa o valor especificamente literário do conto infantil sobre a lontra. Admito sem mais que é um conto tão bom e tão ruim como qualquer outro, inventado por um poeta. Ainda que inventados por grandes poetas, é sabido que tais contos não alcançam nem de longe os contos populares com seu encanto do odor de plantas, flores e matas. São em geral criações comprovadas de uma psicologia pessoal e respiram o ar de uma problemática artificial. Isto se aplica também ao conto da lontra. O conto infantil é apenas uma forma literária para um conteúdo que poderia ter sido expresso em outras palavras e sob outra forma. Mas o conteúdo não escolheu por acaso a forma de conto ou lenda. Tomou o aspecto mais simples e mais adequado, não para ser uma alegoria misteriosa, mas para encontrar o acesso mais fácil e mais direto à compreensão do coração. A simplicidade infantil do coração é uma qualidade básica que poucos conhecem e que também foi descoberta só tardiamente por Schmitz como algo específico seu. A partir dessa simplicidade fala em contos infantis às pessoas cujo coração quer atingir.

---

* "O conto da lontra". Publicado em *Marchen aus dem Unbewussten* (Munique, 1932), com ilustrações de Alfred Kubin. Com referência a Schmitz (1873-1931), cf. carta de Jung, de 26 de maio de 1923, em *Cartas* I, org. por Aniela Jaffé.

1.717 Eu sei como nasceu este conto. Nunca teve a intenção consciente de atuar de qualquer forma sobre um público determinado; o conto não foi criado de propósito, mas fluiu inconscientemente de sua caneta. Schmitz havia aprendido a desligar seu senso crítico em vista de certos objetivos e colocar à disposição da sabedoria do coração seus dotes literários. Dessa forma conseguiu dizer coisas que estão muito distantes de sua produção literária usual. Às vezes precisava expressar-se dessa maneira. Pois muita coisa que a inteligência luta em vão para exprimir de certa forma flui facilmente e sem esforço de uma caneta livre de qualquer crítica e intenção.

1.718 O resultado todo parece muito simples, ingênuo até, e quem o lê como um conto popular fica desapontando. Mas quem tentar entendê-lo como alegoria cai no vazio. O próprio Schmitz não sabia exatamente o que significava seu conto. Sei disso porque ele mesmo me contou, pois várias vezes trocamos ideias sobre o conto.

1.719 As afirmações do coração – ao contrário das afirmações da inteligência discriminadora – referem-se sempre ao todo. As cordas do coração soam qual harpa eólica apenas sob a inspiração suave de uma intuição, que não produz um som muito alto, mas ouve atentamente. O que o coração escuta são as coisas grandiosas e abrangentes da vida, as experiências que nós não arranjamos, mas que acontecem. Toda pirotécnica, que gostaria de consumir a inteligência e a capacidade literária, esmaece, e a linguagem volta à expressão ingênua e infantil. A simplicidade do estilo só se justifica pelo significado do conteúdo. E o conteúdo só recebe seu significado através da revelação da experiência. A experiência decisiva de sua vida foi para Schmitz a descoberta da realidade da psique e a consequente superação do psicologismo racionalista. Compreendeu que a psique era algo que existia de fato. Esta compreensão transformou sua vida e sua cosmovisão.

1.720 Para quem experimenta esta compreensão a psique aparece como algo objetivo, um não ego psíquico. Esta compreensão se assemelha à descoberta de um novo mundo empírico. O suposto vácuo de um espaço psíquico meramente subjetivo preenche-se com figuras objetivas de vontade própria e revela-se como um cosmos que segue normas e ao qual pertence também o eu em forma transfigurada. Esta experiência impressionante significa um abalo dos fundamentos, uma revolução em nosso mundo pretensioso da consciência e um deslocamento cósmico de perspectivas, cuja natureza não conseguimos jamais captar pela razão ou simplesmente ter uma visão geral dela.

1.721 Nasce dessa experiência uma necessidade quase assustadora de comunicação com pessoas sensíveis às quais nos dirigimos então com palavras ingênuas. O conto da lontra descreve a experiência do inconsciente e a mudança consequente da personalidade e das figuras na psique. O rei é o princípio dominador da consciência que se afasta aos poucos do inconsciente (Os peixes desaparecem das águas do reino). A consequente devastação da consciência faz com que ela se aproxime novamente do inconsciente (A peregrinação do rei). A lontra é o parceiro rival inconsciente do eu que procura uma reconciliação com a consciência (motivo do Gilgamesh-Eabani). A reconciliação acontece, e nasce um mundo novo da consciência e aparentemente bem fundado. Mas como o rei representa apenas a melhor parte da personalidade, e não a parte inferior, a sombra, que também deveria ser incluída na transformação, o velho rei morre, e sucede-lhe no trono o sobrinho imprestável. A segunda parte do conto trata da tarefa bem mais difícil de incluir no processo de transformação todos os restos imprestáveis da juventude e todas as fraquezas da personalidade. Isto é especialmente difícil porque a sombra está onerada por um componente feminino ainda mais inferior, uma figura negativa da anima (Brolante, a prostituta). Enquanto os componentes masculinos da personalidade são levados a uma harmonia com os instintos vitais, representados por animais, acontece na figura da anima uma separação definitiva entre o ser psíquico e físico da anima. A metade masculina é arrebatada do mal, mas a metade feminina sucumbe a ele. ("Sobra-nos um resto de terra / penoso de suportar"[1]).

1.722 O conto infantil da lontra é a expressão comovente e modesta de uma iniciação que tudo abrange e transforma. Por isso deve ser lida com atenção e reflexão. Quando tudo isso se realizou nele, Schmitz morreu. Neste pequeno conto narra à posteridade o que lhe aconteceu e as transformações pelas quais passou sua alma, até estar pronta para abandonar seu instrumento e terminar sua experiência de vida.

---

1. "Uns bleibt ein Erdenrest / Zu tragen peinlich", em *Fausto*, parte 2, ato 5: Os anjos mais perfeitos.

"Existe uma poesia de tipo freudiano?"*

1.723 A poesia, como qualquer outro produto da mente humana, depende naturalmente da atitude psicológica geral do ser humano. Se um escritor for doente, psiquicamente doente, é muito provável que tudo o que produzir trará a marca de sua doença. Isto é verdade, mas com reservas; acontecem casos em que o gênio criativo transcende de tal forma a doença do criador que se percebem apenas resquícios da imperfeição humana na obra. Mas, trata-se de exceções. A regra geral é que um poeta neurótico faça versos neuróticos. Quanto mais neurótico um poema, tanto menos é uma obra de arte e mais um sintoma. Nestes casos é fácil identificar sintomas infantis e analisar esses produtos à luz de alguma teoria particular; realmente, é possível às vezes explicar uma obra de arte da mesma forma que se explica uma doença nervosa, usando a teoria de Freud ou de Adler. Mas, quando se trata da grande poesia, a explicação patológica ou a tentativa de aplicar a teoria freudiana ou adleriana funciona como um empobrecimento ridículo da obra de arte. A explicação não só em nada contribui para a compreensão da poesia, mas ainda nos desvia daquela visão profunda que o poeta nos oferece. Tanto a teoria de Freud como a de Adler nada mais formulam do que os aspectos humanos, demasiadamente humanos, da neurose cotidiana. Quando se aplicam esses pontos de vista à grande poesia, ela está sendo rebaixada ao nível das banalidades, no entanto delas sobressai qual montanha elevada. É tão óbvio que todos os seres humanos têm complexos de pai e

---

* Escrito em alemão, em resposta à pergunta "Existe-t'il une poésie de signe freudien?" e publicado em tradução francesa sob o título "La Psychanalyse devant la poésie", em *Journal des poètes*, III/5, 11 de dezembro de 1932. Bruxelas. Também publicadas as respostas de Rene Allendy e Louis Charles Baudouin.

mãe, que nada significa, pois, se encontrarmos traços de um complexo de pai ou mãe numa grande obra de arte; significa tão pouco quanto descobrirmos que Goethe tinha um fígado e dois rins como qualquer outro ser mortal. O importante não é a existência desses vestígios de humanidade, mas o que foi feito com eles.

1.724 Se o significado de uma obra poética puder ser esgotado pela aplicação de uma teoria da neurose, então ela não passa de um produto patológico ao qual eu jamais atribuiria a dignidade de uma obra de arte. É verdade que hoje em dia nosso gosto ficou tão incerto que muitas vezes não sabemos se uma coisa é arte ou doença. Mas estou convencido de que, se uma obra de arte puder ser explicada da mesma maneira que a história clínica de uma neurose, então ou ela não é obra de arte, ou o intérprete não entendeu nada de seu sentido. Tenho para mim que boa parte da arte moderna, seja pintura ou poesia, é simplesmente neurótica, podendo ser reduzida, como um sintoma histérico, aos fatos básicos e elementares da psicologia da neurose. Se for assim, deixa de ser arte, pois a grande arte consiste na capacidade da pessoa de produzir algo sobre-humano, apesar de todos os condicionamentos ordinários e miseráveis de seu nascimento e infância. Aplicar a isto a psicologia da neurose é simplesmente grotesco.

Prefácio ao livro de Gilbert: "The curse of intellect"*

1.725 Gentilmente o autor me deu a oportunidade de ler o livro ainda em manuscrito. Devo confessar que o li com o maior interesse e prazer. É bastante animador ver, após todo o século XIX e parte do século XX, o intelecto novamente livre para agir, não na forma desapaixonada de uma *Crítica da razão pura,* mas apaixonadamente, como ataque temperamental a si mesmo. Trata-se basicamente de um saudável e revitalizante rasgar em pedaços tudo aquilo em que as pessoas "mentalmente sadias" se agarram como sendo sua última tábua de salvação. Sou suficientemente humano para degustar um pedaço saboroso de injustiça quando ela chega no momento exato e no lugar certo. Realmente, o intelecto fez grande estrago na "civilização ocidental" e continua a fazê-lo com violência desenfreada. Kant ainda pôde dar-se ao luxo de tratar do intelecto de maneira cortês, cuidadosa e gentil porque naquele tempo o intelecto mal começara a voar. Mas a nossa época está lidando com um monstro crescido e tão gordo que é capaz de devorar a si mesmo.

1.726 No funeral de alguém só é permitido fazer elogios ao falecido. Mas, antecipando-me a este acontecimento futuro, quero dizer agora: o problema principal parece ser que o intelecto escapou do controle do ser humano e tornou-se sua obsessão, em vez de continuar sendo o instrumento obediente nas mãos de um criador que forma o seu mundo, enfeitando-o com as imagens coloridas de sua mente.

Janeiro de 1934

---

* "A maldição do intelecto". Prefácio escrito em inglês. O livro nunca foi publicado. Com referência ao médico Dr. J. Allen Gilbert (1867-1948), psicoterapeuta americano, cf. as cartas de Jung, de 19 de junho de 1927 e 8 de janeiro de 1934 (referentes a este texto), em *Cartas* I, org. por Aniela Jaffé, e em *Lettres* I, org. por G. Adler.

Prefácio ao livro de Jung: "Wirklichkeit der Seele"*

1.727 Este volume IV de meus "Ensaios psicológicos" *(Psychologischen Abhandlungen)* contém uma série de artigos que refletem fielmente as múltiplas facetas da psicologia mais recente. Não faz muito tempo que a psicologia da personalidade libertou-se, por um lado, da estrutura tão acanhada das prescrições psicoterapêuticas e, por outro, dos pressupostos materialistas e racionalistas. Não admira, pois, que ainda haja muita coisa a ser explicada. Até pouco tempo atrás ainda predominava o pior caos no campo da teoria, e só recentemente houve tentativas sérias de explicar a confusão. As contribuições do Dr. Kranefeldt[1] visam a este objetivo. A contribuição do Dr. Rosenthal[2] é uma aplicação do ponto de vista tipológico ao campo das ciências da religião. Capítulo especial da psicologia profunda são as figuras arquetípicas do animus e da anima. Emma Jung[3] discute a fenomenologia do complexo do animus.

---

* "A realidade da alma", com o subtítulo "Aplicações e progressos da nova psicologia". Contém quatro contribuições de outros autores e nove de Jung; estas foram incluídas em diversos volumes da Obra Completa.

1. KRANEFELDT, W.M. Der Gegensatz von Sinn und Rhythmus im seelischen Geschehen. In: JUNG, C.G. *Wirklichkeit der Seele*. Zurique: [s.e.], 1934; e Ewige Analyse. Bemerkungen zur Traumdeutung und zum Unbewussten. In: JUNG, C.G. *Wirklichkeit der Seele*. Op. cit.

2. ROSENTHAL, H. Der Typengegensatz in der jüdischen Religionsgeschichte. In: JUNG, C.G. *Wirklichkeit der Seele*. Zurique: [s.e.], 1934.

3. JUNG, E. Ein Beitrag zum Problem des Animus. In: JUNG, C.G. *Wirklichkeit der Seele*. Zurique: [s.e.], 1934.

1.728 As contribuições de minha autoria referem-se, por um lado, à problemática filosófica da nova psicologia e, por outro, à sua aplicação sobretudo no campo da psicologia da arte. Também dessa vez os meus ensaios nasceram das respostas a perguntas do público[4], por isso sua diversidade incomum pode ser tomada como indicação de que as novas concepções psicológicas atingiram também uma grande diversidade de campos da mente. Não apenas médicos especializados e educadores, mas também autores e leigos cultos e, não por último, até mesmo editores se interessaram pelas coisas da psicologia.

1.729 Estas facetas múltiplas da psicologia complexa, iluminando os mais diversos campos da vida e da mente, são por sua vez uma imagem, ainda que bem simplificada, da diversidade incomensurável e da indeterminação ofuscante do fenômeno psíquico em geral. Mesmo que seja um sonho impossível querer esgotar os mistérios da psique, parece-me uma das tarefas mais importantes da mente humana trabalhar incansavelmente por um conhecimento sempre mais profundo da natureza psíquica. Pois o maior enigma, e também o mais próximo de nós, é o próprio ser humano.

Küsnacht-Zurique, setembro de 1933

O editor

---

4. Cf. Prefácio a "Seelenprobleme der Gegenwart", § 1.292.

Prefácio ao livro de Mehlich: "I.H. Fichtes Seelenlehre und ihre Beziehung zur Gegenwart"*

Ainda que eu deva muito à filosofia e me tenha beneficiado de sua rigorosa disciplina do método de pensar, sinto diante dela aquele respeito sagrado que é inato a todo observador dos fatos. A grande quantidade de conceitos e possibilidades de conceitos, que serpeiam na história da filosofia como um largo rio, inunda facilmente o jardinzinho experimental e bem demarcado do empírico, ou ainda seu campo bem arado, ou mesmo suas terras ainda inexploradas. Confrontando o fluxo de acontecimentos com olhar não preconcebido, deve moldar para si um instrumento intelectual "livre de preconceitos", e retrair-se temerosamente de todas as possibilidades de pontos de vista que a filosofia lhe oferece em exagerada quantidade como se fossem tentações perigosas. 1.730

Sendo eu em primeiro lugar um empírico, não pude colocar minhas concepções adquiridas através da experiência num contexto histórico e ideológico. Do ponto de vista filosófico, cujas exigências sei apreciar muito bem, isto significa uma falha lamentável de minha parte. Mais lamentável, porém, é para mim o fato de que o empírico deve renunciar também a um esclarecimento intelectual de seus conceitos, o que é absolutamente necessário ao filósofo. O pensamento do empírico tem de moldar-se aos fatos, e os fatos têm geralmente um caráter irracional desagradável que é refratário a toda suposição filosófica. Acontece por isso que a maioria dos conceitos empíricos situam-se na proximidade vital do caos de eventos casuais, porque 1.731

* "A psicologia de Fichte e sua relação com o presente". Zurique/Leipzig: [s.e.], 1935. Dra. Rose Mehlich confronta Fichte e Jung no último capítulo de seu livro.

sua função é produzir uma ordem provisória entre a desordem do mundo dos fatos. E por estarem totalmente envolvidos nessa tarefa urgente, renunciam – às vezes de boa vontade – a seu aperfeiçoamento filosófico e esclarecimento intrínseco. Mas quem realiza a contento a primeira tarefa raramente conseguirá completar a segunda.

1.732 Esses dois aspectos tornaram-se claríssimos para mim ao ler o admirável estudo da autora sobre a psicologia de I.H. Fichte[1]: de um lado e sobretudo a aparente displicência e imprecisão de meus conceitos em vista de uma possível formulação sistemática e, por outro lado, a precisão e clareza de um sistema psicológico que dispõe de uma facilidade rara sob o ponto de vista empírico. A estranha mas inegável analogia entre concepções que brotaram aparentemente de fontes bem diversas dão assunto para se pensar. Não tenho a menor noção de haver plagiado I.H. Fichte, pois nunca li nada dele. Conheço naturalmente Leibniz, C.G. Carus e E. Von Hartmann, mas não sabia até há pouco que minha psicologia era "romântica". Ao contrário de Rickert e de muitos outros filósofos e psicólogos, sou da opinião de que, apesar de toda abstração, objetividade, ausência de preconceitos e empirismo, cada qual pensa como *ele* pensa e cada um vê como *ele* vê. Se existe, pois, um tipo de mente, isto é, uma disposição que pensa e interpreta "romanticamente", sempre aparecerão conclusões semelhantes, quer sejam derivadas do sujeito ou do objeto. Seria fora de propósito imaginar que pudéssemos – numa disputa honrosa com o Barão de Münchhausen – livrar-nos de nossa própria gravidade e, assim, descartar o último e mais fundamental dos pressupostos, isto é, nossa própria disposição mental. Somente uma função psíquica isolada e exagerada é capaz de uma ilusão dessas. Mas a função é sempre apenas parte do todo humano, cuja limitação está além de qualquer dúvida. Não fosse assim, deveríamos certamente considerar como pequeno milagre a analogia entre mim e I.H. Fichte.

1.733 É um empreendimento ousado e, por isso, também de grande mérito, quando a autora tenta colocar I.H. Fichte em relação a uma psicologia empírica moderna, uma psicologia que se baseia em fatos totalmente inacessíveis a este filósofo, e uma empiria que trouxe à luz uma matéria-prima conceitual que é particularmente inadequada a

---

1. Immanuel Hermann (1796-1879) é o filho do filósofo Johann Gottlieb Fichte.

uma avaliação filosófica. Mas parece que a ousadia valeu a pena, pois tive de constatar, para minha surpresa, que a disposição mental romântica não foi relegada aos fósseis, mas encontra ainda e novamente representantes vivos. Isto certamente não é acaso, pois parece que, além da experiência óbvia do chamado mundo "objetivo", há também uma *experiência da psique*, sem a qual também não haveria experiência alguma do mundo. E parece-me que este é o segredo do romantismo: ele confronta o objeto óbvio demais da experiência com um sujeito da experiência que, por sua vez, objetiva aquele graças à capacidade infinda de reflexo da consciência. Existe uma psicologia que tem sempre como objeto o outro ou a outra coisa – um behaviorismo mais ou menos bem diferenciado que talvez pudéssemos chamar de "clássico". Mas, além dela, existe uma psicologia que é um conhecimento do conhecedor e uma experiência do experimentador.

1.734 É difícil superestimar a influência indireta desse modo de pensar, cujos expoentes foram Hume, Berkeley e Kant. Especialmente Kant traçou uma linha divisória através do mundo mental que tornou impossível até para o mais ágil salto da especulação penetrar no objeto. O romantismo foi o contramovimento lógico, expresso com mais intensidade e mais disfarçadamente oculto em Hegel, o grande psicólogo vestido de filósofo. Para nossa época não foi Kant, mas a ciência natural e seu mundo des-subjetivizado que colocou o muro diante do qual o interesse recua. A afirmação sobre o objeto, que é em última análise behaviorista, termina em falta de importância e de sentido. Por isso procuramos o sentido na afirmação do sujeito, acreditando não errar se presumirmos que o sujeito fará em primeiro lugar afirmações sobre si mesmo. Será o empírico em mim, ou será porque a analogia não é identidade que me faz considerar o ponto de vista "romântico" simplesmente como ponto de partida e suas afirmações como "material comparativo"?

1.735 Admito que esta atitude é desapontadoramente sóbria, mas a afinidade psíquica com um filósofo romântico aconselha-me uma posição crítica que me parece muito apropriada já que existe tanta gente que sempre acha que "romântico" tem a ver com algo contido no romance.

1.736 Desconsiderando esta observação crítica, que a própria autora fez questão de sublinhar, seu livro é uma contribuição válida para o conhecimento de certa atitude mental que várias vezes se repetiu no correr da história e que, provavelmente, se repetirá no futuro.

Prefácio ao livro de Koenig-Fachsenfeld: "Wandlungen des Traumproblems von der Romantik bis zur Gegenwart"*

1.737 A autora pediu-me para escrever uma palavra introdutória a seu trabalho. Faço-o de boa vontade porque o estudo abrangente e bem documentado merece ser conhecido por um público científico mais amplo. Ainda que já exista uma série de trabalhos "sinóticos" de real valor que expuseram mais ou menos detalhadamente as opiniões teóricas da psicologia clínica moderna – lembro especialmente W.M. Kranefeldt, G.R. Heyer e G. Adler – sempre permanece uma lacuna perceptível no lado filosófico-histórico da psicologia complexa. Quanto mais se convenceu da magnitude de seu objeto – a psique humana – e quanto mais se conscientizou da abrangência de sua tarefa, aproximando-se da totalidade do fenômeno psíquico, tanto mais entrou em contato com outras esferas da ciência e do pensar, onde a psique tem um direito igual de falar, sobretudo com a filosofia. Sempre que uma ciência começa a desenvolver-se além de seu limitado campo de especialização, impõe-se a necessidade de princípios básicos, entrando então no campo soberano da filosofia. Se esta ciência for a psicologia, a confrontação com a filosofia será inevitável pela simples razão de ter sido uma disciplina filosófica desde o início. Desvinculou-se da filosofia apenas recentemente quando se estabeleceu como ciência empírica autônoma e com técnicas científicas próprias, tanto nas faculdades de filosofia quanto nas de medicina. No primeiro caso con-

---

* "Transformações do problema dos sonhos desde o romantismo até a presente data". Stuttgart: [s.e.], 1935. Com referência à Dra. Olga Von Koenig-Fachsenfeldt, cf. a carta de Jung, de 5 de maio de 1941, em *Cartas* I, org. por Aniela Jaffé.

correu sobretudo a psicologia experimental, criada por W. Wundt, e, no segundo caso, a psicologia clínica das neuroses que foi desenvolvida quase simultaneamente por Freud em Viena e por Pierre Janet em Paris. Minha própria evolução, que começou na psiquiatria, foi influenciada principalmente pela escola francesa e pela psicologia de Wundt. Mais tarde (1906) entrei em contato com Freud do qual me separei (1913) depois de sete anos de colaboração, por causa de divergências de opinião científica. Foram sobretudo considerações de princípios que motivaram a separação. Foi principalmente o reconhecimento de que a psicopatologia não se poderia basear exclusivamente em seu próprio princípio, ou seja, na psicologia da doença psíquica, e assim limitar-se à esfera do patológico, mas deveria incluir a psicologia normal e toda a abrangência da psique. A medicina moderna estabeleceu corretamente o princípio de que deve preceder à patologia um conhecimento suficiente da anatomia normal e da fisiologia. O critério para julgar a doença não está, nem pode estar, dentro da doença, como a medicina medieval ainda acreditava em parte, mas na vida normal do corpo. A doença é uma variação do normal. O mesmo se aplica também à terapia.

1.738 Pareceu por muito tempo que era possível limitar-se a um método puramente científico-natural no campo da psicologia experimental e clínica. Mas o conhecimento gradual de que a crítica dos pressupostos ideais não era supérflua, porque são objeto de determinadas disciplinas das ciências filosóficas, foi-se impondo aos poucos. E principalmente porque não era possível continuar escondendo uma cuidadosa pesquisa da etiologia dos estados patológicos que mostrava que a atitude geral, que leva a variações doentias, depende de certos pressupostos ideais ou morais, sem falar da "interpretação" dos fatos e das teorias daí resultantes. Mas tão logo a psicologia clínica chegou a este ponto, foi preciso admitir que os princípios, ilimitadamente válidos até agora e que influenciavam o julgamento, eram de cunho puramente racionalista e materialista e, por isso, apesar de sua pretensão "científica", tinham que ser submetidos à crítica filosófica porque o objeto de seu julgamento é a própria psique. A psique é um fator muito complexo e tão fundamental a todos os pressupostos que nenhum julgamento pode ser considerado "meramente empírico", mas deve sempre indicar com antecedência a premissa segundo a qual ele julga. Além disso, o conhecimento psicológico já não pode esconder hoje em dia o fato de que o seu objeto abrange ao mesmo tempo o seu próprio ser e que, por isso, em certo sentido, não pode haver "princípios" e julgamentos válidos, mas apenas fenomenologia, o que significa em outras palavras *pura experiência*. Neste nível de conhecimento a psicologia como ciência deve renunciar a si mesma, mas *só neste alto nível*. Abaixo dele são possíveis os julgamentos e, portanto, a ciência na medida em que as premissas do julgamento são fornecidas, e nesta medida também a psicologia como ciência é possível. Mas se perder a consciência de sua condicionalidade ou se ainda não tiver alcançado esta consciência, será semelhante ao cachorro que persegue o próprio rabo.

1.739 Na medida em que a psicologia leva em conta suas premissas, torna-se evidente sua vinculação com a filosofia e a história das ideias. É aqui que entra a presente pesquisa. Não se pode negar que certas premissas significam reassumir ideias que são características do tempo do romantismo. Mas não são tanto os pressupostos ideais que justificam esta visão histórica, e sim o ponto de vista fenomenológico, chamado moderno, da "rica experiência" que não apenas foi antecipado de certo modo pelo romantismo, mas que realmente pertence à sua verdadeira natureza. É mais próprio do romantismo "experimentar" a psique do que "investigá-la". Foi novamente a época dos médicos filósofos, um fenômeno que se manifestou pela primeira vez na época pós-Paracelso, sobretudo na alquimia filosófica, cujos representantes mais importantes eram médicos. Correspondendo ao espírito pré-científico da época, a psicologia romântica do início do século XIX foi filha da filosofia romântica da natureza. Lembremos C.G. Carus, ainda que a empiria já mostrasse indícios significativos em Justinus Kerner. A psicologia do século XVI, ao contrário, baseava-se em correntes ocultas e religiosas e se denominava filosofia, ainda que uma época posterior "mais iluminista" não lhe teria certamente concedido este nome. A psique como experiência é a característica do romantismo, que procurava a flor azul[1], mas é também a da alquimia filosófica, que procurava o "lapis noster".

---

1. Cf. *Psicologia e alquimia*. Op. cit., § 99s.

O grande mérito desse livro é ter aberto para a psicologia moderna o tesouro da arte poética, contemplativa e romântica. O paralelismo com minhas concepções psicológicas justifica designar minhas ideias como "românticas". Pesquisa semelhante sob o ponto de vista filosófico também justificaria esta designação, pois toda psicologia que conhece a psique como experiência é "romântica" e "alquimista" no sentido da história. Mas abaixo do nível da experiência, minha psicologia também é científico-racionalista, fato que gostaria que o leitor não esquecesse. A premissa de meus julgamentos correspondentes é a *realidade das coisas psíquicas,* um conceito que resulta do reconhecimento de que a psique também pode ser pura experiência. 1.740

A autora desincumbiu-se da tarefa que se propôs com grande conhecimento de causa e, por isso, sua pesquisa pode ser recomendada vivamente a todos que se interessam pela moderna psicologia complexa. 1.741

Küsnacht-Zurique, fevereiro de 1935

C.G. Jung

Prefácio ao livro de Gilli: "Der dunkle Bruder"*

1.742 Ao escrever um prefácio ao poema dramático de Gertrud Gilli não gostaria de dar a impressão de que ele necessita de uma explicação psicológica para ser eficaz. As obras de arte interpretam-se a si mesmas. *Der dunkle Bruder* não é tão modernamente obscuro como certas pinturas contemporâneas, nem é o resultado de uma produção exclusivamente inconsciente que necessite de uma interpretação ou de uma transcrição para uma linguagem compreensível em geral.

1.743 O drama é moderno enquanto retrata o processo central da religião cristã, o drama divino, na esfera da motivação humana. Certamente uma boa inspiração! Mas a pessoa de Judas não foi desde sempre a figura problemática no mistério da salvação? Para muitos já não agrada uma explicação metafísica. Para certos teólogos e historiadores protestantes, o próprio Cristo foi despojado de sua encarnação divina e tornou-se mero fundador de religião, ainda que superior e exemplar. E sua paixão foi um sofrimento humano por amor a um ideal, dando assim maior realidade também aos protagonistas e adversários humanos. Somente na fase mitológica da mente os heróis são representantes do princípio puro da luz e seus adversários são encarnações do mal absoluto. O homem real é uma mistura de bem e mal, de liberdade na autodeterminação e dependência pusilânime, sendo muito difícil traçar os limites entre o ideal autêntico e a paixão pessoal de poder. E quanto ao gênio, seu papel de porta-voz e repre-

---

* "O irmão sombrio". Zurique: [s.e.], 1938. Gertrud Gilli era grafóloga. Cf. seu artigo "C.G. Jung in seiner Handschrift". *Die kulturelle Bedeutung der Komplexen Psychologie.* Escrito comemorativo dos 60 anos de C.G. Jung (Zurique, 1935).

sentante de novas verdades nem sempre é considerado como bênção pelo comum dos mortais, sobretudo quando estão envolvidas convicções religiosas.

1.744 O salvador, qualquer que seja a forma sob a qual se apresente, é uma figura difundida universalmente porque partilha de nossa humanidade comum. Esta figura emerge do inconsciente do indivíduo ou do povo sempre que uma situação insuportável exige uma solução que não poderia ser encontrada unicamente com os meios à disposição da consciência. Assim, por exemplo, as esperanças messiânicas do povo judeu tiveram que chegar a um auge quando, em consequência da corrupção dos descendentes de Herodes o Grande, desapareceram todas as esperanças de um governo sacerdotal ou de um reinado autônomos, e quando o país se tornou província romana com a consequente perda de qualquer autonomia. Portanto, é compreensível que as esperanças messiânicas tivessem em mente um salvador político, e que mais de um patriota exaltado tentasse assumir este papel – sobretudo Judas da Galileia, cuja revolta é mencionada por Flávio Josefo[1] e que, neste poema, envolve, de maneira ardilosa mas lógica, numa tarefa semelhante o herói de igual nome.

1.745 Mas na base do drama divino estava outro plano. Não estava interessado na libertação puramente externa, social ou política dos homens. Seu interesse estava no homem interior e em sua mudança psíquica. O que adianta a mudança das condições externas se o homem continua o mesmo em sua atitude interna? Psicologicamente dá no mesmo se sua não liberdade provém de circunstâncias externas ou de sistemas intelectuais ou morais. A verdadeira "salvação" só se opera quando o homem é reconduzido àquela fonte de vida mais profunda e mais interior, que as mais das vezes chamamos de Deus. Jesus foi o intermediário de uma experiência nova e direta de Deus; e a história do cristianismo mostra amplamente que isto não está ligado às condições externas.

1.746 Enquanto isso o homem vive continuamente no meio do conflito, onde a verdade do mundo externo no qual está inserido combate a verdade interna da psique que o liga à fonte da vida. Ora uma, ora ou-

1. *A guerra judaica,* II, 56; 6 ou 7 a.C.

tra puxam-no para o seu lado, até aprender que tem obrigações com as duas. Neste sentido, o poema dramático de Gertrud Gilli é a expressão de um fato humano geral e intemporal: além de nossa consciência meramente pessoal e temporal, em nosso interior, sempre acontece ainda o drama em que o humano, o demasiadamente humano, toca com saudade e também com má vontade na verdade mais profunda, procurando dobrá-la para os seus próprios fins e para sua ruína.

1.747 O fato de Judas aparecer no poema de Gilli como o irmão sombrio de Jesus, e de seu caráter e destino possuir algo da natureza de Hamlet, isto tem suas razões mais profundas. Poder-se-ia imaginar a figura de Judas mais ativa e agressiva, por exemplo como um patriota ardoroso que por necessidade interna precisava afastar Jesus porque este, como sedutor do povo, estorvava seus planos de libertação, ou ainda que Judas esperava um messias político e o traiu por desilusão e raiva. Também neste sentido seria o seu irmão sombrio, pois na história da tentação o diabo do poder aproxima-se de Jesus, quase da mesma maneira como Mara tenta Buda. Dessa forma, Judas teria sido um herói no modelo do drama clássico. Mas como, na peça de Gilli, está enredado por todos os lados na dependência, não conseguindo agir por iniciativa própria, torna-se um expoente do drama humano que, limitado às regiões da sombra da terra, acompanha em todos os tempos o drama divino e muitas vezes eclipsando-o.

C.G. Jung

Gérard de Nerval*

Gérard De Nerval (pseudônimo de Gérard Labrunie, 1808-1855) foi poeta lírico e tradutor de Goethe e Heine. É conhecido principalmente por sua obra póstuma *Aurélia,* onde descreve a história de sua anima e, ao mesmo tempo, sua psicose. Destaca-se logo de início o sonho da grande construção e a queda fatal do gênio. O sonho não tem lise. O demônio corresponde ao si-mesmo que não tem mais espaço para estender suas asas. O acontecimento fatal que precede ao sonho é a projeção da anima sobre "une personne ordinaire de notre siècle" com a qual o poeta não consegue compor o mistério e, por isso, rompe com Aurélia. Assim perdeu o chão sob os pés e pôde irromper o inconsciente coletivo. Suas experiências psicóticas retratam em grande parte as formas arquetípicas do inconsciente. Durante sua psicose parece que a verdadeira Aurélia morreu e, com isso, desapareceu a última possibilidade de uma ligação do inconsciente com a realidade, isto é, uma assimilação dos conteúdos arquetípicos. O poeta suicidou-se. O manuscrito de *Aurélia* foi encontrado em cima de seu cadáver. 1.748

* Resumo, feito pelo próprio autor, de uma conferência dada no Clube de Psicologia, de Zurique, em 9 de junho de 1945. Publicado em *Jahresbericht*, 1945/1946. Um datiloscrito (24 páginas), a partir de um estenograma, da conferência encontra-se no arquivo Jung.

Prefácio ao livro de Fierz-David: "Der Liebestraum des Poliphilo"*

1.749 Certamente vinte e cinco anos são passados desde que tomei conhecimento pela primeira vez da obra *Hypnerotomachia Poliphili.* O meu primeiro contato com ela foi na edição francesa de Beroalde De Verville, de 1600. Mais tarde pude admirar a edição original italiana, com suas magníficas xilogravuras, na Morgan Library, em Nova York. Tentei ler o volumoso livro, mas logo me perdi no labirinto de suas fantasias arquitetônicas para as quais ninguém mais tem estômago hoje em dia. Provavelmente aconteceu o mesmo com outros leitores. Entendo perfeitamente que Jacob Burckhardt lhe tenha feito apenas rápida menção sem se preocupar com seu conteúdo. Voltei-me então para o "Recueil Stéganographique", a introdução de Béroalde, cujo palavreado obscuro e charlatão me deu, apesar de tudo, um estímulo para minha curiosidade e coragem para prosseguir em meu esforço – pois numa leitura dessas trata-se realmente de esforço. Meu empenho valeu a pena, pois lutando para frente, capítulo por capítulo, fui pressentindo coisas – mais do que conhecendo – que mais tarde encontraria muitas vezes em meus estudos sobre alquimia. Não estou bem certo até que ponto este livro me colocou no caminho da alquimia. Em todo caso, alguns anos depois comecei a reunir os velhos tratados latinos dos alquimistas. No estudo minucioso deles, que se prolongou por vários anos, descobri aquela linha de pensamento, por assim dizer subterrânea, da qual surgiram não apenas o mundo de imagens dos alquimistas, mas também o sonho de Polifilo. O que apareceu

* Linda Fierz-David, *Der Liebestraum des Poliphilo. Ein Beitrag zur Psychologie der Renaissance und der Moderne* (O sonho de amor de Polifilo. Uma contribuição à psicologia da Renascença e dos tempos modernos). Zurique: [s.e.], 1947.

outrora nas canções dos trovadores e no amor de Deus é aqui um eco distante sob a forma de sonho e ao mesmo tempo premonição do futuro. Como todo sonho autêntico, a "hypnerotomachia" é parecida com Jano: a figura daquela Idade Média que se transforma em nova era na Renascença; uma transição entre duas épocas, interessante para o nosso tempo atual que é transição em grau maior ainda.

1.750 Foi assim que li com enorme interesse o manuscrito de Linda Fierz-David, pois é uma primeira e sólida tentativa de revelar o segredo de Polifilo com os meios da psicologia moderna e decifrar seu estranho simbolismo. Parece-me que a autora conseguiu seu intento. Em todo caso, conseguiu demonstrar a continuidade do problema nas peripécias dos acontecimentos e seu caráter pessoal e suprapessoal, bem como seu significado para o tempo atual. Muitas das interpretações não são apenas evidentes mas também esclarecedoras; elas recolocam no âmbito direto da compreensão moderna a narrativa aparentemente tão estranha e barroca que tanto interesse despertou no século XVI e XVII. Com inteligência e intuição a autora retratou muito bem a psicologia peculiar da Renascença da qual surgiu "Polifilo" como monumento literário, mas deu a este quadro também um pano de fundo supratemporal. Graças a isso, o quadro é apresentado na frescura original de suas cores e faz um apelo direto às pessoas de hoje através de sua realidade psíquica imperecível.

1.751 O livro deve esta viagem bem sucedida por mares nunca antes navegados à sensibilidade da natureza feminina que, com delicada indiscrição, conseguiu ver o outro lado da fachada barroca, ricamente ornamentada e impressionante de Francesco Colonna. Graças a este dom feminino é que Santa Catarina foi consultada pela assembleia celeste – "o que se faz normalmente em casos difíceis" – como descreve jocosamente Anatole France em seu livro *Ile des Pinguins.* "Santa Catarina havia confundido na terra cinquenta doutores muito sábios. Ela conhecia a filosofia de Platão tão bem quanto a Sagrada Escritura e dominava a retórica"[1]. Não é de admi-

1. "C'est ce qu'on faisait ordinairement dans les cas difficiles". "Sainte Catherine avait, sur la terre, confondu cinquante docteurs très savants. Elle connaissait la philosophie de Platon aussi bien que l'Ecriture sainte et possédait la rhétorique" ("Une assemblée au paradis", p. 37 ou 38)

rar, pois, que a autora apresente algumas interpretações surpreendentes, mas que esclarecem bastante as obscuridades simbólicas de "Polifilo". Os caminhos tortuosos da mente masculina, que arma ciladas para si mesma com suas vaidades, são aqui expostos e iluminados, e o homem moderno faria bem em aprender desse exemplo.

1.752 Em seu comentário ela nos introduz profundamente nos problemas psicológicos que continuam insondáveis para a mente humana, mas a ela se apresentam como tarefa. O livro não é de leitura fácil; ao contrário, exige esforço. Mas é de conteúdo rico e estimulante. Vale a pena dar-lhe uma atenção especial. De minha parte sou grato à autora pelo enriquecimento que seu livro me proporcionou em matéria de conhecimentos.

Fevereiro de 1946

C.G. *Jung*

Prefácio ao livro de Crottet: "Mondwald"*

1.753 Robert Crottet, o autor deste livro, não é um viajante pesquisador comum, como existem muitos em nossa época, mas um viajante que conhece a arte hoje em dia quase esquecida de viajar "com todos os sentidos em alerta". Esta arte ou, como poderíamos dizer também, este dom do céu consiste em que o viajante traz de longínquas plagas mais do que possam captar as câmeras fotográficas ou os fonógrafos, isto é, sua própria experiência, através da qual vislumbramos uma natureza e humanidade estranhas. Somente dessa maneira pode o estranho assumir uma forma viva em nós, pois sentimos no narrador o efeito da colisão de dois mundos. O "momento subjetivo", temido com razão pela ciência, torna-se aqui fonte de iluminação que nos proporciona conhecimentos intuitivos que nenhuma descrição dos fatos, por mais completa que seja, poderia fornecer-nos. A descrição dos fatos consiste em tomar nota com objetividade escrupulosa e consciente. A "viagem com os sentidos em alerta" cria, no entanto, uma experiência que não consiste apenas, como no registro dos fatos, em dados dos sentidos e do intelecto, mas também em impressões inenarráveis, indescritíveis e subliminares que mantêm preso o viajante em terra estranha. Certamente sua descrição objetiva significa muito, mas muito mais significa seu arrebatamento, pois ele revela coisas indizíveis: a totalidade da natureza pré-histórica e da humanidade pré-consciente que para o homem civilizado e habitante de uma terra virtualmente escravizada é totalmente incompreensível e insondável. Pairam aqui no ar possibilidades invisíveis, a respeito das quais sempre soubemos alguma coisa; realidades das quais um conhecimento muito antigo e quase esquecido evoca em nós um eco distante;

---

* "Floresta da lua", com o subtítulo "Histórias da Lapônia" (Zurique: [s.e.], 1949).

uma saudade que olha para trás, para a luminosidade áurea de uma manhã da infância e, ao mesmo tempo, para frente, para uma perfeição milenar. É o pressentimento de uma totalidade primordial, depois perdida, e novamente esperada que paira sobre a paisagem primitiva e sobre seus habitantes, e somente o arrebatamento do narrador pode recordar-nos disso. Nós entendemos e partilhamos seu apaixonado desejo de preservar e perpetuar este esplendor insondável para o qual um Parque Nacional é substituto mesquinho, e lamentamos com ele a devastação ameaçadora da barbárie da civilização. Certa vez, no Quênia, ouvi de um velho squatter: "Este não é um país dos homens, é o país de Deus". Hoje existem lá mineradoras de ouro, escolas, estações missionárias – e onde estão as lentas manadas de animais selvagens a pastar, as moradas humanas presas como ninhos de vespas em encostas de montanhas amarelas e vermelhas sob a sombra das acácias, a eternidade silenciosa de uma vida sem história?

1.754 O objetivo do autor é preservar a vida de um povo primitivo, os lapões na região setentrional da Finlândia, que tiveram seus rebanhos de renas roubados, para salvar ao menos uma parte daquele tempo primitivo de um desaparecimento que não tem volta. Possa ele realizar o seu desejo.

Março de 1949

C.G. Jung

Prefácio ao livro de Jacobi: "Paracelsus: selected writings"*

A autora solicitou-me algumas palavras introdutórias para a edição inglesa de seu livro. Faço-o de boa vontade, tanto mais que Paracelso, um mestre quase legendário em nossa época, foi uma de minhas ocupações quando procurei entender a alquimia, especialmente sua relação com a filosofia natural. No século XVI, a especulação alquimista recebeu um forte impulso desse mestre e principalmente de sua filosofia e doutrina peculiares da "longevidade" – um tema que desde então se tornou muito caro aos alquimistas. 1.755

No livro da Dra. Jolande Jacobi aprendemos a conhecer Paracelso de uma maneira bem mais geral e sobretudo como personalidade moral. Sabiamente, a autora deu a palavra ao próprio mestre em passagens mais importantes, de modo que o leitor pode haurir da fonte sua informação sobre esta figura estranha e genial da Renascença. Por meio do uso frequente de textos originais, com sua linguagem viva e plástica, surge uma imagem impressionante do homem que teve tão grande influência não só em seu tempo, mas também nos séculos subsequentes. 1.756

Sua figura é contraditória e controversa. Não é possível dar-lhe uma forma estereotipada, como tentou fazê-lo por exemplo Sudhoff[1] ao declarar arbitrariamente e sem sombra de evidência que certos textos incômodos eram espúrios. Paracelso é e continua sendo uma figura 1.757

---

* "Paracelso: Escritos selecionados". O título original do livro é *Theophrastus Paracelsus: Lebendiges Erbe* (Teofrasto Paracelso: Herança viva). Zurique: [s.e.], 1942.

1. Karl Sudhoff, organizador das obras completas de Paracelso, 15 vols., Munique/Berlim: [s.e.], 1922-1935.

paradoxal, como seu contemporâneo Agrippa Von Nettesheim. É um retrato fiel de seu século e que nos propõe ainda hoje alguns enigmas.

1.758 Menção merece o fato de que o livro possui um índice bastante completo dos conceitos de Paracelso, juntamente com uma sucinta definição. Este acréscimo é louvável mas também necessário, pois não é fácil ao leitor não familiarizado com textos alquímicos seguir a linguagem desse médico, filósofo natural e místico, cheia de termos técnicos e neologismos.

1.759 O livro da autora é ilustrado com material pictórico oriundo da época de Paracelso e dos lugares onde viveu, o que dá ao texto um aspecto global mais atraente.

Maio de 1949

C.G. *Jung*

Prefácio do livro de Kankeleit: "Das Unbewusste als Keimstätte des Schöpferischen"*

Dr. Otto Kankeleit mostrou-me o manuscrito de seu livro *Die schöpferische Macht des Unbewussten* e pediu-me que escrevesse uma palavra introdutória. O livro não é uma pesquisa teórico-científica, mas um apanhado dos diversos fenômenos e problemas que o médico psicoterapeuta encontra em sua prática diária. Corresponde ao enfoque essencialmente prático-empírico do autor que seu escrito dê mais importância à descrição dos fenômenos do que à elaboração científica e teórica do material. É, portanto, mais um caleidoscópio de imagens e demonstrações de aspectos e fatos os mais diversos com os quais se defronta o médico. Ele está diante de uma quantidade de problemas, cuja extensão não encontra horizontes limitativos. Aqui está precisamente o valor da obra: abre perspectivas na vastidão da psique que ultrapassam de longe os limites do consultório e que dão ao leitor a visão de um mundo que ele talvez desconhecesse até agora. Não se detém no patológico nem trata o doente com a psicopatologia do doente. Vai além, volta-se para o vasto campo da vida psíquica em geral e sobretudo para um cuidado duradouro com a pessoa doente, pois a principal preocupação da medicina moderna não é eliminar os sintomas da doença, mas guiar o paciente de volta para uma vida normal e equilibrada. 1.760

Isto só pode acontecer quando é apresentada ao doente uma imagem da psique humana mais geral e mais abrangente do que ele 1.761

* "O inconsciente como sementeira do processo criativo", com o subtítulo "Testemunhos de especialistas, poetas e artistas". Munique/Basileia: [s.e.], 1959.

experimentou na sua limitação doentia. Para tanto, como o autor indica muito bem, é necessário que médico e paciente se entendam sobre a natureza do inconsciente, pois ambos estão envolvidos, positiva ou negativamente, na realidade misteriosa dele.

1.762 O livro é instrutivo sob muitos aspectos também para o médico, e é simpático por causa de seu enfoque sem preconceitos.

Contribuição de Jung

1. *Em que medida o senhor atribui o processo criativo ao inconsciente e à consciência ?*

1.763 Como toda a vida psíquica, também o processo criativo provém do inconsciente. Quando a gente se identifica com o processo criativo, acaba-se pensando que a gente mesmo é o criador.

2. *Ao iniciar um novo período criativo, o senhor experimentou algum tipo de estado excepcional em que o inconsciente assumiu o comando (visões, estados de êxtase etc.)?*

1.764 Quanto a mim, devo confessar que no início de um novo período de criação sinto às vezes as coisas mais estranhas. (Não duvido que haja pessoas que não sintam nada disso.) Além do mais, o inconsciente tem o comando de nossos sonhos durante toda a noite. Não é de admirar, pois, se ele se introduz com toda a espontaneidade também no processo criativo.

3. *O senhor usa às vezes alguma droga estimulante, como álcool, morfina, haxixe etc.?*

1.765 Oh não! Nunca! Uma nova ideia é embriagadora o bastante.

4. *Os sonhos desempenham algum papel no processo criativo?*

1.766 Meus sonhos costumam antecipar por anos meus atos criativos e outros.

5. *O senhor conhece experiências excepcionais de algum outro tipo qualquer, sem estarem ligadas ao processo criativo (precognição, premonição, fenômenos telepáticos etc.)?*

Numa análise mais acurada, não acho que qualquer estado excepcional possa ser separado do processo criativo, pois a própria vida é o estado criativo por excelência. 1.767

6. *Gostaria muito de ouvir a descrição detalhada de um processo criativo.*

Poderia dar-lhe uma descrição detalhada do processo criativo, mas não o faço porque o assunto é para mim muito misterioso. Tenho tanto respeito diante dos grandes mistérios que não sou capaz de falar deles. De mais a mais, toda observação bem detalhada de séries de sonhos fornece exemplos perfeitos de processos criativos. 1.768

Prefácio ao livro de Serrano: The visits of the Queen of Sheba"*

1.769 Este livro é uma obra extraordinária. São sonhos dentro de sonhos, diria que é tudo muito poético, muito diferente dos produtos espontâneos do inconsciente com os quais estou acostumado, ainda que se possam distinguir claramente algumas figuras arquetípicas bem conhecidas. O gênio poético transformou este material primitivo numa forma quase musical como, inversamente, Schopenhauer entendeu a música como o movimento de ideias arquetípicas. O fator formativo principal parece ser uma forte tendência estética. O leitor se vê enredado num sonho infíndamente prolífico, num espaço sempre maior e em profundezas incomensuráveis de tempo. Por outro lado, o elemento cognitivo não tem papel significativo – retrocede mesmo para um plano de fundo indistinto, ainda que vivo numa plêiade de imagens coloridas. O inconsciente, ou o que designamos por este nome, apresenta-se ao autor sob um aspecto poético, ao passo que eu o considero principalmente em seu aspecto científico ou filosófico ou, para ser mais exato, em seu aspecto religioso. O inconsciente é sem dúvida a *Pammeter,* a mãe de tudo (isto é, de toda vida psíquica), sendo a matriz, o pano de fundo e fundamento de todos os fenômenos diferenciados que chamamos psíquicos – religião, ciência,

---

* "As visitas da rainha de Sabá". Bombaim/Londres: Asia Publishing House, 1960; republicado em Londres por Routledge & Kegan Paul, 1972. Com referência a Miguel Serrano, cf. carta de Jung, de 31 de março de 1960, em *Canas* III, org. por Aniela Jaffé. Este prefácio foi originalmente uma carta, escrita em inglês, a Serrano, em 14 de janeiro de 1960 (inédita).

filosofia, arte. A experiência do inconsciente, qualquer que seja a forma que possa assumir, é uma aproximação da totalidade – uma experiência que falta à nossa civilização moderna. É a *via regia* para o *Unus Mundus.*

Küsnacht-Zurique, 14 de janeiro de 1960

C.G. *Jung*

"Existe um verdadeiro bilinguismo?"*

1.770 O senhor me fez uma pergunta que não sou capaz de responder exatamente. Não consegui definir com precisão o que o senhor entende por "verdadeiro bilinguismo".

1.771 Há certamente pessoas, morando em países estrangeiros, que se acostumam tão bem à nova linguagem que acabam pensando e, mesmo, sonhando neste idioma. Eu mesmo passei por esta experiência após uma estadia mais prolongada na Inglaterra. De repente me flagrei pensando totalmente em inglês.

1.772 Isto nunca me aconteceu com a língua francesa; mas constatei que, após uma estadia relativamente curta na França, o meu vocabulário ficou inesperadamente mais rico. A razão disso não estava na leitura constante de livros franceses, nem nas conversas com franceses, mas antes na atmosfera – se me permitem a expressão. É um fato que se observa muitas vezes. Mas logo que se volta para casa, geralmente esta riqueza toda desaparece.

1.773 Estou plenamente convencido de que em muitos casos pode ser implantada dessa forma uma segunda língua – inclusive às custas da língua original. Mas como a memória não é ilimitada, a condição do bi ou trilinguismo acaba prejudicando a riqueza do vocabulário e o domínio perfeito de cada uma das línguas.

---

* Carta em resposta a um questionário do *Flinker Almemach*, 1961 (Paris). Escrito em francês. Outra carta a Martin Flinker, de 17 de outubro de 1957, publicada no *Almanach,* 1958, encontra-se em *Cartas* III, org. por Aniela Jaffé.

XV
A PRÁTICA DA PSICOTERAPIA

(Relacionado ao volume 16 da Obra Completa)

Resenhas de livros de Heyer: "Der Organismus der Seele"*

O autor assumiu a louvável tarefa de fazer um relato abrangente da situação – ou, melhor, do caos – que existe no campo da psicoterapia. Não conheço outro livro que tenha captado os problemas essenciais da terapia moderna de modo tão instrutivo e imparcial. Infelizmente há outros livros do gênero que foram escritos no interesse de algum sistema e sofrem por isso da lamentável unilateralidade teórica, chegando às vezes ao sectarismo ou à autobajulação. Parece que estes autores esqueceram que a psicologia é a ciência que mais necessita de autocrítica. Cada psicólogo deveria, em primeiro lugar e antes de mais nada, estar convencido de que seu ponto de vista é seu próprio preconceito subjetivo. Este preconceito é tão bom quanto outro qualquer e provavelmente pode constituir-se também num pressuposto fundamental para muitas outras pessoas. Por isso vale a pena em geral testar o máximo possível este ponto de vista. Certamente produzirá frutos que terão alguma utilidade. Mas não deve entregar-se à ilusão anticientífica de que seu preconceito subjetivo seja já uma verdade psicológica, universal e básica. Disso não pode nascer ciência alguma, mas apenas uma crença, cuja sombra é a intolerância e o fanatismo. Opiniões contrárias fazem parte da evolução de qualquer ciência. Não devem, porém, cristalizar-se em suas posições antagônicas, mas procurar o mais cedo possível sua síntese. Faltaram até agora livros como o de Heyer. Eles são indispensáveis se quisermos chegar a uma psicologia objetiva que jamais será alcançada por 1.774

* "O organismo da psique". *Europäische Revue*, IX/10, outubro de 1933, p. 639. Berlim. Com referência a Heyer, cf. a carta de Jung, de 20 de abril de 1934, em *Cartas* I.

indivíduos isolados, mas pela concordância de muitos. O livro de Heyer oferece uma visão de conjunto das principais doutrinas contemporâneas como as de Freud, Adler e minhas. Exposições separadas delas eram certamente conhecidas dos leitores, mas até agora não haviam sido relacionadas umas com as outras, permanecendo presas a seus respectivos sistemas. Assim, o livro de Heyer vem preencher uma lacuna de há muito sentida. Escrito num estilo vivo e ricamente entremeado de experiências práticas do autor, é sem dúvida o livro mais recomendável que conheço neste campo.

C.G. Jung

"PRAKTISCHE SEELENHEILKUNDE"*

1.775 Sentimos às vezes a tentação de pensar que foi um erro fatal da psicologia clínica em seus dias de infância supor que as neuroses eram coisas simples que poderiam ser explicadas por meras hipóteses. Este otimismo foi necessário, pois de outro modo talvez ninguém ousasse apresentar uma teoria sobre a psique. As dificuldades e complicações da verdadeira psicologia das neuroses manifestaram-se claramente na diversidade dos métodos de tratamento possíveis. São tantos que o leigo em psiquiatria se desespera quando deve escolher o método que sirva não só ao tratamento de sua neurose mas ao médico que vai tratá-la. Estamos convencidos hoje em dia de que as doenças somáticas provêm de diversas causas e estão sujeitas a muitas condições, necessitando por isso ser tratadas de diversos ângulos. Admite-se frequentes vezes que as neuroses sejam mais uma ou, no melhor dos casos, mais um grupo de doenças entre as doenças somáticas. O motivo deste preconceito é que a medicina moderna só descobriu recentemente a psique como o chamado "fator psicológico" da doença, e agora defende a ideia de que este "fator" é uma simples quantidade, isto é, um dos vários condicionantes ou causas da doença somática. A psique recebe assim a mesma realidade atribuída a uma toxina, bacilo ou célula cancerosa. Há uma

* "Psicoterapia prática". *Zentralblatt für Psychotherapie,* IX/3, 1936, p. 184-186. Leipzig.

resistência em atribuir à psique até mesmo uma realidade existencial aproximada da do corpo.

1.776 Heyer retoma neste livro a simpática tentativa que fez com muito êxito em seu livro *Der Organismus der Seele*, mas desta vez não com as teorias e sim com os métodos práticos de tratamento. Oferece uma visão geral, ricamente ilustrada com casos, de todas as técnicas que o psicoterapeuta necessita em sua prática diária, sendo por isso também de grande utilidade para o médico em geral. Este vê seus pacientes neuróticos como doentes somáticos, entre outros pacientes que sofrem principalmente de distúrbios físicos. Consequentemente considera como somática a doença de origem psicógena e procurará em primeiro lugar um remédio para a cura física. Não possui a visão do psicoterapeuta ortodoxo que separa decididamente as neuroses da patologia corporal. Mas as próprias neuroses são inortodoxas e nem sempre são refratárias ao tratamento somático. O fato é que existem neuroses mais corporais, e outras mais psíquicas. Às vezes é difícil diagnosticar a que tipo pertence determinado caso. Por isso a psicoterapia é inevitavelmente por enquanto uma mistura estranha de terapia corporal e psicológica. Em tudo isso o livro de Heyer fornece muitas informações que podem ser de grande valor para o psicoterapeuta, o clínico geral e o estudante de medicina.

1.777 Diz-se às vezes que, quando se prescrevem muitos remédios para certa doença, nenhum deles pode reivindicar uma eficácia especial. A diversidade de opiniões psicoterapêuticas não tem sua origem nessa confusão, mas no fato de que a neurose não é *uma* doença, e sim várias doenças que exigem no mínimo igual número de remédios. É provável que, analogamente ao corpo, a psique apresente tantas doenças quanto aquele. O futuro ainda deverá descobrir uma patologia da psique que rivalize com a do corpo. Este modesto "fator psicológico" da medicina interior vai ampliar-se com o tempo num campo médico experimental que nada ficará devendo em extensão àquele do corpo. Portanto, seria bom concluir da diversidade dos métodos psicoterapêuticos para uma diversidade correspondente de estados psicopatológicos. Cada uma das formas mencionadas de tratamento corresponde *cum grano salis* a um aspecto da chamada "neurose", isto é, a uma forma real de doença. Mas o nosso conhecimento atual da patologia psíquica não está suficientemente desenvolvida para indicar com segurança qual a forma de doença psíquica que necessita deste ou daquele tratamento. Estamos aqui ainda no patamar dos médicos da Idade Média que, sem conhecimento da anatomia, fisiologia e da anatomia patológica, dependiam exclusivamente da experiência prática, da intuição e da perícia do médico. E nem por isso eram necessariamente maus médicos, como não o eram também os curandeiros primitivos. É exatamente a diversidade de tratamentos, com seus êxitos e fracassos, que nos faz conhecer a diversidade da patologia psíquica, da biologia e da estrutura psíquicas.

1.778 O livro de Heyer é um marco no caminho para descobrir as doenças da psique e de seus remédios mais ou menos específicos. Foi escrito a partir da prática e paia a prática, sendo por isso de grande utilidade para o médico praticante em geral. A disposição geral do conteúdo segue o quadro clínico da doença. Assim temos, por exemplo, no capítulo II: Distúrbios da respiração e da circulação, III: Distúrbios alimentares e digestivos, IX: Distúrbios da vida sexual, X: Distúrbios do sono. Os capítulos I, IV e V são de introdução à psicologia. Três capítulos falam das diversas formas de tratamento. O livro traz um apêndice, que vale a pena ser lido, de Lucy Heyer, informando sobre métodos físicos de auxílio à psicoterapia, como ginástica, respiração, massagens etc.

1.779 Lamento a ausência de uma exposição sobre os remédios artísticos e espirituais que desempenham na prática um papel não pequeno ao lado dos remédios físicos. Desenvolvimento deficiente e inibição não existem apenas no campo corporal, mas também no campo psíquico, que precisam de exercício e educação tanto aqui quanto lá.

Sobre o "Rosarium philosophorum"*

1.780 O *Rosarium* é um dos primeiros, se não o primeiro dos escritos sinóticos que cobre todo o campo da alquimia. Parece que surgiu em 1350. O autor é anônimo. Foi atribuído a Pedro De Toledo, que teria sido um irmão mais velho do famoso Arnaldo De Villanova (1235-1313). Algumas partes podem ser atribuídas ao primeiro, mas não tudo, pois a primeira impressão data apenas de 1550. Nela se encontram muitas citações de Arnaldo. A edição de 1550 é uma compilação que consiste de duas partes distintas, correspondendo a dois tratados diferentes. Além disso há interpolações de textos mais longos de outros autores como, por exemplo, uma carta de Raimundo Lullo "ad Rupertum Regem Franciae". (Este Rupertus pode ser identificado com Roberto I o sábio, 1309-1343.)

1.781 O início do *Rosarium* é uma espécie de prefácio ou introdução, em que o autor fala da "arte" em geral. Entre outras coisas, diz que ela só opera "na natureza". No processo só há necessidade de *uma* coisa, e não de muitas. Operar "fora da natureza" não leva a nada. O autor enfatiza a necessidade de uma disposição mental uniforme do praticante. A arte consiste na *união dos opostos* que se apresentam como masculino-feminino, matéria e forma. Para isso são necessárias também as *quatro raízes* (radices, rhizomata, elementos). A matéria-prima, ou seja, o material de partida, é encontrada em toda parte. Também é chamada de *lapis* = pedra, ou "sal" ou "água". A água

---

* Resumo, feito pelo autor, de duas conferências no Clube de Psicologia de Zurique, de 5 e 16 de junho de 1937, publicado em *Jahresbericht*, 1936/1937. As ilustrações simbólicas do *Rosarium* foram usadas por Jung como paralelos do moderno processo psicoterapêutico, em "A psicologia da transferência" [OC, 16/2].

(aqua permanens) é idêntica ao *argentum vivum* (mercúrio). Também os elementos apresentam pares de opostos:

Terra Água

Ar Fogo

O autor diz que a terminologia não deve ser tomada *literalmente;* só os ignorantes fazem isso.

1.782 Encontra-se no prefácio também o seguinte verso:

> Hic lapis exilis extat, precio quoque vilis,
> Spernitur a stultis amatur plus ab edoctis.
>
> Aqui está a pedra insignificante, de preço vil,
> Desprezada pelos ignorantes, mas muito estimada pelos entendidos[1].

1.783 O "lapis exilis" pode corresponder ao "lapsit exillis" (nome do Graal) em Wolfram Von Eschenbach[2].

1.784 O texto propriamente dito começa com uma representação pictórica do processo[3]: uma fonte com três canos donde brota a *aqua permanens* como *lac virginis* (leite de virgem), *acetum fontis* (vinagre da fonte) e *aqua vitae* (água da vida). Acima da fonte há uma estrela, com o sol à esquerda e a lua à direita (como opostos). Acima da estrela está a cobra de duas cabeças de Mercúrio, como símbolo dos opostos contaminados no inconsciente. Este quadro está emoldurado por duas colunas de nuvens ou névoas, significando a natureza "espiritual" (volátil) do processo. Nos cantos encontram-se quatro estrelas, indicando a quaternidade dos elementos. As três fontes formam a *trindade material* (= o espírito de Deus que se transformou em água e que, através da incubação do caos, penetrou na matéria). Juntamente com a matéria inerte (terra), constituem a unidade, indicada pela quaternidade dos elementos (3 + 1 = 4).

---

1. *Ros. phil.,* em *Anis auriferae,* p. 210. Jung esculpiu este texto latino numa placa de pedra em sua "torre" em Bollingen. Cf. *Erinnerungen, Träume, Gedanken* (Memórias, sonhos, reflexões), org. por Aniele Jaffé, p. 230.

2. Cf. JUNG, E. & FRANZ, M.-L. Von. *Die Graalsgeschichte in psychologischer Sicht.* Op. cit., p. 154s.; e JUNG,C.G. *Psicologia e alquimia.* Op. cit., § 246[127].

3. "A psicologia da transferência" [OC, 16/2; figuras 1-10].

1.785 Para alguns alquimistas, a *prima materia* é algo que pode ser encontrado como tal em toda parte, para outros é algo que ainda deve ser produzido a partir do "corpo imperfeito". A contradição se resolve quando se toma em consideração a teoria amplamente documentada do "humidum radicale"; todos os corpos químicos contêm em maior ou menor grau aquela umidade, ou seja, aquela água primordial que foi incubada pelo espírito de Deus. Esta foi a *prima materia.* Assim é possível entender sem maior dificuldade o início do primeiro capítulo: "O corpo imperfeito transformou-se na *prima materia,* e esta água (!) ligada com nossa água *(aqua permanens)* produzem *uma* água (solvente) pura e clara que tudo purifica e que contém em si tudo o que é necessário (isto é, necessário para a autotransformação)... A partir dessa água e com ela chega à perfeição o nosso procedimento. Mas isto não dissolve os corpos por meio de um solvente comum (*solutione vulgari*), como é transmitido pelos ignorantes, que transformam o corpo em água de chuva, mas por meio de um solvente verdadeiramente filosófico no qual o corpo é transformado na água primeira (primordial) da qual se originou desde o princípio. A mesma água transforma os próprios corpos em cinza. Você deve saber que a arte da alquimia é um dom do Espírito Santo"[4].

1.786 A dissolução do corpo imperfeito faz com que ele volte ao seu estágio aquoso inicial, isto é, à *prima materia.* Como se depreende do texto e de inúmeras outras fontes, a *aqua nostra* é também *fogo,* a água batismal e ao mesmo tempo o Espírito Santo nela contido. Portanto, a *aqua permanens* é uma "água do espírito" que se une com a *prima materia* da mesma forma que o espírito de Deus incubou a água primordial e a partir dela criou o universo.

1.787 A descrição do processo da criação acontece externamente através da operação química e internamente através da *imaginação ativa:* "E este imaginar deve ser com a verdadeira imaginação, e não com a da fantasia"[5], diz a instrução. A matéria foi entendida como totalmente passiva, ao passo que todo o criativo e ativo procedia do espírito. A *aqua nostra* como "água espiritual" era um corpo químico,

---

4. *Ros. phil.* Op. cit., p. 212.

5. Ibid., p. 215, cf. *Psicologia e alquimia.* Op. cit., § 360.

dotado de espírito e produzido pela arte; era chamada "tintura" ou "quintessência". A Idade Média pensava a partir do espírito, enquanto nós sempre partimos da matéria. Nós entendemos como a matéria pode mudar o espírito, mas não entendemos como o espírito pode mudar a matéria, ainda que logicamente toda atividade seja uma relação mútua.

1.788 O segundo capítulo trata sobretudo do segredo da *aqua nostra*. Esta "água" é o *humidum radicale*, um corpo espiritual, que é chamado também de "sapo sapientum" (sabão dos sábios, um trocadilho). (É chamado assim na *Clavis sapientiae*, de Afonso X, de Castela, que reinou de 1252-1284. (Seu tratado seria uma tradução de um texto árabe.) O *humidum radicale é* idêntico à *serpens mercurialis*, ao dragão, sendo por isso chamado também "sangue do dragão". O corpo a ser mudado deve ser dissolvido em seu próprio líquido, em seu "sangue", pois este é a tintura, o elixir ou também o *lapis*, idêntico à *aqua nostra*. Os textos são muito confusos neste particular. A confusão, no entanto, não é tão grave se tivermos bem claro que a "água" ou é extraída, através da sublimação, de um corpo que contém grande quantidade dela, ou que o elixir já extraído é usado para dissolver um corpo. Os textos tratam ora de um, ora de outro, ou na maioria das vezes dos dois ao mesmo tempo como, por exemplo, o *Rosarium philosophorum*. São sinônimos da "água": *pinguedo* = gordura, *unctuositas* = untuosidade, *vapor unctuosus* = vapor untuoso.

1.789 Nos capítulos seguintes essas ideias básicas são desenvolvidas e enfeitadas, sobretudo a ideia da *coniunctio*. Entende-se por isso a reunião do corpo imperfeito com sua "anima" que lhe havia sido roubada. Aqui a anima (= *humidum radicale)* serve de veículo para o espírito que entra, pela *imaginatio*, na solução aquosa. O espírito é em geral o ativo e o masculino, o corpo material é o passivo e o feminino. (Às vezes é também o inverso!). O masculino é vermelho (tintura vermelha, escravo vermelho, sol, rosa vermelha), o feminino é branco (tintura branca, esposa branca, lua, lírio ou rosa branca). O mito de Gabricus e Beya é o modelo do simbolismo da *coniunctio*, um dos motivos mais frequentes e mais impressionantes da alquimia. Trata-se aqui da problemática dos opostos, projetada na matéria, isto é, da *união dos opostos* para formar um terceiro, o símbolo unificador, que é chamado hermafrodita, ou rebis (consistindo de dois), ou a pedra "viva" dos sábios. Este símbolo é algo que nasce da pessoa, como um filho, e que continua a existir na pessoa - como diz um antigo tratado, provavelmente de origem árabe, e atribuído a Rosino (Zósimo)[6]. A pedra significa uma panaceia, uma bebida da imortalidade, um salvador em geral, sendo por isso também uma alegoria de Cristo.

---

6. "Rosinus ad Sarratantam". *Art. aurif.* I, p. 311.

Prefácio para uma revista indiana de psicoterapia*

1.790 Dr. Banerjee pediu-me gentilmente para escrever um prefácio ao número especial de sua revista, dedicada ao meu trabalho psicológico. Com grande alegria expresso minha gratidão pelo atencioso interesse dado às minhas tentativas modestas de impulsionar o desenvolvimento da compreensão psicológica em geral e aprofundar o entendimento da atuação do inconsciente. A Índia com sua cultura espiritual altamente diferenciada tem certa vantagem sobre a mente europeia, tanto mais que esta – devido à sua origem na cultura grega antiga – está mais dependente dos aspectos sensórios do mundo externo. Esperamos da Índia e de sua atitude espiritual uma contribuição ímpar – uma introspecção a partir de outro ponto de vista que compense a unilateralidade do enfoque europeu. Aguardamos esperançosos uma colaboração com a mente indiana, sabendo que o mistério da psique só pode ser entendido quando visto por lados opostos.

1.791 Creio que a época vindoura necessite desesperadamente de uma compreensão básica comum da pessoa, o que fará da humanidade uma fraternidade em vez de um caos de usurpadores ávidos de poder.

---

* *Psychotherapy*, I/1, abril de 1956, órgão da Sociedade de Psicoterapia da Índia, Calcutá. Dr. Samiran Banerjee era secretário de honra. O datiloscrito de Jung, em língua inglesa, traz a data de 7 de setembro de 1955.

Sobre desenhos no diagnóstico psiquiátrico*

"O caso que o senhor me apresenta tem todas as características de uma esquizofrenia latente. Este diagnóstico é confirmado pelos desenhos. Há uma clara tendência de transladar a realidade viva para abstrações com a finalidade de cortar qualquer relação emocional com o objeto. Isto força o eu a uma posição inconveniente de poder, cuja única intenção é dominar. O comentário do desenhista é muito elucidativo sob este aspecto. Nestas condições não se pretende encontrar símbolos do si-mesmo, uma vez que existe a tendência irresistível de empurrar para o primeiro plano o eu e reprimir o si-mesmo. O eu é um fragmento arbitrário, mas o si-mesmo é uma totalidade não desejada. Não se encontra nos desenhos nenhum vestígio do si-mesmo". 1.792

---

* Comentário ao texto de Walter Pöldinger, "Zur Bedeutung bildnerischer Gestaltens in der psychiatrischen Diagnostik". *Die Therapie des Monats*, IX/2, 1959. Mannheim. Com reproduções de desenhos de um paciente. Pöldinger integrava o corpo médico de uma clínica psiquiátrica de Luzerna. A opinião de Jung refere-se a uma pergunta sobre um desenho específico.

XVI
O DESENVOLVIMENTO DA PERSONALIDADE

(Relacionado ao vol. 17 da Obra Completa)

Prefácio ao livro de Evans: "The problem of the nervous child"*

Li com grande prazer e interesse o manuscrito do livro de Mrs. Evans, *The Problem of the Nervous Child.* O conhecimento que Mrs. Evans tem do assunto baseia-se em sólidos fundamentos da experiência prática, obtida no tratamento e educação difíceis e penosos de crianças nervosas. Quem já lidou com crianças nervosas sabe o quanto de paciência e competência é necessário para tirar a criança de uma atitude patológica errada e conduzi-la para uma vida normal. Como o leitor poderá ver em quase todas as páginas, este livro é fruto de longo trabalho no campo das neuroses e de caracteres anormais. Apesar de haver muitos livros sobre educação, poucos são os que tratam dos problemas mais íntimos da criança de maneira tão carinhosa e competente. É óbvio que esta contribuição será de grande valor para todos que se interessam pelas questões educacionais. O médico tem especial débito para com a autora, pois seu livro será valioso aliado na luta contra o mal das neuroses, tão difundido entre os adultos. O neurologista constata cada vez mais que a origem do nervosismo de seus pacientes raras vezes é de data recente, mas retrocede às primeiras impressões e desenvolvimentos da infância. Aqui está a raiz de muitas doenças nervosas do futuro. A maioria das neuroses origina-se de uma atitude psicológica errônea que impede a adaptação ao ambiente ou às próprias necessidades do indivíduo. Esta posição psicológica errada, que está na raiz de quase toda neurose, foi construída via de regra durante o correr dos anos e muitas vezes começou na infância, como consequên- 1.793

* "O problema da criança nervosa". Nova York/Londres: [s.e.], 1920/1921. Elida Evans foi especialista de terapia infantil na América. O prefácio foi escrito em inglês.

cia de influências familiares incompatíveis. Sabendo disso, Mrs. Evans deu especial atenção à atitude mental dos pais e sua importância para a psicologia da criança. Facilmente a gente esquece o grande poder de imitação das crianças. Os pais contentam-se com a crença de que uma coisa escondida da criança não pode influenciá-la. Esquecem-se de que a imitação infantil está menos voltada para a ação dos pais do que para a disposição mental deles e da qual se origina a ação. Já observei várias vezes crianças que foram particularmente influenciadas por certas tendências inconscientes dos pais e, nesses casos, aconselhei o tratamento da mãe em vez do tratamento da criança. Pelo esclarecimento dos pais, pode-se ao menos evitar sua influência perniciosa e prevenir as neuroses futuras nas crianças.

1.794 A autora insiste na importância de observar as manifestações do instinto sexual na infância. Todos que se interessam pela educação de crianças anormais irão confirmar a existência e frequência de sintomas sexuais nessas crianças. Apesar de a atividade sexual não pertencer ao período infantil, ela se manifesta muitas vezes de maneira sintomática, como um sintoma de desenvolvimento anormal. Um desenvolvimento anormal não fornece oportunidade suficiente para a manifestação normal das energias infantis. Por isso, quando a válvula normal de escape está bloqueada, a energia se acumula e procura forçosamente uma válvula anormal de escape em interesses e atividades sexuais prematuros e pervertidos. A sexualidade infantil é o sintoma mais frequente de uma atitude psicológica doentia. A meu ver, é errado considerar os fenômenos sexuais na tenra infância como expressão de uma constituição orgânica; a maioria dos casos são devidos a um ambiente inadequado para a natureza psicológica da criança. Certamente, a atitude da criança para com a vida é determinada pela disposição hereditária, mas apenas até certo ponto; por outro lado, é o resultado da influência direta dos pais e da educação. A disposição hereditária não pode ser mudada, mas as influências posteriores podem ser corrigidas por métodos adequados e, assim, a disposição original desfavorável pode ser superada. O livro de Mrs. Evans indica o caminho e mostra como tratar dos casos mais complicados.

Outubro de 1919

Prefácio ao livro de Harding: "The way of all women"*

É com satisfação que atendo ao desejo da autora de escrever um prefácio para o seu livro. Li com grande interesse a obra ainda em seu manuscrito e constatei, para satisfação minha, que não estava na categoria de certos livros verbosos que se estendem com tendenciosidade preconcebida sobre a psicologia das mulheres, desembocando ao final num hino sentimental à "sagrada maternidade". Esses livros têm outra característica desagradável: nunca falam das coisas como elas *são*, mas apenas como *deveriam ser* e, em vez de tomar a sério o problema da psique feminina, atenuam solicitamente verdades escuras e, por isso, incômodas, com conselhos tão bons quanto ineficazes. Esses livros nem sempre são escritos por homens – o que poderia ser perdoado a eles – mas também por mulheres, que parecem conhecer tão pouco o ser feminino quanto os homens. 1.795

É um fato aceito entre os entendidos que os homens nada entendem da verdadeira psicologia feminina, mas que as próprias mulheres não se conheçam é no mínimo surpreendente, mas só enquanto presumirmos ingênua e otimisticamente que a pessoa humana conheça alguma coisa de essencial sobre a sua psique. Este saber e conhecer é uma das tarefas mais difíceis que a mente pesquisadora pode assumir. Os desenvolvimentos mais recentes da psicologia mostram com sempre maior clareza que não existem fórmulas simples de onde deduzir o mundo da psique, nem que tenhamos conseguido alguma vez definir o campo da psique experimental com exatidão suficiente. 1.796

---

* "O caminho de todas as mulheres". Nova York/Londres: [s.e.], 1933. O prefácio foi escrito em alemão. Com referência a Esther Harding, cf. acima, § 1.125.

Apesar de sua imensa extensão superficial, a psicologia científica ainda não começou a libertar-se da montanha de preconceitos que bloqueia o acesso à verdadeira psique. A psicologia, como a mais nova das ciências, surgiu há pouco e sofre por isso de todas aquelas doenças infantis que afligiram os anos de desenvolvimento das outras ciências na Idade Média tardia. Ainda existem psicologias que limitam o campo da experiência psíquica à consciência e aos seus conteúdos, ou que entendem a psique como um fenômeno puramente reativo, sem qualquer autonomia. O fato de uma psique inconsciente ainda não recebeu aceitação geral, apesar de existir grande quantidade de material empírico que prova sem a menor dúvida que não pode haver uma psicologia da consciência sem o reconhecimento do inconsciente. Sem este fundamento, é impossível tratar de qualquer dado psicológico que for de natureza mais complexa. Mas a verdadeira psique, com que nos defrontamos na vida e na realidade, é a personificação da própria complexidade. Assim, por exemplo, é impossível escrever uma psicologia da mulher sem um conhecimento bastante bom dos panos de fundo inconscientes.

1.797 Baseada em rica experiência psicoterapêutica, Esther Harding apresentou um quadro da psique feminina que supera de longe em abrangência e solidez trabalhos anteriores nesse campo. Sua exposição é isenta de preconceitos e notável por seu amor à verdade. Seus argumentos nunca se perdem em teorias mortas ou em esquisitices fanáticas que, infelizmente, são encontradas com bastante frequência neste campo de trabalho. Conseguiu assim penetrar com a luz do conhecimento em panos de fundo e profundezas onde antigamente dominava completa escuridão. Apenas metade da psicologia feminina pode ser abarcada com a ajuda de conceitos biológicos e sociais. Fica claro neste livro que a mulher possui uma espiritualidade peculiar e que é estranha ao homem. Este ponto de vista novo e tão essencial para a psicologia da mulher jamais poderia ser exposto com tanta clareza sem um conhecimento do inconsciente. Mas também em diversos outros lugares do livro fica clara a influência fecunda da psicologia do inconsciente.

1.798 Numa época em que a quantidade de divórcios chegou a um número recorde e em que a questão do relacionamento entre os sexos tornou-se uma problemática confusa, um livro como este parece-me da maior utilidade. Mas ele não fornece aquilo que todos esperam, isto é, uma receita de validade geral pela qual pudéssemos resolver de modo simples e prático este desesperador complexo de questões, de forma a poupar a nossa cabeça. Por outro lado, no entanto, contém em abundância aquilo de que realmente precisamos, ou seja, compreensão. Compreensão dos fatos e condições psíquicos com a ajuda dos quais possamos orientar-nos nas situações complicadas da vida.

1.799 Afinal, por que existe a psicologia? Por que estamos interessados na psicologia exatamente hoje em dia? A resposta é: cada qual precisa dela. Parece que a humanidade chegou a um ponto em que os conceitos do passado já não servem, e começamos a ver que nosso próximo é um estranho, cuja linguagem já não entendemos. Vivemos numa época em que estamos compreendendo que o povo que vive do outro lado da montanha não consiste apenas de diabos ruivos que são responsáveis por todas as desgraças do lado de cá da montanha. Algo desse pressentimento obscuro penetrou também no relacionamento dos sexos: nem todas as pessoas continuam convencidas de que todo o bem está no eu e todo o mal está no tu. Já podemos encontrar pessoas ultramodernas que se perguntam seriamente se não existe alguma coisa errada conosco, se não somos por demais inconscientes, antiquados e se esta não é a razão de, quando confrontados com dificuldades no relacionamento sexual, continuarmos a empregar com resultados desastrosos os métodos da Idade Média, ou os do homem da caverna. Há pessoas que leram com horror a Encíclica papal sobre o matrimônio cristão[1], ainda que devam concordar que para o habitante das cavernas o chamado matrimônio "cristão" significa um progresso cultural. Mesmo que estejamos longe de ter superado nossa mentalidade pré-histórica, que obtém seus triunfos mais significativos na esfera do sexo onde o homem toma a consciência mais viva de sua natureza mamífera, foram introduzidos certos refinamentos éticos que permitem ao homem, que tem atrás de si uma educação de dez a quinze séculos cristãos, subir para um patamar algo mais elevado.

1.800 Neste patamar o espírito – um fenômeno psíquico incompreensível para a concepção biológica – desempenha um papel psicológico

1. *Casti connubii* de Pio XI, 31 de dezembro de 1930.

de não pouca importância. Ele tinha a dizer uma palavra importante sobre o assunto do matrimônio cristão, e na moderna desconfiança e depreciação do casamento ele entra na discussão negativamente como acusador dos instintos e positivamente como defensor da dignidade humana. Não é de admirar pois que surja um conflito selvagem e de confusão entre o homem como criatura instintiva e como ser espiritual e cultural. Mas o pior disso tudo é que um sempre procura suprimir o outro violentamente, para fazer surgir uma solução chamada harmônica e uniforme do conflito. Infelizmente muitas pessoas ainda acreditam neste método, que é todo-poderoso na política; existem apenas cá e lá alguns poucos que o condenam como bárbaro e que gostariam de colocar em seu lugar um acordo justo em que são ouvidas as duas partes.

1.801 Mas, infelizmente, no problema da relação entre os sexos ninguém pode aventar um acordo sozinho; este só pode ocorrer na relação com o outro sexo. Daí a necessidade da psicologia! Neste plano a psicologia se torna uma espécie de discurso de defesa ou, melhor ainda, um método de relacionamento. A psicologia garante um *conhecer* real sobre o outro sexo e substitui o *achar* arbitrário, que é a fonte de incompreensões insanáveis, minando cada vez mais os casamentos em nossa época.

1.802 O livro de Esther Harding é uma colaboração valiosa no esforço de nossa época por um conhecimento mais profundo do ser humano e para explicar as confusões no relacionamento entre os sexos.

Zurique, fevereiro de 1932

C.G. Jung

Uma conversa com C.G. Jung sobre psicologia profunda e autoconhecimento*

A psicologia profunda significa um caminho novo para o autoconhecimento?

1.803 Sim, a psicologia profunda deve ser considerada como um novo caminho, pois em todos os métodos existentes até agora não foi levado em conta o inconsciente. Com ela entra em campo um novo fator que complicou sumamente e modificou fundamentalmente a situação. Antigamente não se pensava que o ser humano fosse uma entidade "dupla". Uma entidade que tem um lado consciente, que ele conhece, e um lado inconsciente do qual nada conhece, mas que não está necessariamente oculto aos seus semelhantes. Quantas vezes fazemos todo tipo de "asneiras" sem nos darmos conta delas, ao passo que os outros as veem e sentem claramente. A pessoa vive como aquela cuja mão esquerda não sabe o que faz a direita. O conhecimento de que temos de contar com a existência de um inconsciente é um fato revolucionário. A consciência como instância ética só chega até onde alcança o consciente. Mas quando o homem não tem conhecimento, pode fazer as coisas mais admiráveis e terríveis sem se dar conta e nem suspeitar de leve do que faz. O agir inconsciente parece sempre óbvio e, por isso, não é avaliado criticamente. A pessoa se admira então da reação incompreensível dos outros, transferindo-lhes toda a responsabilidade por isso, isto é, a pessoa não vê o que ela própria faz e procura nos outros a causa de todas as consequências de suas próprias ações.

---

* Provavelmente respostas orais a perguntas da Dra. Jolande Jacobi; texto publicado em *DU. Schweizerische Monatsschrift*, IH/9, setembro de 1943. Nunca se encontrou qualquer manuscrito.

1.804 O casamento dá exemplos bem instrutivos neste aspecto: enxerga-se cisco no olho do outro e não se percebe a trave no próprio olho. De proporções ainda maiores e até mesmo sem medida são as projeções da propaganda da guerra, onde a lamentável falta de educação da vida civil é erigida em princípio. O não querer ver e a projeção das próprias faltas sobre os outros está no início da maioria das querelas e é a maior garantia de que a injustiça, a animosidade e a perseguição não morrerão tão cedo. Quando alguém se mantém inconsciente sobre si mesmo, muitas vezes não se dá conta dos próprios conflitos. Inclusive considera impossível a existência de conflitos inconscientes. Por outro lado, existem casamentos onde se procura camuflar cuidadosamente qualquer espécie de conflito, achando um dos parceiros que realmente é imune a eles, enquanto o outro está enterrado até o pescoço em complexos reprimidos a duras penas e neles quase se afoga. Mas uma situação dessas influencia perniciosamente os filhos. Sabemos que não raro as crianças têm sonhos que tratam dos problemas latentes dos pais. Esses problemas oprimem as crianças porque os pais não têm consciência deles e nunca procuraram discutir suas dificuldades, surgindo assim uma atmosfera envenenada. Por isso as neuroses estão ligadas em grande parte aos conflitos dos pais.

Como separar a psicologia profunda das pesquisas psicológicas existentes até agora? Onde ela se mistura com as outras disciplinas?

1.805 A psicologia em voga até agora não considerava a motivação, causada pela presença do inconsciente, dos conteúdos da consciência. Mas com a inclusão do inconsciente, tudo recebeu de repente um duplo fundamento. Temos que examinar tudo de dois lados, ao passo que a psicologia antiga tinha de contentar-se com os conteúdos da consciência. Assim, a explicação antiga do aparecimento de sintomas psicógenos (de origem psíquica) teve de contentar-se com a suposição de que esses sintomas eram ilusões autossugeridas. A explicação moderna, que também ausculta a psique inconsciente do doente, estuda os sonhos, as fantasias, os complexos, isto é, cada item da história do indivíduo que é responsável pela manifestação do sintoma. Hoje em dia não há mais dúvida de que os sintomas neuróticos são causados por processos no inconsciente. Por isso a conscientização dos conteúdos causais inconscientes tem uma importância terapêutica bem precisa. Os sintomas psicógenos são produtos do inconsciente. Fazem parte dos sintomas também certas opiniões e convicções que, apesar de serem levadas adiante com bastante consciência, nem por isso deixam de basear-se em motivos decisivamente inconscientes. Acontece assim que princípios, defendidos importuna e unilateralmente, derivam muitas vezes de seu não cumprimento inconsciente. Conheci uma pessoa que em qualquer oportunidade, fosse ela conveniente ou não, lançava em rosto do público seu princípio de honestidade e veracidade. Descobri pouco depois que esta pessoa sofria de uma fantasia algo viva demais que a levava às vezes a dizer grandes inverdades. O capítulo da verdade causava-lhe por isso um merecido "sentiment d'incomplétude" que, por sua vez, o estimulava a proclamações éticas altissonantes, com a finalidade em parte de incutir em si mesmo um sentimento de honestidade.

1.806 Sabendo-se que todo processo consciente se baseia em parte também num processo inconsciente que ele apresenta às vezes de modo simbólico, as concepções antigas sobre a causalidade psíquica são questionadas em princípio. As sequências causais diretas na consciência tornam-se questionáveis, e a experiência de conteúdos psíquicos exige categoricamente sua complementação através do correspondente aspecto inconsciente. Ainda que a psicologia profunda seja uma disciplina autônoma, ela está invisivelmente no pano de fundo de todas as outras disciplinas no que se refere à realidade do inconsciente. Assim como a radioatividade revolucionou a física antiga e tornou necessária uma revisão de muitos conceitos das ciências naturais, também são em parte ampliadas e em parte modificadas pela psicologia profunda todas as disciplinas que direta ou indiretamente têm a ver com o campo do psiquismo. Através dela são apresentados novos problemas ideológicos à filosofia; ela significa um grande enriquecimento para a pedagogia e sobretudo para a caracterologia; na criminologia ela suscita novos problemas, principalmente quanto aos motivos do crime; por causa da descoberta das conexões entre os processos corporais e psíquicos e por causa da inclusão do fator da neurose, ela abre para a medicina um campo inimaginável de novas concepções e possibilidades; mas também as ciências mais distantes como a mitologia, etnologia etc. são por ela fecundadas.

As diferentes correntes da psicologia profunda têm os mesmos objetivos?

1.807 As correntes principais da psicologia profunda até agora baseiam-se em sua diversidade nos aspectos igualmente diversos do inconsciente. O inconsciente tem, por exemplo, o aspecto do biológico, do fisiológico, do mítico, do religioso etc. Isto faz com que as diversas concepções sejam não só possíveis, mas também necessárias. Todas têm sua razão de ser, mas que não deve ser exclusiva, pois o inconsciente é um fenômeno altamente complexo ao qual não se pode fazer justiça com uma única maneira de interpretá-lo. Não se pode, por exemplo, julgar uma pessoa *unicamente* do ponto de vista moral, mas *também* sob este aspecto. Portanto, certos conteúdos do inconsciente podem ser entendidos como reivindicação de poder, outros como expressão do instinto sexual ou de outro instinto, enquanto que outros não admitem de forma nenhuma uma explicação a partir do instinto biológico.

A psicologia complexa, isto é, a psicologia profunda de cunho junguiano tem diretrizes básicas definidas?

1.808 Não gostaria de usar o termo "diretrizes" neste contexto. Devido exatamente à extrema variedade e complexidade dos aspectos do inconsciente e aos seus significados possíveis, cada "diretriz" funciona como pressuposto arbitrário, como um verdadeiro preconceito que anteciparia as manifestações irracionais, não determinadas de antemão, forçando-as a entrar num esquema inadequado ao fenômeno. Devemos evitar na medida do possível todos os pressupostos para captar o fenômeno na sua mais pura manifestação possível. Ele deve trazer consigo sua própria interpretação a tal ponto que seu significado seja garantido pela própria natureza do fenômeno, e não que seja imposto a ele pelo observador. Este deve inclusive acostumar-se a ser guiado mais pelo material do que por suas próprias opiniões, por mais fundamentadas que lhe pareçam ser. Todo material empírico psíquico tem um modo individual de manifestar-se, ainda que o conteúdo mais profundo seja de natureza coletiva. Mas não é possível determinar com antecedência qual é o aspecto principal que se esconde atrás da forma individual. Por isso as "diretrizes" são admissíveis no máximo como hipóteses de trabalho e isto somente no campo da pesquisa científica. O material prático é melhor aceito *mente vacua* (sem condição prévia).

Quais são os principais instrumentos da psicologia complexa? A interpretação dos sonhos ocupa lugar preferencial?

1.809 A situação analítica tem um aspecto quádruplo: a) O paciente me dá com suas palavras o quadro de sua situação do qual tem consciência; b) Seus sonhos me dão o quadro compensador do inconsciente; c) A situação relacional em que o paciente é colocado diante do analista acrescenta o lado objetivo aos outros dois lados subjetivos; d) O aprofundamento dos materiais levantados nos itens a), b) e c) completa o quadro geral da situação psicológica. Esta consiste no fato de o quadro geral estar muitas vezes em vivo contraste com o ponto de vista da personalidade do eu e, por isso, leva a todo tipo de reações e problemas intelectuais e emocionais que, por sua vez, exigem solução e resposta. Uma vez que o objetivo final da compreensão só pode consistir em restabelecer a totalidade original da personalidade *numa forma viável,* não se pode dispensar neste trabalho o conhecimento do inconsciente. O produto mais puro do inconsciente é o sonho. O sonho aponta diretamente para o inconsciente, pois ele "acontece", não sendo invenção nossa. Ele nos traz material não falsificado. O que passou pela consciência é sempre material já peneirado e remodelado. Assim como podemos deduzir da lava, expelida pelo vulcão, a constituição das camadas terrestres da qual ela provém, também podemos tirar conclusões sobre a situação do inconsciente a partir dos conteúdos dos sonhos. Somente o material onírico mais o material consciente revelam o quadro da pessoa *total.* Só desse modo podemos saber quem é o nosso verdadeiro adversário no jogo.

1.810 Ainda que seja o sonho que nos dê o quadro mais exato do inconsciente, também podemos seguir o seu rasto em todas as atividades criativas como a música, a poesia e em todas as formas artísticas. Ele aparece em todas as manifestações de tipo espontâneo e criativo, as mais afastadas possíveis de tudo o que é mecânico, técnico e intelectual. Portanto, além dos sonhos, podemos tirar conclusões também, por exemplo, de desenhos pelos quais os pacientes são encorajados a revelar suas imagens internas. Apesar de a personalidade do paciente ser obviamente o ponto central da atenção, e a introspecção ser instrumento indispensável de todo o trabalho, isto é bem outra coisa do que "cismar". Cismar é uma atividade estéril que se esgota em si mesma e nunca leva a um objetivo razoável. Isto não é trabalho, mas fraqueza e, até mesmo, vício. Mas, quando não nos sentimos bem, é possível fazer legitimamente de nós mesmos objeto de um exame sério, do mesmo modo como fazemos um exame sério de nossa consciência, sem sucumbir a uma fraqueza moral. Quem está mal consigo mesmo, quem sente que precisa melhorar ou, numa palavra, quer "ser", tem de refletir sobre o caso. As mudanças externas da situação são inúteis e, mesmo, prejudiciais, se a pessoa não mudar também internamente. Não basta dar uma arrancada, encher o peito e gritar: "Eu assumo a responsabilidade!" Não só a humanidade, mas também o destino gostaria de saber num caso desses *quem* promete esse grande passo e se ele é alguém que *pode* assumir a responsabilidade. Dizer isto todos podem. Não é o cargo que faz a pessoa, mas é a pessoa que realiza a obra. Por isso o autoexame, inclusive com a ajuda de mais alguém ou de vários outros, é – ou, melhor, deveria ser – o pressuposto indispensável para assumir obrigações maiores, mesmo que fosse apenas a obrigação de realizar o sentido da vida individual na melhor forma possível e no mais alto grau possível. A natureza sempre faz isso, mas sem responsabilidade. Esta é a determinação dada pelo destino e por Deus às pessoas humanas.

Não surgiu com a Reforma, com a eliminação da confissão para os protestantes, portanto para muitos milhões de pessoas, um marco importante no desenvolvimento do autoconhecimento que multiplicou as dificuldades do "caminho para si mesmo"? Não se tomou também mais agudo e mais profundo o autoexame por causa da perda do diálogo que o católico tem com seu confessor e da perda da absolvição?

1.811 As dificuldades realmente se multiplicaram muito, daí também o aumento da incidência de complexos entre os protestantes, comprovado estatisticamente. Mas esta multiplicação de dificuldades constitui – se o protestante quiser realmente enfrentá-las – uma base excepcionalmente apropriada para o autoconhecimento. Podem também levar facilmente, por falta precisamente desse interlocutor, a um cismar estéril ou a uma superficialidade leviana. A maioria das pessoas precisa de um interlocutor, caso contrário a base experimental é pouco real; elas não se "ouvem", não conseguem distinguir-se de algo estranho e, assim, controlar-se. Tudo flui internamente e só é respondido pela própria pessoa, nunca por outra pessoa, por alguém diferente. Faz muita diferença se confesso minha culpa apenas a mim mesmo ou a outra pessoa. Este estar firmado apenas em si mesmo leva a pessoa a uma arrogância espiritual e a um isolamento em seu próprio eu. Ainda que a psicologia complexa se cuide para não ser considerada uma substituta da confissão, na prática tem que funcionar como tal, querendo ou não. Há tantos católicos que não se confessam mais, e muito mais protestantes ainda que não sabem o que é confissão, que não surpreende se alguns atendem à sua necessidade de comunicação e dividem sua carga com um analista numa maneira que poderia quase ser chamada de confissão. A diferença, porém, é considerável, pois o médico não é nenhuma autoridade teológica ou moral, mas no melhor dos casos um confidente simpático e atencioso no ouvir, com alguma experiência de vida e conhecimento da natureza humana. Não há exortação ao arrependimento se o próprio paciente não se arrepender por ele mesmo, não há penitência a não ser que – normalmente é esta a regra – ele mesmo tenha caído num atoleiro, e não há absolvição se Deus não tiver misericórdia com ele. A psicologia é apenas um auxílio, mas necessário em nossa época. Não fosse ela necessária, já teria naufragado por falta de conteúdo interno. Ela vem ao encontro de uma necessidade que de fato existe.

Será que o conhecimento do "outro lado", do lado inconsciente, traz para a pessoa um alívio, uma redução da tensão? Será que o autoconhecimento não significa antes um aumento de tensão entre o ser e o querer?

1.812 Já o próprio falar livremente pode significar um grande alívio; em geral, trabalhar com o inconsciente provoca inicialmente um aumento de tensão, porque ativa os opostos na psique, tornando-os conscientes. Mas isto depende da situação de que se parte. O otimista sem preocupações cai em depressão por causa da situação de que tomou consciência. Por outro lado, diminui a pressão na pessoa que se rói por dentro. A situação inicial decide se haverá uma diminuição ou aumento da pressão. Através do autoexame na análise, as pessoas se tornam de repente conscientes de seus reais limites. Quantas vezes uma mulher sentiu-se anteriormente uma pomba branca como a neve e não conseguiu adivinhar que diabo estava oculto nela. Mas sem esse conhecimento não pode ser curada nem chegar à sua totalidade. Para algumas pessoas o conhecimento mais profundo de si mesmas significa um castigo, para outras, porém, uma bênção. Em geral, toda tomada de consciência significa uma tensão dos opostos. E para evitar esta tensão, as pessoas reprimem os conflitos. Mas ao tomar consciência deles, elas entram na tensão correspondente. Esta, por sua vez, fornece o motivo determinante para uma solução dos problemas que se apresentam.

A preocupação sistemática consigo mesma não leva a pessoa ao egocentrismo?

1.813 À primeira vista, olhando-se de fora e superficialmente, esta preocupação leva a pessoa ao egocentrismo. Mas eu considero isto legítimo até certo ponto. A pessoa *deve* preocupar-se consigo mesma, caso contrário ela não *virá a ser,* não poderá desenvolver-se. O mesmo se dá com uma horta: é preciso cuidar dela se quisermos colher verduras, caso contrário o mato tomará conta. O "egocentrismo" tem o ressaibo desagradável do egoísmo doentio. Mas como já demonstrei, preocupar-se consigo mesmo e meditar sobre o seu próprio ser é uma atividade legítima e, até mesmo, necessária, se pretendemos uma mudança e melhoria reais em nossa situação. Uma modificação da situação, fazer outra coisa ou esquecer o que fomos no passado não muda em nada o nosso ser. Quando a pessoa má faz o bem, ela ainda não se tornou boa, mas sofre de um bom sintoma, sem ter mudado o seu ser. Quantos alcoólicos, por exemplo, tornaram-se abstêmios, sem se terem libertado de seu alcoolismo psíquico. Bem cedo voltam ao vício. Existem naturezas essencialmente más que se especializam em ser boas; quando chegam por acaso a um posto de educadores, os resultados são catastróficos. A preocupação sistemática consigo mesmo serve a uma finalidade. E um trabalho e significa *realização.* Muitas vezes é bem melhor educar antes a si mesmo e só depois educar os outros. Não é certo que uma pessoa com boas intenções seja uma boa pessoa sob todos os aspectos. Se não for, também suas melhores intenções levarão à ruína, fato que a experiência comprova diariamente.

Será que o conhecimento exato de sua própria natureza, com todas as suas contradições e absurdos, não torna a pessoa insegura? Não enfra-

quecerá a autoconfiança, diminuindo a capacidade de sobreviver na luta da vida?

1.814 As pessoas têm muitas vezes uma segurança patética com a qual nada mais fazem do que besteiras. É melhor ser inseguro, pois isto nos torna mais modestos e humildes. O complexo de inferioridade traz sempre dentro de si o perigo de exceder-se e compensar a suposta lacuna pela fuga para o oposto. Quando existe um complexo de inferioridade, há boa razão para isso; sempre está presente alguma inferioridade real, mesmo que não seja lá onde supomos que ela existe. Modéstia e humildade não são complexos de inferioridade. São virtudes que devem ser apreciadas e valorizadas, e não complexos. Elas mostram que seu feliz possuidor não é um tolo presunçoso, mas que conhece seus limites, não avançando estabanadamente para além do ser humano, ofuscado e ébrio de sua suposta grandeza. Inseguras são realmente as pessoas que se acham seguras. Nossa vida é insegura e por isso corresponde mais à verdade um certo sentimento de insegurança do que a ilusão e o blefe da segurança. Com o tempo triunfa o melhor adaptado e não o erroneamente autosseguro que está à mercê de perigos de dentro e de fora. Não se mede só com dinheiro ou com poder! O mais importante é a paz do espírito.

A psicologia profunda pode promover a adaptação social e aprofundar a capacidade de relacionamento das pessoas?

1.815 Através do autoconhecimento mais profundo, ao qual a psicologia profunda força as pessoas, ela também cria grandes possibilidades de comunicação: é possível interpretar a si mesmo no diálogo analítico, e aprende-se, através do autoconhecimento, a entender também o outro. Assim a gente se torna mais justo e mais tolerante. E sobretudo é possível remediar nossas próprias faltas, sendo esta a melhor chance de chegar a uma adaptação correta ao mundo exterior. Mas também é possível fazer mau uso do conhecimento de si mesmo como, aliás, é possível fazer mau uso de qualquer conhecimento.

O autoconhecimento tem efeito curador e libertador?

1.816 A purificação, a contrição e a confissão dos pecados foram desde sempre condições da salvação. Na medida em que a análise exige uma confissão, pode-se dizer que ela opera também uma espécie de renovação. Sempre de novo percebemos que os pacientes sonham com a análise como se fosse um banho refrescante e purificador, ou que seus sonhos e visões trazem símbolos de renascimento, indicando claramente que o conhecimento de sua psique inconsciente e de sua integração perfeita na vida psíquica lhes conferem nova força de vida. Isto lhes parece uma libertação de um desastre inevitável ou de serem enredados nas malhas indestrutíveis do destino.

Como se manifesta concretamente na situação psíquica a integração do inconsciente?

1.817 Esta pergunta só pode ser respondida de modo geral. A individualidade das pessoas é tão diversa que a integração do inconsciente é sempre diferente em cada caso, não ocorrendo de modo previsível. Só poderíamos descrevê-la à mão de exemplos individuais. A personalidade humana não é em si mesma uma totalidade, se levarmos em consideração apenas o eu, a consciência. Ela só se torna completa através da complementação pelo inconsciente. Por isso é inevitável e imprescindível para todo autoexame autêntico o conhecimento do inconsciente. Com esta inclusão, o centro da personalidade desloca-se do eu limitado para o si-mesmo mais abrangente, portanto para aquele "meio" que encerra em si e une entre si os dois campos: a consciência do eu e o inconsciente. Este si-mesmo é o ponto centralizador da verdadeira personalidade. Ele foi desde os tempos mais antigos o objetivo de todo método de desenvolvimento baseado no princípio do autoconhecimento como o prova, por exemplo, a ioga indiana. Considerada do ponto de vista indiano, nossa psicologia se parece a uma ioga "dialética". Devo observar com relação a isso que a ioga tem ideias bem precisas sobre o objetivo a alcançar e tudo faz para alcançá-lo. Entre nós, porém, o intelectualismo, o racionalismo e o voluntarismo são forças psíquicas tão perigosas que a psicoterapia deve evitar, sempre que possível, colocar-se tais objetivos. Se o objetivo da totalidade ou de realizar sua personalidade originalmente intencionada crescer naturalmente no paciente, podemos ajudá-lo de boa vontade neste objetivo. Mas se não crescer espontaneamente, também não pode ser plantado, sem que permaneça sempre um corpo estranho. Por isso renunciamos a este artifício quando a própria natureza não trabalha claramente para este fim. Como arte médica, equipada apenas com instrumentos humanos, nossa psicoterapia não pretende anunciar uma salvação ou propagar um caminho salvífico, pois isto não está ao seu alcance.

Prefácio ao livro de Spier: "The hands of children"*

A quirologia é uma arte cujo conhecimento remonta aos tempos mais antigos. Os médicos antigos nunca hesitaram em usar meios auxiliares como a quiromancia e a astrologia para efeitos de diagnóstico e prognóstico como mostra, por exemplo, o pequeno livro do Dr. Goclenius[1], que viveu em Würzburg no final do século XVI. O desenvolvimento das ciências naturais e o consequente racionalismo do século XVIII fez cair no descrédito estas artes antigas, que têm uma história milenar, bem como tudo o que desafiava uma explicação racional e demonstração experimental, ou que se baseasse demasiadamente na intuição. Devido à incerteza e escassez do conhecimento científico na Idade Média, nem o mais inteligente pensador estava isento de um uso supersticioso de sua intuição. Assim todos os escritos mais antigos, sobretudo os medievais, que tratavam desse assunto, são uma mistura de empiria e fantasia. Para estabelecer uma metodologia científica e para obter conhecimentos seguros, foi necessário, antes de tudo, limpar o campo de todas as técnicas irracionais. Mas no século XX, após mais de dois séculos de intenso progresso científico, podemos tentar reavivar estas artes, quase esquecidas e que sobreviveram na semiobscuridade, para testá-las à luz do conhecimento moderno e ver se existe nelas alguma verdade. 1.818

* "As mãos de crianças". O prefácio foi escrito em alemão para o livro de SPIER, J. *The Hands of Children*: An Introduction to Psycho-chirology. Londres: [s.e.], 1944/1955.

1. GOCLENIUS, R. *Uranoscopiae, chiroscopiae, metoposcopiae et ophthalmoscopiae contemplatio*. Frankfurt: [s.e.], 1608.

1.819 O ponto de vista da biologia moderna de que o homem é uma totalidade, baseado num material comprobatório quase incomensurável, não exclui a possibilidade de que as *mãos,* esses órgãos tão intimamente ligados à psique, podem revelar por sua forma e funcionamento as peculiaridades psíquicas do indivíduo e, assim, fornecer pistas eloquentes e inteligíveis de seu caráter. A ciência moderna abandona cada vez mais a concepção medieval da dicotomia entre corpo e mente. Assim como o corpo não é mais considerado como sendo apenas algo mecânico e químico, também a mente parece ser um outro aspecto do corpo vivo. Tirar conclusões de um para o outro parece estar dentro da possibilidade científica atual.

1.820 Tive várias oportunidades de observar o trabalho de Julius Spier e devo confessar que fiquei impressionado com os seus resultados. Seu método, apesar de predominantemente intuitivo, baseia-se numa experiência prática fora do comum. Experiências desse tipo podem ser racionalizadas em grande escala, isto é, podem ser explicadas racionalmente uma vez que já tenham acontecido. Além da rotina, a maneira como são obtidas depende, nos pontos decisivos, de uma intuição sutilmente diferenciada e criativa, que é em si um dom individual. Por isso não é qualquer pessoa de inteligência média que pode dominar este método. Mas existe a possibilidade de pessoas com aptidão intuitiva serem capazes de alcançar resultados semelhantes através de estudo e treino. A intuição não é um dom singular, mas uma função que ocorre regularmente e que pode ser desenvolvida. A semelhança da visão e da audição, ela tem seu campo específico de experiência e um campo de conhecimento baseado nesta última.

1.821 Os conhecimentos apresentados neste livro são de fundamental importância para psicólogos, médicos e educadores. A quirologia de Spier é uma contribuição valiosa para o estudo do caráter humano no sentido mais amplo.

Prefácio à edição hebraica da obra de Jung: "Psicologia e Educação"*

Tenho diante de mim a tradução em língua hebraica de meus ensaios sobre a relação da psicologia analítica com a pedagogia. Como não entendo esta língua, não posso pronunciar-me sobre os méritos da tradução. Só posso saudar o fato como um acontecimento único em minha vida. 1.822

Uma vez que nossa época privilegiou, com toda razão, o estudo da psique infantil e, com isso, também a questão da educação, não parece fora de propósito que as contribuições da psicologia analítica ou complexa recebam alguma atenção. Nunca fiz da psique infantil objeto de pesquisa especial, mas simplesmente coletei experiências de minha prática psicoterapêutica. Mas elas me proporcionaram uma série de observações interessantes. Em primeiro lugar com respeito aos adultos que ainda não se libertaram de seu infantilismo perturbador; em segundo lugar com respeito às relações complicadas entre pais e filhos; em terceiro lugar com referência às próprias crianças. 1.823

A psicologia complexa da criança e em particular os distúrbios das crianças estão muitas vezes ligados causalmente à psicologia dos pais. Na maioria dos casos é mais indicado ocupar-se da atitude errônea dos pais e educadores do que da psique da criança que funcionaria perfeitamente bem se não fosse perturbada pela influência perniciosa dos pais. Ao lado da educação da criança, a questão mais impor- 1.824

---

* Tel-Aviv: [s.e.], 1958. A edição inclui os seguintes ensaios: Sobre os conflitos da alma infantil; Psicologia analítica e educação; e O bem-dotado (todos do volume 17 da Obra Completa).

tante é a educação dos *educadores*. Recomendo que se dê especial atenção a isto. Espero que meus ensaios tragam alguma contribuição neste sentido.

Junho de 1955

C.G. Jung

ADENDOS

Prefácio a "Psychologische Abhandlungen", volume I*

1.825 *Psychologische Abhandlungen* contem os trabalhos de meus amigos e alunos, bem como de outros colaboradores e algumas contribuições minhas no campo da psicologia. De acordo com o caráter de nossos interesses psicológicos, aparecerão nesta coletânea não só trabalhos no campo da psicopatologia, mas também pesquisas de natureza psicológica em geral. O estado atual da psicologia parece recomendar que as escolas ou tendências tenham seus próprios órgãos de publicação. Assim é possível evitar a incômoda dispersão dos trabalhos em diversas revistas, e a semelhança de pontos de vista pode encontrar uma expressão condizente através da publicação num mesmo lugar.

Küsnacht-Zurique, maio de 1914

C.G. Jung

---

* Deuticke/Leipzig/Viena, 1914. O prefácio foi a única colaboração de Jung neste volume, que contém trabalhos de Dr. Josef B. Lang, Prof. Dr. J. Vodoz, Dr. Hans Schmid e Dr. C. Schneiter. O volume II da série apareceu apenas em 1928 (este e todos os subsequentes publicados pela editora Rascher, de Zurique), contendo *Über die Energetik der Seele* (A energia psíquica). O volume 3 (1931) com: *Seelenprobleme der Gegenwart* (Problemas psicológicos da atualidade), com uma contribuição de W.M. Kranefeldt. O volume 4 (1934) com: *Wirklichkeit der Seele* (A realidade da alma), com colaborações de Hugo Rosenthal, Emma Jung e W.M. Kranefeldt. O volume V (1944) com: *Psychologie und Alchemie* (Psicologia e alquimia). O volume VI (1948) com: *Symbolik des Geistes* (Simbologia do espírito), com uma contribuição de Riwkah Schärf. O volume VII (1950) com: *Gestaltungen des Unbewussten* (Configurações do inconsciente), com uma contribuição de Aniela Jaffé. O volume VIII (1951) com: *Aion*, com uma contribuição de Marie-Louise von Franz. O volume IX (1954) com: *Von den Wurzeln des Bewusstseins* (As raízes da consciência). Volume X-XII (1955/ 1956) com: *Mysterium Coniunctionis*, com uma contribuição de Marie-Louise von Franz sobre a *Aurora consurgens* (= XII).

Palestra na entrega do Códice Jung*

(Versão mais longa)

Senhor Presidente, Senhor Ministro, Viri magnifici, Senhoras e Senhores!

1.826 É para mim grande alegria receber este precioso presente em nome de nosso Instituto. Agradeço por ele e também pela honra surpreendente e imerecida de terem batizado o Códice com o meu nome. Gostaria de agradecer especialmente ao senhor Page que, através de generosa ajuda financeira, tornou possível a compra do papiro e ao Dr. Meier por seu incansável esforço de dar-lhe uma sede.

1.827 Dr. Meier pediu-me para dizer algumas palavras sobre a importância psicológica dos textos gnósticos. Infelizmente só conheço até agora três dos tratados contidos no Códice. Um deles é muito importante e, ao que parece, um texto valentiniano bem antigo que nos dá certa visão mais profunda da mentalidade do século II d.C. Trata-se do "Evangelho da verdade", que não é tanto um evangelho mas um tratado esclarecedor sobre a mensagem cristã, cujo conteúdo estranho e de difícil compreensão queria trazer à assimilação do mundo intelectual helenístico-egípcio daquela época. É evidente que o autor desse tratado apela à inteligência do leitor, lembrando-se das palavras "escândalo para os judeus e loucura para os pagãos"[1]. Para ele, Cristo é em primeiro lugar aquele que traz a luz, que veio do Pai para iluminar a apatia, a escuridão e a inconsciência da humanidade. Com a libertação da agnosia, o texto está na mesma linha da descrição que

---

* Cf. § 1.514s. deste volume. Esta versão completa foi corrigida à mão por C.G. Jung. As passagens acrescentadas (provavelmente não lidas na ocasião da festividade) estão assinaladas à margem por um traço vertical.

1. 1Cor 1,28.

Hipólito faz em seu *Elenchos* dos gnósticos, sobretudo dos naassenos e peráticos. Aqui também encontramos a maior parte daquilo que chamo de "fenômenos de assimilação". Entendo por este termo aquelas reações psíquicas específicas, provocadas pelo impacto que a figura e a mensagem de Cristo tiveram sobre o mundo pagão, sobretudo as alegorias e símbolos como o peixe, serpente, leão, pavão etc., característicos dos primeiros séculos do cristianismo, mas também as amplificações de alcance bem maior do gnosticismo que tiveram obviamente a finalidade de iluminar e tornar mais compreensível o papel metafísico do Salvador. Para a compreensão moderna, este acúmulo de símbolos, parábolas e sinônimos tem o efeito exatamente oposto, intensificando ainda mais a escuridão e enredando o portador da luz num emaranhado de analogias incompreensíveis.

1.828 A amplificação gnóstica, como a encontrada em Hipólito, tem às vezes caráter de hino e às vezes caráter de sonho que encontramos sempre onde uma imaginação exaltada se esforça por esclarecer e tornar compreensível um conteúdo ainda inconsciente. Por um lado, são especulações intelectuais, filosóficas ou, melhor, teosóficas; por outro lado, são analogias, sinônimos e símbolos, cuja natureza psicológica é logo evidente. O fenômeno da assimilação representa sobretudo a reação da matriz psíquica, isto é, do inconsciente, que se torna agitado e responde com imagens arquetípicas, demonstrando assim o grau de penetração da mensagem nas profundezas da psique e como o inconsciente interpreta o fenômeno Cristo.

1.829 Não é provável que a explicação e iluminação dos gnósticos tenha tido muito êxito no mundo intelectual pagão, sem considerar que a Igreja bem cedo se opôs às tentativas de assimilação dos gnósticos e os suprimiu na medida do possível. Mas assim procedendo, a Igreja felizmente conservou as melhores peças, ao menos quanto ao seu conteúdo, para a posteridade, de modo que temos hoje a possibilidade de ver como a mensagem cristã foi acolhida pelo inconsciente daquela época. Essas assimilações são naturalmente de grande importância para o psicólogo e o psiquiatra que se ocupam profissionalmente com os processos psíquicos mais ocultos, o que explica o fato de nosso Instituto interessar-se tanto pela aquisição e tradução de textos gnósticos autênticos.

1.830 Apesar de sujeitos à repressão e ao esquecimento, os fenômenos de assimilação que começaram com o gnosticismo perpassaram a Idade Média e chegaram aos tempos modernos. Podem ser observados hoje em dia por toda parte onde a consciência individual se confronta seriamente com sua própria sombra, isto é, com a parte inferior de sua personalidade. Este aspecto da personalidade humana, que na maioria das vezes é reprimido devido à sua incompatibilidade com a imagem que fazemos de nós mesmos, consiste não só de características inferiores, mas representa também o todo do inconsciente, isto é, constitui quase sempre a primeira forma em que o inconsciente se faz perceptível à consciência. A psicologia de Freud ocupou-se quase exclusivamente desse aspecto. Mas atrás da sombra vêm as camadas mais profundas do inconsciente que, até onde alcança nosso conhecimento, consistem de estruturas arquetípicas ou respectivamente instintivas, os chamados "patterns of behaviour". Sob a influência de situações psíquicas especiais, sobretudo em emergências vitais, essas formas ou imagens arquetípicas podem invadir espontaneamente a consciência tanto de pessoas doentes como sadias. Via de regra o homem moderno precisa contar com a ajuda de peritos para conscientizar-se de sua escuridão, porque normalmente já esqueceu há muito tempo este problema fundamental do cristianismo, qual seja, a agnosia moral e intelectual da pessoa puramente natural. O cristianismo como fenômeno psicológico contribuiu muito para o desenvolvimento da consciência, e onde este processo dialético não chegou a uma paralisação, encontramos novas assimilações. Mesmo no judaísmo medieval desenvolveu-se durante os séculos um processo paralelo, ainda que independente, às assimilações cristãs: a cabala. Sua analogia mais próxima no campo cristão é a filosofia naturalista da alquimia, cuja afinidade psicológica com o gnosticismo é fácil de provar.

1.831 A confrontação do paciente com seu lado escuro, que é considerada inevitável e urgente pela psicoterapia moderna, continua o processo secular da conscientização cristã e produz os mesmos efeitos, isto é, fenômenos de assimilação semelhantes aos conhecidos historicamente no gnosticismo, na cabala e na filosofia hermética.

1.832 As reações da matriz que observamos hoje em dia são comparáveis, tanto na forma como no conteúdo, não apenas aos símbolos gnósticos e medievais, mas são provavelmente da mesma espécie e têm a mesma tendência ao aprofundarem, por um lado, no mais íntimo do indivíduo a figura do *hyios tou anthropou,* do Filho do Homem e, por outro, indicarem uma grandeza comparável ao purusha-atmã hindu, a anima mundi. Não gostaria de prosseguir aqui sobre essas tendências modernas que, aliás, já vinham sendo desenvolvidas pelos gnósticos.

1.833 Sendo a comparação com os pré-estágios históricos do mesmo processo da maior importância para a interpretação do fenômeno moderno, a descoberta de textos gnósticos autênticos tem enorme interesse para nossa orientação de pesquisa; e tanto mais que ela não é de natureza apenas teórica mas também prática[2].

1.834 Infelizmente devo contentar-me com simples indicações para explicar nosso interesse por um Códice gnóstico. Mas a fundamentação mais detalhada encontra-se numa série de estudos já publicados.

2. A edição anglo-americana acrescenta aqui duas frases que não estão contidas no datiloscrito corrigido a mão.

Referências*

ADAMSKI, G. & LESLIE, D. *Flying Saucers Have Landed*. Londres: [s.e.], 1953.

ADLER, G. *Entdeckung der Seele*. – Von Sigmund Freud und Alfred Adler zu C.G. Jung. Zurique: [s.e.], 1934 [Prefácio de C.G. Jung].

_____. *Zur analytischen Psychologie*. Zurique: [s.e.], 1952 [Prefácio de C.G. Jung].

AGOSTINHO (St. Aurelius Augustinus). Sancti Aurelii Augustini Hipponensis episcopi opera omnia, post Lovaniensium theologorum recensionem, castigata denuo ad manuscriptos codices Gallicos, vaticanos, Belgicos, etc., necnon ad editiones antiquiores et castigatiores, opera et studio monachorum ordinis Sancti Benedicti e Congregatione S. Mauri. In: MIGNE, J.P. (org.). *Patrologia Latina*. Vols. XXXII a XLVI. Paris: Migne, 1836-1838.

_____. In Ioannis evangelium tractatus. Vol. XXXVII. Tom. III/2. In: MIGNE, J.P. (org.). *Patrologia Latina*. Vols. XXXII a XLVI. Paris: Migne, 1836-1838.

AKSAKOW, A.N. *Animismus und Spiritismus*. – Versuch einer kritischen Prüfung der mediumistischen Phänomene mit besonderer Berücksichtigung der Hypothesen der Hallucination und des Unbewussten. 2. ed. Leipzig: [s.e.], 1894.

AMITÂYUR-DHYANA-SÛTRA. The Sûtra of the Meditation on Amitâyus. Cf. MUELLER, M. (org.). *Sacred Books of the East*. Vol. 8. Oxford: [s.e.], 1894.

AMNIANUS MARCELLINUS. *Hystory*. Londres/Cambridge, Mass.: [s.e.], 1956 [Traduzido por John C. Rolfe (Loeb Classical Library)].

L'ANNEE psychologique, XIV, 1908. Paris.

---

*Os livros que tiveram textos citados neste volume não aparecem em geral nestas referências, mas apenas nas respectivas notas de rodapé. Este conteúdo refere-se aos dois tomos do volume 18.

ANÔNIMO. *Die Tyroler ekstatischen Jungfrauen* – Leitsterne in die dunkeln Gebiete der Mystik. Regensburg: [s.e.], 1843.

APOCRYPHAL New Testament. Oxford: [s.e.], 1924 [The, Being the Apokryphal Gospels, Acts, and Apocalypses etc. Traduzido por Montagne Rhodes James].

APULEIO. *Lucii Apuleii Madaurensis Platonici philosophi opera*. Vol. I. Metamorphoseos sive De asino aureo. Altenburg: [s.e.], 1778. [Em inglês: *The Golden Ass*. Londres/Cambridge, Mass.: (s.e.), 1915. Trad. de Adlington, revista por S. Gaselee (Loeb Classical Library)].

ARTEMIDORO (de Daldis). *Symbolik der Träume*. Viena/Budapeste/Leipzig: [s.e.], 1881 [Traduzido por Friedrich S. Krauss].

AVALON, A. (org.) *The Serpent Power*, etc. Two Works on Tantrik Yoga, translated from the Sanskrit. Londres: [s.e.], 1919.

BALLET, G. *Swedenborg* – Histoire d'un visionnaire au XVIIIe siècle. Paris: [s.e.], 1899.

BAYNES, H.G. *Germany Possessed*. Londres: [s.e.], 1941.

______. *Mythology of the Soul*. Londres: [s.e.], 1940.

BEIT, H. Von. *Symbolik des Märchens*. Versuch einer Deutung. Vol. II. Gegensatz und Erneuerung im Märchen (1956). Vol. III. Register (1957). Berna: [s.e.], 1952 [Com a colaboração de Marie-Louise von Franz].

BENOIT, P. *L'Atlantide*. Paris: [s.e.], 1919.

BÉROALDE DE VER VILLE, F. *Le Tableau des riches inventions... qui sont représentées (sic) dans le Songe de Poliphile*. Paris : [s.e.], 1600 [Contém Recueil stéganographique].

BERTHELOT, M. *Collection des anciens alchimistes grecs*. Paris: [s.e.], 1887/1988.

BLANKE, F. *Bruder Klaus von Flüe*. Seine innere Geschichte (Zwingli Bücherei 55). Zurique: [s.e.], 1948.

BLEULER, E. *Die Psychanalyse Freuds* – Verteidigung und kritische Bemerkungen. Leipzig/Viena: [s.e.], 1911 [Originalmente em *Jahrbuch für psychoanalytische und psychopathologische Forschungen*, II/2, 1910. Leipzig/Viena].

BLEULER, E. & FREUD, S. (orgs.) *Jahrbuch für psychoanalytische und psychopathologische Forschungen*. 1909-1913 [Redigido por C.G. Jung]. Leipzig/Viena.

BROGLIE, L. de. *Licht und Materie* – Ergebnisse der neuen Physik. 7. ed. Hamburgo/Baden-Baden: [s.e.], 1949.

BOURGET, P. *L'Étape*. Paris: [s.e.], 1902.

BOUSSET, F.D.W. "Die Himmelsreise der Seele". *Archiv für Religionswissenschaft*, IV, 1901, p. 136-169, 229-273. Tübingen/Liepzig.

BRITISH Medical Journal. A Great Thinker, 9 de fevereiro de 1952, p. 314-316. Londres [Artigo sobre Jung, não assinado].

BUBER, M. *Eclipse of God*. Studies in the Relation between Religion and Philosophy. Nova York: [s.e.], 1952 [Em alemão: *Gottesfinsternis*. Betrachtungen zur Beziehung zwischen Religion und Philosophie. Zurique: (s.e.), 1953 (Contém: "Religion und modernes Denken" de *Merkur*, VI/2, 1952. Stuttgart)].

______. *Die Erzählungen der Chassidim*. Zurique: [s.e.], 1949.

BÜCHNER, L. *Kraft und Stoff, oder Grundzüge der natürlichen Weltordnung nebst einer darauf gebauten Moral oder Sittenlehre*. 17. ed., Leipzig: [s.e.], 1892.

BUDGE, E.A.W. *Egyptian Literature I*: Legends of the Gods. The Egyptian Texts, edited with translations (Books on Egypt and Chaldaea, XXXII). Londres: [s.e.], 1912.

CAPRON, E.W. *Modern Spiritualism* – Its Facts and Fanaticisms, Its Consistencies and Contradictions. Nova York/Boston: [s.e.], 1855.

CASSINI, J.D. *Comte de Thury*: Les Tables parlantes au point de vue de la physique générale. Genebra: [s.e.], 1955.

CODEX: Oxford, Bodleian Library. MS Bruce 96 (Códice Bruciano).

COLONNA, F. *Hypnerotomachia Poliphili* etc. Veneza : [s.e.], 1499.

CORBIN, H. *L'Imagination créatrice dans le Soufisme d'Ibn 'Arabi* (*Homo sapiens*). Paris: [s.e.], 1958.

CROOKES, W. "Notes of an Enquiry into the Phenomena called Spiritual, during the years 1870-1873". *Quarterly Journal of Science,* XI, n.s. IV, 1874. Londres.

CUMONT, F. *Testes et monuments figurés relatifs aux mystères de Mithra*. 2 vols. Bruxelas : [s.e.], 1896/1899.

CUSTANCE, J. *Wisdom, Madness and Folly*. The Philosophy of a Lunatic. Nova York: [s.e.], 1952 [Prefácio do Dr. C.G. Jung].

DAVIE, T.M. "Comments Upon a Case of 'Periventricular Epilepsy'". *British Medical Journal,* II, 17 de agosto de 1935, p. 293-297. Londres.

DELACOTTE, J. *Guillaume de Digulleville (poète normand)*: Trois romans-poèmes du XIVe siècle – Les pèlerinages et la divine comédie. Paris: [s.e.], 1932.

DEMANT, V.A. *The Religious Prospect*. Londres: [s.e.], 1941.

DESSOIR, M. *Das Doppel-Ich*. 2. ed. Leipzig: [s.e.], 1896.

DIETERICH, A. *Eine Mithrasliturgie*. 2. ed. Berlim: [s.e.], 1910.

DORN(EUS), G. Congeries Paracelsicae chemiae de transmutationibus metallorum (De transmutatione metallorum). In: ZETZENER, L. (org.). *Theatrum chemicum*. Vol. I. Oberursel: [s.e.], 1602.

DUNS SCOTUS, J. *Quaestiones Scoti super Universalibus Porphyrii...* Veneza: [s.e.], 1520.

DUSSAUD, R. *Notes de mythologie syrienne*. Parte II. Vol. 1. Paris: [s.e.], 1903/1905.

ECKHART, mestre. *Deutsche Mystiker des 14. Jahrhunderts* Vol. 2. Mestre Eckhart. Leipzig: Scientia-Verlag, 1857 [Organizado por Franz Pfeiffer].

ELIADE, M. *Shamanism*: Archaic Techiniques of Ecstasy. Londres: Routledge and Kegan Paul [Edição alemã: *Schamanismus und archaische Ekstasetechnik*. Zurique: [s.e.], 1957].

ELIEZER BEN HYRCANUS. *Pirkê de Rabbi Eliezer*. Londres/Nova York: [s.e.], 1916 [Traduzido e organizado por Gerald Friedlander].

ELLENBERGER, H.F. *The Discovery of the Unconscious* – The History and Evolution of Dynamic Psychiatry. Nova York/Londres: [s.e.], 1970.

ENCYCLOPÄDIE des Islam. Geographisches, ethnographisches Wörterbuch der muhammedanischen Völker. 5 vols. Leiden/Leipzig: [s.e.], 1908-1924 [Organizada por M.Th. Houtsma e outros].

ENCYCLOPAEDIA Iudaica. Das Judentum in Geschichte und Gegenwart. 15 vols. Berlim: [s.e.], 1928s. [Organizada por Jakob Klatzkin].

ENCYCLOPAEDIA of Religion and Ethics. 13 vols. Edimburgo: [s.e.], 1908-1926 [Organizada por James Hastings].

EPIFANIO. (Panarium) Contra octoginta haereses opus quod inscribitur Pararium sive arcula. In: MIGNE, J.P. (org.). *Patrologia Grega*. Vol. XLI, col. 173-XLII col. 832. Paris: Migne, [s.d.].

EVANS-WENTZ, E.Y. (org.). *Tibetanische Totenbuch, Das*. Aus der englischen Fassung des Lama Kazi Dawa Sandup. Zurique/Leipzig: [s.e.], 1930 [Traduzido e prefaciado por Louise Göpfert-March. Comentário psicológico de C.G. Jung].

FIERZ-DAVID, L. *Der Liebestraum des Poliphilo*. Ein Beitrag zur Psychologie der Renaissance und der Moderne. Zurique: [s.e.], 1947 [Prefácio de C.G. Jung].

FLAVIUS JOSEPHUS. *Des fürtrefflichen jüdische Geschichtsschreibers FJ Sämmtliche Werke*. Tübingen: Cotta, 1735.

FOUCART, P.F. *Les Mystères d'Eleusis*. Paris: [s.e.], 1914.

FRANCE, A. *L'Ile des Pingouins*. Paris: [s.e.], 1908.

_____. *Sur la pierre blanche*. Paris: [s.e.], 1906.

FRAZER, Sir J.G. *The Golden Bough*. A Study in Magic and Religion. 12 vols. Londres: [s.e.], 1911-1915.

FREI, G. *Probleme der Parapsychologie*. Gesammelte Aufsätze. Munique: [s.e.], 1969.

FREUD, S. *Abriss der Psychoanalyse*. Frankfurt am Main: [s.e.], 1958.

_____. "Bemerkungen über einen Fall von Zwangsneurose". *Jahrbuch für psychoanalytische und psychopathologische Forschungen*, I, 1909, p. 357-421. Leipzig/Viena.

_____. *Die Traumdeutung*. Leipzig/Viena: [s.e.], 1900.

_____. "Über Psychoanalyse. Fünf Vorlesungen, gehalten zur 20 jährigen Gründungsfeier der Clark University". Worcester, Mass. Setembro de 1909. Leipzig/Viena: [s.e.], 1910.

FREUD, S. & JUNG, C.G. *Briefwechsel*. Frankfurt am Main: S. Fischer Verlag, 1974 [Organizado por William McGuire e Wolfgang Sauerländer].

FROMM, E. *Psychoanalyse und Religion* – The Terry Lectures. Zurique: [s.e.], 1966.

GILLI, G. C.G. "Jung in seiner Handschrift". *Die kulturelle Bedeutung der komplexen Psychologie. Festschrift zum 60. Geburtstag von C.G. Jung*. Editado pelo Clube de Psicologia de Zurique. 1935. Berlim.

GLAUBER, J.R. *De Elia artista*. Amsterdã: [s.e.], 1668.

GLOVER, E. *Freud or Jung*. Londres: [s.e.], 1950.

GNOSIUS, D. *Hermetis Trismegisti tractatus vere aureus... cum scholiis D'i G'i*. Leipzig: [s.e.], 1610 [*Tractatus aureus*].

GOCLENIUS, R. *Uranoscopiae, chirospopiae, metoposcopiae et ophthalmoscopiae contemplatio*. Frankfurt an Main: [s.e.], 1608.

GOETHE, J.W. von. *Werke* – Vollständige Ausgabe letzter Hand. 31 vols. Stuttgart: Cotta, 1827-1834.

_____. Egmont. Ein Trauerspiel in fünf Aufzügen. In: GOETHE, J.W. *Werke*. Vol. VIII. Stuttgart: Cotta, 1828.

_____. *Faust*. Eine Tragödie. Primeira parte no vol. XII (1828). Segunda parte no vol. XLI (1833). O restante em: *Gesamtausgabe Insel*. Leipzig: [s.e.], 1942.

GOLDBRUNNER, J. *Individuation*. Die Tiefenpsychologie von Carl Gustav Jung. Krailling vor München: [s.e.], 1949.

GÖRRES, J. von. *Die christliche Mystik*. 4 vols. Regensburg/Landshut: [s.e.], 1836-1842.

_____. *Emanuel Swedenborg*. Seine Visionen und sein Verhältnis zur Kirche. Speyer: [s.e.], 1827.

GRENFELL, B.P. & HUNT, A.S. (org. e trad.). *New Sayings of Jesus and Fragment of a Lost Gospel from Oxyrhynchus*. Nova York/Londres: [s.e.], 1904.

GURNEY, E.; MYERS, F.W. & PODMORE, F. *Phantasms of the Living*. 2 vols. Londres: [s.e.], 1886.

HAGGARD, H.R. *She*. A History of Adventure. Londres: [s.e.], 1887.

HARDING, E. *Frauen-Mysterien einst und jetzt*. Zurique: [s.e.], 1949 [Prefácio de C.G. Jung].

_____. *Der Weg der Frau*. Eine psychologische Deutung. Zurique: [s.e.], 1935 [Introdução de C.G. Jung].

HARRISON, J.E. *Prolegomena to the Study of Greek Religion*. 3. ed. Cambridge: [s.e.], 1922.

HELVETIUS, J.F. Vitulus aureus, quem mundus adorat et orat. *Musaeum hermeticum*. Frankfurt: [s.e.], 1678, p. 815-863.

HENNECKE, E. (org.). *Neutestamentliche Apokryphen*. Tübingen/Leipzig: Mohr, 1904.

HERMAS. Hermae Pastor. *Graece add. vers. Lat*. ... e cod. Palatinos recens. Osc. de Gebhardt; Ad. Harnack (Patrum apostolicorum opera fasc. III). Leipzig: [s.e.], 1877.

HERÓDOTO. *Historiarum Libri IX*. 2 vols. Leipzig: [s.e.], 1899-1901 [Organizado por H.R. Dietsch e H. Kallenberg].

HEYER, G.R. *Der Organismus der Seele*. Eine Einführung in die analytische Seelenheilkunde. 2. ed. ampl. Munique: [s.e.], 1937.

HIPÓLITO. *Elenchos* (= Refutatio omnium haeresium). Ed. por Paul Wendland (Die griechischen Schriftsteller der ersten drei Jahrhunderte). Leipzig 1916.

HOCHE, A.E. *Handbuch der gerichtlichen Psychiatrie*. Berlim: [s.e.], 1901.

HUBERT, H. & MAUSS, M. *Mélanges d'histoire des religions*. Paris: [s.e.], 1909 [Travaux de l'Année sociologique].

IAMBLICHUS. *Vita Pythagorica*. Leipzig : [s.e.], 1937 [Organizado por L. Deubner].

IBSEN, H. *Die Frau vom Meere*. Berlim: Fischer, 1922 [Peça em cinco atos].

IMAGO. *Zeitschrift für Anwendung der Psychoanalyse auf die Geisteswissenschaften*. Leipzig/Viena: [s.e.], 1912/1937.

INÁCIO DE LOYOLA. *Geistliche Übungen*. Friburgo na Brisgóvia: [s.e.], 1939. [Tradução de Alfred Feder. Organizado por Emmerich Raitz von Frentz. – *Exercitia spiritualia* S.P. Ignatii de Loyola. 2. ed. Roma: (s.e.), 1838].

IRINEU (Bispo de Lyon). *Contra omnes haereses libri quinque*. Londres: [s.e.], 1702 [Ed. por J.E. Grabe – Em alemão: *Des heiligen Irenaeus fünf Bücher gegen die Häresien*. 2 vols. (Bibliothek der Kirchenväter. Tradução de E. Klebba) Kempten/Munique: (s.e.), 1912].

JACOBI, J. *Komplex, Archetypus, Symbol in der Psychologie C.G. Jungs*. Zurique: [s.e.], 1957 [Prefácio de C.G. Jung].

_____. *Die Psychologie von C.G. Jung*. Eine Einführung in das Gesamtwerk. Zurique: [s.e.], 1940 [Prefácio de C.G. Jung].

JAFFÉ, A. "Bilder und Symbole aus E.T.A. Hoffmanns Märchen 'Der goldne Topf'". In: JUNG, C.G. *Aion* – Estudos sobre o simbolismo do si-mesmo. Petrópolis: Vozes, 1982 [OC, 9/2].

JAMES, W. *Psychologie*. Leipzig: [s.e.], 1909.

_____. *The Varieties of Religious Experience*. A Study in Human Nature. 30. ed. Londres/Nova York: [s.e.], 1919.

JOURNAL für Psychologie und Neurologie. 1903s. Leipzig.

JUNG, C.G. *Aion* – Estudos sobre o simbolismo do si-mesmo. Petrópolis: Vozes, 2011 [OC, 9/2].

_____. "Aspectos gerais da psicologia do sonho". In: JUNG, C.G. *A natureza da psique*. Petrópolis: Vozes, 2011 [OC, 8/2].

_____. "Considerações gerais sobre a teoria dos complexos". In: JUNG, C.G. *A natureza da psique*. Petrópolis: Vozes, 2011 [OC, 8/2] [Aula inaugural na Escola Politécnica Federal, Zurique, 5 de maio de 1934].

_____. "Psicologia analítica e educação". In: JUNG, C.G. *O desenvolvimento da personalidade*. Petrópolis: Vozes, 1972 [OC, 17].

_____. Resposta a Jó. Petrópolis: Vozes, 2011 [OC, 11/4].

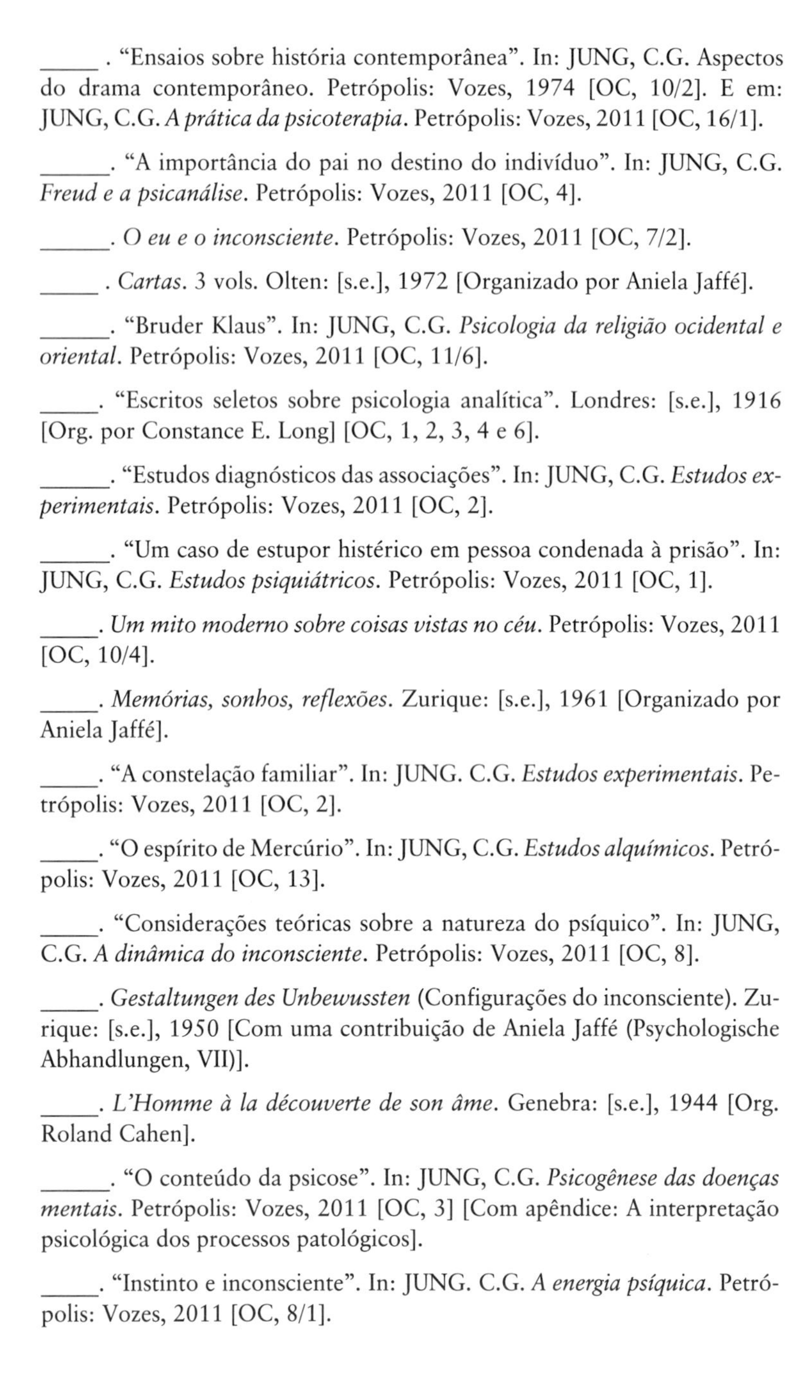

_____. “Ensaios sobre história contemporânea”. In: JUNG, C.G. Aspectos do drama contemporâneo. Petrópolis: Vozes, 1974 [OC, 10/2]. E em: JUNG, C.G. *A prática da psicoterapia*. Petrópolis: Vozes, 2011 [OC, 16/1].

_____. “A importância do pai no destino do indivíduo”. In: JUNG, C.G. *Freud e a psicanálise*. Petrópolis: Vozes, 2011 [OC, 4].

_____. *O eu e o inconsciente*. Petrópolis: Vozes, 2011 [OC, 7/2].

_____. *Cartas*. 3 vols. Olten: [s.e.], 1972 [Organizado por Aniela Jaffé].

_____. “Bruder Klaus”. In: JUNG, C.G. *Psicologia da religião ocidental e oriental*. Petrópolis: Vozes, 2011 [OC, 11/6].

_____. “Escritos seletos sobre psicologia analítica”. Londres: [s.e.], 1916 [Org. por Constance E. Long] [OC, 1, 2, 3, 4 e 6].

_____. “Estudos diagnósticos das associações”. In: JUNG, C.G. *Estudos experimentais*. Petrópolis: Vozes, 2011 [OC, 2].

_____. “Um caso de estupor histérico em pessoa condenada à prisão”. In: JUNG, C.G. *Estudos psiquiátricos*. Petrópolis: Vozes, 2011 [OC, 1].

_____. *Um mito moderno sobre coisas vistas no céu*. Petrópolis: Vozes, 2011 [OC, 10/4].

_____. *Memórias, sonhos, reflexões*. Zurique: [s.e.], 1961 [Organizado por Aniela Jaffé].

_____. “A constelação familiar”. In: JUNG. C.G. *Estudos experimentais*. Petrópolis: Vozes, 2011 [OC, 2].

_____. “O espírito de Mercúrio”. In: JUNG, C.G. *Estudos alquímicos*. Petrópolis: Vozes, 2011 [OC, 13].

_____. “Considerações teóricas sobre a natureza do psíquico”. In: JUNG, C.G. *A dinâmica do inconsciente*. Petrópolis: Vozes, 2011 [OC, 8].

_____. *Gestaltungen des Unbewussten* (Configurações do inconsciente). Zurique: [s.e.], 1950 [Com uma contribuição de Aniela Jaffé (Psychologische Abhandlungen, VII)].

_____. *L’Homme à la découverte de son âme*. Genebra: [s.e.], 1944 [Org. Roland Cahen].

_____. “O conteúdo da psicose”. In: JUNG, C.G. *Psicogênese das doenças mentais*. Petrópolis: Vozes, 2011 [OC, 3] [Com apêndice: A interpretação psicológica dos processos patológicos].

_____. “Instinto e inconsciente”. In: JUNG. C.G. *A energia psíquica*. Petrópolis: Vozes, 2011 [OC, 8/1].

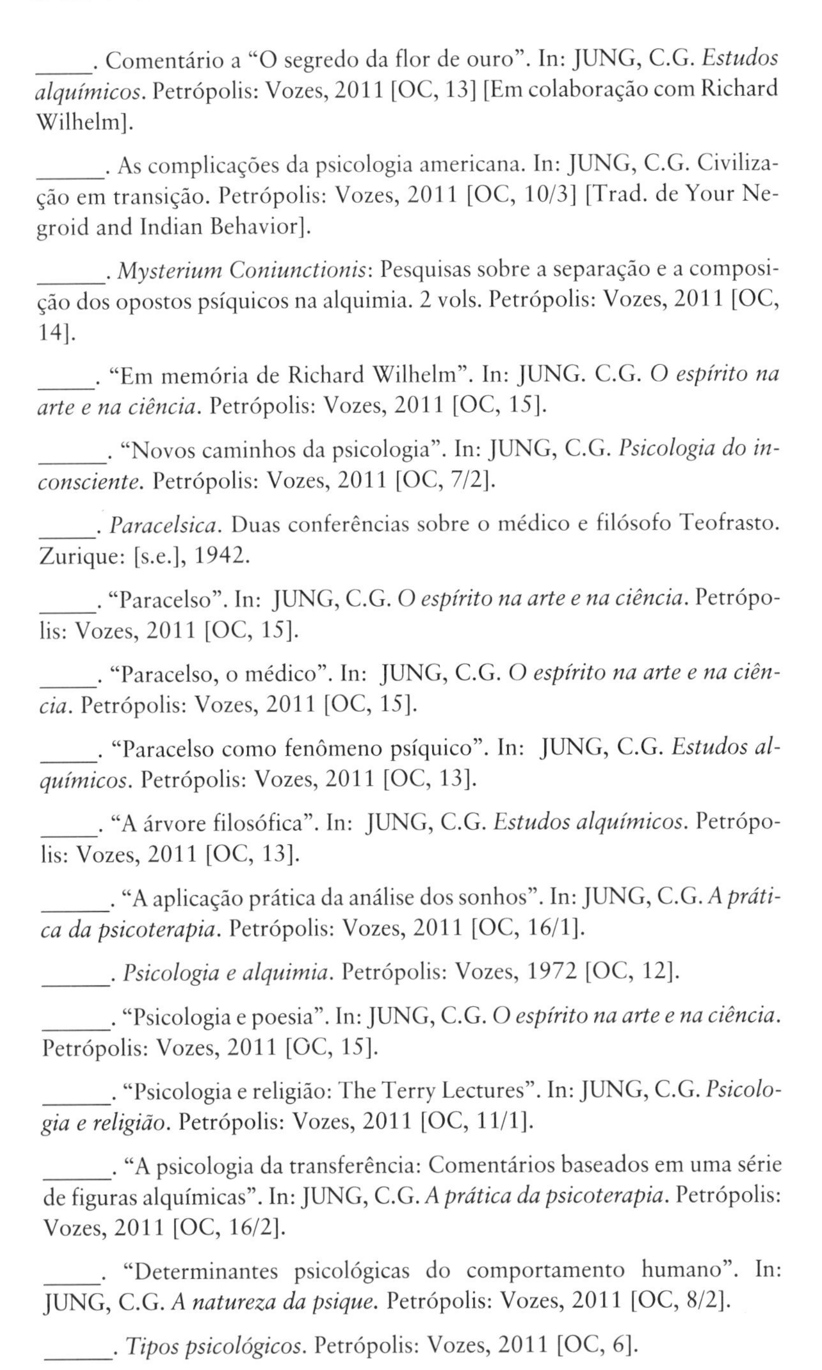

_____. Comentário a "O segredo da flor de ouro". In: JUNG, C.G. *Estudos alquímicos*. Petrópolis: Vozes, 2011 [OC, 13] [Em colaboração com Richard Wilhelm].

_____. As complicações da psicologia americana. In: JUNG, C.G. Civilização em transição. Petrópolis: Vozes, 2011 [OC, 10/3] [Trad. de Your Negroid and Indian Behavior].

_____. *Mysterium Coniunctionis*: Pesquisas sobre a separação e a composição dos opostos psíquicos na alquimia. 2 vols. Petrópolis: Vozes, 2011 [OC, 14].

_____. "Em memória de Richard Wilhelm". In: JUNG. C.G. *O espírito na arte e na ciência*. Petrópolis: Vozes, 2011 [OC, 15].

_____. "Novos caminhos da psicologia". In: JUNG, C.G. *Psicologia do inconsciente*. Petrópolis: Vozes, 2011 [OC, 7/2].

_____. *Paracelsica*. Duas conferências sobre o médico e filósofo Teofrasto. Zurique: [s.e.], 1942.

_____. "Paracelso". In: JUNG, C.G. *O espírito na arte e na ciência*. Petrópolis: Vozes, 2011 [OC, 15].

_____. "Paracelso, o médico". In: JUNG, C.G. *O espírito na arte e na ciência*. Petrópolis: Vozes, 2011 [OC, 15].

_____. "Paracelso como fenômeno psíquico". In: JUNG, C.G. *Estudos alquímicos*. Petrópolis: Vozes, 2011 [OC, 13].

_____. "A árvore filosófica". In: JUNG, C.G. *Estudos alquímicos*. Petrópolis: Vozes, 2011 [OC, 13].

_____. "A aplicação prática da análise dos sonhos". In: JUNG, C.G. *A prática da psicoterapia*. Petrópolis: Vozes, 2011 [OC, 16/1].

_____. *Psicologia e alquimia*. Petrópolis: Vozes, 1972 [OC, 12].

_____. "Psicologia e poesia". In: JUNG, C.G. *O espírito na arte e na ciência*. Petrópolis: Vozes, 2011 [OC, 15].

_____. "Psicologia e religião: The Terry Lectures". In: JUNG, C.G. *Psicologia e religião*. Petrópolis: Vozes, 2011 [OC, 11/1].

_____. "A psicologia da transferência: Comentários baseados em uma série de figuras alquímicas". In: JUNG, C.G. *A prática da psicoterapia*. Petrópolis: Vozes, 2011 [OC, 16/2].

_____. "Determinantes psicológicas do comportamento humano". In: JUNG, C.G. *A natureza da psique*. Petrópolis: Vozes, 2011 [OC, 8/2].

_____. *Tipos psicológicos*. Petrópolis: Vozes, 2011 [OC, 6].

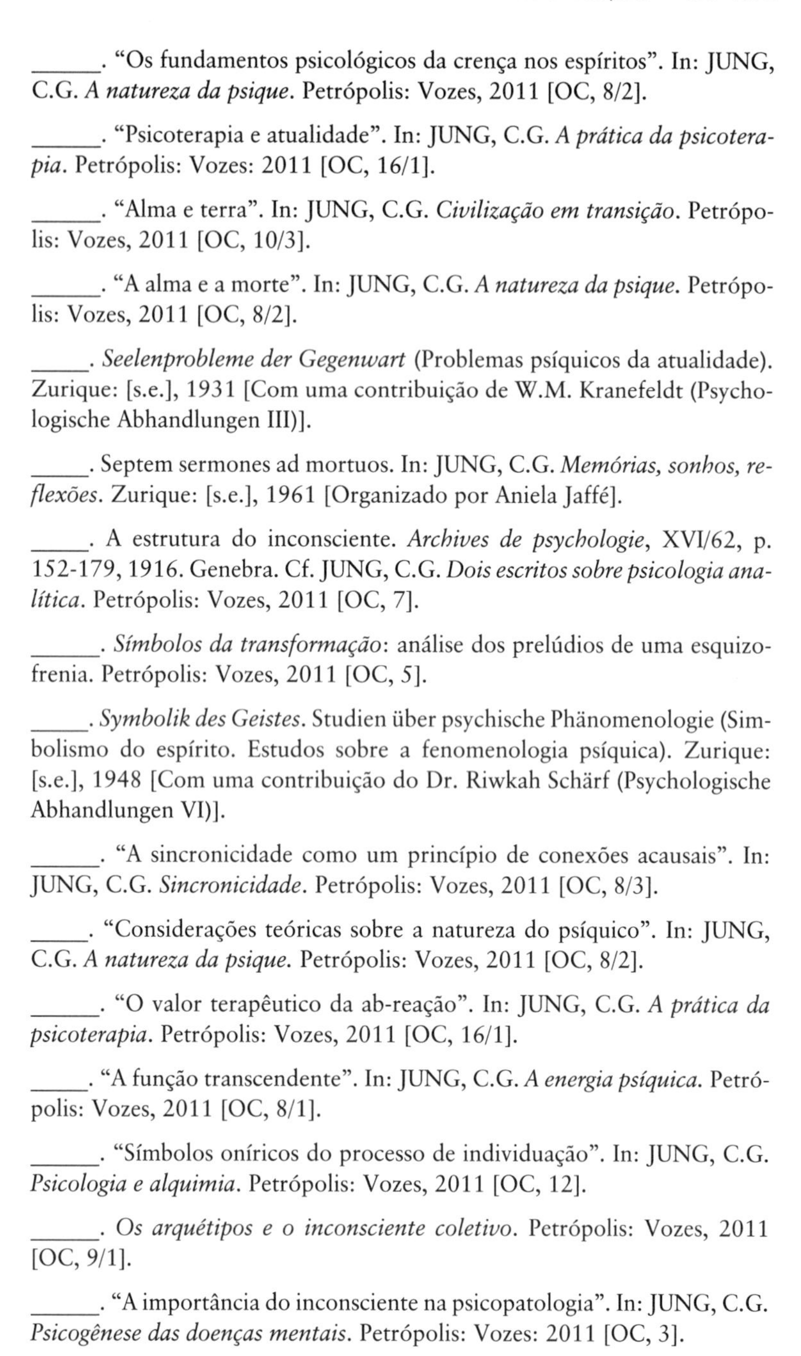

_____. "Os fundamentos psicológicos da crença nos espíritos". In: JUNG, C.G. *A natureza da psique*. Petrópolis: Vozes, 2011 [OC, 8/2].

_____. "Psicoterapia e atualidade". In: JUNG, C.G. *A prática da psicoterapia*. Petrópolis: Vozes: 2011 [OC, 16/1].

_____. "Alma e terra". In: JUNG, C.G. *Civilização em transição*. Petrópolis: Vozes, 2011 [OC, 10/3].

_____. "A alma e a morte". In: JUNG, C.G. *A natureza da psique*. Petrópolis: Vozes, 2011 [OC, 8/2].

_____. *Seelenprobleme der Gegenwart* (Problemas psíquicos da atualidade). Zurique: [s.e.], 1931 [Com uma contribuição de W.M. Kranefeldt (Psychologische Abhandlungen III)].

_____. Septem sermones ad mortuos. In: JUNG, C.G. *Memórias, sonhos, reflexões*. Zurique: [s.e.], 1961 [Organizado por Aniela Jaffé].

_____. A estrutura do inconsciente. *Archives de psychologie*, XVI/62, p. 152-179, 1916. Genebra. Cf. JUNG, C.G. *Dois escritos sobre psicologia analítica*. Petrópolis: Vozes, 2011 [OC, 7].

_____. *Símbolos da transformação*: análise dos prelúdios de uma esquizofrenia. Petrópolis: Vozes, 2011 [OC, 5].

_____. *Symbolik des Geistes*. Studien über psychische Phänomenologie (Simbolismo do espírito. Estudos sobre a fenomenologia psíquica). Zurique: [s.e.], 1948 [Com uma contribuição do Dr. Riwkah Schärf (Psychologische Abhandlungen VI)].

_____. "A sincronicidade como um princípio de conexões acausais". In: JUNG, C.G. *Sincronicidade*. Petrópolis: Vozes, 2011 [OC, 8/3].

_____. "Considerações teóricas sobre a natureza do psíquico". In: JUNG, C.G. *A natureza da psique*. Petrópolis: Vozes, 2011 [OC, 8/2].

_____. "O valor terapêutico da ab-reação". In: JUNG, C.G. *A prática da psicoterapia*. Petrópolis: Vozes, 2011 [OC, 16/1].

_____. "A função transcendente". In: JUNG, C.G. *A energia psíquica*. Petrópolis: Vozes, 2011 [OC, 8/1].

_____. "Símbolos oníricos do processo de individuação". In: JUNG, C.G. *Psicologia e alquimia*. Petrópolis: Vozes, 2011 [OC, 12].

_____. *Os arquétipos e o inconsciente coletivo*. Petrópolis: Vozes, 2011 [OC, 9/1].

_____. "A importância do inconsciente na psicopatologia". In: JUNG, C.G. *Psicogênese das doenças mentais*. Petrópolis: Vozes: 2011 [OC, 3].

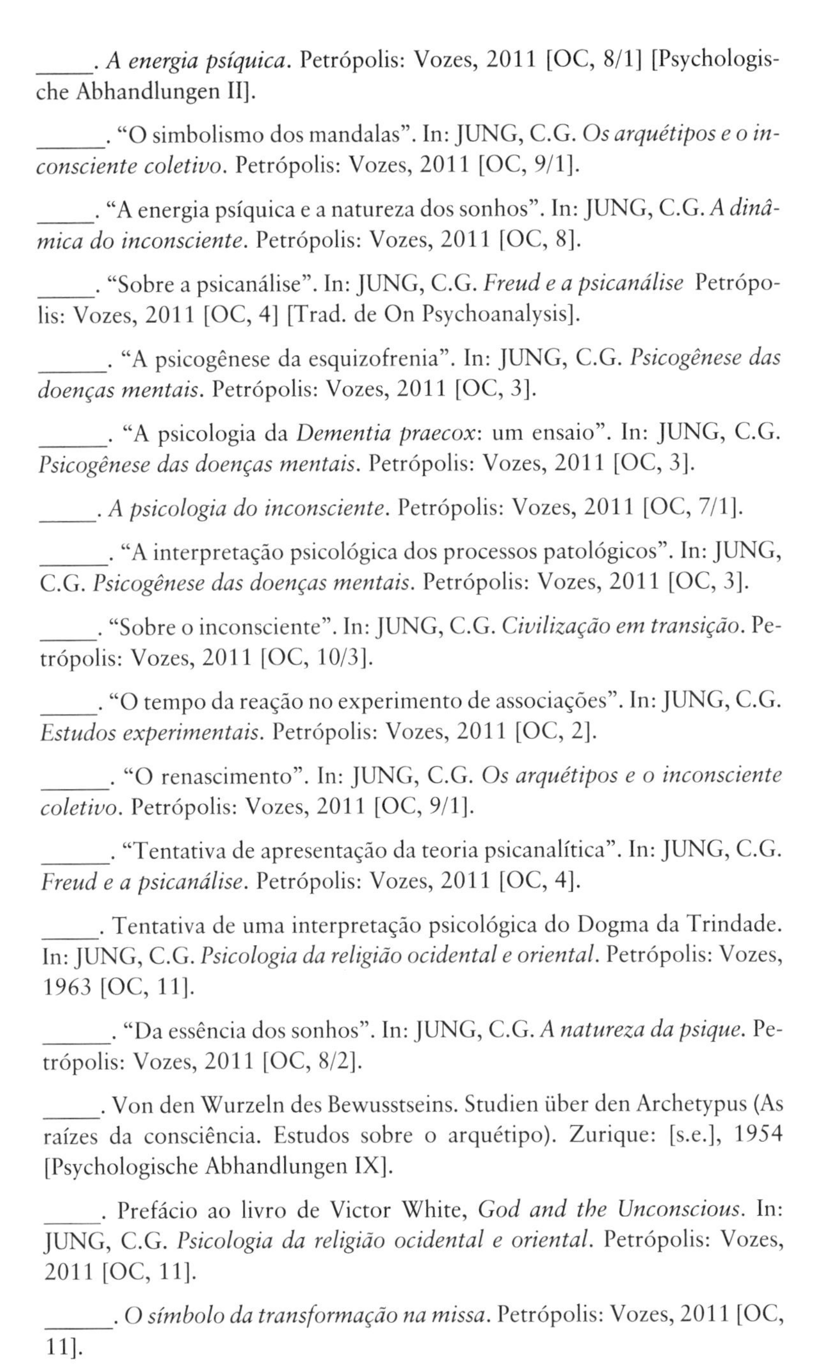

_____. *A energia psíquica*. Petrópolis: Vozes, 2011 [OC, 8/1] [Psychologische Abhandlungen II].

_____. "O simbolismo dos mandalas". In: JUNG, C.G. *Os arquétipos e o inconsciente coletivo*. Petrópolis: Vozes, 2011 [OC, 9/1].

_____. "A energia psíquica e a natureza dos sonhos". In: JUNG, C.G. *A dinâmica do inconsciente*. Petrópolis: Vozes, 2011 [OC, 8].

_____. "Sobre a psicanálise". In: JUNG, C.G. *Freud e a psicanálise* Petrópolis: Vozes, 2011 [OC, 4] [Trad. de On Psychoanalysis].

_____. "A psicogênese da esquizofrenia". In: JUNG, C.G. *Psicogênese das doenças mentais*. Petrópolis: Vozes, 2011 [OC, 3].

_____. "A psicologia da *Dementia praecox*: um ensaio". In: JUNG, C.G. *Psicogênese das doenças mentais*. Petrópolis: Vozes, 2011 [OC, 3].

_____. *A psicologia do inconsciente*. Petrópolis: Vozes, 2011 [OC, 7/1].

_____. "A interpretação psicológica dos processos patológicos". In: JUNG, C.G. *Psicogênese das doenças mentais*. Petrópolis: Vozes, 2011 [OC, 3].

_____. "Sobre o inconsciente". In: JUNG, C.G. *Civilização em transição*. Petrópolis: Vozes, 2011 [OC, 10/3].

_____. "O tempo da reação no experimento de associações". In: JUNG, C.G. *Estudos experimentais*. Petrópolis: Vozes, 2011 [OC, 2].

_____. "O renascimento". In: JUNG, C.G. *Os arquétipos e o inconsciente coletivo*. Petrópolis: Vozes, 2011 [OC, 9/1].

_____. "Tentativa de apresentação da teoria psicanalítica". In: JUNG, C.G. *Freud e a psicanálise*. Petrópolis: Vozes, 2011 [OC, 4].

_____. Tentativa de uma interpretação psicológica do Dogma da Trindade. In: JUNG, C.G. *Psicologia da religião ocidental e oriental*. Petrópolis: Vozes, 1963 [OC, 11].

_____. "Da essência dos sonhos". In: JUNG, C.G. *A natureza da psique*. Petrópolis: Vozes, 2011 [OC, 8/2].

_____. Von den Wurzeln des Bewusstseins. Studien über den Archetypus (As raízes da consciência. Estudos sobre o arquétipo). Zurique: [s.e.], 1954 [Psychologische Abhandlungen IX].

_____. Prefácio ao livro de Victor White, *God and the Unconscious*. In: JUNG, C.G. *Psicologia da religião ocidental e oriental*. Petrópolis: Vozes, 2011 [OC, 11].

_____. *O símbolo da transformação na missa*. Petrópolis: Vozes, 2011 [OC, 11].

_____. Die Wirklichkeit der psychotherapeutischen Praxis (A realidade da prática psicoterapêutica). In: JUNG, C.G. *Collected Works*. 2. ed. [s.l.]: [s.e.], 1966 [The Realities of Practical Psychotherapy].

_____. Wirklichkeit der Seele. Anwendungen und Fortschritte der neueren Psychologie (A realidade da psique. Aplicações e progressos da psicologia mais recente). Zurique: [s.e.], 1934 [Psychologische Abhandlungen IV].

_____. "Wotan". In: JUNG, C.G. *Psicologia em transição*. Petrópolis: Vozes, 1974 [OC, 10].

_____. "A empiria do processo de individuação". In: JUNG, C.G. *Os arquétipos e o inconsciente coletivo*. Petrópolis: Vozes, 2011 [OC, 9/1].

_____. "A fenomenologia psicológica dos contos de fadas". In: JUNG, C.G. *Os arquétipos e o inconsciente coletivo*. Petrópolis: Vozes, 2011 [OC, 9/1].

_____. "A psicologia da meditação oriental". In: JUNG, C.G. *Psicologia da religião ocidental e oriental*. Petrópolis: Vozes, 2011 [OC, 11].

_____. "Sobre a psicologia e a patologia dos fenômenos chamados ocultos". In: JUNG, C.G. *Estudos psiquiátricos*. Petrópolis: Vozes, 2011 [OC, 1].

JUNG, C.G. et al. *O homem e seus símbolos*. Rio de Janeiro: Nova Fronteira, [s.e.].

JUNG, C.G. & PAULI, W. *Naturerklärung und Psyche*. Zurique: [s.e.], 1952 [A contribuição de Jung está em: JUNG, C.G. *A dinâmica do inconsciente*. Petrópolis: Vozes, 1976 (OC, 8)].

JUNG, C.G. & PETERSON, F. "Investigações psicológicas com o galvanômetro e o pneumógrafo em pessoas normais e doentes mentais". In: JUNG, C.G. *Estudos experimentais*. Petrópolis: Vozes: 1979 [OC, 2].

JUNG, C.G. & RICKSHER, C. "Outras investigações sobre o fenômeno galvânico e a respiração em indivíduos normais e patológicos". In: JUNG, C.G. *Estudos experimentais*. Petrópolis: Vozes: 1979 [OC, 2].

JUNG, C.G. (org. e coautor). *Diagnostische Assoziationsstudien*: Beiträge zur experimentellen Psychopathologie. 2 vols. Leipzig: [s.e.], 1906/1910. Cf. JUNG, C.G. *Estudos experimentais*. Petrópolis: Vozes: 1979 [OC, 2].

JUNG, E. Ein Beitrag zum Problem des Animus. In: JUNG, C.G. *Wirklichkeit der Seele*. Zurique: [s.e.], 1934.

KANT, I. *Anthropologie in pragmatischer Hinsicht*. Königsberg: [s.e.], 1798.

_____. Kritik der reinen Vernunft. In: KEHRBACH, K. (org.) *Werke*. 2. ed. Leipzig: Reclam, [s.d.].

_____. Träume eines Geistersehers, erläutert durch Träume der Metaphysik. In: KEHRBACH, K. (org.) *Werke*. 2. ed. Leipzig: Reclam, [s.d.].

KARDEC, A. *Das Buch der Medien oder Wegweiser der Medien und der Anrufer...* 2. ed. Leipzig: [s.e.], 1891.

KERNER, J. *Die Geschichte des Thomas Ignaz Martin, Landsmanns zu Gallardon, über Frankreich und dessen Zukunft im Jahre 1816 geschaut*. Heilbronn: [s.e.], 1835.

_____. *Die somnambulen Tische* – Zur Geschichte und Erklärung dieser Erscheinung. Stuttgart: [s.e.], 1853.

_____. (org.). *Blätter aus Prevorst* – Originalien und Lesefrüchte für Freunde des inneren Lebens, mitgetheilt von dem Herausgeber der Seherin aus Prevorst. 4ª coletânea. Karlsruhe: [s.e.], 1833.

KEYHOE, D.E. *Flying Saucers from Outer Space*. Nova York/Londres: [s.e.], 1953/1954.

KEYSERLING, G.H. "Begegnungen mit der Psychoanalyse". *Merkur. Deutsche Zeitschrift für europäisches Denken* IV/11, novembro de 1950, p. 1151-1168. Sttutgart.

KOPP, H. *Die Alchemie in älterer und neuerer Zeit. Ein Beitrag zur Culturgeschichte*. 2 vols. Heidelberg:[s.e.],1886.

KRAFFT-EBING, R. von. *Lehrbuch der Psychiatrie auf klinischer Grundlage für praktische Ärzte und Studierende*. 4. ed. Stuttgart: [s.e.], 1890.

KRANEFELDT, W.M. Ewige Analyse. Bemerkungen zur Traumdeutung und zum Unbewussten. In: JUNG, C.G. *Wirklichkeit der Seele*. Zurique: [s.e.], 1934.

_____. Der Gegensatz von Sinn und Rhythmus im seelischen Geschehen. In: JUNG, C.G. *Wirklichkeit der Seele*. Zurique: [s.e.], 1934.

_____. *Secret Ways of the Mind*. Introduction by C.G. Jung. Nova York/ Londres : [s.e.], 1932/1934.

LACHAT, W. *La Réception et l'action du Saint-Esprit dans la vie personnelle et communautaire*. Neuenburg : [s.e.], 1953.

LANGE, W. *Hölderlin* – Eine Pathographie. Stuttgart: [s.e.], 1909.

LE BON, G. *Psychologie der Massen*. Leipzig : [s.e.], 1912.

LEIBNIZ, G.W. *Nouveaux essais sur l'entendement humain*. Paris : [s.e.], 1704.

LÉVY-BRUHL, L. *Les fonctions mentales dans les sociétés inférieures*. Paris : [s.e.], 1912 [Travaux de l'Année sociologique].

LIPPMANN, E.O. von. *Entstehung und Ausbreitung der Alchemie*. Berlim/Weinheim/Bergstr. 1919-1954 [Com um apêndice: Zur älteren Geschichte der Metalle. Ein Beitrag zur Kulturgeschichte].

LOEWENFELD, L. *Der Hypnotismus* – Handbuch der Lehre von der Hypnose und der Suggestion. Mit besonderer Berücksichtigung ihrer Bedeutung für Medicin und Rechtspflege. Wiesbaden: [s.e.], 1901.

MCGUIRE, W. & HULL, R.E.C. (orgs.) *C.G. Jung Speaking*. Interviews and Encounters. Princeton: [s.e.], 1977.

MANGETUS, J.J. (org.). *Bibliotheca chemica curiosa seu rerum ad alchemiam pertinentium thésaurus instructissimus*. 2 vols. Genebra: [s.e.], 1702.

MEAD, G.R.S. *The Gnostic John the Baptizer*. Londres: [s.e.], 1924.

MICHELSEN, J. *Ein Wort an den geistigen Adel deutscher Nation*. Munique: [s.e.], 1911.

MIEG, J.F. Disputatio philologico-theologica de raptu Eliae ex II. Reg. cap. 11. Basileia: [s.e], 1660.

MORIENUS ROMANUS. Sermo de transmutatione metallorum. In: *Artis auriferae*. II. 2 vols. Basileia: [s.e.], 1593, p. 3-54.

MOSER, F. *Der Okkultismus*: Täuschungen und Tatsachen. 2 vols. Zurique: [s.e.], 1935.

MURRAY, H.A. (org.). *Explorations in Personality*: A Clinical and Experimental Study of Fifty Men of College Age. Nova York/Londres: [s.e.], 1938.

NELKEN, J. Analytische Beobachtungen über Phantasien eines Schizophrenen. *Jahrbuch für psychoanalytische und psychopathologische Forschungen*, IV/1, 1912, p. 504-562. Leipzig/Viena.

NERVAL, G. de (pseudônimo de Gérard Labrunie). *Aurélia*. Paris: [s.e.], 1926.

NEUMANN, E. *Amor und Psyche* (Apuleius). Ein Beitrag zur seelischen Entwicklung des Weiblichen. Zurique: [s.e.], 1952.

______. *Ursprungsgeschichte des Bewusstseins*. Zurique: [s.e], 1949.

NIETZSCHE, F. *Also sprach Zarathustra* – Ein Buch für Alle und Keinen. Leipzig: [s.e.], 1901.

______. *Jenseits von Gut und Böse*. Vorspiel einer Philosophie der Zukunft. Werke 1. Capítulo VII. Leipzig: [s.e.], 1899.

______. *Zur Genealogie der Moral*. Eine Streitschrift. Werke 1. Capítulo VII. Leipzig: [s.e.], 1899.

OBSERVER, The. 11 de outubro de 1936. Londres.

PARACELSO (Theophrastus Bombastus von Hohenheim). *Bücher und Schafften*. 2 vols. Basileia: [s.e.], 1589/1591 [Organizado por Johannes Huser].

_____. *Sämtliche Werke*. 15 vols. Munique/Berlim: [s.e.], 1922-1935 [Org. por Karl Sudhoff e Wielhelm Matthiesen].

_____. *De vita longa*. Basileia: [s.e.], 1562 [Organizado por Adam von Bodenstein.Também Sudhoff III].

PERNETY, A.J. *Dictionnaire mytho-hermétique*. Paris 1756.

PFEIFFER, F. (org.). *Mystiker, Deutsche, des 14*. Jahrhunderts. 2 vols. Leipzig: [s.e.], 1845/1857.

PHILO IUDAEUS ALEXANDRINUS. *Opera quae supersunt*. Berlim: [s.e.], 1898 [Organizado por Leopold Cohn e Paulus Wendland].

PIO XI (Papa): Encíclica *Casti connubii*, 31 de dezembro de 1930.

PIO XII (Papa): Constituição Apostólica *Munificentissimus Deus*. 1950.

PITAVAL, F. *Causes célèbres et intéressants avec les jugements que les ont décidés (1734-1743)*. 22 tomos. La Haye : [s.e.], 1747/1751.

PRICE, H. *An Account of Some Further Experiments with Willy Schneider*. Nova York: [s.e.], 1925.

_____. *The Phenomena of Rudi Schneider*. Nova York: [s.e.], 1926.

PRZYWARA, E. *Deus semper maior*. Theologie der Exzerzitien. 3 vols. Friburgo na Brisgóvia: [s.e.], 1938.

RASMUSSEN, K. *Rasmussens Thulefahrt* – Zwei Jahre im Schlitten durch unerforschtes Eskimoland. Frankfurt an Main: [s.e.], 1926.

_____. *Neue Menschen*. Ein Jahr bei den Nachbarn des Nordpols. Berna: [s.e.], 1907.

RHINE, J.B. *New Frontiers of the Mind*. Nova York/Londres: [s.e.], 1937/1938.

_____. *The Reach of the Mind*. Nova York/Londres: [s.e.], 1948.

ROSENCREUTZ, C. *Chymische Hochzeit*. Estrasburgo: [s.e.], 1616 [Impressão fiel ao original e org. por Ferdinand Maack. Berlim, 1913].

ROSENTHAL, H. Der Typengegensatz in der jüdischen Religionsgeschichte. In: JUNG, C.G. *Wirklichkeit der Seele*. Zurique: [s.e.], 1934.

ROSINUS ad Sarratantam Episcopum. In: *Artis auriferae I* (p. 277-324). 2 vols. Basileia: [s.e.], 1593.

SAMYUTTA-NIKAYA. In: *The Book of Kindred Sayings* (Sangyutta-Nikaya). Londres/Nova York: [s.e.], 1917/1920.

SCHÄR, H. *Religion und Seele in de Psychologie C.G. Jungs*. Zurique: [s.e.], 1946.

_____. *Erlösungsvorstellungen und ihre psychologischen Aspekte*. Zurique: [s.e.], 1950 [Studien aus dem C.G. Jung-Institut II].

SCHÄRF(-KLUGER), R. Die Gestalt Satans im Alten Testament. In: JUNG, C.G. *Symbolik des Geistes*. Studien über psychische Phänomenologie (Simbolismo do espírito. Estudos sobre a fenomenologia psíquica). Zurique: [s.e.], 1948.

SCHMALTZ, G. *Östliche Weisheit und westliche Psychotherapie*. Stuttgart: [s.e.], 1951.

SCHOPENHAUER, A. *Parerga und Paralipomena* – Kleine philosophische Schriften. 2 vols. Berlim: [s.e.], 1891.

_____. *Die Welt als Wille und Vorstellung*. 2 vols. Leipzig: [s.e.], 1891 [Organizado por Eduard Grisebach].

SCHOTT, A. *Das Gilgamesch-Epos*. Leipzig: [s.e.], 1934.

SCHREBER, D.P. *Denkwürdigkeiten eines Nervenkranken, nebst Nachträgen und einem Anhang*. Leipzig: [s.e.], 1903.

SCHULINUS, J.H. (Johann Heinrich Schuelin). *Dissertatio philologica de Elia corvorum alumno ex loco* 1. Reg. XVII, 2 ss. Altorfii Noricorum. Altdorf, Baviera: [s.e.], 1718.

SCHÜRER, E. "Zur Vorstellung von der Besessenheit im Neuen Testament". *Jahrbuch für protestantische Theologie*, 1892. Leipzig.

SHAW, G.B. *Mensch und Übermensch. Eine Komödie und eine Philosophie*. Berlim: [s.e.], 1907.

SILBERER, H. *Probleme der Mystik und ihrer Symbolik*. Viena/Leipzig: [s.e.], 1914.

_____. "Über die Symbolbildung". *Jahrbuch für psychonalytische und psychopathologische Forschungen*, III/2, 1911, p. 661-723. Leipzig/Viena.

_____. "Von den Kategorien der Symbolik". *Zentralblatt für Psychoanalyse* H/4, 1912, p. 177-189. Wiesbaden.

SÓFOCLES. Life of Sophocles. In: PEARSON, A.C. (org.). *Sophoclis Fabulae*. Oxford: [s.e.], 1924.

SPENCER-BROWN, G. "Statistical Significance in Psychical Research". *Nature. A Weekly Journal of Science*, 172, 25 de julho de 1953, p. 154-156. Londres.

STOLI, O. *Suggestion und Hypnotismus in der Völkerpsychologie*. 2. ed. Leipzig: [s.e.], 1904.

STRACK, H.L. & BILLERBECK, P. *Kommentar zum Neuen Testament aus Talmud und Midrasch*. 5 vols. Munique: [s.e.], 1922-1928.

TÁCITO (Cornelius Tacitus). *Historiae*. Londres/Cambridge, Mass.: [s.e.], 1956 [Loeb Classical Library].

TERÊNCIO (Publius Terentius Afer). *Heauton Timorumenos* Londres/ Cambridge, Mass.: [s.e.], 1953 [Loeb Classical Library].

TERTULIANO (Quintus Septimius Florens): De praescriptione haereticorum. *The Writings of Q'S'F'T'*. II, 3 vols. Edimburgo: [s.e.], 1870.

THEATRUM chemicum, praecipuos selectorum auctorum tractatus... continens. Vols. I-III. Ursel: [s.e.], 1602; vol. IV. Estrasburgo: [s.e.], 1613; vol. V. [s.l.]: [s.e.], 1622; vol. VI. [s.l.]: [s.e.], 1661.

THOMPSON, R.C. (org.). *The Epic of Gilgamish*. Londres: [s.e.], 1928.

TOMÁS DE AQUINO. *Summa theologica*. 9 vols. Paris: [s.e.], 1868.

TYRELL, G.N.M. *The Personality of Man*. Londres: [s.e.], 1947.

VIRGÍLIO (P. Vergilius Maro). *Vergil's Gedichte. Eklogen*. 2. ed. Berlim: [s.e.], 1855 [Explicado por Th. Ladewig].

WAGNER, R. *Gesammelte Dichtungen*. Leipzig: [s.e.], 1914: "Der Fliegende Holländer"; "Parsifal" [Originais 1843 respectivamente 1882].

WALEY, A. *The Way and Its Power* – A Study of the *Tao Te Ching* and Its Place in Chinese Thought. Londres: [s.e.], 1934.

WALSER, H.H. "Johann Jakob Honegger (1855-1911). Ein Beitrag zur Geschichte der Psychoanalyse". *Schweizer Archiv für Neurologie, Neurochirurgie und Psychiatrie*, 112/1, 1973, p. 107-113. Zurique.

WELLS, H.G. *The Time Machine*. An Invention. Londres: [s.e.], 1920.

______. *The War of the Worlds*. Londres: [s.e.], 1898.

WHITE, S.E. *Across the Unknown*. Nova York: [s.e.], 1939.

______. *The Betty Book*. Excursions into the World of Other-Consciousness. Made by Betty between 1919 and 1936. Nova York/Londres: [s.e.], 1937/ 1945.

______. *The Road I Know*. Nova York/Londres: [s.e.], 1942/1951.

______. *The Unobstructed Universe*. Nova York/Londres: [s.e.], 1940/1949 [Em alemão: *Uneingeschränktes Weltall*. Zurique: [s.e.], 1948].

WHITE, V. (Father). God and the Unconscious. Londres: [s.e.], 1949 [Em alemão: *Gott und das Unbewusste*. Zurique: [s.e.], 1957. Prefácio de C.G. Jung e contribuição de Gebhard Frei].

WICKES, F.G. *The Inner World of Childhood*. Nova York/Londres: [s.e.], 1927 [Em alemão: *Analyse der Kindeseele*. Untersuchung und Behandlung nach den Grundlagen der Jungschen Theorie. Stuttgart: [s.e.], 1931. Nova edição Zurique: [s.e.], 1969. Introdução de C.G. Jung].

WILHELM, R. *The Inner World of Man*. Nova York/Toronto: [s.e.], 1938. [Em alemão: *Von derinneren Welt des Menschen*. Zurique: [s.e.], 1953. Prefácio de C.G Jung].

_____. *Lao-Tse und der Taoismus*. Stuttgart: [s.e.], 1925 [Frommanns Klassiker der Philosophie XXVI].

WILHELM, R. (org.). *Das Geheimnis der goldenene Blüte* – Ein chinesisches Lebensbuch Mit einem europäischen Kommentar von C.G. Jung. Munique: [s.e.], 1929 [A colaboração de C.G. Jung está em OC, 13].

_____. *I Ging*. Dar Buch der Wandlungen. Jena: [s.e.], 1924.

WILLCOX, A.R. *The Rock Art of South Africa*. Joanesburgo: [s.e.], 1963.

_____. *Return to Reality*. Londres: [s.e.], 1954.

WOLFF, T. “Einführung in die Grundlagen der Komplexen Psychologie”. *Die kulturelle Bedeutung der Komplexen Psychologie* – Festschrift zum 60. Geburtstag von C.G. Jung. Berlim: [s.e.], 1935 [Organizado pelo Clube Psicológico de Zurique].

ZENTRALBLATT für Psychoanalyse. 1910/1914. Wiesbaden.

Índice onomástico

Índice analítico